ECONOMIA BRASILEIRA CONTEMPORÂNEA

O GEN | Grupo Editorial Nacional – maior plataforma editorial brasileira no segmento científico, técnico e profissional – publica conteúdos nas áreas de ciências sociais aplicadas, exatas, humanas, jurídicas e da saúde, além de prover serviços direcionados à educação continuada e à preparação para concursos.

As editoras que integram o GEN, das mais respeitadas no mercado editorial, construíram catálogos inigualáveis, com obras decisivas para a formação acadêmica e o aperfeiçoamento de várias gerações de profissionais e estudantes, tendo se tornado sinônimo de qualidade e seriedade.

A missão do GEN e dos núcleos de conteúdo que o compõem é prover a melhor informação científica e distribuí-la de maneira flexível e conveniente, a preços justos, gerando benefícios e servindo a autores, docentes, livreiros, funcionários, colaboradores e acionistas.

Nosso comportamento ético incondicional e nossa responsabilidade social e ambiental são reforçados pela natureza educacional de nossa atividade e dão sustentabilidade ao crescimento contínuo e à rentabilidade do grupo.

ECONOMIA BRASILEIRA CONTEMPORÂNEA

Fabio Giambiagi
André Villela
Jennifer Hermann
Lavinia Barros de Castro

3ª Edição

- Os autores deste livro e a editora empenharam seus melhores esforços para assegurar que as informações e os procedimentos apresentados no texto estejam em acordo com os padrões aceitos à época da publicação, *e todos os dados foram atualizados pelos autores até a data de fechamento do livro.* Entretanto, tendo em conta a evolução das ciências, as atualizações legislativas, as mudanças regulamentares governamentais e o constante fluxo de novas informações sobre os temas que constam do livro, recomendamos enfaticamente que os leitores consultem sempre outras fontes fidedignas, de modo a se certificarem de que as informações contidas no texto estão corretas e de que não houve alterações nas recomendações ou na legislação regulamentadora.

- Os autores e a editora se empenharam para citar adequadamente e dar o devido crédito a todos os detentores de direitos autorais de qualquer material utilizado neste livro, dispondo-se a possíveis acertos posteriores caso, inadvertida e involuntariamente, a identificação de algum deles tenha sido omitida.

- **Atendimento ao cliente: (11) 5080-0751 | faleconosco@grupogen.com.br**

- Direitos exclusivos para a língua portuguesa
  Copyright © 2016 (Elsevier Editora Ltda) © 2025 (5ª impressão) by
  GEN | Grupo Editorial Nacional S.A.
  Publicado pelo selo Editora Atlas
  Travessa do Ouvidor, 11
  Rio de Janeiro – RJ – 20040-040
  www.grupogen.com.br

- Reservados todos os direitos. É proibida a duplicação ou reprodução deste volume, no todo ou em parte, em quaisquer formas ou por quaisquer meios (eletrônico, mecânico, gravação, fotocópia, distribuição pela Internet ou outros), sem permissão, por escrito, da Editora Atlas Ltda.

- Capa: Vinicius Dias

- Editoração eletrônica: DTPhoenix Editorial

- Ficha catalográfica

E22 3. ed.	Economia brasileira contemporânea (1945-2015) / Fabio Giambiagi ... [et. al.] – 3. ed. [5ª Reimp.] - Rio de Janeiro: GEN | Grupo Editorial Nacional. Publicado pelo selo Editora Atlas, 2025. il.; 24 cm. Apêndice Inclui bibliografia ISBN 978-85-352-6793-8 1. Brasil – Condições econômicas. 2. Brasil – Política econômica. 3. Brasil – Política e governo – 1945. I. Giambiagi, Fabio.
16-32393	CDD: 330.981 CDU: 338.1(81)

"Todo economista deveria ter um mínimo de matemático, de historiador, de Homem de Estado e de filósofo."

J. M. Keynes

"De 15 em 15 anos, o Brasil esquece o que aconteceu nos últimos 15 anos."

Ivan Lessa, cronista

"O Brasil não é para principiantes."

Tom Jobim

Material suplementar

Este livro conta com o seguinte material suplementar:

- Slides (exclusivo para professores);

O acesso ao material suplementar é gratuito. Basta que o leitor se cadastre, faça seu *login* em nosso *site* (www.grupogen.com.br) e, após, clique em Ambiente de aprendizagem.

O acesso ao material suplementar online fica disponível até seis meses após a edição do livro ser retirada do mercado.

Caso haja alguma mudança no sistema ou dificuldade de acesso, entre em contato conosco (gendigital@grupogen.com.br).

Prefácio

Wilson Suzigan*

Escrito, originalmente, em 2004, *Economia Brasileira Contemporânea* chega agora à sua terceira edição. Comparada à segunda edição (de 2011), tem-se a análise de mais cinco anos da história econômica do Brasil, cobrindo o primeiro mandato da Presidente Dilma Rousseff e o início do segundo, e incorporando revisão da série histórica das Contas Nacionais. Muito material novo, portanto, à disposição dos autores da obra, o que justifica, plenamente, este esforço de atualização.

Esta edição traz até 2015 o período de cobertura do livro e apresenta, em seus nove capítulos, revistos e ampliados, um abrangente panorama da evolução da economia e da sociedade brasileiras desde o pós-Guerra. A análise desse período em perspectiva histórica oferece aos leitores — acadêmicos, profissionais, estudantes — uma visão integrada dos elementos que fundamentaram a formação do Brasil contemporâneo. Mostra como o nosso desenvolvimento econômico e social a partir do pós-Guerra alternou fases de avanço e estagnação ao sabor de condicionantes políticos, institucionais, de políticas públicas, de *booms* e crises internacionais. Os diferentes regimes políticos, a construção de instituições, os variados enfoques de políticas econômicas e sociais, as crises geradas endogenamente ou importadas da economia mundial, moldaram historicamente o que hoje constituem a economia e a sociedade brasileiras. É esse processo histórico, desde o pós-Guerra até o presente, que norteia a análise lúcida desenvolvida neste livro.

Os nove capítulos são de autoria dos próprios organizadores, com a colaboração especial de Sérgio Besserman Vianna no primeiro capítulo. Apresentam a evolução da economia brasileira no período entre 1945 e 2015 por períodos históricos. O corte analítico é cronológico, mas a periodização segundo as fases de evolução é

---

* Professor colaborador do DPCT — Departamento de Política Científica e Tecnológica, Instituto de Geociências, Unicamp.

determinada por eventos econômicos, políticos e de política econômica, bem como por tendências da economia internacional. Por fim, o livro se completa com um utilíssimo Apêndice Estatístico, revisto e ampliado, contendo todas as séries de dados compiladas pelos organizadores e uniformemente utilizadas em todos os capítulos.

A estrutura dos capítulos segue um padrão de organização que assegura análises igualmente abrangentes, embora com distintas ênfases, dos vários períodos. De modo geral, além de discutir o desempenho da economia, os autores situam o período em termos dos respectivos contextos histórico, político, de política econômica e da economia internacional, chamando atenção para alternâncias relevantes segundo os ciclos políticos, econômicos e de política econômica; destacam características essenciais do "modelo" de crescimento prevalecente; ressaltam transformações econômicas, reformas estruturais e institucionais, planos de desenvolvimento ou de estabilização, e apontam os principais problemas que são legados ao período seguinte. Um aspecto muito positivo da análise desenvolvida em todo o livro é justamente a preocupação com sua unidade, procurando sempre estabelecer elos entre o que cada período herdou e o que deixa para o período seguinte. Isso torna suave a transição de um período a outro e dá fluidez ao texto.

O leitor poderá perceber como as ênfases da política econômica vão mudando à medida que mudam o cenário político, as tendências da economia internacional e os problemas econômicos de cada período. Passa-se de políticas preocupadas em promover desenvolvimento econômico e transformações estruturais a políticas de ajuste externo e combate à inflação, de planos de desenvolvimento a planos de estabilização, do predomínio do desenvolvimentismo protecionista comandado pelo Estado à abertura da economia e à privatização, e por fim, fechando o ciclo, voltando à prática de políticas de promoção do desenvolvimento econômico-social e maior grau de intervenção do Estado sob a égide do chamado novo desenvolvimentismo nos governos Lula (2003-2010) e Dilma Rousseff (2011-2015). É possível que o leitor discorde de um ou outro ponto de vista pessoal dos autores desses capítulos, mas serão sempre discordâncias sobre questões polêmicas que comportam interpretações divergentes segundo diferentes abordagens.

A narrativa se inicia com um capítulo de Sergio B. Vianna, em coautoria com André Villela, cobrindo a primeira década do pós-Segunda Guerra. Nesse período, já se anunciam padrões que irão recorrer nas décadas seguintes, a exemplo de crises do balanço de pagamentos (tanto no Governo Dutra como Vargas) e tentativas frustradas de estabilização (com Vargas e Café Filho). Assiste-se, ainda, entre 1945-55, à tomada de consciência por parte do governo das possibilidades abertas, pela restrição externa, para o direcionamento seletivo das importações, com efeitos decisivos para o avanço do processo de industrialização. O apoio governamental à mudança estrutural da economia brasileira — fundamentalmente, da agricultura exportadora em direção à indústria — encontrará no Programa de Metas de Juscelino Kubitschek sua expressão mais acabada. No Capítulo 2, assinado por André Villela, são ressaltados os instrumentos utilizados por JK para, conscientemente, acelerar o processo de industrialização substitutiva de importações. As consequências macroeconômicas da estratégia de crescimento a qualquer preço também são discutidas, ajudando a compor o cenário conturbado que irá caracterizar os governos seguintes, de Jânio Quadros e João Goulart.

Neste último, sobretudo, a dissonância entre governo e parcelas importantes da sociedade irá atingir seu clímax. Na área econômica, isso irá se traduzir em enorme dificuldade para o manejo da política macroeconômica, em particular no combate à inflação.

A ruptura de 31 de março de 1964 é o ponto de partida para os Capítulos 3 e 4, assinados por Jennifer Hermann. Neles, percebe-se que, embora violenta do ponto de vista político, a guinada implementada pelos militares não encontrou correspondência no terreno econômico. Afora o inédito — e exitoso — esforço modernizador consubstanciado no Plano de Ação Econômica do Governo Castello Branco, a condução da política econômica entre 1964 e 1973 pareceu dar continuidade ao consenso cristalizado no pós-Guerra, segundo o qual o crescimento econômico voltado "para dentro" deve prevalecer sobre preocupações desmesuradas quanto à estabilidade dos preços. Tal postura terá prosseguimento nos dois últimos governos do "ciclo militar" (Geisel e Figueiredo), marcados, no primeiro caso, pela resposta "positiva" ao primeiro choque do petróleo (através do II PND) e, no segundo, pela relutância — que iria se mostrar fatal — em aceitar a necessária e inadiável "trava" na economia, após quase quatro décadas de crescimento econômico ininterrupto.

Os Capítulos 5 e 6, de autoria de Lavinia Barros de Castro, lidam com um período de enormes transformações na economia e sociedade brasileiras. De fato — e em meio à transição para a democracia —, o país sofria, simultaneamente, os efeitos de sucessivos (e malsucedidos) esforços de estabilização da inflação, a deterioração da situação fiscal do Estado e a crise da dívida (externa). Do ponto de vista estrutural, foi também nessa década que se deu o colapso do modelo de crescimento, seguido há cerca de meio século e fundamentado na introversão econômica, e o início da inserção externa da economia brasileira em um mundo crescentemente globalizado.

O Capítulo 6, em particular, traz discussão detalhada dos fundamentos teóricos do bem-sucedido Plano Real, bem como descrição pormenorizada das três fases que o caracterizaram. Pode-se afirmar, sem hesitação, que a estabilidade de preços trazida pelo Plano Real inaugura nova era na história econômica — e, por que não, política — do país. Tal percepção se confirma a partir da leitura dos Capítulos 7 e 8, assinados por Fabio Giambiagi, em que transparecem muito mais elementos de continuidade do que de ruptura entre os governos de Fernando

Henrique Cardoso (1995-2002) e Lula (2003-2010). A defesa da estabilidade de preços e a manutenção dos traços gerais da abertura econômica externa e interna (com privatizações e a atuação das agências reguladoras) iriam caracterizar ambos os períodos governamentais.

Os oito anos do governo FHC encerram dois mandatos distintos: no primeiro, a ênfase foi dada à defesa — a qualquer custo — da estabilização. Para tanto, o recurso à política monetária apertada terminou por agravar a deterioração do quadro fiscal e pressionar a taxa de câmbio, alimentando o ingresso de capitais estrangeiros de natureza volátil. Ao término de sucessivos ataques especulativos, a "âncora" (monetário) cambial foi abandonada no início do segundo Governo FHC e, em seu lugar, introduzido o tripé macroeconômico que vigora até hoje, constituído de câmbio flutuante, regime de metas de inflação e superávit primário do setor público.

Os dois mandatos do ex-Presidente Lula são discutidos no oitavo capítulo do livro. Aqui se percebem, do ponto de vista da condução da política econômica, três fases distintas. Na primeira, marcada pela atuação de Antonio Palocci à frente do Ministério da Fazenda, vê-se enorme continuidade com relação às linhas mestras da política econômica inaugurada na passagem do primeiro para o segundo Governo FHC. A essa fase seguiu-se um período de transição — já com Guido Mantega no comando da Fazenda — em que a prioridade ao combate à inflação e, por conseguinte, a adesão irrestrita à ortodoxia fiscal, foi lenta e progressivamente relaxada. Finalmente, a crise econômica global iniciada em 2008 marca nova inflexão na condução da política econômica, que irá caracterizar os anos finais da presidência de Lula. A necessária atuação contracíclica do Tesouro e empresas estatais no momento da crise se perenizou no tempo, inaugurando um neodesenvolvimentismo que parecia traduzir dúvidas em relação aos benefícios, para o país, das políticas liberalizantes seguidas nas últimas duas décadas.

Tal impressão iria se confirmar no Governo Dilma Rousseff que, em certa medida, redobrou a aposta do segundo Governo Lula, inaugurando agora uma "nova matriz econômica", que afastaria mais ainda a condução da política econômica dos cânones ortodoxos. O nono capítulo desta terceira edição do livro, também de autoria de Fabio Giambiagi, traz discussão inédita do Governo Dilma Rousseff, de 2011 a 2015, período marcado por um progressivo agravamento de um conjunto de tensões macroeconômicas: a perda de dinamismo da economia, a alta da inflação e a deterioração do quadro fiscal. O capítulo transita com equilíbrio sobre esses temas, com uma exposição rica em dados, que servem para o leitor fazer a sua própria análise acerca da deterioração observada nesses anos.

O leitor tem em mãos, portanto, um excelente livro, um verdadeiro guia para entender a economia e a sociedade brasileiras contemporâneas.

Boa leitura!

Apresentação à terceira edição

O leitor tem em mãos a terceira edição do livro *Economia brasileira contemporânea*. A primeira foi lançada em 2004 e a segunda, logo após ser completado o segundo Governo Lula, no começo de 2011.

Há quatro razões que justificam a realização de uma terceira edição:

- o fato de terem se passado aproximadamente cinco anos desde a atualização da última versão;
- a circunstância de o país estar no segundo período do Governo Dilma (2011-2014 e agora o novo, iniciado em 2015) depois do período coberto pela atual edição;
- a divulgação, em 2015, da revisão da série histórica das Contas Nacionais do IBGE 1995-2014, o que exigiu a atualização de diversas tabelas constantes dos Capítulos 7 e 8 do livro; e
- a mudança do conceito de Balanço de Pagamento nas contas externas, com a adoção de um novo critério para a apresentação dessa contabilidade desde o ano de 2014, com série retroativa a 2010.

Esta edição, consequentemente, traz três mudanças em relação à anterior. A primeira envolve a atualização de todas as tabelas, com a revisão da série do PIB e, portanto, das variáveis expressas como proporção do mesmo, bem como do Apêndice Estatístico. A segunda é a adoção dos valores correspondentes às novas séries das Contas Nacionais 1995-2015 e do setor externo 2010-2015. A terceira mudança é a incorporação de um capítulo sobre os dois Governos Dilma Rousseff, o de 2011-2014 e o ano de 2015 como parte da segunda gestão de governo.

Esperamos, assim, deixar em mãos do professor e do aluno um material didático que mantenha o estilo e a característica das edições anteriores, preservando agora a sua atualidade.

Os Autores

Sumário

1. O pós-Guerra (1945-1955) 1
   Sérgio Besserman Vianna/André Villela

2. Dos "Anos Dourados" de JK à Crise Não Resolvida (1956-1963) 25
   André Villela

3. Reformas, Endividamento Externo e o
   "Milagre" Econômico (1964-1973) 49
   Jennifer Hermann

4. Auge e Declínio do Modelo de Crescimento com Endividamento:
   O II PND e a Crise da Dívida Externa (1974-1984) 73
   Jennifer Hermann

5. Esperança, Frustração e Aprendizado: A História
   da Nova República (1985-1989) 97
   Lavinia Barros de Castro

6. Privatização, Abertura e Desindexação: A Primeira Metade
   dos Anos 90 (1990-1994) 131
   Lavinia Barros de Castro

7. Estabilização, Reformas e Desequilíbrios Macroeconômicos:
   Os Anos FHC (1995-2002) 165
   Fabio Giambiagi

8. Rompendo com a Ruptura: O Governo Lula (2003-2010) 197
   Fabio Giambiagi

9. Fim de Ciclo: O Governo Dilma (2011-2015) 239
   Fabio Giambiagi

Referências Bibliográficas 277

Apêndice Estatístico 285

Relação de Presidentes da República, Presidentes do Conselho de Ministros, Ministros da Fazenda e Ministros do Planejamento 317

Biografia dos Autores 321

ÍNDICE DE TABELAS, GRÁFICOS, QUADROS E FIGURAS

página

Tabela 1.1 – Economia Brasileira: Síntese de Indicadores Macroeconômicos – 1946-1955	20
Tabela 1.2 – Participação Relativa das Importações na Oferta Industrial Doméstica – 1950, 1952 e 1956	21
Tabela 2.1 – Economia Brasileira: Síntese de Indicadores Macroeconômicos – 1956-1963	28
Tabela 2.2 – Valor Adicionado Industrial em 1952 e 1961	31
Tabela 2.3 – Plano de Metas: Expansão Prevista e Resultados – 1957-1961	36
Quadro 3.1 – Metas Monetárias e Fiscais do Paeg – Taxas Nominais de Variação	52
Quadro 3.2 – O SFB após as Reformas de 1964-1967	57
Tabela 3.1 – Indicadores Fiscais no Brasil – 1963-1973	59
Tabela 3.2 – Economia Brasileira: Síntese de Indicadores Macroeconômicos – 1964-1973	59
Tabela 3.3 – Taxas de Crescimento dos Meios de Pagamento (M1) e do Crédito no Brasil – 1964-1973	60
Tabela 3.4 – Indicadores da Formação Bruta de Capital Fixo (FBCF) no Brasil – 1963-1973	65
Tabela 4.1 – Consumo (C) e Preços de Petróleo (P) para o Brasil: Indicadores Selecionados 1967-1984 – Anos Selecionados	76
Tabela 4.2 – Meios de Pagamento (M1) e Crédito no Brasil – 1974-1984	83
Tabela 4.3 – Indicadores da FBCF no Brasil – 1974-1984	83
Tabela 4.4 – Indicadores Fiscais no Brasil – 1970-1984	84
Tabela 4.5 – Economia Brasileira: Síntese de Indicadores Macroeconômicos – 1974-1984	86
Tabela 5.1 – Indicadores Macroeconômicos Selecionados – 1980-1985	100
Tabela 5.2 – Economia Brasileira: Síntese de Indicadores Macroeconômicos – 1985-1989	119
Tabela 5.3 – Crescimento do PIB, por Principais Componentes – 1985-1989	121
Tabela 5.4 – Balanço de Pagamentos – 1985-1989	121
Tabela 5.5 – Necessidades de Financiamento do Setor Público – 1985-1989	122
Tabela 6.1 – Alíquotas de Importação de Setores Selecionados – 1990-1994	138
Gráfico 6.1 – Comportamento da Inflação Mensal – IGP-DI – 1985-1996 (%)	156
Tabela 6.2 – Necessidades de Financiamento do Setor Público – 1990-1994	158
Tabela 6.3 – Economia Brasileira: Síntese de Indicadores Macroeconômicos – 1990-1994	158
Gráfico 7.1 – Balanço em Conta-Corrente – 1994-2002	169
Gráfico 7.2 – Dívida Externa Líquida/Exportações de Bens – 1981-2002	170
Gráfico 7.3 – Brasil: Taxa de Câmbio Real – jun./1994 a dez./2002	171
Tabela 7.1 – Necessidades de Financiamento do Setor Público NFSP	173
Tabela 7.2 – Necessidades de Financiamento do Setor Público	174
Tabela 7.3 – Crescimento do PIB – 1995-2002	180
Tabela 7.4 – Economia Brasileira: Síntese de Indicadores Macroeconômicos – 1995-2002	180
Tabela 7.5 – Dívida Líquida do Setor Público – 1994-2002 (% PIB)	189
Gráfico 8.1 – Selic nominal (%)	212
Gráfico 8.2 – Brasil: Preços de Exportações e Importações (média 2002 = 100)	213
Gráfico 8.3 – Brasil: Taxa de Câmbio Real e Preço das Exportações Brasileiras de Produtos Básicos – dez./2002 a dez./2010	213
Tabela 8.1 – Necessidades de Financiamento do Setor Público NFSP	214
Tabela 8.2 – Dívida Líquida do Setor Público – 2002-2010 (% PIB)	216
Tabela 8.3 – Economia Brasileira: Síntese de Indicadores Macroeconômicos – 2003-2010	218
Gráfico 8.4 – Brasil: Dívida Externa líquida/Exportações de Bens – 2002-2010	220

Gráfico 8.5 – Brasil: Balanço em Conta-corrente – 2002-2010 (US$ bilhões)	222
Tabela 8.4 – Crescimento do PIB – 2003-2010	223
Tabela 8.5 – Taxas de Crescimento Real da Receita e da Despesa Totais do Governo Central por Períodos (% a.a.)	223
Gráfico 8.6 – Participação das Exportações para a China no Total das Exportações do Brasil (%)	226
Tabela 9.1 – Variáveis Macroeconômicas Selecionadas	243
Tabela 9.2 – Contribuições para o Crescimento do Produto Potencial e Variação do PIB: Médias por Período (% a.a.)	245
Tabela 9.3 – Índice de Preços do Comércio Exterior 2010-2014 (2006=100)	247
Gráfico 9.1 – Brasil: Taxa Variação da População de 15 a 59 anos (%)	251
Gráfico 9.2 – Consumo e Poupança (% PIB)	257
Tabela 9.4 – Crescimento do PIB – 2011-2015	258
Tabela 9.5 – Economia Brasileira: Síntese de Indicadores Macroeconômicos – 2011-2015	259
Tabela 9.6 – Necessidades de Financiamento do Setor Público – NFSP	261
Tabela 9.7 – Dívida Líquida do Setor Público: Dezembro – 2010-2015 (% PIB)	262
Tabela 9.8 – Custo Unitário do Trabalho – CUT (2003=100)	264
Gráfico 9.3 – Balanço em Conta-Corrente – 2010-2015 (US$ bilhões)	265
Tabela A1 – Brasil: Indicadores Macroeconômicos 1945-2015	287
Tabela A2 – Brasil: Composição do PIB – 1947-2015 (%)	288
Tabela A3 – Brasil – PIB: Taxas de Crescimento Real – 1971-2015 (%)	289
Tabela A4 – Indicadores Conjunturais da Indústria: Taxas de Crescimento (% a.a.)	290
Tabela A5 – Balanço de Pagamentos no Brasil – Contas Selecionadas – 1945-2015 (em US$ milhões)	291
Tabela A6 – Brasil: Indicadores de Endividamento e Solvência Externa – 1945-2015 (US$ milhões)	293
Tabela A7 – Brasil: Exportações de Bens – 1964-2015(US$ milhões)	295
Tabela A8 – Brasil: Composição das Importações – 1974-1989 (US$ milhões)	296
Tabela A9 – Brasil: Composição das Importações – 1990-2015 (US$ milhões)	297
Tabela A10 – Brasil: Índice de Preços e Quantum de Exportação e Importação 1945-2015	298
Tabela A11 – Brasil: Índices de Preços e Quantum de Exportação por Tipo de Produto – 1974-2015	300
Tabela A12 – Brasil: Indicadores de Nível de Atividade, Emprego e Renda – 1972-2015	302
Tabela A13 – Brasil: Indicadores Monetários – 1981/2015 (% PIB)	304
Tabela A14 – Necessidades de Financiamento do Setor Público – 1994/2015 (% PIB)	305
Tabela A15 – Dívida líquida do Setor Público 1981/2015 – Dezembro (% PIB)	306
Tabela A16 – Títulos Públicos Federais e Operações de Mercado Aberto 1994/2015 – Fim de Período	308
Tabela A17 – Brasil: Arrecadação Federal – 1991/2015 (% PIB)	309
Tabela A18 – Brasil: Poupança Total – 1950-2015 (%)	311
Tabela A19 – Brasil: Indicadores de Juros, Preços e Câmbio após o Plano Real: 1995/2015	313
Tabela A20 – Taxas de Variação em 12 Meses após o Plano Real: IPCA	314
Síntese – Economia Brasileira – Síntese de Indicadores Macroeconômicos – 1946-2015	315

Capítulo

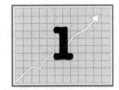

O pós-Guerra
(1945-1955)

Sérgio Besserman Vianna
André Villela

"Estadista é aquele que pensa na próxima geração."
Winston Churchill, ex-primeiro-ministro da Grã-Bretanha

"Hay un español que quiere/vivir y a vivir empieza/entre una España que llora/ y otra España que bosteza."[1]
Antonio Machado, poeta espanhol

Introdução: o Contexto Histórico

A década que separa o fim da Segunda Guerra Mundial (1945) e a eleição de Juscelino Kubitschek à Presidência da República (1955) assistiu, na economia mundial, à lenta transição na direção dos princípios liberais acordados em Bretton Woods (1944). No Brasil, nesse mesmo período, a ênfase nas virtudes do liberalismo econômico e político coincidiu com o fim do Estado Novo (1937-45) e o início do governo Dutra. Este último, porém, logo se deparou com os problemas derivados do início da Guerra Fria[2] e do período da economia internacional conhecido como de "escassez de dólares".[3] As sucessivas crises de balanço de pagamentos por que passaria o Brasil nos primeiros anos do pós-Guerra acarretaram o abandono do modelo liberal e deram lugar a um modelo de desenvolvimento industrial com crescente participação do Estado. No período coberto por este capítulo, essa participação foi de natureza, essencialmente, indireta, tendo como principais características a adoção de controles cambiais e de importações e a criação de um aparato regulatório em diversas áreas do domínio econômico.

Como não poderia deixar de ser, Getúlio Vargas, que governara o Brasil por 15 anos seguidos — de início, em contexto que se pode considerar democrático (1930-37) e, em seguida, como o ditador do Estado Novo —, era o ponto de referência da luta política e dos conflitos econômicos e sociais também no pós-Guerra. Essa influência extrapolava o legado — não desprezível, diga-se — de realizações concretas de seu longo período no poder. Entre estas últimas incluem-se, necessariamente, a implantação de complexa legislação social (sobretudo, trabalhista), o esforço de profissionalização da burocracia estatal e o início de uma ação mais direta do Estado no domínio econômico, corporificada na implantação da Companhia Siderúrgica Nacional — CSN e da Companhia Vale do Rio Doce. Todos eles, marcos do estadista Vargas, na acepção dada por Churchill na epígrafe deste capítulo.

Mais importante, porém, do que essas realizações "materiais", foi o elemento distintivo do primeiro período Vargas: a incorporação, pela primeira vez na história brasileira, do "povo" (classe trabalhadora) como agente político relevante. Esse fato — ao mesmo tempo inédito e auspicioso — imprimiria nova dinâmica ao processo político do pós-Guerra, permitindo importantes avanços na construção da democracia no país.

O caráter "revolucionário" dessa mudança promovida por Getúlio suscitaria a reação — mais ou menos violenta — do projeto político concorrente, que podemos chamar de liberal-conservador. No campo político-partidário, o confronto entre essas duas visões de mundo oporia a União Democrática Nacional — UDN, conservadora, às duas agremiações getulistas, o Partido Trabalhista Brasileiro — PTB e o Partido Social Democrático — PSD.

A política econômica no Brasil de 1945 a 1955 refletiu não apenas as ideias e os interesses econômicos e políticos em disputa domesticamente como, também, as restrições de ordem interna e externa. A condução e os resultados dessa política — tanto a de curto prazo (macroeconômica) quanto a de prazo mais longo (industrial) — serão examinados neste capítulo, que é dividido em quatro seções, além desta Introdução. Nelas são analisados os três governos do período, em ordem cronológica, a saber, governos Dutra (1946-1950), Vargas (1951-1954) e Café Filho (1954-1955). Ao final, é feito um balanço da década de 1945-55, à guisa de conclusão.

O Governo Dutra: 1946-1950

A queda de Getúlio Vargas e o fim do Estado Novo, em 1945, foram obras, mais do que da dinâmica política doméstica, da inserção do Brasil no quadro das relações internacionais. Desde que começaram os preparativos para o envio de contingentes da Força Expedicionária Brasileira — FEB para lutarem, em solo europeu, contra o nazi-fascismo, ficava patente a contradição existente entre o apoio do Brasil às democracias e a ditadura de Vargas. Esse fato deu alento aos opositores do regime, que, por intermédio dos militares — e contando com o simpatia dos Estados Unidos — forçaram a renúncia do presidente. As eleições que se seguiram levaram ao poder o general Eurico Gaspar Dutra, candidato do PSD, derrotando o udenista Eduardo Gomes, também militar (brigadeiro da Aeronáutica).[4]

A política econômica no governo Dutra pode ser delimitada por dois marcos relevantes. O primeiro foi a mudança na política de comércio exterior, com o fim do mercado livre de câmbio e a adoção do sistema de contingenciamento às importações, entre meados de 1947 e o início de 1948. O segundo foi o afastamento do ministro da Fazenda, Correa e Castro, em meados de 1949, indicando a passagem de uma política econômica contracionista e tipicamente ortodoxa para outra, com maior flexibilidade nas metas fiscais e monetárias. O importante a notar é que ambos os marcos fazem parte de um mesmo processo de progressiva desmontagem da visão que norteou a formação do governo Dutra. Essa visão, assim como seu gradual desaparecimento, por sua vez, só é compreensível à luz dos acontecimentos do cenário internacional.

As perspectivas que o governo Dutra tinha em seu início foram fundamentalmente determinadas pela ideia de uma rápida reorganização da economia mundial, de acordo com os princípios liberais de Bretton Woods (e que envolviam, prioritariamente, a eliminação das barreiras ao livre fluxo de bens e a multilateralização do comércio internacional). Entretanto, esses princípios não foram implementados automaticamente e, aos poucos, as concepções iniciais do governo foram sendo erodidas.

Pode-se considerar que, ao final da Segunda Guerra, as autoridades monetárias e cambiais do Brasil se tornaram vítimas de uma espécie de "ilusão de divisas", que se apoiava na percepção de que o país estaria em situação bastante confortável com relação às suas reservas internacionais. Além de se julgar credor dos Estados Unidos pela colaboração oferecida durante a Segunda Guerra Mundial, o governo brasileiro acreditava que uma política liberal de câmbio seria capaz de atrair fluxos significativos de investimentos diretos estrangeiros. Havia, ainda, a esperança de uma alta expressiva dos preços internacionais do café, em consequência, principalmente, da eliminação, em julho de 1946, de seu preço-teto por parte do governo norte-americano.

Confiante na evolução favorável do setor externo, o governo Dutra identificou na inflação o problema mais grave e premente a ser enfrentado. O diagnóstico oficial localizava nos déficits orçamentários da União, que vinham sendo acumulados nos últimos anos, a causa maior dos aumentos no nível de preços, assumindo, assim, que políticas monetárias e fiscais severamente contracionistas formariam o tratamento adequado.[5]

Política Econômica Externa

As políticas cambial e de comércio exterior do início do governo Dutra devem ser analisadas, portanto, à luz daquela "ilusão de divisas" e da prioridade dada ao combate à inflação. A taxa de câmbio foi mantida em torno de Cr$18-19 por dólar, havendo um relaxamento dos controles cambiais em princípios de 1946, com a abolição das restrições a pagamentos existentes desde o início dos anos 30. Vale ressaltar que, nos anos anteriores, como os preços no Brasil aumentaram muito acima da variação dos preços nos Estados Unidos e a taxa de câmbio tinha variado pouco, a sobrevalorização real era evidente.

Eram vários os objetivos dessa política:

- Atender à demanda contida de matérias-primas e de bens de capital para reequipamento da indústria, desgastada durante a guerra;
- Forçar a baixa dos preços industriais, mediante o aumento da oferta de produtos estrangeiros, importados com uma cotação cambial sobrevalorizada;
- Estimular o ingresso de capitais, com a liberalização de sua saída, na expectativa de que funcionasse como fator de atração de recursos.

A ilusão que primeiro se evidenciou como tal foi a falsa avaliação da situação das reservas internacionais. Em 1946, metade das reservas estava em ouro e era considerada reserva estratégica, que necessariamente deveria ser preservada para emergências futuras. A outra metade era composta de US$235 milhões em libras esterlinas bloqueadas e apenas US$92 milhões eram de fato líquidas e utilizáveis em negócios com países de moeda conversível. Além disso, as reservas evoluíam de modo desfavorável, na medida em que o problema fundamental da balança comercial estava no fato de o Brasil obter substanciais superávits comerciais com a área de moeda inconversível, enquanto acumulava déficits crescentes com os Estados Unidos e outros países de moeda forte.

Quanto às esperanças de captação de recursos externos através da assistência financeira oficial dos Estados Unidos e do futuro afluxo de capitais privados internacionais, esvaíram-se logo no imediato pós-Guerra, uma vez que a mudança na estratégia global dos Estados Unidos indicava também alteração da posição daquele país com relação ao Brasil. Resumidamente, em virtude da prioridade conferida por aquele país à reconstrução europeia, restaria ao Brasil recorrer aos influxos de capitais privados para financiar o seu desenvolvimento econômico.[6]

Nesse contexto, desfeitas progressivamente as ilusões de que as restrições externas haviam sido superadas, pareceria natural a opção de desvalorizar a moeda. Como dito, porém, essa alternativa foi posta de lado pelo governo Dutra — e por diversas razões. Em primeiro lugar, uma vez que a demanda estrangeira pelo café era relativamente inelástica com respeito ao preço, uma taxa de câmbio sobrevalorizada — ao desestimular a oferta do produto — poderia ser utilizada para sustentar os preços internacionais do café. Em segundo, as autoridades governamentais temiam que alterações na taxa cambial tivessem reflexos significativos sobre o nível de preços domésticos, comprometendo a política de combate à inflação. Em terceiro lugar, mais de 40% das exportações dirigiam-se à área de moedas inconversíveis e/ou bloqueadas, e o café representava mais de 70% das exportações para áreas de moedas conversíveis. Assim, mesmo supondo uma elevada elasticidade-preço da oferta de outras exportações que não o café, não era justificável uma política de superávits comerciais adicionais na área de moedas não conversíveis, pois isso apenas pressionaria a base monetária, dada a manutenção do câmbio fixo.

Em vez de desvalorizar a moeda, portanto, em julho de 1947 o governo instituiu controles cambiais e de importações. Os bancos autorizados a operar em câmbio foram obrigados a vender ao Banco do Brasil 30% de suas aquisições de câmbio livre, à taxa oficial de compra. Atendidos os compromissos do governo, o Banco do Brasil disponibilizaria divisas de acordo com uma escala de prioridades que favorecia a importação de produtos considerados essenciais. O controle instituído não foi rigoroso, e as restrições ao comércio exterior foram apresentadas como passageiras, destinadas a serem abandonadas assim que os mercados mundiais se recuperassem. Apenas em fevereiro de 1948 foi adotada a primeira forma do sistema de contingenciamento a importações, baseado na concessão de licenças prévias para importar, de acordo com as prioridades do governo. Tal sistema permaneceria, na prática, até a liberalização ocorrida no início do governo Vargas (1951), e, na legislação, até a Instrução 70 da Sumoc, em outubro de 1953.

Analisado em sua capacidade de reduzir o déficit com a área conversível, o sistema de licenciamento de importações funcionou a contento. O déficit com essa área — de US$313 milhões, em 1947 — foi reduzido para US$108 milhões em 1948 e transformado em pequeno superávit de US$18 milhões em 1949. Com a área de moeda inconversível, ocorreram superávits em 1947 e 1948 e razoável equilíbrio entre 1949 e 1950.[7]

Contudo, um resultado não desejado da manutenção da taxa cambial foi a perda de competitividade das exportações brasileiras — principalmente em relação aos mercados europeus, devido às desvalorizações das principais moedas do Continente em 1949. Para isso, contribuiu a progressiva reorganização da economia mundial após a Segunda Guerra, levando a que as exportações brasileiras de manufaturados — que haviam crescido durante o conflito — perdessem espaço no mercado internacional. Como consequência, as exportações, exceto o café, contraíram-se entre 1947 e 1950.

Substituição de Importações e Crescimento Industrial

Embora o sistema de controle de importações tenha sido instituído em meados de 1947 com o intuito de fazer frente ao desequilíbrio externo — procurando racionar e dar melhor uso à moeda estrangeira disponível — terminou por ter grande importância para o crescimento da indústria no pós-Guerra.[8]

Mantinha-se a taxa de câmbio sobrevalorizada e, progressivamente, impunham-se medidas discriminatórias à importação de bens de consumo não essenciais e daqueles com similar nacional. Daí resultou

"Um estímulo considerável à implantação interna de indústrias substitutivas desses bens de consumo, sobretudo os duráveis, que ainda não eram produzidos dentro do país e passaram a contar com uma proteção cambial dupla, tanto do lado da reserva de mercado como do lado do custo de operação. Essa foi basicamente a fase da implantação das indústrias de aparelhos eletrodomésticos e outros artefatos de consumo durável."[9]

Pode-se apontar a existência de três efeitos relacionados com a combinação de uma taxa de câmbio sobrevalorizada com controle de importações: um efeito subsídio, associado a preços relativos artificialmente mais baratos para bens de capital, matérias-primas e combustíveis importados; um efeito protecionista, viabilizado pelas restrições à importação de bens competitivos; e um terceiro efeito, na verdade, resultante da combinação dos dois primeiros, que consiste na alteração da estrutura das rentabilidades relativas, no sentido de estimular a produção para o mercado doméstico em comparação com a produção para exportação.

Paralelamente à imposição de controles cambiais e sobre as importações, o crédito real à indústria cresceu 38%, 19%, 28% e 5%, respectivamente, nos anos de 1947 a 1950. Os dados de 1947 e 1948 são particularmente significativos, pois nesses anos, como se verá adiante, o governo estava fortemente empenhado em adotar políticas austeras.

Como resultado da combinação de controles sobre as importações e expansão real do crédito ao setor manufatureiro, entre 1946 e 1950 a produção real da indústria de transformação aumentou em pouco mais de 42% (9% a.a.), com destaque para os setores de Material Elétrico[10] (28% a.a.), Material de Transporte (25% a.a.) e Metalurgia (22% a.a.).[11] Ainda assim, esses três setores respondiam, conjuntamente, por menos de 10% do valor adicionado industrial no início da década de 1950. Naquele ano, as importações ainda representavam 40% da oferta doméstica no setor de Material Elétrico, 51% no de Material de Transporte e 18% da oferta doméstica na Metalurgia (contra 13,5%, em média, na indústria de transformação em 1950).[12]

Deve-se ressaltar que o avanço do processo de industrialização nos primeiros anos após a Segunda Guerra foi, essencialmente, um efeito indireto dos controles cambiais e de importação adotados como resposta aos problemas do balanço de pagamentos. Ademais, tratou-se de um movimento fundamentalmente levado adiante pelo setor privado (com a importante exceção da CSN, estatal), como resposta à mudança de preços relativos, que permitia acesso a insumos essenciais a custo baixo e, simultaneamente, conferia proteção à produção doméstica de produtos finais.[13]

Durante o governo Dutra, a única iniciativa de intervenção planejada do Estado para o desenvolvimento econômico terminou sendo o Plano Salte, tentativa de coordenação dos gastos públicos destinados aos setores de saúde, alimentação, transporte e energia, e que previa investimentos para os anos de 1949 a 1953. A principal dificuldade do Plano Salte foi a inexistência de formas de financiamento definidas. Tendo atravessado o segundo governo Vargas sem grandes resultados concretos, foi finalmente extinto na administração Café Filho.

Política Econômica Interna

A política econômica doméstica do governo Dutra pode ser definida, até 1949, como marcadamente ortodoxa. A inflação, que chegara a 11% e 22% em 1945 e 1946, respectivamente, foi identificada como o principal problema a ser enfrentado e diagnosticada oficialmente como derivada de excesso de demanda agregada. A sua eliminação se daria através de uma política monetária contracionista, que reduziria o dispêndio privado, e de política fiscal austera, que acabaria com os déficits orçamentários que vinham se acumulando nos últimos 20 anos.

Após um enorme déficit no orçamento da União em 1946, a contração do investimento público em 1947 e 1948 permitiu a obtenção de pequenos superávits naqueles dois anos. A política monetária, contudo, foi pressionada pela expansão do crédito do Banco do Brasil (presidido por Guilherme da Silveira) que, em 1948, apresentou crescimento real de 4,0%, voltado principalmente para o financiamento à indústria. O PIB cresceu 9,7% em 1948 (graças, sobretudo, ao crescimento industrial). Já a inflação — após cair para 2,7% em 1947 — alcançou 8,0% no ano seguinte.

A substituição de Correa e Castro por Guilherme da Silveira no Ministério da Fazenda marca um ponto de inflexão na política econômica ortodoxa até então praticada pelo governo Dutra. O fato é que em 1949 gerou-se um enorme déficit no orçamento do setor público (incluindo estados e o Distrito Federal), que continuaria em 1950. A expansão real do crédito do Banco do Brasil, corroborada por política monetária "frouxa", levou a inflação anual a níveis de dois dígitos: 12,3% e 12,4% em 1949 e 1950, respectivamente. Ajudado por esses fatores de expansão, o PIB cresceu 7,7% e 6,8% nesses mesmos anos.[14]

É possível apontar pelo menos três motivações para essa reversão na política econômica dos últimos dois anos do governo Dutra. Em primeiro lugar, a proximidade das eleições presidenciais provocava um forte apelo para o aumento dos gastos da União e dos estados. Em segundo, na medida em que a combinação de câmbio sobrevalorizado com controle de importações resultava em vigorosos investimentos na indústria de bens de consumo duráveis, aumentava a força e a demanda do setor industrial. O governo acompanhava esse processo, gerando uma ativa política de crédito para a indústria por parte do Banco do Brasil. Em terceiro lugar, a desvalorização da libra esterlina e de outras moedas em 1949 indicava que a transição em direção à livre conversibilidade das moedas — base indispensável ao surgimento de um movimento de capitais privados mais intenso no mundo — seria lenta.

Como se percebe, as últimas ilusões liberais do governo Dutra esfumaçaram-se e, com elas, as razões para uma adesão estrita à ortodoxia econômica.

O Governo Vargas: 1951-1954

O retorno de Getúlio Vargas à Presidência da República se deu de forma triunfal. Lançado candidato pelo PTB e com uma campanha baseada na defesa da industrialização e na necessidade de se ampliar a legislação trabalhista, Getúlio conseguiu sensibilizar a maioria do eleitorado.[15] Terminado o pleito, alcançara 48,7% dos votos, contra os 29,7% conferidos ao brigadeiro Eduardo Gomes (UDN) e 21,5% do candidato do PSD, Cristiano Machado.

Em uma manobra que se repetiria no futuro, a oposição tentou invalidar o pleito, sob a alegação (infundada) de que, como não obteve a maioria absoluta dos votos, Vargas não poderia ser declarado vencedor. Foram malsucedidos nesse intento, e, em 31 de janeiro de 1951, Vargas tomou posse. Iniciou seu governo com um espírito conciliatório, procurando atuar como árbitro diante das diversas forças sociais. Tentou atrair a UDN e escolheu um ministério bastante conservador, com ampla predominância de figuras do PSD.[16]

O Projeto de Governo

No plano doméstico, a conjuntura herdada por Vargas pode ser sintetizada pela volta do processo inflacionário e pela recorrência do desequilíbrio financeiro do setor público. Já no setor externo, as perspectivas eram mais favoráveis e decorriam da elevação dos preços do café e da mudança de atitude do governo norte-americano *vis-à-vis* do continente latino-americano, que reacendia as expectativas de novos fluxos de poupança externa.

Particularmente no caso do Brasil, a vitória de Getúlio Vargas nas eleições de outubro de 1950 parece ter acelerado a disposição norte-americana de colaborar com o vasto programa de equipamento e expansão de setores de infraestrutura básica que o governo brasileiro vinha propondo insistentemente desde o final da guerra. Assim é que, em dezembro de 1950, ainda antes da posse de Vargas, foi constituída a Comissão Mista Brasil-Estados Unidos (CMBEU), que iniciou suas atividades em julho de 1951, propondo-se a elaborar projetos concretos que deveriam ser financiados por instituições como o Banco de Exportação e Importação (Eximbank) e o Banco Mundial.

A CMBEU era fundamental para o sucesso das aspirações de desenvolvimento econômico do novo governo, por duas razões. Primeiro, asseguraria o financiamento de projetos que permitiriam a superação de gargalos na infraestrutura econômica do país (marcadamente nos setores de energia, portos e transportes), fornecendo as divisas necessárias para essa finalidade. E, segundo, a desobstrução desses pontos de estrangulamento poderia propiciar uma ampliação dos fluxos de capital dirigidos ao Brasil, graças a investimentos diretos ou a novos empréstimos feitos por aquelas duas instituições.

Essa expectativa favorável levou à elaboração de um projeto de governo bem definido, que se desenvolveria, em linhas gerais, em duas fases: na primeira, haveria a estabilização da economia, o que consistia, fundamentalmente, em equilibrar as finanças públicas de modo a permitir a adoção de uma política monetária restritiva, e, dessa forma, reduzir a inflação. A segunda fase seria a dos empreendimentos e realizações.

Devido à semelhança com o ocorrido nos primeiros governos republicanos da virada do século, esse projeto foi comparado pelo ministro da Fazenda, Horácio Lafer, por Osvaldo Aranha e pelo próprio presidente Vargas, na Mensagem ao Congresso Nacional de 1951, aos governos Campos Sales (de austeridade econômica) e Rodrigues Alves (marcado por vigoroso programa de obras públicas), que ocuparam a Presidência da República entre 1898 e 1906.[17]

Dentre as realizações de Getúlio Vargas, destaca-se a criação de duas empresas estatais, cuja importância só ficaria mais clara a médio prazo — o Banco Nacional de Desenvolvimento Econômico (BNDE) e a Petróleo Brasileiro S.A. (Petrobras). Ambas ajudariam a construir um país que se modernizava, deixando para trás outro, que "bocejava", como nos dizeres do poeta espanhol Antonio Machado, citado no começo do capítulo.

Rumo ao Colapso Cambial: 1951-1952

Os objetivos da política econômica no que deveria ser a "fase Campos Sales" do governo ficaram imediatamente delineados: tratava-se de comprimir severamente as despesas governamentais, aumentar, na medida do possível, a arrecadação e adotar políticas monetária e creditícia contracionistas.

As despesas do setor público em 1951 foram efetivamente reduzidas. Essa orientação fiscal foi mantida em 1952, quando o superávit no orçamento da União foi praticamente igual ao do ano anterior. A combinação de contenção de despesas da União (acompanhada pelos Estados e o Distrito Federal) e de um grande aumento da receita levou ao primeiro superávit global da União e estados desde 1926.

A política monetária também foi conduzida ortodoxamente naquele biênio, embora a política creditícia do governo tenha se movido na direção contrária. A variação anual do IGP-DI em 1951 e 1952 (12,3% e 12,7%, respectivamente) revelou a persistência do processo inflacionário iniciado no final do governo Dutra. Quanto à evolução da atividade econômica, o PIB real cresceu 4,9% e 7,3% naqueles dois anos.

A CRIAÇÃO DO BNDE E DA PETROBRAS

A criação do BNDE foi precedida de longo período de debates e estudos, tanto técnicos como políticos, sobre a natureza dos problemas econômicos brasileiros, as transformações estruturais por que deveria passar o sistema produtivo e o papel que deveria caber ao Estado e à iniciativa privada (tanto nacional como estrangeira) nessas transformações. Embora a Missão Cooke, de 1942, já tivesse sugerido a conveniência de o Brasil criar entidade governamental dedicada ao financiamento de longo prazo à indústria, os antecedentes diretos e imediatos da instituição foram as atividades da CMBEU, constituída em dezembro de 1950.[18]

Integrada por técnicos dos dois países, a comissão foi encarregada de elaborar relatórios dos quais constariam as recomendações necessárias à concretização de um elenco de projetos na área de infraestrutura, julgados capazes de acelerar o crescimento da economia nacional. Com a promessa obtida das diretorias do Banco Mundial e do Eximbank norte-americano, de financiamento em moeda estrangeira totalizando US$500 milhões, faltava ao governo brasileiro decidir o formato da agência governamental que se encarregaria de financiar os projetos previstos, com base nos recursos em moeda nacional e estrangeira. Após algum debate — havia a possibilidade de se usar uma agência pública já existente, com poderes ampliados —, decidiu-se pela criação do BNDE (em 1982 seria criada uma diretoria no Banco para financiar projetos na área social, levando à mudança do nome da instituição para BNDES).

Ao novo Banco, criado em 20 de junho de 1952, pela Lei nº 1.628, foi dada a incumbência de gerir o Fundo de Aparelhamento Econômico, instituído meses antes; de administrar e garantir os créditos em moeda estrangeira comprometidos com o Programa de Reaparelhamento Econômico; e de preparar, se necessário, analisar e financiar projetos específicos que integravam aquele programa.[19] Porém, em fins de 1952, com a guinada na orientação do governo dos Estados Unidos em relação à América Latina — e o consequente abandono das promessas de financiamento norte-americano aos projetos da CMBEU — o

BNDE teve de reformular o programa recebido da Comissão, passando a trabalhar com uma realidade caracterizada por montante sensivelmente menor de recursos em moeda estrangeira. Após um período inicial em que o volume de financiamentos foi pouco expressivo, o Banco desempenharia papel importante a partir do Programa de Metas, no governo Kubitschek.

A história da Petrobras (empresa criada pela Lei n. 2.004, de 3 de outubro de 1953) remonta aos debates, ao final da Primeira República, em torno da nacionalização das jazidas de petróleo brasileiras. As recorrentes dificuldades de abastecimento de petróleo e derivados só fizeram reforçar o grupo dos que identificavam o setor petrolífero como de caráter estratégico para a economia e soberania do país. Não espanta, pois, o envolvimento direto de setores das Forças Armadas no debate em torno da matéria, o que se refletiu na criação, ainda em 1938, do Conselho Nacional do Petróleo — CNP, tendo à frente um general, Horta Barbosa.

A campanha "O petróleo é nosso" acirrou-se no imediato pós-Guerra, engajando, além de políticos e militares, vários setores urbanos. Tal como o corrido em outros países da América Latina, a opção da sociedade brasileira tendia a ser pela exclusão das companhias estrangeiras das etapas de exploração e refino do petróleo. Porém, o consenso se esgotava aí. Quando se tratava de decidir a quem caberiam essas tarefas, as posições políticas se delineavam: de um lado, os defensores do controle estatal de todo o processo; de outro, grupos que propunham uma participação direta do capital privado nacional no setor.

O debate atravessaria o governo Dutra, até que o desenho institucional da política para o setor foi finalmente montado. Foi criado o imposto único sobre derivados de petróleo, coordenado pelo CNP, cuja arrecadação forneceria recursos para a criação da Petrobras. Ao final, àquela empresa foi conferido o monopólio da extração do petróleo, cabendo às companhias estrangeiras, nesse desenho, o mercado distribuidor de combustíveis.[20]

As perspectivas relativas às transações com o exterior, no início do governo Vargas, eram animadoras. Além do novo quadro de relações com os Estados Unidos, a situação das transações comerciais externas era bastante favorável, graças à elevação do preço internacional do café, iniciada em agosto de 1949.

A política de comércio exterior dos dois primeiros anos do governo manteve a taxa de câmbio fixa e sobrevalorizada e o regime de concessão de licenças para importar, ainda que bastante afrouxado nos primeiros sete meses. A decisão de liberalizar a concessão de licenças para importar levou em conta a melhoria das condições externas e tinha dois objetivos principais: (1) prevenir-se quanto a uma possível generalização da guerra da Coreia em conflito mundial (sendo ainda recentes as lembranças das dificuldades de abastecimento de produtos essenciais vividas pelo país durante a Segunda Guerra Mundial); e (2) utilizar as importações feitas a uma taxa de câmbio favorável para combater as persistentes pressões inflacionárias.

Como resultado dessa liberalização, as importações, que atingiram uma média de US$950 milhões a.a. entre 1948 e 1950, subiram a US$1,7 bilhão, em média, no biênio 1951-52. Refletindo o viés industrializante do governo Vargas, mais de 55% desse aumento das importações ocorreu na categoria de bens de capital e 28% em outros bens de produção.[21]

Contudo, essa orientação liberalizante foi sendo modificada progressivamente, à medida que ficavam evidentes os graves desequilíbrios na balança comercial. Ao contrário do esperado, em 1952 a receita das exportações caiu 20%, em comparação com 1951.[22] Em face dessa queda, o governo limitou a concessão de licenças de importação no segundo semestre de 1951 e, no início de 1952, comprimiu-a até os níveis dos períodos de maior controle. As licenças, contudo, tinham vida útil entre seis (para bens supérfluos) e 12 meses (para bens de produção), e o nível das importações efetivas permaneceu bastante elevado. Com isso, o equilíbrio de 1951 deu lugar, no ano seguinte, a um déficit na balança comercial de US$302 milhões, ao esgotamento das reservas internacionais de moedas conversíveis e ao acúmulo de atrasados comerciais superiores a US$610 milhões, sendo US$494 milhões em moedas conversíveis. A crise cambial impediu os sonhos de estabilização que sustentavam o projeto "Campos Sales — Rodrigues Alves".

A Instrução 70 da Sumoc[23]

No início de 1953, a conjuntura econômica estava dominada pelo colapso cambial do país. Com grande volume de atrasados comerciais acumulados e sem ter obtido êxito na redução da inflação, o projeto de "sanear" a situação econômico--financeira para, em seguida, dar início a uma fase de empreendimentos, parecia sofrer fortes abalos.

As dificuldades, entretanto, aumentariam: no final de 1952, o candidato do Partido Republicano, general Eisenhower, venceu as eleições presidenciais, derrotando os democratas, que há duas décadas governavam os Estados Unidos. As duas mais importantes e imediatas modificações na política norte-americana para a América Latina foram: em primeiro lugar, como desdobramento inevitável do acirramento da Guerra Fria, o combate ao comunismo passou a merecer atenção prioritária; em segundo, foi abandonada a política do ponto IV, de Truman.[24] Com relação ao Brasil, logo ficou claro que o governo Eisenhower não manteria o financiamento aos projetos elaborados pela Comissão Mista.

A partir do acúmulo, pelo Brasil, de vultosos atrasados comerciais, o Banco Mundial decidiu interferir na condução da política econômica. De início, pressionou o Eximbank a adotar condições bastante duras para a concessão de um empréstimo de US$300 milhões, que objetivava regularizar a situação dos atrasados comerciais.

O passo seguinte foi o fim da CMBEU e a interrupção do financiamento, mesmo aos projetos já elaborados e apresentados por ela.

Em meio à conjuntura econômica adversa, Vargas decidiu reorientar a política do governo. Em junho de 1953, promoveu ampla reforma ministerial, com vistas a enfrentar as múltiplas pressões que se avolumavam. Entre estas estavam as crescentes dificuldades econômicas, o agravamento das tensões sociais e a oposição constante e cada vez mais forte vinda da UDN e da imprensa.[25] Para o Ministério do Trabalho, Indústria e Comércio Vargas nomeou, em 15 de junho, João Goulart. Aos 35 anos de idade, "Jango" era o presidente nacional do PTB, amigo de Vargas e um de seus elementos de confiança nos meios sindicais. No Ministério da Fazenda, Osvaldo Aranha (simpatizante da UDN, mas amigo de longa data de Getúlio) substituiu Horácio Lafer.

A política do ministro Aranha consistiu numa nova tentativa de estabilização da economia. Mantinha a visão ortodoxa do problema, porém, dessa feita, privilegiando o ajuste cambial. Os problemas centrais eram dois: a situação cambial e o financiamento do déficit público sem emissão de moeda e expansão do crédito.

Meses antes, o governo criara o sistema de taxas múltiplas de câmbio (Lei n. 1.807, ou Lei do Mercado Livre, de 17/1/1953), com o objetivo de aumentar as exportações e desestimular as importações não essenciais. Ao mesmo tempo, permitia-se a entrada de capitais à taxa de câmbio do mercado livre, o que, esperava-se, estimularia o ingresso de recursos do exterior. Na prática, seus resultados foram decepcionantes, tendo havido um recuo de 11% no valor das exportações no 1º semestre de 1953, em relação a igual período de 1952. Os fluxos de capitais externos também não aumentaram como resultado da nova política, ao contrário. A entrada líquida de investimento externo direto, por exemplo, caiu de US$94 milhões em 1952 para US$51 milhões em 1953.

Em 9 de outubro de 1953 — e de forma bastante consistente com o processo em curso na economia mundial —, o governo atacou simultaneamente os problemas cambial e fiscal, ao baixar a Instrução 70 da Sumoc. As principais mudanças introduzidas no sistema cambial brasileiro foram: (1) o restabelecimento do monopólio cambial do Banco do Brasil; (2) a extinção do controle quantitativo das importações e a instituição de leilões de câmbio; e (3) (quanto às exportações) substituição das taxas mistas por um sistema de bonificações incidentes sobre a taxa oficial.

Com a Instrução 70 passaram a existir três tipos básicos de cobertura cambial para as *importações* brasileiras: (1) taxa oficial, sem sobretaxa, válida para certas importações especiais, tais como trigo e material ou papel de imprensa; (2) taxa oficial, acrescida de sobretaxas fixas, para as importações diretas dos governos federal, estaduais e municipais, autarquias e sociedades de economia mista (também petróleo e derivados tinham suas aquisições cobertas dessa forma); e

(3) taxa oficial, acrescida de sobretaxas variáveis (segundo os lances feitos em leilões de câmbio realizados em bolsas de fundos públicos do país), para todas as demais importações.

Para a realização desses leilões, as importações foram classificadas em cinco categorias, em ordem decrescente de essencialidade. A oferta disponível de cada moeda era alocada pelas autoridades monetárias entre as diferentes categorias, sendo que as categorias I, II e III absorviam, geralmente, mais de 80% da oferta total de cada moeda e a categoria V, no máximo, 3%. Os leilões eram realizados separadamente para o dólar americano e para moedas de países com os quais o Brasil tinha acordos de pagamentos. Para cada categoria, foram fixados valores mínimos, que eram crescentes de acordo com a menor essencialidade da categoria.

As taxas múltiplas de câmbio, determinadas através do sistema de leilões, permitiram, simultaneamente: a realização de amplas desvalorizações cambiais, que vieram substituir o controle de importações como instrumento para o equilíbrio da balança comercial; e a manutenção de uma política de importações seletiva, onerando mais certos produtos e favorecendo a aquisição de outros, de acordo com o critério de essencialidade e, por consequência, de proteção à produção industrial doméstica. Além disso, o recolhimento dos ágios nos leilões (creditados à conta de Ágios e Bonificações) passou a constituir uma importantíssima fonte de receita para a União, reduzindo a necessidade de se recorrer ao financiamento inflacionário do déficit fiscal.[26]

No tocante às *exportações*, as taxas fixas foram substituídas por uma bonificação de Cr$5/US$ (ou equivalente nas demais moedas) para o café e Cr$10/US$ para todas as demais mercadorias. Esses valores foram subsequentemente majorados, em uma série de Instruções da Sumoc.[27]

Enquanto isso, o governo encontrava dificuldades em realizar uma política fiscal austera, apesar da intenção de Lafer (no primeiro semestre) e de Aranha, no segundo. Já nos primeiros meses de 1953, inverteu-se, de credora para devedora, a posição do Tesouro Nacional frente ao Banco do Brasil, devido a aumentos de gastos do governo em obras públicas e com abonos concedidos ao funcionalismo civil. Uma das fontes irresistíveis de pressão sobre os gastos públicos eram as obras necessárias à adequação da infraestrutura do país ao crescimento industrial sustentado desde 1948 e, particularmente, ao surto de investimentos de 1951 e 1952.

O objetivo de ampliação da infraestrutura econômica do país ganhara reforço a partir das propostas elaboradas pela Assessoria Econômica do Gabinete Civil da Presidência, órgão constituído em fevereiro de 1951. Os técnicos da Assessoria propuseram a criação de diversas empresas estatais que futuramente desempenhariam importante papel na ampliação da oferta de insumos industriais, a exemplo do

BNDE, Petrobras e Eletrobrás. No caso específico do setor elétrico, a Assessoria esteve por trás da instituição do Fundo Federal de Eletrificação — FFE, formado por recursos provenientes da arrecadação do imposto único sobre energia elétrica, iniciativa que proporcionou a primeira fonte de recursos fiscais, de alcance nacional, diretamente vinculada a investimentos no setor.

Um balanço do desempenho da economia em 1953 revela que o PIB apresentou crescimento de 4,7%, inferior ao de todos os anos anteriores, desde 1947. Deve-se notar, entretanto, que a indústria cresceu 9,3%. O crescimento mais modesto do PIB deveu-se ao medíocre desempenho da agricultura (+0,2%, devido à forte seca ocorrida no Nordeste naquele ano). Também contribuiu para o baixo crescimento do PIB a estagnação do setor de serviços, em grande parte motivada pela queda das atividades do comércio e de outros setores, com a diminuição das importações.

Não obstante a desaceleração econômica, a inflação, medida pelo IGP-DI, deu um salto, do patamar anterior, em torno de 12%, para 20,5%. A explicação, na visão ortodoxa, estaria no retorno do déficit público e na consequente expansão dos meios de pagamento. Na verdade, poderia também ser atribuída ao impacto das desvalorizações cambiais decorrentes da Instrução 70, que pressionaram os custos de produção das empresas.

1954 — Novas Dificuldades: Salários e Café

No início de 1954, as perspectivas de evolução do setor externo da economia brasileira pareciam favoráveis. A balança comercial, deficitária em cerca de US$300 milhões em 1952, fechara 1953 com superávit de quase US$400 milhões. Essa dramática reversão resultou, sobretudo, da queda de um terço no valor das importações. Nesse contexto, as preocupações centrais do governo deslocaram-se para o problema da inflação.

As grandes dificuldades com que se deparou o programa de estabilização econômica de Osvaldo Aranha situavam-se na política para o salário-mínimo e nos problemas do café. A decisão a respeito do aumento salarial foi precedida de intensa polêmica e tensão política. A proposta do ministro do Trabalho, João Goulart, era de um reajuste de 100%, enquanto o percentual necessário para a recomposição do pico do reajuste anterior era de cerca de 53%. Contra a proposta de Goulart colocaram-se a UDN, a Fiesp, oficiais do Exército e, finalmente, o Conselho Nacional de Economia e o ministro Osvaldo Aranha, que propunham um reajuste próximo a 33%.

A UDN considerou o projeto como um instrumento voltado para estimular a luta de classes no país. As pressões contra o aumento proposto por Goulart atingiriam o seu ápice, porém, através de documento conhecido como Manifesto dos Coronéis. Embora insistisse nas questões militares, seu teor tinha claras implicações políticas. O documento aludia a um estado de inquietação no Exército, decorrente da deterioração de seus padrões morais e materiais. Segundo seus redatores, essa inquietação favorecia "as manobras divisionistas dos eternos promotores da desordem", o que, diante do "perigo comunista" sempre presente, trazia "o risco de uma violenta subversão dos quadros institucionais da nação". Como consequência direta do Manifesto, o ministro da Guerra, general Ciro do Espírito Santo Cardoso, foi afastado do cargo e, em 22 de junho, João Goulart era destituído.[28]

Preocupado com o desgaste de seu governo e voltado para as eleições de outubro de 1954, no dia 1º de maio Getúlio Vargas pronunciou discurso em Petrópolis. Na ocasião, anunciou o aumento de 100% para o salário-mínimo, elogiou João Goulart e concluiu com vigoroso apelo à mobilização das classes trabalhadoras: "Como cidadãos", disse Vargas, "a vossa vontade pesará nas urnas. Como classe, podeis imprimir ao vosso sufrágio a força decisória do número. Constitui a maioria. Hoje estais com o governo. Amanhã sereis o governo".[29] Tratava-se de linguagem inequivocamente radical, mas arriscada. Afinal, àquela altura, os inimigos de Getúlio, a serem encontrados entre os industriais, militares e a classe média, estavam "em melhor posição para mobilizar a oposição do que os trabalhadores para mobilizar o apoio ao governo".[30]

A decisão de ir adiante com o aumento de 100% do salário-mínimo contrariou profundamente Osvaldo Aranha e seu principal colaborador, Sousa Dantas, que chegou a pedir demissão da presidência do Banco do Brasil. Além dos problemas criados pelo aumento salarial, o Programa Aranha de estabilização econômica foi prejudicado pelas enormes dificuldades enfrentadas pelas exportações de café. Como resultado dos altos preços do café no mercado internacional, as exportações brasileiras caíram abruptamente, atingidas por boicote de consumidores nos Estados Unidos, que enxergavam nos elevados preços do produto práticas monopolistas dos países exportadores.[31]

Resumidamente, as dificuldades com o café voltaram a colocar no horizonte a possibilidade de uma crise cambial. Para piorar, os propósitos deflacionários do governo viram-se abalados, primeiro, pela mudança no patamar da inflação derivada das desvalorizações cambiais embutidas na Instrução 70 e, posteriormente, pelo aumento de 100% no salário-mínimo.

O Desfecho Trágico

No contexto de uma democracia ainda incipiente, setores conservadores da sociedade — politicamente representados na UDN — davam prosseguimento à campanha contra Vargas e seu governo. Estes últimos eram acusados pela maioria esmagadora da imprensa de populistas, corruptos e excessivamente simpáticos aos sindicatos. Com o passar do tempo, o tom dos ataques a Vargas atingiu uma escala mais elevada — e perigosa. Assim, em discurso proferido na Câmara dos Deputados, em 22 de março, um dos porta-vozes mais extremados da oposição, Aliomar Baleeiro, admitiu abertamente o golpe de Estado como solução válida para o afastamento de Getúlio.[32] Em junho, Afonso Arinos, líder da UDN e da oposição parlamentar, encaminhou ao Congresso pedido de *impeachment* de Vargas, contra o qual pesariam acusações de corrupção, convivência com atos criminosos e imoralidade. A moção foi rejeitada por 136 votos contra 35, mas as pressões sobre o presidente se avolumavam. Para a oposição, faltava apenas um pretexto para exigir a renúncia de Vargas e este surgiu em 5 de agosto no atentado da rua Tonelero, no Rio de Janeiro, contra o deputado Carlos Lacerda, prócer da UDN carioca, e crítico mais virulento do regime.

Nesse episódio — que envolveu assessores próximos a Vargas, mas, ao que tudo indica, sem o conhecimento deste — foi morto o acompanhante de Lacerda, o major da Aeronáutica, Rubens Vaz. A reação das Forças Armadas — em particular, da Aeronáutica, que promoveu investigação paralela do caso, incluindo o interrogatório de suspeitos na Base Aérea do Galeão, no Rio de Janeiro —, insufladas pelo coro dos círculos antivarguistas, culminaria com a exigência da renúncia do presidente. Num gesto conciliatório, Getúlio, em reunião ministerial ocorrida nas primeiras horas do dia 24 de agosto de 1954, aceitou uma proposta de afastamento temporário, até que o episódio da rua Tonelero fosse esclarecido. Na manhã daquele mesmo dia, porém, um grupo de generais se dirigiu ao Palácio do Catete para exigir a renúncia imediata do presidente. Ao tomar conhecimento, por assessores, de que estava sendo deposto, Vargas recolheu-se a seus aposentos e se matou com um tiro no peito. Saía da vida para entrar na História, conforme deixara registrado em sua Carta-Testamento.[33]

Embora não seja razoável a ideia de que a crise que depôs Vargas tenha decorrido de uma suposta "radicalização nacional-desenvolvimentista" no final de seu governo (versão que a Carta-Testamento se encarregou de propagar), é certo que o aumento de 100% do salário-mínimo acirrou as tensões entre os agentes econômicos e atores do processo político. Mais ainda, a natureza da política de Vargas, que se propunha a contentar um amplo espectro da sociedade sem a realização de transformações estruturais e sem contar com uma sociedade civil organizada, partidariamente ou não, mostrou-se frágil, quando colocada diante de um quadro de adversidades econômicas.

Sem poder contar com o apoio popular — e envolvido crescentemente pela insatisfação de diversos setores empresariais — o isolamento político de Vargas era um fato. A conjuntura era extremamente propícia à intensificação da virulenta campanha oposicionista. Ainda que não fosse possível depor o presidente, provavelmente seriam grandes os dividendos eleitorais a serem colhidos, primeiramente nas eleições legislativas (e para o governo de 11 estados) marcadas para outubro de 1954 e, posteriormente, na sucessão presidencial. Nesse contexto aconteceu o atentado da rua Tonelero.

O gesto trágico do suicídio de Vargas teve profundas repercussões históricas, possibilitando a formação de uma ampla frente antigolpista, que assegurou a manutenção da ordem constitucional e a posse, meses depois, de seu vice-presidente, Café Filho. Mais ainda, essa tomada de posição majoritária em defesa da democracia viabilizou e impulsionou a recomposição da frente de centro-esquerda formada pelo PSD e PTB, que seria responsável, mais adiante, pela eleição de Juscelino Kubitschek à Presidência da República.

O Interregno Café Filho: 1954-1955[34]

A prioridade mais imediata da política econômica do novo governo era o enfrentamento da grave situação cambial, fruto da queda da receita de exportações de café e do vencimento de créditos de curto prazo. A escolha do professor Eugênio Gudin para a pasta da Fazenda com certeza considerou seu prestígio junto à comunidade financeira internacional, o que poderia ajudar na negociação em curso dos compromissos externos.

Apesar de considerar necessário obter pelo menos US$300 milhões em novos créditos para superar a crise cambial, tudo o que Gudin conseguiu das fontes oficiais foram US$80 milhões em créditos novos. Sendo assim, não restou alternativa senão buscar os bancos privados, dos quais foi possível levantar mais US$200 milhões, ainda que sob duras condições e tendo de oferecer como garantia os US$300 milhões em reservas estrangeiras em ouro que o Brasil possuía.

Em compensação, à medida que a economia mundial caminhava em direção à conversibilidade das principais moedas, a perspectiva de restabelecimento de um movimento internacional de capitais privados tornava-se mais promissora. Apesar da retórica nacionalista de Vargas, a legislação brasileira era liberal no contexto da época, e o Brasil se destacava como destino do (pequeno) fluxo internacional de capitais do período.[35]

Gudin desejava remover os obstáculos à livre entrada de capital estrangeiro, e é sob esse prisma que deve ser vista a controvertida Instrução 113 da Sumoc, de 27 de janeiro de 1955. Esta consolidou a legislação anterior e deu um passo adiante, autorizando a Carteira de Comércio Exterior — Cacex, do Banco do Brasil, a emitir licenças de importação sem cobertura cambial para equipamentos e bens de produção.

Tratava-se de mecanismo claramente vantajoso para o investidor externo. De fato, desde que a taxa de câmbio livre (que se aplicava à entrada de capitais) permanecesse inferior à taxa cambial aplicável à categoria III de importações (bens de capital), era mais vantajoso para a firma estrangeira internar bens de capital diretamente pela Instrução 113 do que ingressar com recursos financeiros no Brasil e comprar licenças de importação no leilão pertinente.[36]

O período correspondente à gestão Gudin testemunhou um dos mais ortodoxos programas de estabilização da história econômica contemporânea, gerando ampla crise de liquidez e substancial elevação do número de falências e concordatas no primeiro semestre de 1955, além de significativa queda (de cerca de 15%) na formação bruta de capital fixo. Não fosse a curta duração do programa de estabilização de Gudin, ter-se-ia registrado uma forte queda no nível de atividade industrial.[37] Ao se juntarem o descontentamento da cafeicultura com a taxa de câmbio (relativamente valorizada) para a exportação de café — que o setor denominava "confisco cambial" — e o início de pressões sobre a política econômica decorrentes da aproximação das eleições presidenciais, estava formado o quadro que levou Gudin a pedir, no início de abril de 1955, demissão em caráter irrevogável.

Visando apaziguar as elites econômicas de São Paulo, particularmente os cafeicultores, Café Filho nomeou para a pasta da Fazenda o banqueiro paulista José Maria Whitaker. Contundente crítico do regime de taxas múltiplas de câmbio, Whitaker havia se notabilizado pela intransigente defesa dos interesses da lavoura, e tinha como meta principal a eliminação do "confisco cambial", que reduzia a lucratividade do setor exportador.[38] Como ministro, abandonou a política de contenção de crédito, e, em relação ao combate à inflação, permaneceu no plano da retórica.

Quanto à política cambial, se Gudin havia postergado a questão da unificação das taxas de câmbio (inclusive, demonstrando ao FMI o impacto orçamentário positivo da conta de Ágios e Bonificações), Whitaker estava determinado a instituir um mercado totalmente livre, unificando as taxas e procedendo a uma razoável desvalorização cambial. Antes disso, contudo, julgava que seria preciso fortalecer significativamente a posição externa do país e reformular o sistema tarifário brasileiro, para garantir relativa proteção às indústrias após a eliminação dos ágios cambiais.

O FMI aprovou entusiasticamente o projeto que reformulava o sistema cambial brasileiro, preparado pelo economista Roberto Campos, então superintendente do BNDE. No entanto, Café Filho optou por encaminhar o projeto ao Congresso Nacional, o que significava, na prática, sepultar a reforma cambial. Com a rejeição à proposta, Whitaker renunciou ao cargo. Seu substituto na pasta da Fazenda,

Mário Câmara, pouco pôde fazer nos três meses que restavam para o término do mandato de Café Filho.

Balanço e Conclusões

Os dez anos que se seguiram ao fim da Segunda Guerra foram de forte expansão do PIB e de pressões inflacionárias. A taxa de investimento média da economia também se elevou, refletindo o avanço do processo de industrialização e a expansão dos investimentos públicos no setor de infraestrutura. As exportações e importações, que cresceram a taxas médias anuais de dois dígitos durante o governo Dutra, perderam fôlego entre 1951-55, no contexto de queda das receitas de café e de avanço do processo de substituição de importações, com a economia crescentemente voltada para dentro (Tabela 1.1).

As transformações por que passou a economia na década não são imediatamente captadas pelos dados de repartição do PIB por classes de atividade econômica: de fato, entre 1947 (primeiro ano para o qual se dispõe de estatísticas consolidadas das contas nacionais) e 1955, a participação da agropecuária no Produto subiu, de 21,4% para 24,3%, ao passo que o peso do setor industrial passou de 26% para 26,6% no total.

Contudo, no interior da indústria de transformação é nítida a mudança, sinalizando para um estágio já avançado do processo de substituição de importações no

Tabela 1.1
Economia Brasileira: Síntese de Indicadores Macroeconômicos – 1946-1955
(médias anuais por período)

	1946-50	1951-55
Crescimento do PIB (% a.a.)	8,1/a	6,7
Inflação (IGP dez/dez, % a.a.)	11,3	16,6
FBCF (% PIB a preços correntes)	13,4/b	14,9
Tx. de cresc. das exportações de bens (US$ correntes, % a.a.)	15,6	1,0
Tx. de cresc. das importações de bens (US$ correntes, % a.a.)	23,9	3,2
Balança comercial (US$ milhões)	249	121
Saldo em conta-corrente (US$ milhões)	–34	–300
Dívida externa líquida/Exportação de bens	n.d.	0,4/c

Fonte: Elaboração própria, com base em dados do Apêndice Estatístico ao final do livro.
/a 1948-1950.
/b 1947-1950.
/c 1952-1955.
n.d. = dado não disponível.

país. Tal fenômeno se reflete em alguns indicadores, a exemplo da queda média de 42% no valor das importações industriais entre 1952 e 1956, ao mesmo tempo que a produção doméstica crescia 40% (Tabela 1.2). Como resultado, a participação dos importados na oferta doméstica, após atingir 16% em 1952, cai para pouco mais de 7% em 1956. Ambos os movimentos — aumento da produção doméstica e queda da participação dos importados —, ressalta-se, ocorreram *antes* que os investimentos do ambicioso Programa de Metas começassem a dar frutos.[39]

Por fim, buscando-se o principal legado do período 1945-55, este parece residir no reforço da industrialização baseada na substituição de importações e na continuidade de um nacionalismo de cunho pragmático. De certa forma, a contrapartida da vitória desse modelo foi "a impopularidade do ideário econômico liberal, podendo ter contribuído para prolongar a vida de políticas intervencionistas pouco eficientes".[40] Ambos os aspectos da vitória do "nacional-estatismo" sobre o projeto liberal irão se sobressair no período seguinte, tratado no próximo capítulo: o "positivo", sob a forma da aceleração das transformações estruturais da economia brasileira, e o "negativo", no relativo descaso da maioria da sociedade com as sequelas macro e microeconômicas do modelo estatista.

Tabela 1.2
Participação Relativa das Importações na Oferta Industrial Doméstica – 1950, 1952 e 1956
(em % baseadas em valores constantes de 1949)

Gêneros	Importações/Oferta Doméstica			Tx. de Cresc. das Importações		Tx. de Cresc. da Produção	
	1950	1952	1956	1950/52	1952/56	1950/52	1952/56
Minerais não metálicos	7,9	11,0	1,3	78	–82	23	71
Metalúrgica	18,3	19,0	15,5	18	13	13	44
Mecânica	60,3	64,6	34,0	64	–60	36	41[a]
Material elétrico	40,4	39,8	12,2	46	–70	50	41[a]
Material de transporte	50,7	45,0	11,2	78	–78	124	41[a]
Papel e papelão	26,1	21,8	14,4	–17	–12	6	45
Química	47,5	44,7	12,4	23	–20	22	318
Têxtil	2,4	2,1	0,9	–13	–49	2	23
Alimentos	2,7	4,2	3,3	71	–16	5	10
Bebidas	2,7	2,2	0,9	27	–59	29	7
TOTAL	13,5	16,0	7,2	44	–42	16	40

Fonte: Malan *et al.* (1980). Ver tabela V.33, p. 405.
[a] Dada a inexistência de estimativas para a taxa de crescimento entre 1952 e 1956, optou-se por supor para esses gêneros uma taxa de crescimento anual igual à do total industrial (% a.a., aproximadamente).
Oferta Doméstica = Importações + Produção Doméstica – Exportações.

RECOMENDAÇÕES DE LEITURA

Malan *et al.*[41] discutem as mudanças estruturais e a condução da política econômica externa antes de 1952. Vianna[42] faz minuciosa análise da política econômica no período 1951-54.

LEITURAS ADICIONAIS

Ferreira[43] traz interessante reflexão sobre a dinâmica política do chamado "interregno democrático" de 1945-64. O contexto internacional que tanto moldou a condução da política econômica no pós-Guerra é exposto com riqueza de detalhes em Malan.[44]

NOTAS
1. "Há um espanhol que quer/viver e a viver começa/entre uma Espanha que chora/e outra Espanha que boceja."
2. Sobre a Guerra Fria, ver Munhoz (2004).
3. Esta última dizia respeito à dificuldade dos países, exceto os Estados Unidos financiarem sua reconstrução econômica após a Segunda Guerra, tendo em vista o baixo nível de suas reservas internacionais em moedas conversíveis e a dificuldade de ampliá-lo no curto e médio prazos. Conforme lembra Niveau (1969), apenas os Estados Unidos podiam, entre 1945 e 1949, fornecer para o mundo inteiro os bens de consumo e equipamentos de que este necessitava.
4. A ironia da história residia em ter sido Dutra antigo ministro da Guerra de Getúlio Vargas e um dos artífices da deposição do ex-ditador. Não obstante, Vargas apoiou a sua candidatura, ao mesmo tempo que se lançava candidato a uma vaga no Congresso constituinte. Ao final, foi eleito senador pelo seu Rio Grande do Sul natal e o getulismo se manteve como importante força política, agora em um regime democrático. Finalmente, é digna de nota, ainda, a votação obtida pelo candidato do Partido Comunista Brasileiro — PCB à Presidência (10% dos votos válidos), Iedo Fiúza. Os comunistas fizeram, ainda, 14 deputados federais, um senador (Luís Carlos Prestes) e obtiveram a maioria da Câmara de Vereadores do Distrito Federal. No bojo da onda anticomunista da Guerra Fria, o "Partidão" foi fechado pelo governo Dutra em 1947 e seus deputados, senador e vereadores cassados por lei do Congresso Nacional, em janeiro de 1948.
5. Ver Vianna (1989a).
6. Ver Malan (1986).
7. Outro fator explicativo importante do resultado obtido na balança comercial coube à recuperação dos preços internacionais do café, a partir de 1949. De janeiro de 1942 a julho de 1946, os preços do produto estavam limitados pelo teto estabelecido no Convênio Interamericano do Café (13,4 centavos de dólar por libra-peso para o café tipo Santos 4), configurando uma contribuição brasileira ao esforço de guerra no plano econômico. A liberação dos preços nos Estados Unidos, em julho de 1946, marcou o início da recuperação do preço internacional do produto, o que explica o crescimento das exportações entre 1946 e 1950.
8. Sobre as motivações por trás dessa reviravolta da política econômica do governo Dutra, ver Bastos (2004).
9. Ver Tavares (1972, p. 71).
10. Este gênero industrial inclui o segmento produtor de bens de consumo duráveis (eletrodomésticos), em que a substituição de importação avançaria nos anos após a Segunda Guerra. Ver Tavares (1972) e Malan *et al.* (1980).
11. Taxas de crescimento calculadas a partir de Tabela A.V.1, em Malan *et al.* (1980).
12. Dados da estrutura do valor adicionado industrial em 1949, em Fishlow (1972) e participação dos importados na oferta doméstica em 1950, em Malan *et al.* (1980), Tabela V.25.

13. Ver Abreu (1994).
14. Ver Vianna (1989a).
15. O nacional-estatismo, tal como propugnado por Getúlio Vargas e o PTB, ganharia, também, a designação de "trabalhismo".
16. Ver Fausto (2000).
17. Ver Vianna (1989b).
18. Ver Abreu *et al.*, orgs. 2001.
19. Idem.
20. Ver Leopoldi (2003).
21. Ver Baer (2002).
22. Três foram as causas principais dessa queda: os efeitos da sobrevalorização do cruzeiro, a queda das vendas de algodão — segundo produto em importância na pauta de exportações — em virtude de uma crise da indústria têxtil mundial e, finalmente, a retenção de estoques, devido à expectativa generalizada de desvalorização cambial.
23. Superintendência da Moeda e do Crédito, criada em fevereiro de 1945, e que constituiria o embrião do futuro Banco Central do Brasil.
24. Em seu discurso de posse, em janeiro de 1949, Truman havia proposto quatro cursos de ação para a política externa de seu governo. O de número IV propugnava "(...) tornar o conhecimento técnico norte-americano disponível para as regiões mais pobres do mundo", o que gerou grande expectativa (e, depois, ante os parcos recursos alocados àquele objetivo, frustração) entre os países então chamados de "subdesenvolvidos". Ver Malan (1986), p. 68.
25. Ver Abreu *et al.*, orgs. (2001).
26. Embora a Instrução 70 determinasse que esses recursos fossem utilizados na regularização de operações cambiais e no financiamento à agricultura, as autoridades econômicas esperavam superar essa rigidez e utilizá-los mais amplamente no financiamento dos gastos do governo, viabilizando, dessa forma, uma política monetária restritiva.
27. Como resultado, em setembro de 1955 (isto é, dois anos após a implementação da Instrução 70) as bonificações atingiram 102% no caso de café e 172% para os demais produtos (ambas relativamente à cotação oficial de Cr$18,36/US$). Ver Rio e Gomes (1977).
28. Ver Fausto (2000) e Abreu *et al.*, orgs. (2001).
29. Citado em Abreu *et al.*, orgs, vol. V, pp. 5965-6.
30. Idem.
31. O preço médio do café importado nos Estados Unidos atingiu o seu pico histórico real em 1954, a US$ 2,80/libra-peso (a preços de 1990). Ver Bacha (1992).
32. Ver Abreu *et al.*, orgs. (2001).
33. Ver Ferreira (2003).
34. Para esta seção, ver Pinho Neto (1989).
35. Entre 1949 e 1954, o investimento líquido norte-americano em manufaturas no Brasil representou 53% do total recebido pela América Latina e 17% do realizado no mundo. Só o Canadá recebeu investimentos diretos em montante comparável ao aplicado no Brasil (Vianna, 1987).
36. Ver Abreu (1994), p. 144. Os equipamentos importados através da Instrução 113 seriam incorporados aos ativos das empresas sem contrapartida no passível exigível. Conforme ressalta Pinho Neto (1989, p. 154), a vantagem daí resultante "(...) pode ser medida pelo diferencial entre o custo das divisas na categoria relevante e a taxa de mercado livre. Tal subsídio, aliado à inexistência de financiamentos no exterior que permitisse aos investidores nacionais beneficiarem-se da medida (...), fez com que a referida Instrução fosse vista como uma discriminação contra o capital nacional". Como benefício adicional para o governo, a Instrução 113 permitia a entrada de capital estrangeiro sem impactar a base monetária (e, portanto, sem exercer pressões inflacionárias).
37. Ver Pinho Neto (1989).
38. Idem.
39. Ver Malan *et al.* (1980).
40. Ver Abreu (1994), p. 145.

41. Ver Malan *et al.* (1980).
42. Ver Vianna (1987).
43. Ver Ferreira (2003).
44. Ver Malan (1986).

Capítulo

Dos "Anos Dourados" de JK à Crise Não Resolvida
(1956-1963)

André Villela

"Juscelino queria tudo o que sonhava, mas não queria pagar preço algum por esse sonho."
Autran Dourado, assessor de imprensa de Juscelino Kubitschek

"João Goulart ouvia demais o último interlocutor."
embaixador Marcílio Marques Moreira, comentando como João Goulart era manipulado pelas pessoas próximas e tinha dificuldades para decidir

Introdução

O período coberto por este capítulo comporta muitos traços de continuidade com aquele que o precedeu, mas também mudanças importantes. Do ponto de vista político, o período entre os anos de 1956 e 1963 inscreve-se no *continuum* democrático-populista iniciado no pós-Segunda Guerra e que inclui os governos Dutra, Vargas e Café Filho. Pelo lado da economia, esse período também dá seguimento — até 1962 — a um longo ciclo de expansão, cujo início data da recuperação relativamente precoce da economia brasileira dos efeitos da Grande Depressão dos anos 30.

As mudanças, no plano político, não tomariam a forma de ruptura até o golpe de 1964. Não restam dúvidas, porém, quanto à deterioração do ambiente institucional a partir da renúncia de Jânio Quadros (1961) e da disputa em torno da posse de seu vice, João Goulart, disputa esta provisoriamente resolvida com a "solução" parlamentarista. A posterior deposição do presidente João Goulart seria o ponto culminante de um processo gradual de polarização da sociedade brasileira, em marcado contraste com o clima de relativa estabilidade política sob Juscelino Kubitschek. Já as mudanças econômicas e sociais mais significativas se fizeram sentir ao longo de todo o período, através da transformação da estrutura produtiva (com a perda de importância relativa da produção agropecuária e o ganho correspondente do setor industrial) e da crescente urbanização da população do país.

A descontinuidade na trajetória de crescimento econômico claramente precedeu o golpe de 1964, podendo ser observada já em meados de 1963, quando se assiste ao início da desaceleração. A inesperada renúncia de Jânio Quadros ajudaria a agravar a crise econômica que, sob Goulart, se misturaria a um quadro político que se deteriorava rapidamente. Agora, mais do que nunca, polarização política e crise econômica produziriam um coquetel letal. Ao final, o país assistiria à deposição de João Goulart, pondo fim, pela via da força, à crise política. A retomada da brilhante trajetória de crescimento econômico, porém, teria de esperar até 1968.

O capítulo trata tanto dos elementos de continuidade como daqueles de mudança nesse rico período da história republicana. Rico em termos políticos, econômicos e culturais, tendo sido indelevelmente marcado pela figura carismática do presidente Juscelino Kubitschek. A figura de JK, inclusive, serve para emoldurar uma certa nostalgia que ainda cerca a percepção coletiva daqueles tempos, até hoje lembrados como uma espécie de "era de ouro" tropical. Afinal, com a nova capital, Brasília, inaugurada em 1960, o mundo assistiu ao apogeu da arquitetura modernista brasileira. Culturalmente, explodia a Bossa Nova, o Brasil ganhava a sua primeira Copa do Mundo de futebol (na Suécia) e o Cinema Novo estava prestes a despontar.

A referida efervescência nos campos cultural, artístico e esportivo deveu muito à brilhante fase que a economia brasileira atravessou entre 1956-62. De fato, ainda que tenha havido um arrefecimento da trajetória de expansão econômica em 1962 (e estagnação em 1963), a taxa média de crescimento do PIB nesses seis anos foi de respeitáveis 7,9% a.a. Nesse curto período, a economia e sociedade brasileiras sofreriam profundas transformações. Tais transformações, por sua vez, resultaram de medidas de política econômica implementadas pelos governos da época, com base nas restrições impostas pelas conjunturas doméstica e internacional.

Este capítulo analisará a evolução da economia brasileira entre 1956 e 1963. Para tanto, discute-se o conjunto de políticas econômicas implementadas durante os governos JK, Quadros e Goulart, procurando sempre situá-las dentro do contexto político da época.[1] Na próxima seção, é apresentado um panorama do período 1956-63 como um todo, destacando-se, inicialmente, o comportamento das principais variáveis macroeconômicas e, em seguida, as profundas mudanças estruturais por que passou a economia brasileira. A terceira seção trata do governo JK, analisando tanto a condução da política econômica (cambial, sobretudo) no período, quanto sua política de desenvolvimento, consubstanciada no Programa (ou Plano) de Metas. A política econômica dos governos Quadros e Goulart é discutida na quarta seção, com ênfase na malograda tentativa de estabilização econômica do Plano Trienal. Na última seção é feito um balanço do período, destacando-se o seu legado.

Crescimento e Transformações Econômicas

As eleições de outubro de 1955 colocaram frente a frente na disputa pela Presidência da República um político populista apoiado por legenda pouco expressiva (Ademar de Barros, PSP), um candidato identificado com os setores urbanos conservadores (Juarez Távora, UDN) e, numa coligação entre o Partido Social Democrático — PSD e o Partido Trabalhista Brasileiro — PTB, Juscelino Kubitschek de Oliveira, o JK, médico mineiro com experiência administrativa à frente da Prefeitura de Belo Horizonte e, posteriormente, como governador de Minas Gerais. O quarto candidato era o líder integralista Plínio Salgado, lançado pelo PRP — Partido de Representação Popular.

Durante a campanha eleitoral, Juscelino ressaltou o fato de o país estar atravessando uma fase de transição, entre um passado agrário e um futuro industrial e urbano. Assim, seu plano de governo — cujos principais elementos ele publicaria em 1955 sob o título *Diretrizes Gerais do Plano Nacional de Desenvolvimento* — falava explicitamente em acelerar o desenvolvimento econômico, como forma de transformar o país estruturalmente. Para Juscelino, isso exigiria "uma enérgica política de industrialização, a solução mais eficiente para resolver problemas de um país populoso, com um grande mercado interno em potencial e dotado de adequados recursos naturais".[2]

Nas eleições de 3 de outubro de 1955 os eleitores deram preferência ao discurso desenvolvimentista de JK, conferindo ao candidato do PSD 36% dos votos válidos. Para vice-presidente e pela legenda do PTB (o que era permitido pela legislação eleitoral da época) foi eleito João ("Jango") Goulart, assegurando, assim, a vitória dos partidos herdeiros do getulismo.[3]

Ao tomar posse, Juscelino assumia a Presidência de um país cuja população crescia a taxa anual próxima de 3%, tendo atingido pouco mais de 60 milhões de habitantes (a maior parte dos quais ainda vivia no campo). A importância relativa do setor rural se refletia na participação do setor agropecuário no PIB, que ainda era de 21% em 1956 — peso semelhante ao da indústria de transformação.[4] Foi justamente esse sinal de atraso econômico que JK se empenhou em reverter, valendo-se, para tanto, de pesados investimentos públicos e privados nos setores industrial e de infraestrutura econômica, reunidos em seu Programa de Metas. Com ele, o país viveria uma fase áurea do desenvolvimentismo.

O êxito desse plano em termos de aceleração da taxa de crescimento econômico é confirmado pelo comportamento do PIB. Após um crescimento modesto (2,9%) em 1956 — em decorrência, sobretudo, da quebra da safra agrícola —, entre 1957 e 1960 a economia brasileira cresceu, respectivamente, 7,7%, 10,8%, 9,8% e 9,4%. Em 1961 — ano que inclui a breve passagem de Jânio Quadros pela Presidência da República — a economia cresceu respeitáveis 8,6%, ainda embalada pelos vultosos investimentos do Programa de Metas de JK. A renúncia de Jânio e a tumultuada presidência de João Goulart ajudam a explicar a inflexão de 1962 e o pífio desempenho econômico de 1963, anos em que o PIB acusou expansão de 6,6% e 0,6%, respectivamente.

Se em termos de crescimento do produto o período 1956-63 foi inequivocamente exitoso, o mesmo não pode ser dito com relação ao comportamento da inflação, das finanças públicas e das contas externas do Brasil. Não que Juscelino tivesse herdado uma economia "brilhante" sob esses aspectos. Pelo lado da inflação, o quadro até que não era dos piores: de fato, quando JK assumiu o poder, a variação do Índice Geral de Preços havia recuado para 12,2%, após superar 20% em 1953 e 1954. Porém, ao término dos cinco anos de seu mandato, a inflação girava na faixa de 30% a 40%. O quadro não era melhor no tocante às contas públicas: o déficit do governo federal dobrou em termos reais entre 1956 e 1963, sendo equivalente, em média, a um terço das receitas totais entre 1956 e 1960 e 50% entre 1961 e 1963.[5]

Tabela 2.1
Economia Brasileira: Síntese de Indicadores Macroeconômicos – 1956-1963
(médias anuais por período)

	1956-60	1961-63
Crescimento do PIB (% a.a.)	8,1	5,2
Inflação (IGP dez./dez., % a.a.)	24,7	59,1
FBCF (% PIB a preços correntes)	16,0	15,2
Tx. de cresc. das exportações de bens (US$ correntes, % a.a.)	–2,3	3,5
Tx. de cresc. das importações de bens (US$ correntes, % a.a.)	3,2	0,0
Balança comercial (US$ milhões)	125	44
Saldo em conta-corrente (US$ milhões)	–290	–296
Dívida externa líquida/Exportação de bens	1,9	2,4

Fonte: Elaboração própria, com base em dados do Apêndice Estatístico ao final do livro.

Como se vê na Tabela 2.1, os indicadores macroeconômicos foram quase sempre melhores durante o governo JK (1ª coluna) do que no período Jânio-João Goulart. A única exceção fica por conta das exportações, que caíram mais de 10% entre 1955 e 1960 (de US$1.423 milhão para US$1.269 milhão). É claro que esses indicadores não comprovam necessariamente uma superioridade da gestão macroeconômica durante a *Golden Age* de Juscelino. Dados os efeitos defasados associados à política econômica, não resta dúvida que o aumento do patamar inflacionário e da razão dívida externa líquida/exportações no período 1961-63 foi em grande medida herdado dos anos JK. Mesmo a desaceleração da taxa de crescimento do PIB nos governos Quadros e Goulart pode, em parte, ser vista como um legado do período anterior. De fato, essa perda de dinamismo da economia decorreu em grande medida do término do grande bloco de investimentos associado ao Plano de Metas mas, também, das tentativas de estabilização nos dois governos que se seguiram a Juscelino, tentativas essas tornadas urgentes à luz do legado inflacionário daquele governo.

Em síntese, JK de fato entregou a seus sucessores uma economia maior e mais desenvolvida, mas, ao mesmo tempo, deixou-lhes um "presente de grego", sob a forma da piora de alguns dos principais indicadores macroeconômicos internos e externos.

E o que dizer do comportamento dos indicadores sociais do país no período em apreço? Nesse campo, o objetivo enunciado por Juscelino em seu documento de campanha ("aumentar o padrão de vida do povo, abrindo oportunidades para um futuro melhor") parece ter se cumprido. Ao longo da década de 1950 — o que, é verdade, também inclui o período anterior ao mandato de JK — a esperança de vida ao nascer dos brasileiros passou de 45,9 para 52,7 anos. No mesmo período, a taxa de mortalidade infantil caiu de 144,7 para 118,1 por 1.000 nascidos vivos. Finalmente, foi na década de 1950 que o analfabetismo deixou de caracterizar a maioria da população com mais de 15 anos de idade. Ainda assim, em 1960 a proporção de analfabetos permanecia elevadíssima, atingindo cerca de 40% da população naquela faixa etária.[6]

Se no terreno macroeconômico o período 1956-63 apresenta tanto aspectos positivos (crescimento do PIB, principalmente) quanto negativos (aceleração inflacionária, aumento do déficit público e deterioração da situação externa) e em termos sociais houve expressivos avanços (pelo menos até 1960), como avaliar as mudanças estruturais por que passou a economia brasileira? Estas, como já se disse, foram expressivas. E isso pode ser comprovado de diversas maneiras. A primeira — e mais sintética — emerge do exame da participação percentual dos setores de atividade no PIB, vale dizer, o quanto a agropecuária, a indústria e o setor de serviços, individualmente, representam no total do produto do país.[7]

Em 1950, o setor agropecuário respondia por 24,3% do PIB brasileiro, participação próxima à da indústria (24,1%). A indústria de transformação,[8] por sua vez, entrava com aproximadamente 18,7% do PIB naquele ano, enquanto os serviços correspondiam aos restantes 51,6%. Em 1955 — ano anterior à posse de JK — os pesos dos setores agropecuário e industrial no PIB pouco haviam se alterado, sendo de 23,5% e 25,6%, respectivamente (o peso da indústria de transformação havia subido para 20,4% em 1955).

A partir da implementação do Programa de Metas, o quadro muda radicalmente: o setor agropecuário perde espaço para o setor industrial e, em 1960, tem peso de 17,8% no PIB (ou seja, um recuo de 5,7 p.p. em apenas cinco anos), contra 32,2% da indústria (25,6% da indústria de transformação). A perda de importância do setor agropecuário teria continuidade nos anos seguintes e, em 1963, a participação desse setor na economia atinge 16,3%, e a da indústria, 32,5% (26,5% no caso da indústria de transformação). Como se vê, a perda de peso relativo do setor primário se deu, essencialmente, em benefício do avanço do setor manufatureiro, tendo a parcela dos serviços no PIB permanecido, *grosso modo*, constante entre 1956 e 1963 — em torno de 50% do total.[9]

Uma forma complementar de se perceber a profunda mudança estrutural sofrida pela economia brasileira nesse curto espaço de tempo é examinar o que se passou *no interior* do setor manufatureiro naqueles anos em que se intensificou o processo de substituição de importações no Brasil.

Como é sabido, a industrialização substitutiva de importações teve início espontaneamente (ou seja, sem ajuda do governo) nos primeiros anos da República, no rastro do fenômeno especulativo conhecido como Encilhamento.[10] Atravessando as crises da Primeira Guerra e da Grande Depressão, a substituição de importações teve continuidade no Brasil seguindo um curso "natural", isto é, progressivamente internalizando-se a produção de bens de consumo não duráveis (tipicamente, têxteis e outros manufaturados leves). Alcançada a substituição nessa fase "fácil", surgiam pontos de estrangulamento a montante do processo produtivo, isto é, nos setores produtores de bens intermediários (insumos industriais) e de capital. A restrição cambial que caracterizaria o período pós-Segunda Guerra tornou ainda mais premente a necessidade de se contar com uma oferta doméstica desses insumos e máquinas. A partir da década de 1940, assiste-se a uma maior intencionalidade no processo de substituição de importações, que passa a ser dirigido pelo governo, valendo-se, dentre outros instrumentos, de seletividade no mercado de câmbio.

Conforme se verá mais adiante, o governo JK aprofundaria ainda mais o processo de substituição de importações, através de seu Programa de Metas. O resultado dos maciços investimentos realizados nos setores de infraestrutura básica (energia e transportes, sobretudo) e manufatureiro foi um aumento da taxa de investimento (formação bruta de capital fixo/PIB), que passou de 13,5% em 1955 para 15,7% em 1960 (18% em 1959), chegando a 17% em 1963. Já as transformações sofridas pelo setor secundário da economia podem ser apreciadas comparando-se a mudança ocorrida no valor adicionado industrial entre os anos de 1952 e 1961 (Tabela 2.2).

Tabela 2.2
Valor Adicionado Industrial em 1952 e 1961

Subsetor	Particip. % 1952	Particip. % 1961	Tx. cresc. anual, 1952-61, %
Não duráveis	55,4	40,0	7,7
Duráveis	6,0	12,0	18,2
Intermediários	32,5	35,7	12,8
Capital	6,1	12,3	20,3
Total	100,0	100,0	11,6

Fonte: Sochaczewski (1993), p. 79.

Em primeiro lugar, nota-se a expressiva taxa de crescimento médio do valor adicionado do setor industrial no período (11,6% a.a.), superando o próprio ritmo de expansão do PIB (daí o ganho de participação do setor no total). Dentre os subsetores, chama atenção o avanço da participação dos bens duráveis e dos de capital, no qual o processo de substituição de importações mais progrediu. Não resta dúvida de que a vinda das montadoras estrangeiras de automóveis — e o concomitante desenvolvimento de um setor nacional de fornecedores de autopeças — muito contribuiu para o desempenho de ambos os subsetores. Já o valor adicionado do subsetor de bens intermediários cresceu a um ritmo semelhante ao da indústria como um todo entre 1952 e 1961, daí a sua participação ter se mantido mais ou menos constante, com cerca de um terço do valor adicionado total. O grande perdedor, portanto, foi o subsetor de manufaturados leves (não duráveis), cuja participação no valor adicionado da indústria recuou cerca de 15 pontos percentuais. Note-se, porém, que em 1961 ele ainda respondia pela maior parte do valor agregado do setor secundário, numa indicação clara de que o processo de substituição de importações havia avançado muito, mas ainda se encontrava longe de seu auge — coisa que só aconteceria ao final da década de 1970, com a maturação dos projetos do II PND.

O crescimento econômico e as mudanças estruturais no período de 1956-63, acima resumidos, decorreram em grande medida de decisões de política econômica que, por sua vez, estiveram condicionadas em maior ou menor grau às restrições políticas e econômicas domésticas e externas. A condução da política econômica — tanto a de curto prazo como a política de desenvolvimento — é analisada cronologicamente no restante do capítulo.

Os Anos JK

A Política Cambial

Devido às dificuldades de se praticar políticas fiscal e monetária ativas na época (pelos motivos que se verá mais à frente), a política cambial terminou sendo o principal instrumento de política econômica do governo brasileiro na década de 1950. Devido à "escassez de dólares" — problema que afligiu a economia internacional no imediato pós-Segunda Guerra, e o Brasil até fins dos anos 1960 —, tornou necessária (prioritária, até) a criação de mecanismos muitas vezes engenhosos de alocação de divisas escassas. Conforme tratado no capítulo anterior, um desses mecanismos — adotado em meio à crise cambial de 1952-53 — foi a influente Instrução 70 da Sumoc, de outubro de 1953. Essa norma eliminou o controle de licenças de importação até então em vigor, substituindo-o por um sistema de leilão de divisas. Com isso, introduzia-se um componente mais concorrencial numa política até então essencialmente discricionária.

O sistema de taxas de câmbio múltiplas inaugurado com a Instrução 70 vigorou até abril de 1964, ainda que tivesse sido ligeiramente modificado com a Lei nº 3.244, de 14 de agosto de 1957 e, em março de 1961, pela Instrução 204 da Sumoc.[11] Ele foi complementado por outra Instrução da Sumoc — esta, mais controvertida, e com grande impacto na economia brasileira — a de número 113 (de 17 de janeiro de 1955). Como se viu no capítulo anterior, a Instrução 113 foi baixada ainda no governo Café Filho, por iniciativa do ministro da Fazenda e expoente do pensamento liberal brasileiro, Eugenio Gudin, e autorizava a importação de bens de capital "sem cobertura cambial", vale dizer, sem o emprego de divisas. Na prática, a Instrução se mostrou um instrumento poderoso de atração do capital estrangeiro: mais de 50% do total de investimento externo direto que ingressou no Brasil entre 1955 e 1960, ou US$401 milhões, o fizeram sob a égide daquela Instrução. Igualmente, dos US$1,7 bilhão em empréstimos e financiamentos obtidos pelo Brasil entre 1955 e 1960, mais de 60% também ingressaram no país sob a forma de máquinas, veículos e equipamentos sem cobertura cambial.[12] Com isso — e essa era a principal crítica que setores do empresariado nacional e da esquerda faziam àquela Instrução — concedia-se um subsídio implícito ao capital estrangeiro. No caso de investimentos diretos, o capital dessas empresas era internalizado no Brasil (sob a

O REI CAFÉ PERDE A SUA MAJESTADE

Durante muito tempo o café foi sinônimo de Brasil e o Brasil de café. Após a forte expansão do plantio e das exportações no período imperial (1822-1889), a preeminência do café na economia e sociedade do Brasil se acentuaria ainda mais durante a Primeira República (1889-1930). Já a perda de importância relativa do setor coincide com o processo de industrialização brasileira, que ganha força no pós-Segunda Guerra. Ainda assim, os primeiros 10 anos após o final do conflito foram de escassez do produto no mercado internacional, à medida que aumentava a demanda europeia e que fatores climáticos reduziam a oferta mundial.

Impactos do Café na Economia Brasileira

	Produção (milhões de sacas de 60kg)	Exportações café Brasil (US$ milhões)	Preço médio de importação nos EUA (cents/lb)	Exportações café Brasil como % total exportações Brasil	Exportações café Brasil como % exportações mundiais café (valor)	Exportações café Brasil como % PIB
1850	2,4[a]	13	8,05	38,2	34,7[b]	9,1
1900	13,9	92	7,05	57,0	74,6	12,6
1945	16,1	229	12,70	35,0	49,5	3,7
1955	26,5	844	52,18	59,3	36,3	4,1
1956	17,1	1.030	51,17	69,5	39,6	4,1
1957	26,3	846	49,82	60,7	35,6	2,8
1958	31,7	688	43,89	55,3	32,5	1,9
1959	44,1	733	36,65	57,2	36,5	2,5
1960	29,8	713	32,34	56,2	36,9	2,1
2000	29,6[c]	1.775	105,64[d]	3,2	21,7	0,3

Fonte: Bacha (1992) e, para 2000, elaboração do autor com base no *Anuário Estatístico do Café 2002/2003*.
a. 1852.
b. 1851.
c. média das safras 1999/2000 e 2000/2001.
d. preço do café natural arábica brasileiro na Bolsa de NY.

A consequente elevação dos preços do produto — que subiram cerca de três vezes e meia em termos reais (i.e., corrigidos pela inflação dos Estados Unidos) entre 1945 e 1954 — foi favorecida pelo fim do preço-teto estabelecido pelos Estados Unidos durante a guerra e funcionou como forte estímulo à expansão do cultivo do café no Brasil (avançando nas terras do Paraná) e no resto do mundo (Colômbia e África, sobretudo). O resultado esperado foi um novo período de superprodução (semelhante ao dos anos 30), que se estendeu de meados da década de 1950 a meados dos anos 60, a despeito de acordos de contenção da oferta firmados entre o Brasil e outros países produtores. No caso brasileiro, as compras, por parte do governo, dos excedentes de café exerceram forte pressão sobre os gastos do Tesouro nos anos JK, prejudicando em muito a condução da política macroeconômica no período.

Após uma relativa estabilidade no triênio 1955-57, os preços internacionais do café dão início a uma trajetória de queda, refletindo a expansão da oferta mundial do produto. Ao final de 1958, o preço do café brasileiro em Nova York desceu a 41,8 cents/libra-peso. As exportações do produto reduziram-se em mais de US$150 milhões em relação ao ano anterior, o mesmo ocorrendo com as exportações totais, que atingiram em 1958 o nível mais baixo da década (US$688 milhões). Se o peso do café no total exportado permaneceu em torno de 60% na década de 1950, sua participação no PIB caiu pela metade (de 4% para 2%), refletindo o avanço do processo de industrialização no período. Nesse sentido, os anos 50 marcam, indubitavelmente, uma inflexão na primazia do café na economia brasileira.

Não obstante as mudanças sofridas na década de 1950, o café permanece sendo uma cultura importante em diversas regiões do Brasil até os dias atuais. Além de dar emprego a centenas de milhares de famílias, o produto continua figurando como um item importante da pauta de exportações do país, tendo respondido por 2,1% do valor total das exportações brasileiras em 2008. Contudo, nada que se compare ao seu papel histórico, quando figurava indiscutivelmente como centro da economia e sociedade brasileiras.

---

forma de máquinas e equipamentos) convertido pela taxa de câmbio mais elevada do mercado livre, mas suas remessas posteriores para o exterior se realizavam pelo favorável custo de câmbio (*grosso modo* equivalente à sobrevalorizada taxa média para as exportações).

Como se percebe, a política cambial no período não apenas procurava lidar com a restrição de divisas da época — agravada pelo desempenho ruim das exportações de café — como também funcionava como um importante instrumento de política de desenvolvimento econômico, ao alargar as possibilidades de investimento em um contexto de escassez de divisas. Essa política de desenvolvimento está sintetizada no conjunto de projetos de investimento reunidos no Programa de Metas, examinado a seguir.

O Programa de Metas

Os antecedentes do Programa de Metas podem ser buscados ainda durante a Segunda Guerra, quando duas missões estrangeiras (Cooke e Kleine-Saks) aqui vieram estudar os problemas da economia brasileira. A elas se seguiu a Missão Abbink, de 1949, cujo relatório final continha um conjunto ordenado de planos de desenvolvimento que posteriormente serviriam de base para o Plano Salte, lançado no governo Dutra, mas implementado apenas parcialmente. Dois anos mais tarde, em 1951, era instalada a Comissão Mista Brasil-Estados Unidos (CMBEU), que delineou projetos econômicos setoriais específicos, formando um conjunto coerente de planos de investimento.[13] Dentre os 41 projetos elaborados pela CMBEU, destacavam-se aqueles que visavam resolver os estrangulamentos nos setores de energia e transportes, cuja expansão no passado não havia acompanhado a do resto da economia. A CMBEU também recomendou que se criasse um banco de desenvolvimento, que daria origem ao Banco Nacional de Desenvolvimento Econômico — BNDE, fundado em 1952.

O esforço de planejamento econômico no Brasil — que ganhara fôlego com os trabalhos da CMBEU e, posteriormente, do Grupo Misto Cepal-BNDE — se tornaria permanente a partir da instituição, por Juscelino Kubitschek, do Conselho de Desenvolvimento (Decreto nº 38.744, de 12 de fevereiro de 1956), diretamente ligado à Presidência da República. Para a secretaria-geral do novo órgão foi designado Lucas Lopes, que acumularia o cargo com o de presidente do BNDE. Ao longo de 1956, o Conselho de Desenvolvimento foi responsável pela identificação de setores da economia que, uma vez adequadamente estimulados, poderiam apresentar capacidade de crescimento. Além disso — e atendendo à necessidade de ampliação de setores de infraestrutura básica (notadamente nas áreas de energia e transportes, previamente apontadas como pontos de estrangulamento) —, o Conselho elaborou um conjunto de 30 objetivos (metas) específicos, distribuídos segundo cinco áreas, denominado Programa de Metas.[14]

O Programa contemplava investimentos nas áreas de energia, transporte, indústrias de base, alimentação e educação, cujo montante orçado equivaleria a cerca de 5% do PIB no período 1957-61.[15] As áreas de energia e transporte receberiam a maior parcela dos investimentos previstos no Programa (71,3%), a cargo quase que exclusivamente do setor público. Para as indústrias de base, foram previstos cerca de 22,3% dos investimentos totais, sob a responsabilidade principalmente do setor privado (por vezes com ajuda de financiamentos públicos). As áreas de educação e alimentação receberiam os restantes 6,4% dos recursos totais.[16]

Além dessas áreas, havia uma meta autônoma particularmente cara a JK — a construção de Brasília, cujos gastos não estavam orçados no Programa. A ideia de construir Brasília foi apresentada por JK ainda na campanha eleitoral, e era por ele considerada um projeto prioritário. A nova capital era vista por Juscelino como "(...) a chave de um processo de desenvolvimento que transformará o arquipélago econômico que é o Brasil em um continente integrado".[17]

As inversões do Programa de Metas a cargo do setor privado (tanto o nacional como o estrangeiro) direcionaram-se, sobretudo, aos setores automobilístico, de construção naval, mecânica pesada e equipamentos elétricos. A supervisão desses investimentos foi entregue a uma estrutura paralela à burocracia estatal, composta pelos "grupos executivos", formados no interior do Conselho de Desenvolvimento.[18]

A implementação do Programa dependeu da adoção de uma tarifa aduaneira protecionista,[19] complementada por um sistema cambial que subsidiava tanto a importação de bens de capital como de insumos básicos, e que atraía o investimento direto por parte do capital estrangeiro. Já sua execução esteve sob a coordenação geral do Conselho de Desenvolvimento que, por um processo de aproximações sucessivas, ia revendo as metas à medida que estas eram alcançadas ou desvios constatados.[20] A Tabela 2.3 reúne algumas das principais metas quantitativas e resultados do Programa.

Como se percebe, muitas das metas alcançaram elevado percentual de realização frente ao planejado, com destaque para a construção de rodovias, produção de veículos e a ampliação da capacidade de geração de energia elétrica. A produção

Tabela 2.3
Plano de Metas: Expansão Prevista e Resultados – 1957-1961

Setor	Previsão	Realizado	%
Energia elétrica (1.000 Kw)	2.000	1.650	82
Carvão (1.000 ton.)	1.000	230	23
Produção de petróleo (1.000 barris/dia)	96	75	76
Refino de petróleo (1.000 barris/dia)	200	52	26
Ferrovias (1.000 km)	3	1	32
Rodovias-construção (1.000 km)	13	17	138
Rodovias-pavimentação (1.000 km)	5	-	-
Aço (1.000 ton.)	1.100	650	60
Cimento (1.000 ton.)	1.400	870	62
Carros e caminhões (1.000 unid.)	170	133	78
Nacionalização de carros (%)	90	75	-
Nacionalização de caminhões (%)	95	74	-

Fonte: Orenstein e Sochaczewski (1989), p. 180.

de automóveis, em particular, serviu para impulsionar o crescimento do setor de bens de consumo duráveis que, conjuntamente com o setor de bens de capital, lideraram essa etapa do processo de substituição de importações. Ainda refletindo a opção feita pelo transporte rodoviário, os setores ferroviário e de produção de carvão mineral apresentaram índices de realização comparativamente baixos.[21]

É importante salientar que, ao lançar o Programa, o governo se esquivou de apresentar, em paralelo, uma proposta detalhada de financiamento, preferindo "procurar sua solução ao longo da execução do programa".[22] As fontes de recursos em moeda nacional distribuíam-se entre o orçamento da União (cerca de 40%) e Estados (10%), bem como recursos das empresas privadas e estatais (35%), ficando as entidades públicas (BNDE, Banco do Brasil etc.) com os restantes 15%. Já a origem dos recursos externos desdobrava-se entre financiamentos de entidades de crédito internacional (Eximbank norte-americano e Banco Mundial), financiamento de entidades oficiais estrangeiras, investimentos diretos trazidos em importações sem cobertura cambial (através das facilidades permitidas pela Instrução nº 113 da Superintendência da Moeda e do Crédito — SUMOC) e suppliers' credits. Como se nota, tal divisão de encargos:

"(...) colocava o peso maior do esforço de investimento sobre o setor público, o que, na ausência de uma reforma tributária que gerasse um significativo incremento das receitas da União, certamente provocaria um déficit público incompatível com a contenção da inflação no patamar previsto".[23]

De fato, o principal mecanismo de financiamento do Programa de Metas foi a inflação, resultante da expansão monetária que financiava o gasto público e do aumento do crédito, que viabilizaria os investimentos privados.[24] Tratava-se, portanto, de um mecanismo clássico de extração de poupança forçada da sociedade como um todo, via inflação, e seu redirecionamento aos agentes (públicos e privados) encarregados de realizarem as inversões previstas no Programa. Para tanto, contribuiu a estrutura particularmente complexa de execução da política monetária no país na época, na qual o Banco do Brasil cumpria, simultaneamente, funções de banco central e banco comercial.

Na prática, o Banco do Brasil promovia a expansão primária dos meios de pagamentos, ao emprestar ao Tesouro para ajudar a cobrir o déficit de caixa (causado, em grande parte, por subsídios dados às empresas de transporte de propriedade do governo federal).[25] A fim de estancar esse déficit — e, assim, interromper a expansão indesejada da base monetária — o governo teria de recorrer a uma das três alternativas (ou uma combinação delas): elevação da tributação, colocação de títulos da dívida ou contenção dos gastos.

A primeira alternativa não se mostrou factível, em função de a arcaica estrutura tributária de então não permitir um aumento substancial de receitas no curto prazo. O recurso à emissão de títulos, por sua vez, esbarrava na Lei de Usura (que limitava a taxa de juros nominais a 12%, contra uma inflação média em 1956-61 superior a 20%) e na proibição a qualquer forma de indexação na economia. Como resultado, os títulos públicos rendiam, muitas vezes, taxas reais de juros negativas. Nesse contexto, restava ao governo o recurso à contenção de despesas, que terminava por assumir a forma de atrasos nos pagamentos a fornecedores envolvidos em projetos ligados ao Programa de Metas.[26]

Conforme já dito, o desempenho agregado da economia brasileira no período 1956-60 decorreu, em grande medida, do Programa de Metas. As hipóteses macroeconômicas adotadas por seus formuladores foram as mesmas usadas nas projeções do Grupo Misto Cepal-BNDE, a saber: crescimento anual de 2% do produto real *per capita* entre 1956 e 1960 (inclusive); redução do coeficiente de importações de 14% para 10%; e inflação esperada para os quatro anos seguintes de 13,5% a.a.[27] Confrontando-se essas hipóteses com os resultados efetivos, emerge um quadro misto: se, por um lado, a economia logrou crescer, em média, cerca de 5% a.a. em termos *per capita* (mais que o dobro dos 2% a.a. previstos) e o coeficiente de importações caiu para cerca de 8% em 1960 (10% previstos), por outro, a inflação média entre 1957 e 1960 (25% a.a.) excedeu largamente os 13,5% antecipados.

O Plano de Estabilização Monetária

Como visto anteriormente, as políticas monetária e fiscal durante o governo JK tornavam-se passivas, subordinadas ao objetivo maior de transformação estrutural da economia. O uso de financiamento inflacionário para atender à prioridade de desenvolvimento industrial traduziu-se em uma forte elevação do índice geral de preços entre 1957 e 1958, levando a inflação a saltar de 7,0% para 24,4% entre aqueles dois anos.[28] O governo reagiu mediante o encaminhamento ao Congresso, em 27 de outubro de 1958, do Plano de Estabilização Monetária — PEM, elaborado pelo ministro da Fazenda, Lucas Lopes e pelo presidente do BNDE, Roberto Campos.

As origens do PEM remontam à tentativa, pelo Brasil, de obter, no início de 1958, um empréstimo junto ao Export-Import Bank (Eximbank) dos Estados Unidos.[29] Em resposta, o Eximbank condicionou o crédito à obtenção, pelo Brasil, de um aval junto ao Fundo Monetário Internacional — FMI. Este, por sua vez, exigiu uma série de medidas visando conter a elevação dos preços e o crescente déficit do balanço de pagamentos do país. Entre as medidas, estavam a contenção do gasto público e do crédito, moderação nos reajustes salariais, reforma do sistema de taxas de câmbio múltiplas ainda em vigor e fim do plano de compras de café pelo governo.

Procurando contornar as críticas do Congresso ao PEM, bem como compatibilizar suas diretrizes gerais com a continuidade dos investimentos previstos no Programa de Metas, Lopes e Campos optaram por uma estabilização monetária gradual, em oposição ao tratamento de choque exigido pelo Fundo. Mesmo a estratégia gradualista não foi aceita pelo presidente do Banco do Brasil, Sebastião Paes de Almeida, que se recusava a cortar o crédito concedido pelo banco para financiar o capital de giro das indústrias. Não obstante a oposição de setores importantes dentro do próprio governo, JK deu início à aplicação do PEM em janeiro de 1959. Entre as medidas anunciadas, estava a diminuição dos subsídios à importação de trigo e gasolina, com impactos imediatos no custo de vida.

Contudo, o acirramento do debate e da oposição política ao PEM ao longo do primeiro semestre de 1959 levou Juscelino a romper negociações com o FMI em junho daquele ano.[30] Entre crescer ou estabilizar, Juscelino optou pelo primeiro. Dava, assim, razão à avaliação de Autran Dourado que abre este capítulo, segundo a qual o presidente da República acreditava ser possível um "almoço grátis".[31] Abandonando o PEM, Juscelino preservava o Programa de Metas e o sonho da nova capital (dando alento a seu projeto político de retornar à Presidência em 1965), mas legava a seu sucessor um quadro de deterioração de alguns dos principais indicadores macroeconômicos.

De fato, entre 1956 e 1960, as exportações caíram quase 15% e a dívida externa líquida aumentou 50%, chegando a US$3,4 bilhões (ou 2,7 vezes as exportações totais em 1960). O déficit do governo federal, por sua vez, manteve-se em torno de um terço das receitas totais da União no período.[32] Na origem desse desequilíbrio estava o vigoroso programa de obras públicas do governo (em particular, a construção de Brasília) e, sobretudo, os gastos associados à política de compra dos excedentes de café.[33] O financiamento inflacionário dos déficits levou o IGP a crescer 24,4% em 1958, 39,4% em 1959 e 30,5% em 1960. Era este o legado negativo que JK deixava a seu sucessor.

Os Governos Jânio Quadros e João Goulart

A disputa pela sucessão de Juscelino teve como principais candidatos Jânio Quadros, governador de São Paulo, lançado pelo pequeno Partido Trabalhista Nacional — PTN, mas com apoio da UDN; Ademar de Barros (Partido Social Progressista — PSP) e o general Henrique Lott (PSD) que, com João Goulart como candidato a vice, pelo PTB, reeditava a aliança partidária que dera vitória a JK cinco anos antes. Dessa feita, porém, apenas a parte trabalhista da coalizão saiu vitoriosa, com João Goulart. Ao mesmo tempo, as urnas consagraram por ampla maioria de votos (48% do total, contra os 28% dados a Lott) o excêntrico Jânio Quadros, ex--professor de português que, empunhando uma vassoura durante sua campanha, prometia varrer para longe a inflação e, sobretudo, a corrupção que, dizia, tomara conta do país no governo que saía.

Defrontado com os problemas macroeconômicos herdados da administração JK, Jânio (que assumiu o governo em 31 de janeiro de 1961) tratou de lançar um pacote de medidas de cunho ortodoxo, que incluíam uma forte desvalorização cambial e a unificação do mercado de câmbio (Instrução 204 da Sumoc), a contenção do gasto público, uma política monetária contracionista e a redução dos subsídios ainda concedidos às importações de petróleo e trigo.

As medidas foram bem recebidas pelos credores do Brasil e pelo FMI, garantindo significativo reescalonamento da dívida externa do Brasil que venceria entre 1961 e 1965, bem como a obtenção de novos empréstimos nos Estados Unidos e Europa. Tudo indicava que, se não possuía um conjunto de metas de desenvolvimento econômico à la JK, Quadros tinha, ainda que difusa, uma estratégia global para os seus cinco anos de mandato. Esta previa para o ano de 1961 o esforço de estabilização doméstica e a recuperação do crédito externo, ao qual se seguiria a retomada, em novas bases, do crescimento, contando com a contribuição decisiva dos capitais estrangeiros, oficiais e privados.[34]

O mérito da estratégia econômica de Quadros, entretanto, jamais poderá ser avaliado: sem base parlamentar de sustentação, em um Congresso dominado pelo PTB e PSD, Jânio renunciou a seu mandato em 25 de agosto de 1961 — num dos gestos mais dramáticos (e enigmáticos) da História do país, pelos efeitos políticos imediatos e de prazo mais longo.

A Constituição indicava, inequivocamente, que, com a renúncia de Jânio, deveria assumir a Presidência o seu vice, João Goulart, então em viagem oficial à China comunista. Contudo, logo surgiu forte oposição à posse de Goulart entre setores militares e civis, o que, por sua vez, deu origem à organização das forças legalistas, lideradas pelo governador do Rio Grande do Sul (e cunhado de João Goulart), Leonel Brizola, com apoio também de importante dispositivo militar. Ante a escalada das tensões, o Congresso adotou uma solução conciliatória, aprovando a mudança do sistema de governo — que passou de presidencialista para parlamentarista. Isso permitiu que Goulart tomasse posse como presidente da República, com poderes diminuídos, a 7 de setembro de 1961, tendo como primeiro-ministro Tancredo Neves. Para a pasta da Fazenda durante o governo de Tancredo Neves foi indicado o banqueiro e embaixador Walter Moreira Salles, como forma de tranquilizar os setores mais conservadores, temerosos quanto à forma que poderia assumir a política econômica sob João Goulart — tido como populista e excessivamente favorável aos trabalhadores.[35]

Os resultados econômicos em 1961 foram positivos — em que pese a grave crise política que o país atravessara — e certamente influenciados pela maturação de diversos projetos de investimentos iniciados ainda na gestão de Juscelino. Assim, o PIB naquele ano cresceu 8,6%, embora viesse acompanhado de expressiva elevação do patamar inflacionário, com a variação do IGP passando de 30,5% em 1960 para 47,8% em 1961. A taxa de investimento do país recuou em 1961, para 13,1% do PIB (seu nível mais baixo desde 1950), num indício de que o auge dos investimentos pesados já havia passado. De positivo, o pequeno aumento das exportações (de US$1,3 bilhão em 1960 para US$1,4 bilhão em 1961) e a redução da relação dívida externa líquida/exportações, de 2,7 para 2,0, em igual período.

A experiência parlamentarista duraria até o final de 1962, tendo incluído, ainda, três primeiros-ministros distintos (pela ordem, Auro de Moura Andrade,[36] Brochado da Rocha e Hermes Lima). Na raiz dessa rotatividade (e da instabilidade política nela implícita) estavam divergências entre João Goulart — que pressionava na direção de um plano de governo mais à esquerda — e os diversos gabinetes. Vendo-se tolhido em seus poderes, o presidente desejava antecipar o plebiscito sobre o regime de governo.[37] Ao menos nesse último ponto, João Goulart saiu vitorioso, e o plebiscito, antecipado para 6 de janeiro de 1963, conferiu ampla vitória aos defensores da volta ao regime presidencialista. Antes, porém, em meio à deterioração do quadro econômico, era publicado o Plano Trienal de Desenvolvimento Econômico e Social, elaborado por equipe liderada por Celso Furtado, então ministro extraordinário para assuntos de desenvolvimento econômico.

A decisão de lançar o Plano Trienal teve como pano de fundo a queda da taxa de crescimento da economia em 1962 (para 6,6%, contra 8,6% em 1961), bem como o agravamento do quadro inflacionário (com a inflação, medida pelo IGP, atingindo 6,3%, ou mais de 100% anualizados, em dezembro de 1962). Lançado oficialmente em 30 de dezembro de 1962, seu objetivo mais geral era conciliar crescimento econômico com reformas sociais e o combate à inflação. Nas palavras de Furtado, o Plano Trienal era um desafio, que visava demonstrar "(...) contra a ortodoxia dos monetaristas, esposada e imposta pelo FMI, que era possível conduzir a economia com relativa estabilidade sem impor-lhe a purga recessiva".[38]

Os objetivos específicos do Plano eram: (1) garantir taxa de crescimento do PIB de 7% a.a., próximo à média dos anos anteriores; (2) reduzir a taxa de inflação para 25% em 1963, visando alcançar 10% em 1965; (3) garantir um crescimento real dos salários à mesma taxa do aumento da produtividade; (4) realizar a reforma agrária como solução não só para a crise social como para elevar o consumo de diversos ramos industriais; e (5) renegociar a dívida externa para diminuir a pressão de seu serviço sobre o balanço de pagamentos.[39]

Com relação à inflação, o diagnóstico de Furtado, indicado ministro do Planejamento no novo governo (presidencialista) de Goulart, era o tradicional: naquele momento ela resultava de excesso de demanda causado pelo déficit público.[40] A fim de conter a escalada dos preços, propunha-se um conjunto de medidas comumente presentes em planos de estabilização de cunho ortodoxo, a saber: a correção de preços públicos defasados, o realismo cambial, corte de despesas, controle da expansão do crédito ao setor privado e aumento do compulsório sobre depósitos à vista.[41]

Já a estratégia de desenvolvimento proposta por Furtado encaixava-se (como era de esperar) na tradição cepalina. Ela dava ênfase ao aprofundamento do processo de industrialização pela via da substituição de importações como forma de enfrentar os pontos de estrangulamento da economia brasileira. Para Furtado, a crise econômica por que passava o país era, antes de mais nada, uma crise do modelo de desenvolvimento, e que só poderia ser superada "com o aprofundamento do próprio modelo, ou seja, com a ampliação do mercado interno, através da reforma agrária e de outras políticas voltadas à redistribuição de renda".[42]

Enquanto isso, externamente, o Brasil procurava alívio para os problemas do balanço de pagamentos. Em março de 1963, foi enviada uma missão a Washington, tendo à frente o ministro da Fazenda, San Tiago Dantas, encarregado de negociar o reescalonamento da dívida externa e obter ajuda financeira adicional. Contrariamente à boa acolhida dada a pedido semelhante feito pelo governo Jânio Quadros, em 1961, dessa vez o governo dos Estados Unidos não se mostrou tão disposto a ajudar. Tal posição estava fortemente pautada na deterioração da situação política do Brasil (leia-se guinada à esquerda do governo), o que incluía a aprovação da Lei de Remessa de Lucros (Lei nº 4.131, de 3 de setembro de 1962).

Em seus artigos 31 a 33, essa Lei limitava em 10% sobre o capital registrado as remessas de lucro ao exterior; considerava as remessas em excesso a esse limite como retorno de capital; e determinava que os lucros em excesso ao mesmo limite, quando não remetidos, seriam registrados como capital complementar, não dando direito à remessa de lucros no futuro. Como resultado da Lei — e da própria deterioração da situação política no Brasil — o volume líquido de investimentos externos a ingressar no país caiu cerca de 40%, de uma média anual de US$150 milhões no período 1956-62, para menos de US$90 milhões em 1963.

Ao final, dos quase US$600 milhões solicitados pelo Brasil, Souza Dantas não conseguiu mais que US$84 milhões para liberação imediata e US$400 milhões gradualmente (não ficando claro o que seria "gradualmente"). Não foi conseguida a renegociação de prazos para o pagamento da dívida externa.[43]

A pouca receptividade do governo dos Estados Unidos ao pleito brasileiro deve ser creditada, também, a seu descontentamento com a chamada Política Externa Independente, praticada pelo Brasil. Iniciada ainda no governo Jânio Quadros, essa política manifestou-se, entre outras coisas, na aproximação do Brasil com Cuba e outros países socialistas, no apoio ao anticolonialismo na África e à discussão, na ONU, sobre o ingresso da República Popular da China naquela organização.[44]

Diante do fracasso da missão de San Tiago Dantas, e das críticas domésticas a essa mesma missão e às medidas contracionistas previstas no Plano Trienal, João Goulart abandonou a ortodoxia econômica. Ao final de abril — e em mais um sinal aparente da indecisão ressaltada por Marcílio Marques Moreira na epígrafe que abre o capítulo —, o presidente decidiu restituir os subsídios ao trigo e ao petróleo (que haviam sido abolidos em janeiro de 1963), aumentou em 60% os vencimentos do funcionalismo e reajustou o salário-mínimo em 56%.[45] A taxa de inflação mensal — que em abril atingira 1,6%, bem abaixo dos 6,3% à época do lançamento do Plano Trienal — tornou a se acelerar em maio (4,0%), mantendo-se em patamar elevado até o fim de 1963.

Em meados daquele ano, o presidente promoveu reforma ministerial, substituindo os responsáveis pelo Plano Trienal: San Tiago Dantas, acometido de câncer no pulmão, deu lugar na Fazenda a Carvalho Pinto e o Ministério do Planejamento foi extinto.[46] Nessa mesma época, assiste-se ao descontrole das contas públicas (com aumento significativo da oferta de moeda a partir de maio) e à permanência do déficit do balanço de pagamentos, em meio à já mencionada redução das entradas autônomas de capitais. Por fim, teve início uma forte desaceleração da atividade econômica, resultante tanto das medidas contracionistas incluídas no Plano Trienal, como de fatores estruturais relacionados com a perda de dinamismo do processo de substituição de importações.

Politicamente, agrava-se a radicalização no país, envolvendo, de um lado, invasões de terras e expropriação de empresas estrangeiras e, de outro, o acirramento da conspiração militar contra João Goulart. Ao clamor pela aceleração das "reformas de base" (agrária, universitária, do capital estrangeiro) prometidas por Goulart, vindo da esquerda, os setores conservadores reagiam com manifestações de massa, como a Marcha pela Família com Deus pela Liberdade, que reuniu centenas de milhares de pessoas em São Paulo, em sua maioria, de classe média. Enquanto isso, no interior das Forças Armadas, assistia-se à crescente politização de seus quadros, sendo grande a penetração da ideologia de esquerda entre o pessoal subalterno, fato que preocupava a maior parte dos oficiais graduados, receosos da perda de disciplina e de ameaças à hierarquia militar. O desenrolar da trama política no fatídico ano de 1964 foi assim resumido:

"A tragédia dos últimos meses do governo Goulart pode ser apreendida pelo fato de que a resolução dos conflitos pela via democrática foi sendo descartada como impossível ou desprezível por todos os atores políticos. A direita ganhou os conservadores moderados para a sua tese: só uma revolução purificaria a democracia, pondo fim à luta de classes, ao poder dos sindicatos e aos perigos do comunismo."[47]

O lance final dessa tragédia política deu-se a 31 de março de 1964, com o golpe civil-militar que derrubou João Goulart. A melhoria do quadro econômico — objetivo declarado dos "revolucionários" — teria de esperar a adoção do Paeg, no governo Castello Branco, e o "milagre" que o sucedeu. Já a restauração da normalidade institucional, também prometida por parcela daqueles que tomaram o poder, teve de aguardar muito mais.

Conclusões

Um balanço do período de 1956 a 1963 como um todo é dificultado pela existência de uma clara descontinuidade em 1961. O que se tem — e isso é refletido na divisão dada a este capítulo — são dois subperíodos bem demarcados: os anos JK (1956 a 1960) e os conturbados governos de Jânio Quadros e João Goulart (janeiro de 1961 a março de 1964).

No caso de Juscelino, qualquer avaliação deve começar por ressaltar a virtuosa combinação de crescimento econômico acelerado, transformação estrutural da economia brasileira e pleno gozo das liberdades democráticas no país. Parece trivial, mas esses ingredientes jamais se apresentaram conjuntamente — e de maneira tão bem-sucedida — na história republicana brasileira quanto na *Golden Age* sob Juscelino.

Entre 1956 e 1960, as principais metas de ampliação da produção e da infraestrutura econômica, reunidas no Programa de Metas, foram alcançadas, bem como a metassíntese de construção de Brasília (propulsora da interiorização da ocupação econômica e demográfica do Brasil, que se desenrola até hoje). Nesse sentido, a política de desenvolvimento econômico de JK foi coroada de sucesso, ainda que não se deva omitir o fato de que o Plano de Metas também agravou a concentração regional da produção, além de ter sido praticamente omisso em relação à agricultura e à educação básica — nesse último caso, com reflexos perversos até hoje para a distribuição de renda no país.

Um olhar mais crítico sobre o período — e que fuja ao "sebastianismo" que caracteriza parcela das avaliações existentes — também revela que, ao *lustrum mirabile* de JK, correspondeu também uma "macroeconomia do homem cordial", na feliz expressão de Marcelo de Paiva Abreu.[48] Essa macroeconomia — que fincaria raízes nos corações e mentes de vasta parcela da população (e, pior, entre economistas e políticos) desde então — subentende um mundo de possibilidades ilimitadas ao alcance do governo. Seus ingredientes principais são: crença na ausência de restrições (orçamentárias, sobretudo) no mundo real; ênfase na "vontade política" como guia infalível para a condução de ações de governo (ignorando os aspectos mais básicos das negociações dentro de sistemas políticos complexos) e, mais grave, um solene desprezo pela inflação, mecanismo introdutor de sérias distorções nos cálculos dos agentes econômicos, usurpador do poder de compra das camadas mais pobres da sociedade e concentrador de renda.

A dificuldade histórica de se montar coalizões anti-inflacionárias — entendidas como uma conjunção de interesses políticos, empresariais e sindicais que se traduzisse em respaldo para medidas de estabilização — no Brasil foi driblada por JK através do crescimento econômico acelerado, anestesiando os custos políticos dos remédios amargos que necessariamente acompanham essas medidas.[49] Juscelino deixaria para seus sucessores a parte ruim dos "50 anos em 5": a inflação alta, o déficit público elevado e a deterioração das contas externas, na certeza de encontrar, cinco anos mais tarde, um país saneado, mas estagnado, pronto para reconduzi-lo a mais cinco anos de desenvolvimentismo presidencial. Trata-se de estratégia de triste recorrência na história administrativa do país (em todos as esferas de governo), que apenas lentamente vem sendo superada.

E como avaliar as gestões econômicas de Quadros e Goulart? Conforme visto, ambos sucumbiram à mencionada dificuldade de formar coalizões anti-inflacionárias. Para piorar, tiveram de enfrentar uma herança macroeconômica muito pior do que recebera JK ao assumir a Presidência. Mas também assumiram o comando de uma economia muito maior e mais complexa, e que ainda digeria as transformações que sofrera a partir do Programa de Metas. Os desequilíbrios que naturalmente decorrem de processos de *take off* econômico acelerados — como foi o período 1956-60 — tiveram efeitos econômicos perversos, que Jânio e João Goulart não puderam solucionar. A deterioração do quadro macroeconômico se agravaria com a inesperada renúncia de Quadros, e passaria incólume ao Plano Trienal. Sua persistência ajudaria a conturbar um quadro político já bastante instável, que culminaria com o golpe civil-militar de 1964.

RECOMENDAÇÕES DE LEITURA

Lessa[50] e Lafer[51] permanecem sendo os tratamentos mais detalhados sobre a condução da política econômica no período, bem como sobre o Programa de Metas. Para uma excelente análise crítica da política econômica de JK a Goulart, ver Abreu.[52]

LEITURAS ADICIONAIS

Sochaczewski[53] discute em detalhes tanto as políticas de desenvolvimento como as de curto prazo entre 1952 e 1968. As dificuldades políticas para a gestão macroeconômica no governo Goulart são analisadas em Fonseca (2004).[54]

NOTAS

1. O leitor interessado em detalhes desse contexto deve consultar os verbetes relevantes em Abreu *et al.*, coords. (2001).
2. Ver Lafer (2002), p. 48.
3. No início de novembro, a vitória de Juscelino foi contestada por setores conservadores. Estes, com apoio de parte das Forças Armadas, mas sem amparo na legislação em vigor, alegavam ter JK sido eleito com uma minoria dos votos válidos. Ao dia 11, um golpe "preventivo", encabeçado pelo general Henrique Lott, terminou por garantir a posse de JK e João Goulart, em 3 de janeiro de 1956 (Fausto, 2000).
4. A título de comparação, no início do século XXI a participação do setor agropecuário no PIB do Brasil estava em torno de 8%.
5. Ver Mesquita (1992), Tabela 1.
6. Dados do IBGE (2003).
7. Cabe destacar que, em uma perspectiva de longo prazo, a década de 1950 aparece em terceiro lugar no século XX no que diz respeito à magnitude da mudança estrutural na economia brasileira, atrás apenas dos anos 30 e 40. Esse indicador é obtido pela soma das diferenças entre as participações setoriais em dois anos delimitadores de décadas consecutivas, elevadas ao quadrado. Ver Bonelli (2003), p. 374.
8. Trata-se de subconjunto da Indústria, que, além da indústria de transformação, inclui também a construção civil, a indústria extrativa mineral e os serviços industriais de utilidade pública.
9. Participações calculadas a partir de dados brutos do PIB setorial, em IBGE (2003).
10. A melhor análise histórica da industrialização substitutiva de importações no Brasil é de Fishlow (1972).
11. Além de alterar o regime cambial, a Lei nº 3.244 modificou a política tarifária do Brasil, introduzindo a cobrança de impostos *ad valorem* (isto é, uma alíquota — que variava de 0 a 150% — incidente sobre o preço de importação das mercadorias estrangeiras), em substituição ao arcaico sistema de impostos específicos, em vigor desde o Império. Com o novo sistema de cobrança, evitava-se a perda de receita para o Fisco, que acontecia na presença de inflação e com o sistema de alíquotas específicas. Para a implementação da nova tarifa, foi criado o Conselho de Política Aduaneira — CPA.
12. Ver Malan (1986).
13. Ver Sochaczewski (1993).
14. Ver Faro e Silva (2002). Nas palavras de Lessa (1982, p. 27), o Plano de Metas "constituiu a mais sólida decisão consciente em prol da industrialização na história econômica do país", tendo conferido prioridade absoluta "(...) à construção dos estágios superiores da pirâmide industrial verticalmente integrada e do capital social básico de apoio a esta estrutura (dando continuidade, assim) ao processo de substituição de importações que se vinha desenrolando nos dois decênios anteriores". Com efeito, por esse critério, apenas o II PND, no governo Geisel, poderia rivalizar com o Plano de Metas. Nota-se, porém, que Lessa não poderia ter feito essa comparação, visto que seu trabalho fora escrito para a Cepal originalmente em 1964 — 10 anos, portanto, antes da elaboração do II PND.
15. Ver Orenstein e Sochaczewski (1989).
16. Os investimentos mobilizados pelo Plano correspondiam a uma parcela que variava de 7,6% do PIB em 1957 a 4,1% em 1961. Desse volume total, cerca de dois terços se referia a bens e serviços nacionais (totalizando aproximadamente Cr$ 300 bilhões à época) e o restante, importados, no valor de cerca de US$ 2,2 bilhões (Faro e Silva, 2002).
17. Citado em Lafer (2002), p. 147. Uma vez eleito — e cinco meses após pedir ao Congresso que examinasse a questão e desse ao governo os meios para alcançar aquele objetivo —, foi sancionada lei autorizando

o Poder Executivo a tomar as providências necessárias para acelerar a construção da nova capital, após ter sido aprovada por unanimidade no Congresso.
18. Ver a respeito Lafer (2002) e Leopoldi (2002).
19. Dessa forma, reservava-se o mercado interno para os novos setores industriais que se instalariam no país. Ver Gordon e Grommers (1962) e Lessa (1982).
20. Ver Faro e Silva (2002).
21. Ver Orenstein e Sochaczewski (1989).
22. Ver Lessa (1982), p. 33. Para o autor, essa ausência de indicação clara de fontes de financiamento visava contornar as resistências que inevitavelmente surgiriam no setor privado.
23. Ver Mesquita (1992), p. 23.
24. Além disso, foram utilizados recursos dos fundos setoriais de vinculação orçamentária (nas áreas de energia e transportes) e aqueles oriundos da conta de Ágios e Bonificações (criada com a Instrução 70 da Sumoc).
25. Ver Orenstein e Sochaczewski (1989).
26. Idem.
27. Dados em Presidência da República, Conselho de Desenvolvimento, *Programa de Metas*, citado em Sochaczewski (1993).
28. A variação do IGP em 1957 (7%) — bem abaixo dos 24,6% e 24,4% registrados em 1956 e 1958, respectivamente — pode ser creditada à boa safra agrícola naquele ano, juntamente com o controle exercido pelo governo sobre os preços da cesta básica, aluguéis e transportes urbanos. Ver, a respeito, Abreu (1994).
29. Ao longo de 1958, JK também se dedicou à promoção de um Plano multilateral de assistência ao desenvolvimento da América Latina. Batizada de Operação Pan-Americana (OPA), a iniciativa de Juscelino terminou por sensibilizar os Estados Unidos, que concordaram em apoiar a criação de um mecanismo financeiro multilateral para a região. Tais esforços resultaram na fundação, em 1959, do Banco Interamericano de Desenvolvimento — BID, de quem o Brasil até hoje recebe financiamentos.
30. JK que, ante a enfermidade de Lucas Lopes, havia assumido pessoalmente as negociações com o Fundo, vendeu de forma politicamente astuta o seu gesto como sendo uma ruptura com a instituição FMI, e não das negociações com o Fundo — com óbvios dividendos políticos. Lucas Lopes e Roberto Campos deixariam o governo logo em seguida.
31. Trata-se de tradução para o português da conhecida expressão em inglês "there is no such thing as a free lunch", popularizada pelo professor da Universidade de Chicago (agraciado com o Prêmio Nobel de Ciências Econômicas em 1976), Milton Friedman.
32. Ver Mesquita (1992), Tabela I.1.
33. Enquanto o custo de construção de Brasília foi estimado por Lessa (1982) em 2 a 3% do PIB entre 1957 e 1961, Orenstein e Sochaczewski (1989) afirmam que as compras oficiais de estoques excedentes de café teriam consumido de três a quatro vezes mais recursos públicos no período (!), ou seja, volume superior aos gastos totais (i.e., públicos e privados) com o Programa de Metas.
34. Ver Mesquita (1992).
35. Ver Fausto (2000), pp. 442-3.
36. Escolhido por Goulart em 2 de julho de 1962, Moura Andrade teve o seu nome aprovado pelo Congresso. Contudo, ante a dificuldade de montar um gabinete, terminou renunciando à indicação sem ter chegado a assumir o cargo.
37. O ato que estabeleceu o parlamentarismo previu a realização de um plebiscito em 1965, no qual a população decidiria em definitivo sobre o sistema de governo.
38. Ver Furtado (1997), Tomo II, p. 244.
39. Ver Sochaczewski (1993), p. 209.
40. As receitas totais do governo federal em 1962 cobriram apenas dois terços das despesas daquele ano. Ver Mesquita (1992), Tabela I.1.

41. Ver Abreu (1994) e Malan (1986).
42. Ver Fonseca (2004).
43. Ver Sochaczewski (1993), p. 218.
44. Ver Malan (1986), pp. 95-9.
45. Ver Abreu (1994), p. 164. Para Sochaczewski (1993, p. 212), essas medidas foram a "pá de cal" sobre o Plano Trienal. Para uma análise que atribui as constantes mudanças na orientação de política econômica por parte de João Goulart mais às dificuldades de legitimação e sustentação política do presidente do que à sua conhecida dificuldade em tomar decisões, ver Fonseca (2004).
46. Com a decisão, Furtado retornaria ao comando da Superintendência do Desenvolvimento do Nordeste — Sudene, criada em fins de 1959 com o objetivo de elaborar e coordenar os planos socioeconômicos de interesse daquela região.
47. Ver Fausto (2000), p. 458.
48. Ver Abreu (1994).
49. Ver Mesquita (1992), p. 18.
50. Ver Lessa (1982).
51. Ver Lafer (2002).
52. Ver Abreu (1994).
53. Ver Sochaczewski (1993).
54. Ver Fonseca (2004).

Capítulo

Reformas, Endividamento Externo e o "Milagre" Econômico
(1964-1973)

Jennifer Hermann

"O mais fértil laboratório de análise (...) sobre o mistério do desenvolvimento são os países do Leste e Sudeste asiático (...) porque (...) permitem estudar-se a correlação (ou falta de correlação) entre *democracia* e *desenvolvimento*, ou entre *autoritarismo* e *reforma econômica*."
Roberto Campos, *A lanterna na popa*, p. 1272.

"O eixo de sua construção [do regime militar-autoritário no Brasil] foi o controle militar da Presidência da República (...) e a imposição de limites à autonomia dos demais poderes da União (...)."
B. Sallum Jr., *Labirintos: dos generais à Nova República*, p. 18.

Introdução

O período de 1964-73 abrigou três mandatos de presidentes militares: do marechal Humberto Castello Branco (1964-66), de Arthur da Costa e Silva (1967-69) e Emílio Garrastazu Médici (1969-73) — os dois últimos, generais. Apesar da duração relativamente curta dos dois primeiros governos, os anos 1964-73 são marcados pela continuidade no terreno político, bem como quanto ao modelo de política econômica.

A homogeneidade política do período foi sustentada por um regime de exceção, instituído no país pelo golpe militar que depôs o então presidente João Goulart em 31 de março de 1964. Castello Branco assumiu o governo em 15 de abril do mesmo ano, com um mandato que se extinguiria em 20 de janeiro de 1967. Em julho de

1964, a Emenda Constitucional nº 9 prorrogou o mandato de Castello Branco até 15 de março de 1967. Nessa data, assumiu o governo o general Costa e Silva, cujo mandato foi interrompido em agosto de 1969, por problemas de saúde. Assumiu, então, o general Médici, que se manteve no cargo até 15 de março de 1974, quando foi substituído por outro militar — o general Ernesto Geisel.

O modelo de política econômica traçado no governo Castello Branco fora formulado pelos ministros do Planejamento e da Fazenda — respectivamente, Roberto de O. Campos e Octávio G. de Bulhões — ambos economistas de perfil ortodoxo. Os dois foram empossados em abril de 1964 e permaneceram nos cargos até o final da gestão de Castello Branco. Os ministros estabeleceram o combate gradual à inflação, a expansão das exportações e a retomada do crescimento como principais objetivos da política econômica. Apesar da troca de governo e de ministros, tal orientação, como veremos, foi seguida sem grandes desvios até 1973. Contudo, no governo Castello Branco, devido ao cenário de desequilíbrio monetário e externo do início do período, a política econômica acabou por assumir uma orientação claramente restritiva. Somente a partir de 1967-68 a retomada do crescimento tornou-se o objetivo predominante.

A continuidade no campo da política econômica foi, em grande parte, reflexo da continuidade política do período. Diante da forte repressão a manifestações da sociedade civil e mesmo à atuação de partidos políticos, a visão de política econômica do governo não encontrava resistência formal, impondo-se à sociedade e aos demais poderes da União, como observa Sallum Jr. na epígrafe.[1] Com relação ao empresariado, não havia motivos para resistência, já que a política econômica do período de 1964-73 (especialmente a partir de 1968) foi, em geral, favorável aos lucros, em detrimento dos salários. Nesse sentido, quanto ao aspecto destacado por R. Campos na epígrafe deste capítulo, o Brasil de 1964-73 ilustra um caso de nítida ausência de correlação entre democracia e desenvolvimento e de alta correlação entre autoritarismo e reforma econômica.

No que tange ao desempenho da economia, os anos 1964-73 abrigam duas fases distintas. A primeira, de 1964 a 1967, caracterizou-se como uma fase de ajuste conjuntural e estrutural da economia, visando ao enfrentamento do processo inflacionário, do desequilíbrio externo e do quadro de estagnação econômica do início do período. Os anos 1964-67 foram marcados pela implementação de um plano de estabilização de preços de inspiração ortodoxa — o Plano de Ação Econômica do Governo (Paeg) — e de importantes reformas estruturais — do sistema financeiro, da estrutura tributária e do mercado de trabalho. Nesse período, a economia brasileira teve um comportamento do tipo *stop and go*, embora o crescimento médio do PIB tenha sido razoável (4,2% ao ano). A segunda fase, de 1968 a 1973, caracterizou-se por uma política monetária expansiva e por vigoroso crescimento da atividade econômica (média anual de 11,1%), acompanhado de gradual redução da inflação e do desequilíbrio externo. Essas condições justificaram a alcunha de "milagre brasileiro" para esse período.

O presente capítulo examina a política econômica e a evolução da economia brasileira em cada uma dessas duas fases. A segunda seção trata da política de estabilização inscrita no Paeg e a terceira, das reformas tributária e financeira. A seção seguinte analisa os impactos dessas políticas sobre as principais variáveis macroeconômicas no período de 1964-67. A quinta seção descreve o desempenho da economia brasileira durante o "milagre" (1968-73) e discute as bases de sustentação do crescimento "equilibrado" desse período. A última seção conclui o capítulo com uma síntese das mudanças econômicas do período de 1964-73 no Brasil e uma breve discussão sobre a herança deixada para o governo Geisel.

O Paeg (1964-66): Diagnóstico e Estratégia de Estabilização

Ao longo de 1963 e até o início de 1964, a economia brasileira operou em verdadeiro estado de "estagflação" — estagnação da atividade econômica, acompanhada de aumento da inflação. Após um crescimento real médio de 8,8% ao ano no período 1957-62, o PIB brasileiro cresceu apenas 0,6% em 1963, enquanto a inflação (medida pelo IGP) elevou-se da média de 32,5% ao ano naqueles anos para 79,9% em 1963 (Apêndice Estatístico).[2] Esse era o cenário a ser enfrentado pela política econômica no início do governo Castello Branco.

Tanto o Paeg quanto as reformas estruturais do período de 1964-66 estão fundamentados no diagnóstico apresentado pelo ministro Roberto Campos ao presidente Castello Branco em fins de abril de 1964. Em documento reservado, intitulado "A Crise Brasileira e Diretrizes de Recuperação Econômica", Campos aponta duas linhas principais de ação para a superação da crise: o "lançamento de um plano de emergência destinado a combater eficazmente a inflação", que veio a ser o Paeg, e o "lançamento de reformas de estrutura" (as reformas fiscal e financeira).[3]

Quanto à inflação, a avaliação de Campos era de que "a responsabilidade primordial do processo inflacionário cabe aos déficits governamentais e à contínua pressão salarial".[4] Os déficits alimentavam a expansão dos meios de pagamento que, por sua vez, sancionavam os aumentos de salários. Esse diagnóstico inspirou as principais medidas do Paeg (Quadro 3.1): (1) um programa de ajuste fiscal, com base em metas de aumento da receita (via aumento da arrecadação tributária e de tarifas públicas) e de contenção (ou corte, em 1964) de despesas governamentais; (2) um orçamento monetário que previa taxas decrescentes de expansão dos meios de pagamentos; (3) uma política de controle do crédito ao setor privado, pela qual o crédito total ficaria limitado às mesmas taxas de expansão definidas para os meios de pagamento; 4) um mecanismo de correção salarial pelo qual "as revisões salariais (...) deverão guiar-se pelo critério da manutenção, durante o período de vigência de cada reajustamento, do salário real médio verificado no biênio anterior, acrescido de porcentagem correspondente ao aumento de produtividade".[5] Essa regra salarial foi aplicada, inicialmente, à administração pública e, a partir de 1966, estendeu-se ao setor privado.[6]

Com base nessas medidas, o Paeg estabeleceu metas decrescentes de inflação para o período de 1964-66: 70% em 1964, 25% em 1965 e 10% em 1966. As metas de inflação, comparadas com as metas monetárias e fiscais, permitem perceber que, em termos reais, o plano previa crescimento nulo dos meios de pagamento em 1964, comportando alguma expansão no biênio 1965-66 (Quadro 3.1). No campo fiscal, constata-se também uma política austera para 1964, especialmente no que tange ao corte de despesas, com algum alívio em 1965. Apesar da austeridade monetária e fiscal, como observa Resende,[7] no Paeg, "(...) o combate à inflação estava sempre qualificado no sentido de não ameaçar o ritmo da atividade produtiva". O Plano previa taxas reais de crescimento do PIB de 6% ao ano no biênio 1965-66.

As metas do Paeg para a inflação indicavam uma estratégia assumidamente gradualista. O Plano não se propôs a *eliminar* o processo inflacionário em curto espaço de tempo, mas apenas a atenuá-lo ao longo de três anos, admitindo ainda uma inflação de dois dígitos (10%) no terceiro ano.

A opção pelo gradualismo foi justificada no Plano com base no argumento de que havia a necessidade de uma "inflação corretiva" e de evitar-se uma grave crise de estabilização.

Com relação ao primeiro aspecto, o problema é que a aceleração da inflação é, em geral, acompanhada de um processo de desajuste de preços relativos, sendo

Quadro 3.1
Metas Monetárias e Fiscais do Paeg – Taxas Nominais de Variação

Indicador	Metas		
	1964	1965	1966
Receita da União[a]	15%	58%	-
Despesas da União[a]	–27%	42%	-
Déficit da União	–62%	3%	-
M1 e crédito privado	70%	30%	15%
Inflação	70%	25%	10%

Fonte: Elaboração própria a partir de dados de Simonsen (1970), p. 28-34.
[a] Variações da receita e despesa do governo em 1964 medidas em relação ao orçamento preexistente para o mesmo ano e, em 1965, em relação ao reprogramado para 1964.

particularmente penalizados aqueles preços fixados em contratos de longo prazo (um ano ou mais), como salários, aluguéis, tarifas públicas e, em regimes de câmbio administrado, como o que vigia no Brasil à época, também a taxa de câmbio. Esse desajuste é, em si, uma fonte realimentadora da inflação, porque gera um conflito distributivo causador de contínuas demandas por correções de preços defasados. O diagnóstico do Paeg para o Brasil de 1964 era de que, entre aqueles preços, apenas os salários não estavam defasados — estes foram até apontados como uma das principais causas da inflação, como vimos. A correção das tarifas públicas e da taxa de câmbio era apontada como uma medida duplamente necessária, pois, além de eliminar (ou atenuar) as distorções de preços relativos, contribuiria também, respectivamente, para o ajuste fiscal e para o ajuste do balanço de pagamentos.

Quanto ao segundo ponto, o argumento era de que a magnitude dos cortes fiscais e monetários necessários para reduzir rapidamente a inflação, a partir do nível elevado em que se encontrava no início de 1964 (144% anualizada), provocaria uma grave recessão da atividade econômica, o que não era politicamente recomendável àquela altura. Os militares assumiram o poder em 1964 com um discurso que atribuía ao governo militar a missão de "salvar" o país do caos econômico e político em que se encontrava. O Paeg, anunciado como um plano emergencial de estabilização, era parte dessa missão. Contudo, para legitimar o regime de exceção junto à sociedade (leia-se, junto à classe empresarial e às camadas de renda mais alta) e ao meio político internacional, era necessário preservar a renda agregada de uma queda abrupta, enquanto se implementava o plano de combate à inflação. Numa segunda etapa (com a inflação sob controle), seriam, então, implementadas políticas diretamente voltadas para o objetivo de crescimento e desenvolvimento econômico — o que, de fato, foi feito a partir de 1967.

O fato é que, nesse período, havia no Brasil um certo consenso de que as "crises de estabilização" não eram uma necessidade para o alcance da estabilidade de preços. Nos governos Castello Branco e Costa e Silva, em particular, predominou a visão de que era possível conciliar taxas razoáveis de crescimento do PIB com o combate gradual à inflação. A "mágica" dessa conciliação seria feita pela correção monetária. Somente duas décadas mais tarde o governo (e toda a sociedade) começaria a se dar conta da contradição inerente a esse modelo de estabilização, no qual um dos remédios — a correção monetária — tinha também o efeito de reproduzir a própria doença.

As Reformas Estruturais do Período de 1964-67

As "reformas de estrutura" a que se referiu Roberto Campos em sua análise da crise brasileira em 1964 tiveram por foco a estrutura tributária e a financeira. Além dessas reformas, uma importante mudança foi introduzida no mercado de trabalho em 1964, mantendo-se em vigor ainda na década de 2000. Trata-se da criação do FGTS (Fundo de Garantia por Tempo de Serviço), que substituiu o regime de estabilidade no emprego, então vigente, entendido como um entrave institucional ao aumento do emprego e, por conseguinte, ao crescimento econômico.

O FUNDO DE GARANTIA POR TEMPO DE SERVIÇO — FGTS

O FGTS veio substituir o regime de trabalho vigente nos anos de 1960, que garantia estabilidade do trabalhador no emprego após dez anos de serviço no mesmo estabelecimento. O FGTS é um fundo formado por depósitos mensais, por parte do empregador, em nome de cada trabalhador, de valor (à época) equivalente a 8% dos respectivos salários nominais. Com o FGTS, as empresas ganharam o direito de demitir funcionários a qualquer momento. Em caso de demissão ou em algumas situações especiais (como a compra de imóvel, por exemplo), os recursos são liberados para o trabalhador. A ideia era que a flexibilização do mercado de trabalho, permitida pelo Fundo, não estimularia as demissões, mas, sim, as contratações de empregados, na medida em que diminuía o risco e os custos de longo prazo do emprego para os empregadores. Infelizmente, não é possível avaliar quantitativamente essa hipótese. Isso exigiria alguma forma de comparação entre as taxas de desemprego antes e depois do FGTS. Contudo, a pesquisa de emprego do IBGE só teve início na década de 1980.

As reformas tributária e financeira, que foram implementadas gradualmente, entre 1964 e 1967, são analisadas a seguir.

A Reforma Tributária

Os objetivos explícitos da reforma tributária eram o aumento da arrecadação do governo (via aumento da carga tributária da economia) e a racionalização do sistema tributário. Nesse sentido, pretendia-se reduzir os custos operacionais da arrecadação, eliminando impostos de pouca relevância financeira, e definir uma estrutura tributária capaz de incentivar o crescimento econômico. Para tanto, as principais medidas implementadas foram:[8] (1) instituição da arrecadação de impostos através da rede bancária; (2) extinção dos impostos do selo (federal), sobre profissões e diversões públicas (municipais); (3) criação do ISS (Imposto Sobre Serviços), a ser arrecadado pelos municípios; (4) substituição do imposto estadual sobre vendas, incidente sobre o faturamento das empresas, pelo ICM (Imposto sobre Circulação de Mercadorias), incidente apenas sobre o valor adicionado a cada etapa de comercialização do produto; (5) ampliação da base de incidência do imposto sobre a renda de pessoas físicas; (6) criação de uma série de mecanismos de isenção e incentivos a atividades consideradas prioritárias pelo governo à época — basicamente, aplicações financeiras, para estimular a poupança, e investimentos (em capital fixo) em regiões e setores específicos; e (7) criação do Fundo de Participação dos Estados e Municípios (FPEM), através do qual parte dos impostos arrecadados no nível federal (no qual se concentrou a arrecadação) era repassada às demais esferas de governo.

Esse conjunto de medidas resultou em significativa elevação da carga tributária do país, que passou de 16% do PIB em 1963 para 21% em 1967. Do ponto de vista distributivo, a reforma tributária do governo Castello Branco foi regressiva, beneficiando as classes de renda mais alta (os poupadores) com os incentivos e isenções sobre o imposto de renda. Assim, a maior parte do aumento de arrecadação foi obtida através dos impostos indiretos, que, em termos relativos, penalizam mais as classes de baixa renda.

Outra característica da reforma tributária foi o seu caráter centralizador, do ponto de vista federativo. Foi limitado o direito de os estados e municípios legislarem sobre tributação. Esses direitos ficaram restritos ao imposto sobre transmissão de imóveis (de baixa arrecadação) e ao ICM, no caso dos estados, e ao ISS e IPTU (Imposto sobre Propriedade Territorial Urbana), no caso dos municípios. Além disso, a reforma atribuiu exclusivamente à União o poder de decisão sobre o percentual das transferências através do FPEM; conferiu à União o poder de ingerência sobre a alocação de parte desses recursos (50% dos recursos deveriam ser alocados a investimentos) e eliminou o princípio da anualidade, pelo qual novos tributos só podem entrar em vigor no ano seguinte à sua aprovação pelo Congresso, para impostos indiretos (principal alvo do aumento da carga tributária) e contribuições.

Nessas condições, o êxito da reforma no sentido de aumentar a carga tributária, bem como de promover o desenvolvimento financeiro e econômico do país no período do "milagre", deve ser creditado tanto à racionalidade das medidas voltadas para esses fins como ao regime autoritário vigente. Dificilmente uma reforma regressiva e centralizadora como a de 1964-67 teria sido aprovada pelo Congresso e aceita sem resistências pela sociedade em um regime democrático.

A Reforma Financeira

Até meados da década de 1960, o sistema financeiro brasileiro (doravante, SFB) constituía-se, basicamente, de quatro tipos de instituições: bancos comerciais privados e financeiras, que atuavam na provisão de capital de giro para as empresas; caixas econômicas federais e estaduais, atuando no crédito imobiliário; e bancos públicos (Banco do Brasil e Banco Nacional de Desenvolvimento Econômico — BNDE), únicos que atuavam na intermediação a prazos mais longos. Instituições não bancárias, embora existissem, tinham papel secundário no mercado financeiro do Brasil pré-1964.

As reformas de 1964-67 tiveram por objetivo explícito complementar o SFB, constituindo um segmento *privado* de longo prazo no Brasil. A carência dessas instituições e instrumentos tinha ficado patente durante o Plano de Metas, cujo financiamento teve como fontes predominantes a emissão de moeda, algumas fontes fiscais ou parafiscais e o capital externo. A precariedade daquele segmento do SFB determinava ainda que a emissão de moeda se tornasse uma fonte de financiamento inflacionária, na medida em que os recursos novos criados pelo governo não retornavam ao sistema sob a forma de poupança financeira, mas, sim, de depósitos à vista (disponíveis para gasto imediato).

Diante desse quadro, o objetivo central da reforma financeira foi dotar o SFB de mecanismos de financiamento capazes de sustentar o processo de industrialização já em curso, de forma não inflacionária. Para tanto, era necessário, em primeiro lugar, reorganizar o funcionamento do mercado monetário, o que foi feito com a criação de duas novas instituições: o Banco Central do Brasil (Bacen), como executor da política monetária, e o Conselho Monetário Nacional (CMN), com funções normativa e reguladora do SFB.

Quanto ao modelo de financiamento, o projeto original dos ministros Octávio Bulhões e Roberto Campos, que formularam a reforma, seguia o modelo segmentado, vigente nos Estados Unidos. Neste, as instituições financeiras atuam em segmentos distintos do mercado, cabendo aos bancos de investimento o papel de prover financiamento de longo prazo, como intermediários na colocação de títulos no mercado de capitais e, em menor escala, como emprestadores finais. No Brasil, manteve-se ainda um papel importante para os bancos públicos no crédito de longo prazo. A estrutura financeira então criada é apresentada no Quadro 3.2.[9]

Para viabilizar esse modelo, era necessário estabelecer regras claras de funcionamento do mercado de capitais e dotar as instituições financeiras, bem como as empresas interessadas no financiamento direto, de condições de acesso a recursos de longo prazo. As regras de funcionamento do mercado foram estabelecidas numa série de Leis e Resoluções do governo.[10] Quanto à captação de longo prazo, o diagnóstico era de que tanto a geração, quanto a alocação de poupança no Brasil eram prejudicadas pelo baixo retorno real dos ativos de longo prazo, em um contexto de inflação crescente e juros nominais limitados (ao teto de 12% ao ano pela Lei da Usura e pela Cláusula Ouro que impedia a indexação de contratos).

Quadro 3.2
O SFB após as Reformas de 1964-1967

Tipo de Instituição	Área de Atuação
Conselho Monetário Nacional (CMN)	Criado em 1964, em substituição à Superintendência da Moeda e do Crédito (Sumoc), com função normativa e reguladora do sistema financeiro.
Banco Central do Brasil (Bacen)	Criado em 1964, como executor das políticas monetária e financeira do governo.
Banco do Brasil (BB)	Banco comercial e agente financeiro do governo, especialmente em linhas de crédito de médio e longo prazos, para exportações e agricultura.
Banco Nacional de Desenvolvimento Econômico (BNDE)	Criado em 1952 para atuar no financiamento seletivo de longo prazo para a indústria e infraestrutura.
Bancos de Desenvolvimento (BD) regionais e estaduais	Atuação semelhante à do BNDE, mas em âmbito regional/estadual.
Bancos Comerciais	Crédito de curto e médio prazos (capital de giro).
Bancos de Investimento	Regulamentados em 1966, para atuarem no segmento de crédito de longo prazo e no mercado primário de ações (operações de subscrição).
Sociedades de Crédito, Financiamento e Investimento	Instituições não bancárias, conhecidas como "Financeiras", voltadas ao financiamento direto ao consumidor (curto e médio prazos).
Sistema Financeiro da Habitação (SFH)	Criado em 1964, tendo o Banco Nacional da Habitação (BNH) como instituição central, e composto ainda pela Caixa Econômica Federal (CEF), caixas econômicas estaduais, sociedades de crédito imobiliário e associações de poupança e empréstimo (APE).
Corretoras e Distribuidoras de Valores	Mercados primário e secundário de ações.

O aumento do retorno real dos ativos requeria a contenção do processo inflacionário. Esse problema seria enfrentado com o Paeg. A opção do governo pelo gradualismo no combate à inflação exigia, contudo, a criação de mecanismos de proteção do retorno real dos ativos, bem como de incentivo à demanda, durante o período de transição para a baixa inflação.[11] Os mecanismos então criados foram diferenciados por segmento de mercado: (1) para os títulos públicos foi criada, em julho de 1964, a ORTN (Obrigações Reajustáveis do Tesouro Nacional), que instituiu a correção monetária da dívida pública, com base na inflação ocorrida ao longo de cada período de pagamento de juros; (2) para os ativos privados de renda fixa (títulos e empréstimos), a Lei do Mercado de Capitais (1965) e Resoluções posteriores do Bacen autorizaram a emissão de diversos tipos de instrumentos financeiros com correção monetária; (3) quanto aos ativos de renda variável (ações), foram concedidas reduções ou isenções de imposto de renda para as empresas emissoras de ações e para os poupadores; (4) para os bancos públicos foram ainda criados novos mecanismos de captação de longo prazo, a partir de fundos especiais, formados por recursos das próprias autoridades monetárias ou por poupança compulsória.

Outro aspecto importante das reformas de 1964-66 foi a ampliação do grau de abertura da economia ao capital externo, de risco (investimentos diretos) e, principalmente, de empréstimo. Os principais expedientes criados para atrair esses recursos foram os seguintes: (1) regulamentação de alguns tópicos da Lei nº 4.131 (de 1962), de forma a permitir a captação direta de recursos externos por empresas privadas nacionais; (2) Resolução 63 do Bacen, que regulamentou a captação de empréstimos externos pelos bancos nacionais para repasse às empresas domésticas; (3) mudança na legislação sobre investimentos estrangeiros no país, de modo a facilitar as remessas de lucros ao exterior — o objetivo era tornar o mercado brasileiro mais competitivo na captação de investimentos diretos.

A abertura financeira era vista como uma condição capaz de contribuir para o aumento da concorrência e da eficiência do SFB. Além disso, a avaliação das autoridades, à época, era de que o país padecia de uma carência estrutural de poupança interna, de modo que, mesmo com a reorganização do sistema financeiro doméstico, a oferta de fundos teria de ser suplementada por recursos externos.[12]

A Economia Brasileira no Período de 1964-67

Em meio à política de estabilização e à reforma tributária, que elevou a carga tributária da economia a partir de 1964 (Tabela 3.1), a atividade econômica se recuperou, mas cresceu a taxas moderadas no período 1964-67 (4,2% ao ano), especialmente no biênio 1964-65 (2,9% ao ano), como mostra a Tabela 3.2 Apesar

Tabela 3.1
Indicadores Fiscais no Brasil – 1963-1973
(médias por período – % do PIB)

Período	Despesa Primária						Carga tributária[2]	Saldo primário
	Governo Federal[1]			Estados	Municípios	Total		
	Cons.	FBCF	Total					
1963	8,4	3,6	12,0	7,4	1,7	21,1	16,1	–5,0
1964-67	7,9	4,3	12,1	7,8	1,8	21,7	19,4	–2,3
1968-73	9,1	4,3	13,4	7,7	2,6	23,7	25,1	1,4

Fonte: IBGE, *Estatísticas do Século XX*. Disponível em www.ibge.gov.br. Acesso em 20/fev./2004.
1. Consumo do governo federal inclui subsídios e transferências ao setor privado.
2. Refere-se a União, Estados e Municípios.

Tabela 3.2
Economia Brasileira: Síntese de Indicadores Macroeconômicos – 1964-1973
(médias anuais por período)

Indicadores	Médias 1964-67	Médias 1968-73
Crescimento do PIB (% a.a.)	4,2	11,1
Inflação (IGP dez./dez., % a.a.)	45,5	19,1
FBCF (% PIB a preços correntes)	15,5	19,5
Tx. de cresc. das exportações de bens (US$ correntes, % a.a.)	4,1	24,6
Tx. de cresc. das importações de bens (US$ correntes, % a.a.)	2,7	27,5
Balança comercial (US$ milhões)	412	0
Saldo em conta-corrente (US$ milhões)	15	–1.198
Dívida externa líquida/Exportação de bens	2,0	1,8

Fonte: Elaboração própria, com base em dados do Apêndice Estatístico ao final do livro.

do efetivo aperto monetário e fiscal do período, o Paeg não cumpriu as metas estabelecidas: a inflação (IGP) alcançou 92% em 1964, 34% em 1965 e 39% em 1966, quando as metas do Plano eram, respectivamente, 70%, 25% e 10%.

As metas de expansão nominal dos meios de pagamento fixadas pelo governo foram ultrapassadas em 1964 e 1965 e as do crédito ao setor privado o foram nos três anos do Paeg (Tabela 3.3). Contudo, como as metas de inflação também foram superadas — devido à inflação corretiva e à expansão do M1 e do crédito — o

Tabela 3.3
Taxas de Crescimento dos Meios de Pagamento (M1) e do Crédito no Brasil – 1964-1973
(médias por período – % ao ano)

	Variação nominal				Variação real (pelo IGP)			
Período	M1	Créd. ao Set. Públ.	Créd. ao Set. Priv.	Créd. Total	M1	Créd. ao Set. Públ.	Créd. ao Set. Priv.	Créd. Total
1964	81,6	97,6	80,3	87,5	–5,5	2,9	–6,2	–2,4
1965	79,5	70,0	57,5	63,0	33,7	26,6	17,3	21,4
1966	13,8	19,7	33,6	27,2	–18,2	–14,0	–4,0	–8,5
1967	45,7	16,3	57,3	39,7	16,6	–6,9	25,8	11,7
1964-67	52,5	47,1	56,3	52,7	4,8	1,1	7,4	4,9
1968-73	35,7	–0,2	49,3	39,8	13,9	–16,2	25,4	17,4

Fonte: IBGE, *Estatísticas do Século XX*. Disponível em *www.ibge.gov.br*. Acesso em 21/fev./2004.

crescimento *real* dos meios de pagamento e do crédito privado oscilou bastante: foi *negativo* em 1964 e 1966, mas superou amplamente a meta em 1965. Tal expansão, porém, foi concentrada no segundo semestre do ano, como compensação da forte retração monetária implementada até meados de 1965, que, por isso, acabou sendo o ano de menor crescimento do PIB (2,4%) na fase 1964-67.

Com relação ao ajuste fiscal, embora as metas fixadas no Paeg não tenham sido cumpridas à risca para as receitas e despesas separadamente, os déficits obtidos ficaram próximos do previsto para o biênio 1964-65.[13]

A política salarial do Plano também foi bastante restritiva, tanto pela fórmula de correção, quanto pelo período de referência para o cálculo do salário real. O mecanismo de correção pela média, em vez de pelo "pico" do salário real, é coerente como estratégia para conter o conflito distributivo que mantém ativa a espiral preços-salários. A correção pelo pico repõe integralmente a inflação acumulada desde o último reajuste, transferindo renda dos lucros para os salários e gerando novas demandas de correção de preços por parte do setor empresarial. A correção pela média do salário real divide o ônus da inflação entre empregados e empregadores e, dessa forma, contribui para conter o conflito distributivo, desde que a fórmula de divisão seja bem aceita por ambas as partes. Nesse aspecto, a escolha do período de referência para o cálculo do salário real e o comportamento da inflação ao longo desse período são cruciais. Como o valor do salário nominal é fixo entre duas datas de reajuste (um ano, na maioria dos casos), na presença de inflação o salário real se reduz a cada mês, ao longo desse período. Assim, se este for um período de inflação estável, o valor relativo dos salários e dos lucros fica equilibrado; se for um período de queda da inflação, a indexação retroativa resultará em ganho para os salários reais, porque o período comportará salários reais mais elevados que no cenário de inflação estável; por fim, se o período for de aceleração da inflação, haverá ganho para os lucros, porque a média do salário real ficará "achatada" em relação ao que seria nos outros cenários.

Esse foi exatamente o caso quando da implementação do Paeg, que escolheu os dois anos anteriores às datas de reajuste como referência. Dependendo do mês de reajuste da categoria, esse período se distribuía entre parte de 1962, o ano de 1963 e os primeiros meses de 1964. Como esse foi um período de aceleração inflacionária, a política salarial do Paeg penalizou os salários reais, em favor dos lucros.[14] Essa perda, vale notar, não ficou restrita aos reajustes salariais de 1964, mas estendeu-se por todo o período de vigência do Paeg, porque: (1) em 1965, a média dos dois anos anteriores incluía o ano de 1964, que ainda manteve a tendência de alta da inflação; (2) a partir de 1966, um Decreto Lei (nº 15) determinou que as correções salariais fossem calculadas com base na inflação *prevista* pelo governo (10% em 1966), que foi superada pela inflação efetiva naquele ano (39,1%); (3) o aumento devido à produtividade não era integral, mas equivalente a dois terços da taxa de crescimento da produtividade estimada pelo próprio governo, sempre de forma conservadora. Esse efeito distributivo negativo sobre os salários foi também, em parte, a contrapartida das correções de preços relativos (incluindo impostos e câmbio) consideradas necessárias para estancar o processo inflacionário na época.

Em suma, as pressões inflacionárias de demanda e de custos, diagnosticadas no Paeg, foram efetivamente combatidas com políticas monetária, fiscal e salarial restritivas. Contudo, o sucesso do Plano foi parcialmente comprometido pelos aumentos atribuídos a outros custos básicos — impostos, tarifas públicas, câmbio e juros (este último, devido ao aperto monetário) — e pela criação da correção monetária para ativos e contratos em geral.

Na prática, o Paeg estabeleceu um mecanismo de seleção de custos que deveriam ser comprimidos, em nome da necessidade de conter o processo inflacionário, e daqueles que deveriam ser preservados, ou mesmo reajustados. No primeiro grupo estavam os salários reais. No segundo, os itens componentes da receita do governo, as tarifas das empresas estatais e os rendimentos reais do setor financeiro e dos rentistas em geral, protegidos pela correção monetária dos ativos e contratos. Assim, além da função original, de combate à inflação, a política de "controle" de custos do Paeg cumpriu outras funções macroeconômicas, contribuindo para o ajuste fiscal e externo da economia.

O nível adequado da taxa de câmbio real, aliado ao fraco crescimento econômico no biênio 1964-65 (média anual de 2,9%), permitiu o aumento dos saldos comerciais, explicado tanto pela expansão das exportações (24% acumulados no período de 1964-66), quanto pela retração das importações (27% no biênio 1964-65). Estas últimas voltaram a crescer a partir de 1966, acompanhando a recuperação da atividade econômica. O saldo do balanço de pagamentos (BP) foi favorecido também pelo ingresso de capitais voluntários (investimentos diretos, basicamente) e de empréstimos de regularização no período. Esses empréstimos, aliás, explicam o único superávit do BP no período de 1964-67, já que, sem eles, o ano de 1965 seria de déficit. Nesse caso, porém, é difícil separar a contribuição das medidas econômicas e a do cenário político do período. É sabido que tanto o golpe militar de 1964, quanto os governos militares que se sucederam no Brasil (pelo menos até a gestão de Geisel) contaram com a simpatia dos Estados Unidos, principal exportador de capital para as economias latino-americanas à época.[15]

Em relação à reforma financeira, os efeitos do Paeg foram mais lentos, só se fazendo sentir ao longo dos anos seguintes. O principal efeito visível a curto prazo — e, talvez, o maior mérito da reforma — foi a efetiva criação de um mercado de dívida pública no país, viabilizando, de forma permanente, o financiamento não monetário dos déficits do governo. A partir de 1965, esses déficits passaram a ser, predominantemente, financiados com dívida pública — cerca de 55% em 1965 e de 86% em 1966.[16]

O Período de 1968-73: Recuperação e "Milagre"

Características Gerais do "Milagre"

Em 1968, a economia brasileira inaugurou uma fase de crescimento vigoroso, que se estendeu até 1973. Nesse período, o PIB cresceu a uma taxa média da ordem de 11% ao ano, liderado pelo setor de bens de consumo durável e, em menor escala, pelo de bens de capital. A taxa de investimento, que ficou estagnada em torno de 15% do PIB no período de 1964-67, subiu para 19% em 1968 e encerrou o período do "milagre" em pouco mais de 20%. O crescimento do período de 1968-73 retomou e complementou o processo de difusão da produção e consumo de bens duráveis, iniciado com o Plano de Metas.

Taxas de crescimento da ordem de 11% ao ano por seis anos consecutivos já mereceriam a designação de "milagre econômico". A façanha da economia brasileira nesse período foi ainda mais surpreendente porque tal ritmo de crescimento foi acompanhado de *queda da inflação* (embora moderada) e de sensível *melhora do BP*, que registrou superávits crescentes ao longo do período. O termo "milagre" se justifica ainda mais nesse caso em razão de duas relações macroeconômicas bastante conhecidas: (1) a relação direta entre crescimento e inflação (ou inversa entre desemprego e inflação, no original), retratada na Curva de Phillips; e (2) a relação inversa entre crescimento econômico e saldo do BP, retratada em diversos modelos de macroeconomia aberta, que ressaltam o "dilema" da política econômica entre o equilíbrio interno (rumo ao pleno emprego) e externo.

A CURVA DE PHILLIPS E O "DILEMA" ENTRE CRESCIMENTO E EQUILÍBRIO EXTERNO

A Curva de Phillips (CP), originalmente (1958), estabelece uma relação inversa entre a taxa de desemprego e a taxa de variação dos salários nominais numa mesma economia. Lembrando que os salários são um importante item dos custos de produção e que estes afetam, diretamente, o comportamento dos preços, economistas keynesianos criaram uma nova versão da CP (nos anos de 1960), que se popularizou como "a" CP, na qual a taxa de desemprego é inversamente relacionada com a inflação: a redução da taxa de desemprego provocaria aumento da taxa de inflação. O *trade off* entre emprego e inflação é explicado pela tendência ao aumento dos custos (não só através dos salários, mas também das matérias-primas), à medida que a economia se aproxima do pleno emprego. Mais tarde, M. Friedman, E. Phelps e a escola novo-clássica propuseram novas versões para a CP, em que os aumentos salariais e de preços em geral seriam ainda alimentados pelas expectativas inflacionárias dos agentes, além de o serem pela demanda agregada.

O *trade off* entre crescimento e equilíbrio externo é identificado em vários modelos de macroeconomia aberta: na "teoria da absorção", na "síntese de Meade" e no modelo Mundell-Fleming. Em todos eles, o *trade off* surge na balança comercial e se explica por uma diferença entre a reação das exportações e importações a variações no PIB: as primeiras são, em geral, supostas exógenas e as últimas, endógenas. Assim, à medida que a economia cresce, as importações tendem a crescer também, enquanto as exportações, *ceteris paribus*, ficam inalteradas, porque elas não têm relação direta com a renda interna, mas sim com a renda externa. No modelo Mundell-Fleming, com câmbio flexível, as exportações podem responder favoravelmente ao crescimento do PIB, quando este é acompanhado (ou induzido) por política monetária expansiva (como no período de 1968-73 no Brasil): essa reduz os juros e, consequentemente, o saldo da conta de capital (admitindo alguma mobilidade de capital), enquanto o aumento do PIB reduz o saldo comercial. Os dois efeitos implicam redução do saldo do BP, perda de reservas, desvalorização cambial e, por fim, (re)equilíbrio. Contudo, apesar das minidesvalorizações cambiais a partir de 1968, esse não era exatamente o caso do Brasil, já que as correções cambiais não eram ditadas pelo mercado, mas sim pela avaliação do governo a cada período.

Uma breve análise da conjuntura econômica e da estratégia de controle da inflação e das contas externas no período de 1968-73 torna possível compreender a gênese do "milagre" brasileiro.[17]

Ao assumir o governo em março de 1967, o general Costa e Silva convidou o professor de Economia da USP, Antonio Delfim Netto, para assumir a pasta da Fazenda. Delfim Netto manteve, em linhas gerais, a política de combate gradual à inflação, mas imprimiu uma mudança de ênfase da política econômica em dois sentidos: (1) o controle da inflação passou a enfatizar o componente de custos, em vez da demanda, já que a economia operou em ritmo de *stop and go* nos três anos do governo Castello Branco; e (2) por isso mesmo, o combate à inflação deveria ser conciliado com políticas de incentivo à retomada do crescimento econômico. Essa reorientação atendia à já mencionada necessidade de o governo militar legitimar-se no poder como uma alternativa melhor para o país que a do governo deposto, marcado pela tendência à estagflação.

Na nova estratégia, as políticas fiscal e salarial do Paeg foram mantidas praticamente sem alterações: os déficits do governo foram sendo reduzidos (Tabela 3.1) e as correções salariais seguiram a regra criada em 1966, baseada na inflação estimada (pelo governo), e não na inflação efetiva. Mas 1967 marca um ponto de inflexão na política monetária, que se tornou expansiva, após a forte restrição da liquidez em 1966 (Tabela 3.3). Para compensar os possíveis efeitos da expansão monetária sobre a inflação, foram instituídos controles de preços, através de um órgão criado exclusivamente para esse fim — a Conep (Comissão Nacional de Estabilização de Preços), mais tarde substituída pela CIP (Comissão Interministerial de Preços). A Conep passou a "tabelar" não apenas preços públicos (tarifas, câmbio e juros do crédito público), mas também uma série de preços privados — basicamente, insumos industriais. Os juros cobrados pelos bancos comerciais foram também tabelados pelo Bacen.

Em meados de 1968 foi lançado o Plano Estratégico de Desenvolvimento (PED), cujas prioridades eram: (1) a estabilização gradual dos preços, mas sem a fixação de metas explícitas de inflação; (2) o fortalecimento da empresa privada, visando à retomada dos investimentos; (3) a consolidação da infraestrutura, a cargo do governo; e (4) a ampliação do mercado interno, visando a sustentação da demanda de bens de consumo, especialmente dos duráveis. A ausência de metas explícitas de inflação no PED, tecnicamente, deixava maior espaço para a implementação de políticas de crescimento. Outro reforço nesse sentido foi a adoção da política de minidesvalorizações cambiais a partir de 1968, evitando que a inflação (ainda na casa dos dois dígitos) causasse uma defasagem cambial significativa, que viesse a prejudicar a balança comercial e, indiretamente, a atividade econômica.

No campo fiscal, havia a determinação de que os investimentos públicos em infraestrutura não comprometessem o ajuste fiscal em curso. Isso foi obtido através do aumento da participação das empresas estatais nesses investimentos, reduzindo a participação da administração direta (Tabela 3.4). Como resultado, o governo pôde conciliar a realização dos novos investimentos públicos com a redução do déficit primário (que, nessa época, não abrangia o resultado das estatais) e até com a geração de superávits, a partir de 1970 (Tabela 3.1). Ademais, essas empresas tinham melhores condições de auxiliar na implementação do PED, porque, em geral, contavam com outras fontes de financiamento (empréstimos), que não os recursos orçamentários.

Tabela 3.4
Indicadores da Formação Bruta de Capital Fixo (FBCF) no Brasil – 1963-1973
(médias por período)

Período	Total	Setor Priv.	Setor Público Total	Gov.	Estatais
		FBCF em % PIB			
1963	17,0	11,6	5,4	3,6	1,7
1964-67	15,5	10,3	5,1	4,3	0,9
1968-73	19,5	13,1	6,5	4,3	2,1
		Composição % da FBCF			
1963	100,0	68,2	31,8	21,5	10,3
1964-67	100,0	66,5	33,5	27,7	5,8
1968-73	100,0	66,9	33,1	22,3	10,8

Fonte: IBGE, *Estatísticas do Século XX*. Disponível em *www.ibge.gov.br*. Acesso em 20/fev./2004.

Com o afastamento de Costa e Silva, a mesma orientação de política econômica foi mantida no governo Médici (1969-73). No campo político, porém, o período marca uma fase de nítida radicalização do regime autoritário. Em resposta às inúmeras manifestações contrárias ao regime militar desde 1964, em dezembro de 1968, o governo Costa e Silva decretou o AI-5 (Ato Institucional nº 5), que suspendeu as garantias constitucionais, fechou o Congresso por tempo indeterminado e cassou mandatos de políticos opositores ao regime. Ao AI-5 seguiu-se um longo período, conhecido como "anos de chumbo", marcado por prisões arbitrárias (e sem qualquer direito de defesa por parte do acusado), torturas e deportações de cidadãos considerados "subversivos da ordem" — leia-se, críticos ao regime autoritário. Esse ambiente político favoreceu, indiretamente, a política anti-inflacionária do governo, calcada no controle direto de preços e na contenção dos salários reais.

A Política Econômica e a Economia Durante o "Milagre"

A mudança de ênfase na política monetária e anti-inflacionária, introduzida pelo ministro Delfim Netto, aliada aos efeitos da reforma financeira, que facilitou a expansão do crédito ao consumidor, se refletiu na atividade econômica a partir de 1968, quando o PIB cresceu 9,8% — mais que o dobro do ano anterior. Comparada ao período de 1964-67, a fase do "milagre" foi claramente favorecida pela política monetária: em termos reais, os meios de pagamento cresceram a uma taxa média anual de 14% entre 1968 e 1973, ante 5% no período de 1964-67, e o crédito total seguiu a mesma tendência, com crescimento real médio de 17% ao ano entre 1968-73, ante 5% no período anterior (Tabela 3.3). Esse crescimento, vale notar, foi concentrado no crédito ao setor privado (25% no "milagre", contra 7% antes), já que a manutenção do ajuste fiscal reduziu a absorção de recursos pelo setor público.

Quanto ao *trade off* da Curva de Phillips, quatro fatores atuaram para conter a tendência ao aumento da inflação: (1) a capacidade ociosa da economia, herdada do período de fraco crescimento (1962-67); (2) o controle direto do governo sobre preços industriais e juros; (3) a política salarial em vigor, que, em geral, resultou em queda dos salários reais; e (4) a política agrícola implementada, que contribuiu para expandir a produção e evitar pressões inflacionárias no setor, através de financiamentos públicos subsidiados e de isenções fiscais para a compra de fertilizantes e tratores.

Os quatro fatores atuaram diretamente sobre os custos de produção, tornando a Curva de Phillips da economia brasileira mais "achatada". A capacidade ociosa existente atuou também do lado da demanda: o fato de as empresas não precisarem, de início, repor capital fixo reduzia o horizonte de tempo envolvido na decisão de investir (em capital circulante, no caso), bem como os custos financeiros da retomada. Nesse caso, a atividade produtiva torna-se mais sensível à política monetária, já que o investimento não depende, inicialmente, nem de crédito, nem de expectativas de *longo prazo*.

Além disso, a melhora das contas externas permitiu um controle maior sobre a taxa de câmbio. Apesar da política de minidesvalorizações cambiais adotada a partir de 1968, as defasagens entre as correções cambiais e a inflação, especialmente entre 1970 e 1973, evitaram que o câmbio se tornasse uma fonte autônoma de pressão inflacionária. Isso contribuiu para conter a inflação de custos que ameaçava a economia, à medida que aumentava o grau de utilização da capacidade existente (que chegou a 90% em 1973).

Quanto ao dilema entre crescimento e equilíbrio externo, a solução do problema foi facilitada por uma combinação de condições favoráveis: (1) a disponibilidade de liquidez a juros baixos no mercado externo, aliada à já mencionada "boa vontade" dos Estados Unidos para com o Brasil; (2) a posição favorável dos termos de troca, diante do aumento dos preços das *commodities* exportáveis; e (3) a expansão do comércio mundial.

O tabelamento de juros, utilizado no Brasil, era uma prática comum nos anos 60-70. Nos Estados Unidos, tal prática promoveu a ampliação da liquidez doméstica e estimulou a economia, que passou a registrar déficits comerciais crescentes. A contrapartida desses déficits foi a expansão do comércio mundial e o acúmulo de reservas nos países superavitários (especialmente, Japão e Alemanha, além de outras economias europeias). Juntamente com o capital americano que buscava aplicações mais rentáveis (não submetidas a tetos de juros) em outros países, esses recursos deram origem ao chamado "mercado de eurodólares" — depósitos em dólares, mantidos em bancos fora dos Estados Unidos. Parte desses recursos acabou migrando também para os países em desenvolvimento, especialmente aqueles com perspectivas de crescimento e com regimes políticos convenientes à posição americana na Guerra Fria — exatamente o caso do Brasil no período do "milagre".[18]

Nesse contexto, a tendência à redução dos saldos do BP à medida que o PIB brasileiro crescia foi evitada com base numa política deliberada de captação de recursos externos. Tal política, na verdade, teve início ainda no governo Castello Branco, com a abertura financeira implementada no período, como parte da ampla reforma financeira de 1964-67. Nos governos Costa e Silva e Médici, as condições favoráveis à atração de capital externo foram indiretamente reforçadas pela política cambial: os ajustes contínuos da taxa de câmbio evitavam expectativas de grandes desvalorizações à frente, o que favorecia o retorno real esperado dos empréstimos externos concedidos às empresas e bancos brasileiros.

Assim, a forte expansão econômica em 1968-73 no Brasil refletiu também a forte entrada de capital no país: os investimentos externos diretos (aqueles aplicados diretamente à produção de bens e serviços) e os empréstimos em moeda cresceram continuamente no período (exceto em 1972, no primeiro caso, e em 1973, no segundo). Esses recursos foram os grandes responsáveis pelo "milagre" brasileiro em relação ao BP, já que a tendência à deterioração das contas externas, sugerida nos modelos teóricos, foi confirmada para a conta de transações correntes.

As exportações e importações também cresceram vigorosamente no período de 1968-73, a taxas acumuladas de, respectivamente, 275% e 330%. O crescimento das exportações foi liderado pelos bens manufaturados (+639%) e, quanto à composição das receitas, pelo aumento do *quantum* (volume físico) (+109%), embora a contribuição dos preços (em dólares) das mercadorias exportadas pelo Brasil também tenha sido significativa (+77%). A expansão das importações teve um perfil semelhante, com maior crescimento dos volumes (+177%) que dos preços (+54%). A elevada sensibilidade do *quantum* de importações ao crescimento do PIB nesse período refletiu, essencialmente, o estágio de desenvolvimento industrial da economia brasileira à época: face à dependência externa do país com relação a bens de capital e insumos (especialmente petróleo e derivados), o crescimento do setor de bens de consumo duráveis pressionou as importações desses itens. A moderada valorização real do câmbio no período de 1970-73 estimulou também a importação de bens já produzidos no Brasil. A despeito disso, devido ao bom desempenho das exportações, a balança comercial foi equilibrada na média de 1968-1973, mas registrou déficits significativos no biênio 1971-1972.

A conta de serviços e rendas registrou déficits crescentes, passando de cerca de US$600 milhões em 1967 para US$2,1 bilhões em 1973. A causa desse salto foi o aumento das despesas com juros e remessas de lucros — reflexo da crescente captação de capital externo — e com fretes — decorrente do aumento da corrente de comércio (soma das importações e exportações). Assim, o déficit em conta-corrente saltou de US$276 milhões em 1967 para US$2,1 bilhões em 1973. Portanto, o "milagre" no campo das contas externas só foi possível porque o ingresso de capital no país elevou-se acentuadamente: a dívida externa bruta brasileira saltou de US$3,4 bilhões para US$14,9 bilhões no mesmo período — um aumento de 332%. Esse endividamento mais do que compensou a necessidade de financiamento do déficit em conta-corrente, permitindo inclusive o acúmulo de reservas internacionais pelo Bacen, que chegaram a US$6,4 bilhões em 1973, ante US$0,2 bilhão em 1967.

Comentários Finais: o Período de 1964-73 e a Herança para o Governo Geisel

O ano de 1964 é um marco na história política e econômica brasileira, inaugurando um longo período de governos militares, que se estendeu até os primeiros meses de 1985. Este capítulo examinou o desempenho da economia brasileira na primeira década do regime militar. Ao longo desse período, os objetivos da política econômica foram os mesmos: combate à inflação, promoção do crescimento econômico e melhora das contas externas, através do aumento das exportações e da substituição de importações. Apesar dessa semelhança, o período contempla duas fases distintas da economia brasileira: os primeiros quatro anos (1964-67) exibiram um comportamento errático, alternando curtos períodos de recuperação e desaceleração econômica; o período de 1968-73 caracterizou-se por clara tendência expansiva.

Na raiz dessa diferença encontra-se, de um lado, o cenário econômico herdado pelo primeiro governo militar — um quadro de estagflação e restrição externa. De outro, ela reflete a atuação do governo sobre o problema, calcada em uma política macroeconômica ortodoxa e na implementação de reformas estruturais — tributária e financeira.

O governo Castello Branco (1964-66) tomou para si a tarefa de "arrumar a casa" a fim de viabilizar a rápida retomada do crescimento econômico — que, em princípio, deveria ocorrer ainda em sua gestão. Contudo, o plano anti-inflacionário traçado (o Paeg), apesar de gradualista, acabou se mostrando mais restritivo da atividade econômica do que seria desejável, além de menos eficaz no combate à inflação. Esta foi significativamente reduzida, mas, alimentada pela "inflação corretiva" e pela generalização da correção monetária dos ativos e contratos, ainda encerrou o ano de 1966 em 39% — bem acima da meta do Paeg, de 10%. Esse quadro, aliado à política de restrição fiscal e monetária em curso, inviabilizou uma recuperação econômica sólida ainda no período de 1964-67.

O desequilíbrio do BP também não foi solucionado. A realimentação entre as sucessivas correções cambiais e a inflação no período de 1964-67 não permitiu grandes melhoras no saldo comercial. Por outro lado, a inflação persistente e o crescimento claudicante também não atraíam capital externo. O maior êxito econômico do governo Castello Branco deu-se na área fiscal: além de os déficits serem reduzidos, foram criadas, com a reforma financeira na área da dívida pública, condições duradouras de financiamento não monetário desses déficits.

O período de 1968-73, de certa forma, beneficiou-se das dificuldades da fase anterior. A percepção da ineficácia da política econômica em curso, no sentido de promover a retomada do crescimento, levou o governo Costa e Silva (1967-69) a "afrouxar" a política monetária a partir de 1967 e a lançar o PED em meados de 1968. O PED foi um plano nitidamente mais "desenvolvimentista" que o Paeg, prevendo a continuidade do combate gradual à inflação, mas acompanhado de investimentos públicos e políticas propícias à recuperação dos investimentos privados. É claro, porém, que o fato de a inflação já ter sido significativamente reduzida nos anos anteriores facilitou a adoção de um plano dessa natureza em 1968, bem como a manutenção dessa linha de ação no governo Médici (1969-73).

Embalada pelo PED, a economia brasileira iniciou, em 1968, uma fase de crescimento vigoroso, que se estendeu e se acelerou até 1973. O "milagre" realizado nesse período foi a combinação desse crescimento com a redução das taxas de inflação e com a total eliminação dos déficits do balanço de pagamentos — aliás, convertidos em superávits. Essa façanha foi tornada possível por dois grupos de fatores: de um lado, atuaram algumas condições econômicas e políticas favoráveis e, de outro, a habilidade do governo no aproveitamento das oportunidades que essa conjuntura oferecia.

No primeiro grupo deve-se mencionar: (1) a existência de capacidade ociosa na economia, fruto da debilidade econômica da fase anterior; (2) o quadro de ampla liquidez no mercado internacional; (3) o regime autoritário vigente, que facilitava a implementação das políticas do governo; (4) a "simpatia" americana pelo regime. No segundo grupo, a habilidade do governo se revelou em diversos aspectos da política econômica do período de 1968-73: (1) na adoção do controle de preços (inclusive salários); (2) na política de juros tabelados (em níveis baixos); (3) na política de *crawling peg* para o câmbio (baseada em minidesvalorizações cambiais, de acordo com a inflação), que evitou movimentos bruscos da taxa de câmbio real, estimulando as exportações e, indiretamente, o nível de atividade econômica; e (4) na política deliberada de captação de recursos externos — um "auxílio luxuoso" que favoreceu o controle do câmbio e o financiamento da expansão econômica. Esses foram, em suma, os alicerces do "milagre econômico" brasileiro.

A herança que o período de 1964-73 transmitiu ao governo Geisel (1974-79) foi um misto de vantagens e problemas. As vantagens óbvias foram: a inflação muito mais baixa, na casa dos 15% em 1973, ante 80% em 1963; a reorganização da estrutura fiscal e financeira; e a recuperação do BP. Uma vantagem não muito evidente à época, mas que se tornou clara a partir de 1974, foi o próprio ritmo acelerado de crescimento do período do "milagre", que, em certa medida, condicionou a ousada opção de política econômica do governo Geisel, guiada pelo objetivo de manutenção do crescimento, apesar das dificuldades externas do período. Os grandes problemas foram: a correção monetária, com seus efeitos perversos sobre a dinâmica dos preços; e o aumento da dependência externa do país, em dois setores: industrial (bens de capital, petróleo e seus derivados) e financeiro, este como reflexo da política de endividamento. Essas condições mostrariam seus desafios e riscos a partir do primeiro choque dos preços do petróleo em fins de 1973. Essas questões são analisadas no capítulo seguinte.

RECOMENDAÇÕES DE LEITURA

Tavares[19] oferece um amplo panorama analítico e empírico da economia brasileira no período do Paeg e do "milagre". Simonsen[20] e Resende[21] são também contribuições importantes para a discussão sobre o Paeg, e Lago[22] é uma referência obrigatória para a compreensão da economia brasileira no período do "milagre".

LEITURAS ADICIONAIS

Campos,[23] Capítulo XII, é um depoimento rico em detalhes sobre os diagnósticos e estratégias de ação que orientaram as decisões de política econômica no governo Castello Branco. Para uma análise teórica e empírica dos acertos e desvios da reforma financeira de 1964-67, ver Studart[24] e Hermann.[25]

NOTAS

1. Em 27 de outubro de 1965, o Ato Institucional nº 2 (AI-2) extinguiu os diversos partidos políticos então existentes e instituiu no país o bipartidarismo, que manteve na legalidade apenas um partido da situação — a Arena (Aliança Renovadora Nacional) — e um de oposição — o MDB (Movimento Democrático Brasileiro). O AI-2 também cassou os mandatos de diversos deputados da oposição e impôs eleições indiretas para a Presidência da República. O presidente passou a ser eleito pelo Congresso, dominado pela Arena, já que muitos políticos do MDB foram cassados e/ou exilados à época.
2. Daqui em diante, todos os dados citados sem referência a uma tabela específica constam do Apêndice Estatístico ao final do livro, e os dados de inflação, salvo menção em contrário, referem-se ao IGP-FGV.
3. Ver Campos (1994), Anexo VII, p. 1353.
4. Idem, p. 1354.
5. Ver Simonsen (1970), pp. 23-24.
6. Ver Resende (1982), p. 777.
7. Idem, p. 774.
8. Os principais instrumentos legais relativos à reforma tributária de 1964-67 foram a Emenda Constitucional nº 18, de 01/12/1965, a Lei nº 5.172, de 25/10/1966, e os capítulos pertinentes da Constituição Federal de janeiro de 1967, que praticamente repetem o conteúdo dos documentos anteriores, com pequenas modificações. Para maiores detalhes, ver Varsano (1981).
9. Para uma análise das medidas e efeitos da reforma financeira de 1964-67, ver Lemgruber (1978), Tavares (1972, pp. 219-33), Studart (1995, pp. 116-32) e Hermann (2002).
10. Entre elas, vale destacar: Lei nº 4.595 (dezembro/1964), que estruturou o SFB nos moldes descritos no Quadro 3.2; Lei nº 4.728 (julho/ 1965), que regulamentou o mercado de capitais; Resolução 16 (fevereiro/1966), que criou as sociedades de capital aberto; Resolução 39 (outubro/1966), regulamentando as Bolsas de Valores e Resolução 45 (dezembro/1966), que criou os bancos de investimento.
11. A intenção original era, realmente, que esses mecanismos de proteção fossem temporários. No entanto, a resistência da inflação em níveis de dois dígitos nos anos 1960-70 e seu "salto" para três e, depois, quatro dígitos nas décadas de 1980-90 (apesar de diversas tentativas de estabilização até 1994), acabaram por estender a vigência do principal deles — a correção monetária — até 1995.
12. Este diagnóstico mostrou-se equivocado logo na primeira fase de crescimento da economia brasileira pós-reformas. Entre 1968 e 1973, o ingresso líquido de capital externo somou US$12,9 bilhões — valor surpreendente, face ao ingresso de US$0,9 bilhão nos seis anos anteriores (1962-67). Desse montante, porém, apenas US$2,4 bilhões financiaram, de alguma forma, o crescimento econômico e US$6,2 bilhões tornaram-se acúmulo de reservas no Bacen. Ver, a respeito, Cruz (1983, pp. 60-65).
13. Ver Simonsen (1970), pp. 23-34.
14. O IBGE e a Fundação Getulio Vargas (antiga responsável pela elaboração das Contas Nacionais do Brasil) não disponibilizam dados oficiais sobre a participação dos salários e lucros no PIB brasileiro para o período de 1961-69 (ver IBGE, *Estatísticas do Século XX*, Tabela 3 — distribuição). Para indicadores não oficiais, que confirmam a perda real dos salários com o Paeg, ver Resende (1982, pp. 777-80).
15. Como observou Roberto Campos (1994, p. 568): "O movimento de 64 tem de ser entendido como um processo detonado pela interação das condições internas com o contexto internacional da época. O quadro externo era o da Guerra Fria [entre Estados Unidos e União Soviética, socialista], que a União Soviética parecia estar ganhando: crescimento a taxas muito altas, prevendo ultrapassar a economia americana (...); (...) guerrilhas antiimperialistas em todo o Terceiro Mundo (...); (...) o socialismo na China em 49 (...) [e] a vitória da revolução em Cuba em 59." [No Brasil] "A infiltração das esquerdas era visível (...)". Nesse contexto, aos olhos do governo americano, os militares no Brasil defendiam o país de um inimigo comum: a União Soviética. Daí a simpatia e o apoio dos Estados Unidos aos governos militares que assumiram o poder no Brasil após o golpe de 1964.
16. Ver Simonsen (1970), pp. 34-37.
17. Para uma análise mais extensa do período do "milagre", ver Lago (1997).
18. Como sintetiza Cruz (1983, p. 65): "(...) o afluxo de recursos externos à economia brasileira [entre 1969-73] foi determinado, em última instância, pelas transformações ocorridas no mercado de euromoedas

(...). Nesse sentido, a economia brasileira, ao elevar seus níveis de endividamento externo, nada mais fez do que acompanhar de forma passiva um movimento geral que envolveu diferentes economias 'em desenvolvimento' num momento em que o euromercado buscava novos clientes fora dos Estados Unidos e Europa." Contudo, como se argumentará a seguir, não parece correto dizer que o Brasil teve um comportamento passivo, já que os governos Castello Branco, Costa e Silva e Médici implementaram políticas deliberadas de atração de capital externo.

19. Ver Tavares (1972).
20. Ver Simonsen (1970).
21. Ver Resende (1982).
22. Ver Lago (1997).
23. Ver Campos (1994).
24. Ver Studart (1995).
25. Ver Hermann (2002).

Capítulo

Auge e Declínio do Modelo de Crescimento com Endividamento: O II PND e a Crise da Dívida Externa
(1974-1984)

Jennifer Hermann

"A inflação é péssima, mas o impasse externo mortal."
M. H. Simonsen, *Jornal do Brasil*, 09/07/1979

"There's no such thing as a free lunch!"
M. Friedman, economista norte-americano

Introdução

O período de 1974-84 abriga uma série de eventos e mudanças estruturais marcantes para a história política e econômica do Brasil. Data de 1974 o início do longo processo de distensão do regime autoritário imposto após o golpe armado de 1964, que, gradualmente — e a despeito da resistência de grupos militares —, levaria à redemocratização do país. Esse processo atravessou três mandatos presidenciais: do general Ernesto Geisel (1974-78), do general João Figueiredo (1979-84) e do primeiro presidente civil após o golpe, José Sarney (1985-89), eleito ainda pelo Colégio Eleitoral.[1] Sua conclusão só ocorre, efetivamente, em 1989, quando se restabeleceu no país a eleição direta para presidente da República. Mas foi em

1974-84 que ocorreram as principais pressões e mudanças políticas no sentido da redemocratização. Esse contexto político, como se verá, influenciou as decisões de política econômica do governo Geisel.

No plano econômico, o período de 1974-84 marca o auge e o esgotamento do modelo de crescimento vigente no país desde os anos de 1950, isto é, do modelo de industrialização por substituição de importações (ISI), comandada pelo Estado (através de investimentos e crédito públicos) e fortemente apoiada no endividamento externo. Ao longo desse período, pode-se identificar fases bem distintas no comportamento da economia brasileira. No governo Geisel, a implementação do II Plano Nacional de Desenvolvimento (II PND) completou o processo de ISI no Brasil. O traço distintivo da economia brasileira nessa fase — tal como ocorrera na era JK — foi o forte crescimento econômico (6,7% ao ano), acompanhado de grandes transformações na estrutura produtiva do país.

No governo Figueiredo pode-se distinguir três outras fases. No biênio 1979-80, manteve-se o crescimento vigoroso (8,0% ao ano), mas o forte aumento da inflação e a deterioração das contas públicas e externas já sinalizavam o esgotamento do modelo de crescimento do II PND. Os anos 1981-83 confirmariam esse prognóstico de forma dramática: o triênio foi marcado por grave desequilíbrio no balanço de pagamentos (BP), aceleração inflacionária e forte desequilíbrio fiscal. Essas dificuldades inauguraram um longo período de estagnação da economia brasileira, que, com raras e curtas interrupções, se estendeu até meados da década de 1990, caracterizando os anos 80 como uma "década perdida". O ano de 1984 marca o início de uma das curtas fases de recuperação econômica.

As dificuldades da economia brasileira ao longo do período de 1974-84 ocorreram em meio a um cenário externo marcado por diversos choques, entre eles, dois fortes aumentos do preço do petróleo no mercado internacional (em 1973 e 1979) e o aumento dos juros norte-americanos entre 1979-82. Diante da significativa dependência do Brasil à importação de petróleo e bens de capital e do elevado endividamento externo do país à época, esses choques condicionaram decisivamente a política econômica brasileira no período de 1974-84, exigindo políticas de ajuste externo. Os distintos modelos de ajuste externo adotados nos governos Geisel e Figueiredo explicam grande parte das diferenças de desempenho da economia ao longo desse período.

O presente capítulo examina a conturbada trajetória da economia brasileira ao longo do período de 1974-84. A análise que se segue destaca como principais condicionantes dessa trajetória: (1) a estrutura produtiva do país à época, tema da segunda seção do capítulo; (2) a instabilidade da economia internacional, objeto da terceira seção; e (3) as distintas respostas de política econômica dos governos Geisel e Figueiredo, analisadas, respectivamente, na quarta e na quinta seções.

A sexta seção conclui o capítulo com algumas considerações sobre o alto "preço" que a restrição externa e as políticas de ajuste representaram para a economia brasileira a partir de 1984.

Estrutura Produtiva e Dependência Externa no Brasil: O Cenário no Início de 1974

A rápida expansão das importações e da dívida externa brasileiras durante o "milagre econômico" (1968-73) implicou um aumento da dependência externa do país nesses anos e em anos subsequentes. O forte crescimento das importações resultou, em grande parte, das mudanças estruturais associadas ao perfil de crescimento do período: um crescimento liderado pelo setor industrial e, neste, pelos bens de consumo duráveis, o que ampliou a dependência externa da economia em relação a bens de capital.[2]

O crescimento do período de 1968-73 foi também acompanhado de aumento da dependência estrutural da economia brasileira com relação ao petróleo, cuja participação no consumo total de energia primária elevou-se de 34% em 1971 (primeiro dado disponível) para 40% em 1973 (Tabela 4.1). O consumo aparente de petróleo cresceu continuamente durante o "milagre", saltando de 21 milhões de m^3 em 1967, para 46 milhões em 1973. No mesmo período, a importação do insumo elevou-se de 59% do consumo interno para 81%.

Em suma, a estrutura produtiva da economia brasileira a partir do "milagre" contava com uma capacidade de produção permanentemente ampliada no setor de bens de consumo duráveis. Contudo, sua efetiva utilização dali em diante implicava uma demanda por bens de capital e petróleo que não podia ser atendida pelo parque industrial brasileiro. Consequentemente, o crescimento da economia tornou-se mais dependente da capacidade de importar (bens de capital e petróleo) do país.

Paralelamente, o aumento da dívida externa ampliou a dependência e a vulnerabilidade financeira externa da economia. Para cumprir os encargos da dívida é necessário: gerar superávits comerciais, para compensar (total ou parcialmente) as despesas financeiras, controlando, assim, os déficits em conta-corrente; e/ou captar novos recursos no mercado externo, refinanciando a dívida, de modo a compensar os déficits correntes com superávits na conta de capital. Nos dois casos, o país torna-se mais dependente do mercado internacional e, portanto, mais vulnerável a seus reveses: a geração de superávits comerciais requer, além de uma política cambial adequada, uma demanda externa em crescimento; a emissão de novas dívidas requer um mercado internacional com disponibilidade de liquidez e receptivo a novas dívidas do país devedor. Na ausência dessas condições, o crescimento

Tabela 4.1
Consumo (C) e Preços de Petróleo (P) para o Brasil: Indicadores Selecionados
1967-1984 – Anos Selecionados

Ano	C – Energia Primária Total mil tep[1]	Composição % por Fonte Total	Petróleo	Hidro	Outras	C Final – Petróleo Total mil m3	% Import./ Total	P. – Merc. Internacional US$/barril
1967	nd	nd	nd	nd	nd	20.688	58,9	1,80
1971	77.397	100,0	34,1	16,2	49,7	30.500	70,8	2,24
1972	85.638	100,0	37,0	17,2	45,8	34.986	75,6	2,48
1973	93.732	100,0	40,4	17,9	41,7	45.804	80,9	3,29
1974	98.842	100,0	40,3	19,3	40,5	47.333	79,8	11,58
1978	125.727	100,0	42,5	23,7	33,8	60.919	84,7	13,60
1979	134.009	100,0	41,5	25,2	33,3	67.514	85,7	30,03
1980	138.714	100,0	39,2	26,9	33,9	60.772	82,7	35,69
1981	137.719	100,0	38,1	27,5	34,4	60.370	80,6	34,28
1982	143.480	100,0	36,1	28,5	35,3	59.692	76,8	31,76
1983	149.426	100,0	34,1	29,4	36,5	61.128	76,8	28,77
1984	163.518	100,0	33,1	29,5	37,4	64.029	58,1	28,66

Fonte: Consumo: IBGE, *Estatísticas do Século XX*. Disponível em www.ibge.gov.br. Acesso: 20/fev./2004.
Preços: British Petroleum, disponível em www.bp.com. Acesso: 30/abr./2004.
1. tep = toneladas equivalentes de petróleo.

econômico e/ou a estabilidade monetária do país devedor ficam comprometidos, porque será inevitável comprimir o *quantum* das importações de bens de produção e, possivelmente, promover uma desvalorização cambial.

Os riscos que a elevada dependência externa implicava para a economia brasileira começaram a se manifestar ainda em fins de 1973. Em dezembro, os países-membros da OPEP (Organização dos Países Exportadores de Petróleo) promoveram o que ficou conhecido como o "primeiro choque do petróleo": um aumento brusco e significativo dos preços do insumo no mercado internacional. O preço médio do barril saltou de US$2,48 em 1972 para US$3,29 em 1973 e para US$11,58 em 1974, subindo gradualmente até US$13,60 em 1978 (Tabela 4.1).[3] Diante do elevado coeficiente de importação de petróleo da economia brasileira à época, esse choque converteu uma situação de *dependência* externa em um quadro de *restrição* externa a partir de 1974. Com os novos preços, comprimia-se a capacidade de importação e, consequentemente, de crescimento do país.

O Conturbado Contexto Internacional de 1974-84

O período de 1974-78 marca uma fase de acomodação aos novos preços do petróleo. Após o primeiro choque — e, em grande parte, em função dele — a economia mundial foi afetada por uma série de outras mudanças importantes.

Nos países industrializados, os efeitos mais imediatos do choque foram o aumento dos juros (já em 1974) e a contração da atividade econômica (no biênio 1974-75).[4] Isso comprimiu ainda mais a capacidade de importar dos países em desenvolvimento, já atingidos pela deterioração dos termos de troca (relação entre preços das exportações e importações), resultante do choque do petróleo, porque a recessão nos países industrializados dificultava o aumento das receitas de exportação. O resultado foi o surgimento (ou aumento) de déficits comerciais em muitos desses países. No Brasil, a balança comercial passou de virtual equilíbrio em 1973 para um déficit de US$4,7 bilhões no ano seguinte, embora a taxa de crescimento do PIB tenha se reduzido de 14,0% para 8,2% no mesmo período.

As dificuldades dos países em desenvolvimento no comércio internacional foram aliviadas, paradoxalmente, por outro efeito do choque do petróleo: a forte entrada de "petrodólares" no mercado financeiro internacional. A partir de 1974, as receitas de exportação dos países-membros da OPEP começaram a migrar para os países industrializados, em busca de retorno financeiro. O ingresso de capital estrangeiro nesses países promoveu forte expansão dos recursos à disposição dos bancos locais, estimulando seu "apetite" por investimentos de maior risco, já que, naquele período, a regulamentação financeira impunha "tetos" às taxas de juros das operações domésticas. Assim, os petrodólares acabaram financiando os déficits em conta-corrente de países endividados, como o Brasil.

Em meados de 1979, um segundo choque dos preços do petróleo interrompeu, dessa vez de forma duradoura, o fluxo de capital dos países industrializados para aqueles em desenvolvimento. Por decisão da OPEP, o preço do barril no mercado internacional saltou da média de US$13,60 em 1978 para US$30,03 em 1979 e US$35,69 no ano seguinte (Tabela 4.1). Visando conter os efeitos inflacionários do segundo choque do petróleo, os bancos centrais dos países industrializados, em geral, elevaram suas taxas básicas de juros. Nos Estados Unidos, esta subiu continuamente até 1981, quando atingiu 16,4% ao ano — mais que o dobro dos 7,9% ao ano vigentes antes do choque. A *prime rate*, usada como taxa de referência nos empréstimos (domésticos e externos) dos bancos americanos, seguiu trajetória semelhante, saltando para 18,9% em 1981.[5] O novo patamar das taxas de juros inaugurou uma fase de recessão nos países industrializados, que se estendeu, na maioria deles, até 1982.

A combinação desses choques atingiu gravemente os países importadores de petróleo, em especial aqueles já endividados, como o Brasil. O novo choque do petróleo deteriorou ainda mais os termos de troca para esses países. O aumento dos juros americanos contribuiu para aumentar seus déficits em conta-corrente de duas formas: (1) através da retração das importações dos países industrializados (entre eles os Estados Unidos, historicamente, grande comprador de produtos brasileiros); e (2) através do aumento das despesas com a dívida externa, já que grande parte dela fora contratada a taxas flutuantes (revistas a cada seis meses), indexadas à *prime rate*. Ao mesmo tempo, os juros mais altos dificultavam a captação de novos empréstimos pelos países já endividados: além de atrair recursos para os países industrializados, aumentavam o risco atribuído (pelos investidores estrangeiros) aos países devedores, porque implicavam maiores despesas com a dívida já contratada e maiores custos de "rolagem" da dívida vincenda. Nessas condições, a compensação dos déficits em conta-corrente por superávits na conta de capital, como se fez no Brasil durante o "milagre", não era mais possível.

O resultado desse novo cenário internacional foi o racionamento do crédito para os países altamente endividados — a maioria da América Latina — e a deflagração da "crise da dívida" latino-americana. Incapazes de saldar ou de refinanciar as elevadas despesas financeiras em dólares, esses países se viram forçados a declarar moratória da dívida externa. O primeiro deles foi o México, em agosto de 1982. À moratória mexicana seguiu-se um longo período de estancamento do fluxo de capital para os países em desenvolvimento, bem como de renegociação da dívida externa latino-americana (caso a caso), que se estendeu até o final da década de 1980.

Política Econômica e Ajuste Externo no Governo Geisel (1974-1978)

O Modelo de Ajuste Externo e seus Condicionantes

O quadro de dependência estrutural e restrição externa que caracterizava a economia brasileira no início de 1974 impunha ao presidente Geisel, que assumiu o governo em março do mesmo ano, a adoção de algum plano de ajuste externo. Teoricamente, três possibilidades se apresentavam: (1) atrelar o crescimento do PIB às condições gerais do mercado internacional, permitindo um crescimento maior somente nos períodos favoráveis à geração (via exportações) e/ou à captação (via endividamento) de divisas pelo país; (2) promover o ajuste externo através de mudanças de preços relativos (desvalorização cambial), o que permite o crescimento econômico somente se este for liderado pelo aumento das exportações líquidas (e, portanto, pela redução da absorção interna); (3) buscar a superação da dependência externa, investindo na ampliação da capacidade de produção doméstica de bens de capital e petróleo, o que, indiretamente e a longo prazo, contribuiria para reduzir também a dependência financeira.[6] As duas primeiras caracterizam um modelo de ajuste *conjuntural* e potencialmente recessivo. A última se define como uma estratégia de ajuste *estrutural*, que visa remover ou atenuar a restrição externa ao crescimento, de forma duradoura, através da substituição de importações e do aumento da capacidade de exportar.

O MODELO IS-LM-BP E O AJUSTE EXTERNO DO GOVERNO GEISEL:

O modelo **IS-LM-BP** é uma extensão do modelo **IS-LM** que contempla as contas do **BP**. O **BP** compõe-se da conta de transações correntes (TC) e da conta capital e financeira (CF). A primeira, através das importações, é negativamente afetada pelo produto agregado (Y); a CF é afetada positivamente pela taxa doméstica de juros (r). De acordo com essas relações, a curva **BP**, que descreve a relação Y-r que mantém o **BP** em equilíbrio, é positivamente inclinada: um aumento em **Y** reduz o saldo do **BP**, exigindo um aumento em **r** para mantê-lo em equilíbrio.

Os gráficos a seguir mostram curvas **BP** típicas de países com baixa mobilidade de capital (curvas bastante inclinadas), como era o caso do Brasil (e de outros países latino--americanos) nos anos 70, em três situações distintas: equilíbrio interno-externo no caso (a), déficit externo no caso (b) e superávit externo em (c).

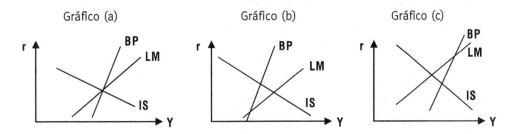

De 1968 a 1973, o Brasil tinha superávit no **BP**, como em (c). Em 1974 esse quadro se reverteu, e o país passou à situação (b). O ajuste externo, nesses casos, visa conduzir o país a uma posição do tipo (a), o que pode ser obtido pelo deslocamento das curvas **IS-LM** para a esquerda (via políticas fiscal e/ou monetária restritivas) e/ou pelo deslocamento, de forma duradoura, da curva **BP** para a direita (via políticas estruturais, de substituição de importações e de aumento da capacidade de exportação do país). O ajuste recessivo (conjuntural) enfatiza a primeira via, enquanto o ajuste estrutural, adotado no governo Geisel, priorizou a segunda.

No curto prazo, porém, os três caminhos dependiam, em maior ou menor grau, do "aval" do mercado internacional, seja através da importação de produtos brasileiros ou da oferta adicional de crédito. A terceira alternativa era a mais dependente dessa condição, porque os novos investimentos implicariam, inicialmente, aumento da demanda por importações de bens de capital e insumos (inclusive petróleo). Diante da restrita capacidade de importar e exportar daquele momento, isso só seria possível mediante novos aumentos da dívida externa brasileira, o que dependia, de forma crucial, das condições de crédito no mercado internacional.

O modelo de ajuste externo adotado no governo Geisel foi o de ajuste estrutural, materializado no II PND, anunciado em meados de 1974. Tratava-se de um ousado plano de investimentos públicos e privados (estes seriam incentivados por políticas específicas), a serem implementados ao longo do período de 1974-79, que se propunha a "cobrir a área de fronteira entre o subdesenvolvimento e o desenvolvimento".[7] Os novos investimentos eram dirigidos aos setores, identificados, em 1974, como os grandes "pontos de estrangulamento" que explicavam a restrição estrutural e externa ao crescimento da economia brasileira: infraestrutura, bens de produção (capital e insumos), energia e exportação.

No primeiro, o objetivo era a ampliação da malha ferroviária, da rede de telecomunicações e da infraestrutura para produção e comercialização agrícola, visando ampliar a oferta para o mercado interno e para exportação. No setor de bens de produção, o foco do II PND eram os segmentos de siderurgia, química pesada, metais não ferrosos e minerais não metálicos. No setor energético, os investimentos planejados se dirigiam à pesquisa, exploração e produção de petróleo e derivados; à ampliação da capacidade de geração de energia hidrelétrica; e ao desenvolvimento de fontes de energia alternativas aos derivados de petróleo, com ênfase no álcool combustível.[8] Esse conjunto de iniciativas visava avançar no processo de ISI, bem como ampliar a capacidade exportadora do país, tanto de bens primários quanto de manufaturados e semimanufaturados.

Diante da magnitude e do longo prazo de maturação dos investimentos planejados, e da virtual inexistência de mecanismos *privados* de financiamento de longo prazo no Brasil, a viabilização do II PND dependia, basicamente, de fontes de financiamento público e externo.[9] O primeiro apoiou-se no BNDE, cuja função central no II PND era o financiamento dos investimentos *privados*, com base em linhas especiais de crédito a juros subsidiados.[10] Os investimentos públicos seriam financiados por recursos do orçamento (impostos) e por empréstimos externos captados pelas empresas estatais, que, por terem o aval do governo federal, estavam em posição de obter melhores condições de crédito que as empresas privadas no mercado internacional.

Quanto ao mercado internacional, embora, inicialmente, conturbado pelo primeiro choque do petróleo, as condições de crédito se tornaram favoráveis já a partir de 1975. A ampla disponibilidade de liquidez no mercado externo, alimentada pelos petrodólares; o recuo das taxas de juros internacionais a partir de 1975 — a *prime rate* declinou de 10,8% ao ano em 1974 para 6,8% em 1977 — e a retomada da economia mundial após o primeiro choque do petróleo foram condições indispensáveis à viabilização do modelo de ajuste externo implementado através do II PND.

Além desse cenário externo propício, havia, internamente, uma pressão para a adoção de um modelo de ajuste não recessivo em 1974.[11] O crescimento dos primeiros anos do "milagre" foi facilitado pela utilização da capacidade ociosa então existente, mas, a partir de 1971, a demanda agregada em expansão estimulou novos investimentos privados. Em 1974, grande parte desses investimentos estava incompleta, ou tinha sido recentemente concluída. Uma forte desaceleração econômica naquele momento implicaria riscos e custos elevados para as empresas investidoras, bem como para os bancos envolvidos no financiamento dos novos empreendimentos. Havia, portanto, uma forte demanda empresarial pela continuidade do crescimento. Por razões políticas, o atendimento dessa demanda interessava ao governo Geisel, que, tal como o governo Castello Branco, buscava a legitimidade do poder pelo crescimento econômico.[12]

A radicalização do regime autoritário durante a gestão de Médici, marcado por métodos violentos de repressão a todo tipo de resistência ou crítica ao regime, começava a abalar a imagem dos militares junto às elites locais, bem como a imagem do país no exterior. Geisel (assim como seu sucessor, J. Figueiredo) era um militar do grupo dos "castelistas" (em referência ao ex-presidente Castello Branco), identificado como "moderado", do ponto de vista político, e "progressista", no plano econômico, que, naquela conjuntura, significava o empenho na formação de um capitalismo nacional de perfil liberal. Na visão dessa corrente, a insistência na linha radical de Médici era uma ameaça ao poder militar, porque estimulava a organização da sociedade e dos políticos de oposição (do MDB, no caso) contra o regime militar e sua política de defesa da "economia de mercado". A flagrante derrota da Arena (partido do governo) nas eleições parlamentares de novembro de 1974 parecia confirmar essa tese.[13]

Desde que assumiu a Presidência, Geisel anunciou a intenção de promover uma "distensão lenta, gradual e segura" do regime. A abertura política planejada por Geisel e seu ministro da Casa Civil, Golbery do Couto e Silva, não pretendia afastar os militares do poder, mas, sim, institucionalizar esse poder através da formação de uma base partidária sólida, em vez de pela força. Para tanto, o apoio das elites empresariais locais era estratégico para enfraquecer tanto a "ala dura" militar, quanto movimentos políticos "esquerdizantes", infiltrados no MDB, nos sindicatos e nas organizações estudantis, que combatiam tanto o regime militar no Brasil quanto o modelo de economia capitalista que vinha sendo implementado por esse regime desde 1964.

Nesse contexto, a ousadia do II PND, que, além de profundas mudanças estruturais, planejava uma taxa de crescimento do PIB da ordem de 10% ao ano no período de 1974-79, atendia, simultaneamente, ao projeto de desenvolvimento econômico e ao projeto político do governo Geisel:

> "Em suma, uma resposta ortodoxa à crise [de 1974] conduziria a restrições econômicas imediatas, acirraria os conflitos distributivos e reduziria muito as possibilidades de o governo promover com sucesso a 'distensão' política em que se empenhava." Sallum Jr. (1996, p. 51).[14]

Contudo, apesar das diversas condições favoráveis à opção pelo ajuste estrutural em 1974, esta não foi isenta de dilemas. Além da necessidade de superação da restrição externa, reconhecia-se também no governo a necessidade de uma política de controle da inflação. A despeito da prática de controle direto de preços-chave, durante o "milagre", a inflação persistia em dois dígitos e mostrava claros sinais de aceleração ao longo de 1974. Esse ano se encerrou com inflação (pelo IGP) de 35%, ante 16% no ano anterior. A manutenção de um ritmo de crescimento acelerado que, se sabia, ampliaria o desequilíbrio externo, trazia consigo a ameaça de descontrole inflacionário — seja pelo excesso de demanda, ou pela eventual necessidade de correções cambiais. Esse risco explica as inflexões da política econômica comandada pelo ministro Mário Henrique Simonsen, que ocupou a pasta da Fazenda durante todo o governo Geisel.

No biênio 1974-75, o crédito manteve a tendência de forte expansão dos anos anteriores (especialmente para o setor público — Tabela 4.2), e os investimentos públicos previstos no II PND começaram a ser implementados.[15] Em 1976, ainda sob efeito dessa política, o PIB cresceu pouco mais de 10%, mas acendeu-se a "luz amarela" da inflação, que atingiu 46%. Ainda nesse ano iniciou-se uma política monetária contencionista, que, no entanto, não impediu que o crédito mantivesse taxas positivas de crescimento real até o fim do governo Geisel. Do lado fiscal, foi adotada uma política de contenção dos gastos da administração pública direta (Ministérios).

Por outro lado, na contramão dos controles monetário e fiscal, os investimentos das estatais se expandiam, elevando a taxa de investimento da economia, bem como a participação do governo na FBCF, que atinge 40% do total no período de 1974-78, ante 33% no período de 1971-73 (Tabela 4.3). Vale notar que esse aumento é explicado, exclusivamente, pelas empresas estatais, já que os investimentos

Tabela 4.2
Meios de Pagamento (M1) e Crédito no Brasil – 1974-1984
(médias anuais por período)

Ano	Variação % Real (pelo IGP)			
	M1	Crédito dos Bancos Comerciais		
		Ao setor público	Ao setor privado	Total
1974-78	0,5	20,2	14,5	14,8
1979-80	–7,1	42,1	–15,5	–11,0
1981-83	–20,2	16,6	–10,3	–5,1
1984	–6,8	–2,1	–5,6	–4,6

Fonte: IBGE, *Estatísticas do Século XX*. Disponível em www.ibge.gov.br. Acesso em 21/fev./2004.

realizados pela administração direta perdem peso relativo entre os dois períodos. Esse novo perfil de atuação do governo na economia, através das estatais, explica a compatibilização do forte crescimento dos investimentos governamentais com a manutenção de superávits primários nas contas públicas e com uma carga tributária estável durante toda a fase de implementação do II PND (Tabela 4.4). Apesar disso, a dívida pública mobiliária federal se expandia em proporção do PIB, puxada pelas operações de "esterilização" da entrada de capital no mercado cambial.[16]

Tabela 4.3
Indicadores da FBCF no Brasil[1] – 1974-1984
(médias por períodos – % do PIB)

Ano	FBCF						% BC Importados/ FBCF
	Em % do PIB[2]	Composição					
		Total	Priv.	Públ.			
				Total	Gov.	Estatais	
1970	18,8	100,0	61,3	38,7	23,5	15,1	11,2
1971-73	20,2	100,0	67,2	32,8	19,6	13,2	12,3
1974-78	22,3	100,0	59,8	40,2	16,4	23,8	8,1
1979-80	23,5	100,0	71,2	28,8	10,2	18,5	4,8
1981-83	22,4	100,0	69,7	30,3	10,4	20,0	3,5
1984	18,9	100,0	72,9	27,1	10,7	16,4	3,2

Fonte: Elaboração própria a partir de dados do IBGE, *Estatísticas do Século XX*.
1. FBCF = formação bruta de capital fixo; BC = bens de capital.
2. FBCF e PIB a preços correntes.

Em suma, ao longo do governo Geisel, embora a preocupação com o processo inflacionário estivesse presente, o objetivo de vencer os desafios do desenvolvimento parece ter predominado na condução da política econômica. No que tange à inflação, o governo foi capaz apenas de evitar sua aceleração. Quanto ao PIB, embora abaixo da meta anunciada e com certa desaceleração no biênio 1977-78, a taxa média anual de crescimento no governo Geisel foi ainda bastante elevada — de 6,7%.

Tabela 4.4
Indicadores Fiscais no Brasil – 1970-1984
(médias anuais por período)

| Período | União, Estados e Municípios ||||| Setor Públ. Consolid. ||| DPMF[3] ||
	Receita Total	Desp. primárias Total	Consumo[1]	FBCF	Result. Primário	NFSP[2] Prim.	Operac.[1]	Nominal	Início do período	Fim do período
1974-78	24,1	22,5	18,9	3,7	1,6	nd	nd	nd	5,8	8,2
1979-80	23,7	22,5	20,1	2,4	1,2	nd	nd	nd	7,2	5,1
1981	24,1	23,3	20,7	2,7	0,8	nd	6,3	13,3	7,3	7,3
1982	24,9	24,3	21,9	2,4	0,6	nd	7,3	16,4	11,0	11,0
1983	25,1	24,1	22,2	1,9	1,0	−1,7	3,3	20,8	13,7	13,7
1984	23,2	21,6	19,6	2,0	1,6	−4,2	3,0	24,6	14,3	14,3

Fonte: IBGE, *Estatísticas do Século XX* para União, Estados e Municípios; Banco Central, para NFSP; Andima (1994), p. 154, para DPMF.
1. Nesta tabela, consumo inclui subsídios e transferências à Assistência e Previdência Social.
2. NFSP = necessidade de financiamento do setor público. Sinal negativo indica superávit.
3. DPMF = dívida pública mobiliária federal.
nd = não disponível.

O Ajuste Estrutural na Prática: O II PND e o Balanço de Pagamentos

Diante do longo prazo de maturação dos investimentos previstos no II PND, seus efeitos sobre o balanço de pagamentos (BP) devem ser analisados em duas etapas: a de implementação do Plano e a posterior à maturação dos investimentos. Na primeira, que se estende por todo o governo Geisel e até os primeiros anos do governo Figueiredo, o principal efeito esperado era o aprofundamento do tipo de desequilíbrio gerado durante o "milagre", ou seja: aumento do déficit em transações correntes, decorrente da inevitável expansão das importações de bens de capital e insumos durante a realização dos novos investimentos.

O que justificava a assunção dos custos dessa deterioração *adicional* nas contas do BP eram os efeitos benéficos esperados na segunda etapa — isto é, a partir da década de 1980. Eram eles: (1) avanço na ISI, que se manifestaria pela redução do coeficiente de importação de bens de capital; (2) redução da dependência externa em relação ao petróleo; e (3) aumento da capacidade exportadora do país, acompanhado de diversificação da pauta de exportações, em favor dos bens manufaturados e semimanufaturados (reduzindo, portanto, o peso relativo dos bens primários).

A evolução das contas do BP entre 1974 e 1984 parece confirmar as expectativas do governo. Nos anos 1974-78, percebe-se nítida deterioração na composição do BP (Apêndice Estatístico e Tabela 4.5). Em termos de médias anuais, nesse período: (1) o déficit em conta-corrente eleva-se para US$6,5 bilhões, ante US$1,2 bilhão no período de 1968-73; (2) parte dessa deterioração deve-se à balança comercial, que sai de uma situação, em média, equilibrada entre 1968-73 para um déficit anual médio de US$2,3 bilhões entre 1974-78; (3) o déficit da conta de serviços e rendas eleva-se para US$4,3 bilhões, ante uma média anual de US$1,2 bilhão entre 1968-73, sendo esse aumento liderado pelas remessas de lucros e despesas com juros sobre a dívida externa (parte dela, vale lembrar, contraída antes do II PND); (4) o superávit da conta de capital eleva-se sensivelmente, da média de US$2,2 bilhões entre 1968-73 para US$7,9 bilhões entre 1974-78, permitindo a geração de superávits no BP a partir de 1976, apesar do déficit crescente na conta-corrente; e (5) entre os mesmos períodos, deteriora-se a posição financeira do país, tendência expressa no aumento da relação "dívida externa/exportações" (Tabela 4.5), de 1,8 para 2,5.

O período de 1979-80 manteve, em termos de médias anuais, as tendências de aumento do déficit em conta-corrente, do superávit na conta de capital e da relação "dívida/exportações". Contudo, duas diferenças importantes podem ser percebidas em relação ao período anterior: no biênio 1979-80, o aumento do déficit em conta-corrente é explicado, predominantemente, pelo aumento das despesas financeiras (rendas), já que o déficit comercial médio do período é apenas marginalmente superior ao dos anos 1974-78 — o que se explica pelo significativo aumento da taxa de crescimento das exportações (Tabela 4.5); o superávit da conta de capital não é mais suficiente para financiar o elevado déficit em conta-corrente, tornando o BP significativamente deficitário (déficit médio de US$3,3 bilhões). As tendências do BP nesse período refletem os choques externos antes mencionados — o segundo choque do petróleo e o aumento dos juros no mercado financeiro internacional — e prenunciam a crise da dívida, que viria à tona em 1983.

No período de 1981-83, embora o quadro de elevado déficit em conta-corrente tenha se mantido, houve nítida reversão da tendência da balança comercial, que se torna superavitária. Tal reversão refletiu a combinação de três fatores, essencialmente: os efeitos de duas maxidesvalorizações cambiais (da ordem de 30% cada uma) determinadas pelo ministro Delfim Netto, em 1979 e 1983; a recessão da

Tabela 4.5
Economia Brasileira: Síntese de Indicadores Macroeconômicos – 1974-1984
(médias anuais por período)

Indicadores	1974-78	1979-80	1981-83	1984
Crescimento do PIB (% a.a.)	6,7	8,0	-2,2	5,4
Inflação (IGP dez./dez., % a.a.)	37,8	93,0	129,7	223,9
FBCF (% PIB a preços correntes)	22,3	23,5	22,4	18,9
Tx. de cresc. das exportações de bens (US$ correntes, % a.a.)	15,3	26,1	2,8	23,3
Tx. de cresc. das importações de bens (US$ correntes, % a.a.)	17,2	29,5	-12,4	-9,8
Balança comercial (US$ milhões)	-2.283	-2.831	2.818	13.090
Saldo em conta-corrente (US$ milhões)	-6.548	-11.724	-11.584	95
Dívida externa líquida/Exportação de bens	2,5	2,9	3,7	3,3

Fonte: Elaboração própria, com base em dados do Apêndice Estatístico ao final do livro.

economia brasileira no período de 1981-83, que contraiu as importações (Tabela 4.5); e a substituição de importações promovida pelo II PND. Por conta dessa substituição, a contração das importações foi bem maior que a do PIB durante a recessão — respectivamente, de 12,4% e 2,2% ao ano — e foi explicada pela significativa redução do *quantum* (os preços caíram apenas moderadamente).

Outros indicadores mostram claramente essa tendência à substituição de importações entre as décadas de 1970 e 1980: (1) o peso dos bens de capital importados na FBCF no Brasil reduziu-se de 12,3% (em média) no período de 1971-73 para 3,5% entre 1981-83 (Tabela 4.3); (2) na pauta de importações, a participação deste item caiu de 17,9% entre 1974-78 (primeiro dado disponível) para 9,3% na média de 1981-83; (3) o peso do petróleo importado no consumo final de petróleo no Brasil, que foi crescente até 1979, quando atingiu 86%, caiu para 77% em 1983 — na pauta de importações, porém, o peso dos combustíveis (derivados de petróleo) só começou a ser reduzido de forma importante a partir de 1986. Essa queda relativa nas importações de petróleo refletiu também outro efeito estrutural do II PND: a substituição do insumo na matriz energética brasileira, cuja participação reduziu-se de 43% em 1978 para 34% em 1983 (Tabela 4.1).

O ano de 1984 confirmaria todas as tendências do período anterior, em termos de substituição de importações e de ajuste externo. Nesse ano, que marca o início de uma fase de recuperação econômica, o PIB cresceu à taxa de 5,4%, mas isso não reverteu a tendência de queda dos coeficientes de importação de petróleo e bens de capital (Tabelas 4.1 e 4.3).

Os efeitos do II PND sobre as exportações brasileiras foram também visíveis. O *quantum* de exportações cresceu continuamente a partir de 1978, à exceção apenas do ano de 1982 (que foi o auge da recessão internacional provocada pelo segundo choque do petróleo e pelo aumento dos juros externos). Também a partir desse ano, o crescimento real das exportações torna-se, sistematicamente, superior às taxas de crescimento real do PIB (com a mesma exceção de 1982). Além disso, a composição da pauta de exportações brasileira passou por mudanças importantes a partir do II PND: o peso dos bens básicos nas exportações totais reduziu-se continuamente desde então (de 65% em 1973 para 32% em 1984), sendo essa queda inteiramente compensada pelo aumento do peso relativo dos bens manufaturados (de 23% para 56% no mesmo período).

Em suma, os objetivos (e as expectativas) de mudança estrutural que motivaram o II PND foram, em geral, alcançados. No entanto, os custos macroeconômicos desse êxito não foram desprezíveis. Sem dúvida, parte das dificuldades que marcaram a economia brasileira na década de 1980 pode ser atribuída à ousadia do II PND — mais especificamente à ousadia da estratégia de endividamento externo que o viabilizou. Contudo, como se mostrará na seção seguinte, outra parte importante da explicação dessas dificuldades deve ser buscada no modelo de ajuste externo adotado nos anos 1979-84 para enfrentar os choques externos do período.

Política Econômica e Ajuste Externo no Governo Figueiredo: 1979-84

O período de 1979-84, como já observado, abriga três fases distintas quanto ao comportamento do PIB: 1979-80, de elevadas taxas de crescimento; 1981-83, de recessão; e 1984, de recuperação, puxada pelas exportações. As diferenças entre essas fases, especialmente entre a primeira e a segunda, refletem as mudanças ocorridas no cenário internacional e nas estratégias de ajuste externo adotadas no período.

Ajuste Externo e "Crescimento Inercial" no Período de 1979-80

O general João Figueiredo assumiu a Presidência da República em março de 1979 e convidou M. H. Simonsen, ministro da Fazenda no governo Geisel, para a pasta do Planejamento — que se tornaria o comando central da política econômica na gestão de Figueiredo. No início de 1979, a economia brasileira entrava no 12º ano consecutivo de vigoroso crescimento e endividamento externo. O mercado internacional ainda se mostrava favorável a esse modelo de crescimento, mas começava a dar sinais de iminente mudança. Acompanhando o aumento dos juros básicos nos Estados Unidos, a *prime rate* subiu para 9,1% em 1978, após dois anos de estabilidade no nível de 6,8% ao ano. Internamente, a inflação se acelerava, apesar das políticas de controle da demanda agregada (por via fiscal e monetária) implementadas desde 1976.

Nesse contexto, Simonsen iniciou sua gestão no Ministério do Planejamento com um conjunto de medidas restritivas, que visavam reforçar o controle sobre os meios de pagamento e o crédito bancário (inclusive os empréstimos do BNDE), bem como conter os investimentos das estatais e as despesas com subsídios.[17] Além disso, o ministro anunciou uma nova política cambial, cujo objetivo era promover desvalorizações reais da taxa de câmbio. Para compensar o impacto dessa nova política sobre os devedores em dólares, foram editadas as Resoluções 432 e 230 do Banco Central (Bacen), que permitiam, respectivamente, a empresas e bancos depositarem no Bacen os dólares devidos antes do vencimento das obrigações. Isso, na prática, transferia o risco cambial e os custos de futuras desvalorizações para o governo, que se tornava, então, responsável pela liquidação das dívidas em suas datas de vencimento.

Em meados de 1979, o segundo choque do petróleo e a resposta restritiva dos países industrializados, que rapidamente elevaram suas taxas de juros, mudaram radicalmente, e por longo período, o cenário externo até então "amigável". O novo contexto exigia do Brasil novas e rápidas medidas de ajuste externo. Na visão de Simonsen, dessa vez, o ajuste recessivo se impunha como única forma de controlar o grave desequilíbrio do BP. A frase do ministro na epígrafe a este capítulo foi dita nessa ocasião e, sendo ele um economista conhecido pela baixa tolerância à inflação, reflete bem a gravidade do quadro externo à época. Como toda política econômica restritiva, porém, a implementada pelo ministro gerou críticas e resistências no setor privado e até dentro do governo (nas estatais). Essas pressões culminaram com a renúncia de Simonsen em agosto, sendo, então, substituído por Delfim Netto, que comandou a política econômica até o fim do governo Figueiredo.[18]

O diagnóstico inicial de Delfim Netto foi de que o estrangulamento externo que afetava a economia brasileira em 1979 refletia, antes que um excesso generalizado de demanda, um desajuste de preços relativos que distorcia a distribuição dessa demanda entre os diversos setores. Em especial, diante dos novos choques externos, a taxa de câmbio deveria ser corrigida, para promover o redirecionamento da demanda em favor dos bens de produção doméstica e estimular as exportações. Para tanto, as medidas de controle monetário já estabelecidas foram reforçadas, gerando taxas negativas de crescimento do M1 e do crédito no biênio 1979-80 (Tabela 4.2), e foi determinada uma maxidesvalorização cambial, de 30% nominais, em dezembro de 1979.

Na área fiscal, as tarifas públicas foram corrigidas e os gastos públicos controlados. O objetivo era conter o déficit público que, segundo o ministro, alimentava a inflação e, juntamente com as operações de "esterilização" do capital externo, tinham elevado a dívida pública mobiliária para 8% do PIB em 1978 (Tabela 4.4). Visando controlar os gastos das estatais, foi criada a Sest (Secretaria Especial para as Empresas Estatais). Com essas medidas, o peso dos investimentos públicos na FBCF foi reduzido no período de 1979-80 (Tabela 4.3), mas, na administração direta, não houve retração dos gastos (Tabela 4.4), porque os subsídios (basicamente, direcionados à agricultura e exportação) ainda cresceram no período.

As correções do câmbio e das tarifas públicas aceleraram a inflação, que saltou da média anual de 38% durante o governo Geisel para 93% ao ano em 1979-80. Essa aceleração refletiu também uma mudança no regime de reajuste salarial, implementada em meados de 1979: reconhecendo que o rápido aumento da inflação impunha perdas reais significativas aos salários, o governo mudou a periodicidade de reajuste dos salários nos setores público e privado, de anual para semestral, embora com restrições à reposição integral da inflação passada. Em janeiro de 1980, foi adotada a prefixação da correção monetária (que corrigia contratos em geral) em níveis inferiores aos da inflação em curso, visando, sem sucesso, induzir expectativas de queda da inflação. As correções salariais mais frequentes, aliadas à prática generalizada da indexação de contratos, tornaram-se fatores realimentadores do processo inflacionário e da chamada "inflação inercial". Trata-se de um processo pelo qual os preços aumentam, a cada período, em função de seus aumentos passados e da (vã) tentativa de os agentes recuperarem, sistematicamente, as perdas reais deles decorrentes.

Em suma, o modelo de ajuste externo implementado no período de 1979-80 se pretendia não recessivo, combinando controles fiscal e monetário com ajustes de preços relativos que, idealmente, favoreceriam a balança comercial e recuperariam as contas públicas, resolvendo, ao mesmo tempo, os desequilíbrios externo e fiscal. Na prática, porém, esses ajustes de preços se tornavam inócuos, porque a aceleração da inflação corroía rapidamente os aumentos reais obtidos a cada rodada de correção. No biênio 1979-80, a recessão, de fato, foi evitada (o PIB cresceu à taxa média de 8% ao ano no período), por uma combinação de aumento das exportações e "crescimento inercial" dos investimentos públicos e privados do II PND, que estavam sendo finalizados.[19]

No que tange ao BP, porém, o desequilíbrio externo não foi sequer amenizado entre 1979-80, porque: (1) a maxidesvalorização de 1979 não se materializou em desvalorização *real* do câmbio, porque foi corroída pelo rápido aumento da inflação; (2) apesar do forte crescimento das exportações, o déficit comercial aumentou, puxado pelo aumento dos preços (especialmente do petróleo) e, em 1979, também do *quantum* das importações; (3) sob o efeito do aumento dos juros internacionais, as despesas com rendas cresceram; (4) os superávits da conta de capital não foram suficientes para cobrir os déficits correntes, tornando o BP deficitário. Com isso, o país registrou significativa perda de reservas internacionais, que passaram de US$12 bilhões em 1978 para US$7 bilhões em 1980, o que, em termos de meses de importação média anual, equivalia a uma queda de 10,4 para 3,6 meses no mesmo período.

Ajuste Externo e Estagflação no Período de 1981-84

O insucesso da estratégia de ajuste inicial, aliado ao agravamento do cenário externo — explicado pela recessão nos países industrializados e, a partir de 1982, pela crise da dívida latino-americana — levou o governo a assumir, a partir de 1981, um modelo de ajuste explicitamente recessivo. O objetivo agora era a redução da absorção interna, de modo a gerar excedentes exportáveis. Na nova estratégia, a política monetária ganhava o centro da cena, e a manutenção de juros *reais* elevados era sua principal via de atuação. Os juros altos atuariam duplamente sobre o BP: reduzindo o déficit em conta-corrente, através da redução da absorção interna, e, ao "empurrarem" as empresas (inclusive as estatais) para o mercado internacional, em busca de juros menores, atrairiam capital estrangeiro para financiar aquele déficit, que, reconhecidamente, não seria eliminado a curto prazo.

A política monetária restritiva foi efetivamente implementada até o fim do governo Figueiredo, gerando forte recessão no período de 1981-83, quando o PIB encolheu 2,2% ao ano, em média. A recessão, aliada aos efeitos estruturais do II PND, promoveu a reversão dos déficits que caracterizaram a balança comercial durante a década de 1970 — como já observado, a balança torna-se superavitária a partir de 1981. Contudo, isso não amenizou a perda de reservas internacionais pelo país porque, em 1981, embaladas pela alta dos juros internacionais, as despesas com rendas deram um salto para US$10,3 bilhões (ante US$7,0 bilhões no ano anterior) e outro em 1982, para US$13,5 bilhões. Além disso, diante dos riscos então atribuídos a países altamente endividados, como o Brasil, especialmente depois da moratória do México (setembro de 1982), os juros altos no mercado interno não foram capazes de atrair capital suficiente para cobrir as novas despesas. Assim, as reservas internacionais chegaram a US$4,0 bilhões em 1982 (equivalentes a 2,5 meses de importação) e teriam sido ainda menores se o país não tivesse, ao fim desse ano, recorrido a um empréstimo do FMI (Fundo Monetário Internacional), que injetou US$4,2 bilhões na conta de capital.

O acordo do Brasil com o FMI em fins de 1982 foi o primeiro de uma série que, diante das dificuldades de solução do impasse externo aberto pela crise da dívida latino-americana, se estenderia praticamente até o final da "década perdida", justificando, em grande parte, essa alcunha para os anos 80. O acordo com o Fundo impôs maior rigor à política monetária restritiva já em curso. Em 1983, a queda real do M1 e do crédito ao setor privado chegou, respectivamente, a 36% e 26%. A política cambial do ministro Delfim também foi reforçada no início de 1983, com nova maxidesvalorização de 30%, que, dessa vez, resultou em desvalorização real.

No biênio 1983-84, a política fiscal tornou-se também restritiva (o que não tinha ocorrido até 1982): a carga tributária foi elevada em 1983 e os investimentos públicos foram drasticamente cortados, contribuindo para a redução da taxa de investimento da economia para 20% do PIB em 1983, ante 23% em 1982. Nesse caso, a restrição não visava somente atingir a demanda agregada, mas também o próprio déficit público, que, em 1982, alcançara 7,3% do PIB no conceito operacional e 16,4% no conceito nominal.[20] Essa deterioração fiscal refletia, de um lado, a resistência do gasto público à baixa e, de outro, os efeitos danosos do ajuste externo do período de 1979-80. O aumento da inflação erodia a receita real do governo, caracterizando o chamado "efeito Tanzi". Além disso, elevava os encargos da dívida pública, através da correção monetária. A maxidesvalorização cambial de 1979 e a política de juros altos a partir de então também afetaram as despesas financeiras do setor público, elevando os encargos da dívida interna (com juros reais e correção cambial) e externa (grande parte dela de responsabilidade do governo, devido às Resoluções 432/230).

A indexação da dívida pública foi uma estratégia crescentemente usada pelo governo para facilitar o financiamento de seus déficits, através da proteção dos rendimentos dos títulos contra a corrosão inflacionária e contra o elevado custo de oportunidade representado por possíveis desvalorizações cambiais. Essa estratégia, iniciada com a criação da correção monetária em 1964, funcionou bem até fins da década de 1970, enquanto a inflação e o câmbio estavam sob controle. No ambiente instável do período de 1981-84, porém, a indexação da dívida tornou-se uma armadilha para o governo: a aceleração da inflação, as correções cambiais, a política de juros altos e, paralelamente, as Resoluções 432 e 230 mantinham o déficit nominal e, portanto, a dívida pública, em crescimento mesmo diante da política fiscal restritiva. Esta, por sua vez, se tornava também cada vez menos eficaz para gerar saldos primários (não financeiros) positivos, porque a política monetária e a instabilidade do período golpeavam duplamente a capacidade de arrecadação do governo: pela retração da economia e pelo efeito Tanzi. Assim, apesar da política fiscal restritiva, o déficit nominal do governo e a dívida pública mobiliária federal subiram, respectivamente, para 24,6% e 14,3% do PIB em 1984 (Tabela 4.4).

A política de ajuste externo de 1981-84, mais uma vez auxiliada pelas mudanças estruturais promovidas pelo II PND, produziu superávits comerciais recordes em 1983 e, principalmente em 1984, explicados, predominantemente, pela variação do *quantum* de exportações e importações. No primeiro caso, o aumento mais intenso se deu em 1984, como efeito da recuperação da economia mundial. No caso das importações, a maior contribuição para o ajuste externo ocorreu no período 1981-83, motivada pela recessão doméstica. Em 1984, considerando o crescimento real do PIB de 5,4%, a queda das importações (de quase 10%), liderada pelo encolhimento de 7,4% do *quantum*, refletiu, fundamentalmente, o já mencionado sucesso do II PND na substituição de importações de bens de capital e petróleo. Ainda assim, o ajuste externo de 1984 caracteriza-se como parte do ajuste recessivo implementado a partir de 1981, já que refletiu uma mudança na distribuição do PIB entre os componentes da demanda agregada claramente favorável à transferência líquida de recursos reais ao exterior (que ocorre quando o agregado das contas de comércio e serviços no BP é superavitário): em 1984, o consumo, a FBCF e as importações perdem participação no PIB, sendo essas perdas compensadas pelo aumento do peso relativo das exportações.

Considerações Finais: o "Preço" da Crise Externa e dos Ajustes dos Anos de 1974-84

O choque dos preços do petróleo entre 1973-74 inaugurou uma longa fase de dificuldades para a economia brasileira, expressas no prolongado quadro de restrição externa. O modelo de ajuste estrutural implementado no governo Geisel (1974-78) teve o mérito de mudar o estágio de desenvolvimento industrial da economia brasileira, internalizando, em larga medida, os setores de bens de capital e insumos industriais. Desse ponto de vista, o ajuste foi extremamente bem-sucedido, já que reduziu, de forma estrutural, a dependência externa do país em relação a esses bens, cruciais ao crescimento econômico. Contudo, como lembra a epígrafe de M. Friedman, em economia "não existe almoço grátis". O preço desse sucesso foi o aumento da vulnerabilidade externa da economia e, face à reviravolta do mercado internacional a partir de 1979, também da dependência externa *financeira*.[21] Essa condição manteve na agenda da política econômica brasileira (até meados da década de 1990) a necessidade de sucessivas rodadas de ajuste externo, requeridas sempre que o mercado internacional se mostrava pouco receptivo às exportações e/ou à rolagem da dívida brasileira.

A partir de 1979, o diagnóstico do desequilíbrio externo brasileiro mudou, gradativamente, e o governo passou a adotar uma estratégia de ajuste recessivo, acompanhando a mudança nas condições estruturais e conjunturais de operação da economia brasileira. À medida que se estendia por mais de uma década o quadro de crescimento vigoroso da economia, crescia a percepção de que o desequilíbrio externo brasileiro refletia uma situação de excesso de demanda, que se agravara por ocorrer em um "mau momento" do mercado internacional. A solução, portanto, seria obtida por uma combinação de ajuste de preços relativos — da taxa de câmbio, em especial, e, em menor escala, das tarifas públicas — e controle da absorção interna. Este último foi promovido por uma política de juros reais elevados, que, indiretamente, também ajudava o governo a "ganhar tempo" para o ajuste externo efetivo (da conta-corrente), captando recursos via conta de capital.

A correção de preços relativos foi a tônica do modelo de ajuste externo do biênio 1979-80. Esse modelo foi capaz de iniciar uma reversão da tendência deficitária da balança comercial, a partir de 1981, mas seus efeitos sobre a conta-corrente e sobre o saldo do BP foram modestos.

A partir de 1981, diante dos parcos benefícios da estratégia anterior, a ênfase do ajuste externo recaiu sobre o controle da absorção interna. Assumia-se, então, explicitamente, o modelo de ajuste recessivo, embora nova maxidesvalorização cambial tenha sido implementada em 1983. Mais uma vez, os custos do ajuste foram mais altos e duradouros que seus benefícios. Tal como no biênio 1979-80, os efeitos favoráveis da política restritiva sobre a balança comercial foram maiores que sobre a conta-corrente e o saldo global do BP — especialmente no período de 1981-83, quando o saldo comercial aumentou US$9,3 bilhões, enquanto os da conta-corrente e do BP cresceram, respectivamente, US$6,0 bilhões e US$3,4 bilhões. Além disso, o fato de que o desequilíbrio externo volta a ser um problema já em 1985 atesta a fragilidade do ajuste obtido nos anos 1981-84.

O preço desse ajuste em termos de inflação e deterioração fiscal, no entanto, foi elevado e persistente. No caso da inflação, a tendência à aceleração foi reforçada e se manteve na cena econômica brasileira até meados da década de 1990. Quanto às contas públicas, apesar da redução do déficit operacional para 3,0% do PIB em 1984, o déficit nominal e a dívida pública interna mantiveram sua trajetória ascendente, alimentados pela inflação, pelas correções cambiais sucessivas, pela política de juros altos, pela proteção dos devedores externos, através das Resoluções 432 e 230, e pelas operações de esterilização do capital externo (nos períodos de superávit do BP), que contribuíam para o aumento do estoque da dívida pública.

As experiências frustradas de ajuste externo do período de 1979-84 refletiram uma característica do desequilíbrio externo brasileiro negligenciada no modelo de ajuste recessivo: o fato de que grande parte do aumento do déficit em conta--corrente a partir de 1979 — e quase a totalidade desse aumento a partir de 1981 — refletia o crescimento *exógeno* dos encargos da dívida externa, explicado pelos elevados juros internacionais. O mesmo ocorria com as contas públicas nesse período: o aumento do superávit primário e a redução do déficit operacional nos primeiros anos da década de 1980 não foram acompanhados de redução do déficit nominal (e, portanto, da dívida do setor público), porque os encargos financeiros da dívida subiam, devido à correção monetária e cambial. Nessas condições, antes que uma redução significativa das despesas financeiras que pesavam sobre o BP e as contas públicas fosse possível, era muito difícil acomodar nos saldos comerciais e no resultado primário do governo todo o ajuste externo e fiscal requerido.[22] Assim, uma solução para o impasse externo e para o crescimento inercial da dívida pública só foi alcançada quando uma renegociação da dívida externa — que envolveu a aceitação de um deságio por parte dos credores — foi, finalmente, obtida em 1994, permitindo a estabilização do câmbio e dos preços no Brasil.

RECOMENDAÇÕES DE LEITURA

Castro e Souza[23] é leitura indispensável para entender a complexidade do período de 1974-84, no que tange ao desequilíbrio externo e às possibilidades de ajuste que se apresentavam à economia brasileira. Fishlow[24] faz a mesma discussão, porém, com uma visão mais crítica que Castro e Souza à opção do governo Geisel pelo ajuste estrutural.

LEITURAS ADICIONAIS

Bonelli e Malan[25] fazem uma interessante análise crítica do debate da época sobre as raízes do desequilíbrio externo de 1974. Coutinho e Belluzzo[26] trazem uma detalhada exposição e discussão das diretrizes da política econômica do período de 1974-81, com ênfase na política de curto prazo.

NOTAS

1. O Colégio eleitoral era formado por membros do Congresso Nacional e representantes das assembleias legislativas estaduais.
2. Ver, nessa linha de interpretação, Bonelli e Malan (1976).
3. O dado de 1973 dilui a verdadeira dimensão do choque, por se tratar de um preço médio no ano. Como o aumento determinado pela OPEP ocorreu em dezembro, a dimensão do choque só pode ser percebida nos preços médios a partir de 1974.
4. Nos Estados Unidos, a taxa básica de juros passou de 8,7% ao ano na média de 1973 (já num patamar elevado, que visava conter o processo inflacionário alimentado pelo excesso de demanda e pela flexibilização cambial, com o fim do Acordo de Bretton Woods) para 10,5% em 1974. O crescimento real do PIB passou de 5,8% em 1973 para *menos* 0,5% em 1974 e *menos* 0,2% em 1975. Dados do IFS/FMI, disponíveis no IpeaData: www.ipea.gov.br, acesso em abril de 2004.
5. Todos os dados referentes à *prime rate* aqui citados são de IpeaData (2004).
6. Para uma análise e discussão das opções de ajuste externo disponíveis ao governo Geisel em 1974, ver Castro e Souza (1985), pp. 30-47.
7. II PND, p. 7, *apud* Castro e Souza (1985), p. 30.
8. Ver Serra (1982), p. 104.
9. A reforma financeira de 1964-67 foi bastante eficaz no segmento de crédito ao consumidor e da dívida pública. Contudo, mecanismos *privados* de financiamento *de longo prazo* não chegaram a ser desenvolvidos até o período do II PND — e nos primeiros anos da década de 2000 são ainda precários.
10. No período de 1974-78, a participação dos desembolsos do BNDE na FBCF elevou-se para 8,7%, em média, ante 4,0% entre 1963-73, conforme Monteiro Filha (1995), p. 155.
11. Ver Castro e Souza (1985), pp. 35-37.
12. Ver, nessa linha de interpretação, Sallum Jr. (1996) e Fishlow (1986).

13. O MDB elegeu 16 senadores (ante 6 da Arena) e praticamente dobrou seu número de cadeiras na Câmara, de 87 para 165 deputados federais. A Arena ainda manteve a maioria, mas passou de 223 para 199 deputados. Nos estados, o MDB elegeu 335 deputados.
14. Sobre as metas do II PND, ver Serra (1982), p. 104. Em retrospecto, nota-se que o governo Geisel foi muito bem-sucedido na vertente econômica de seu projeto de poder, mas nem tanto no campo político. A resistência da "ala dura" do poder militar foi forte e organizada. Diante disso, a abertura política manteve um ritmo mais lento que o planejado e não logrou manter os militares no poder pelo voto: o AI-5 só foi extinto em dezembro de 1978; a Lei de Anistia só foi assinada em agosto de 1979 (já pelo presidente Figueiredo), e a reforma partidária que extinguiu o bipartidarismo só foi aprovada em novembro do mesmo ano; as primeiras eleições diretas para governadores e prefeitos ocorreram somente em 1982 (com importantes vitórias de civis da oposição) e, para presidente, em 1989.
15. Ver, a respeito, Coutinho e Belluzzo (1984).
16. Sob um regime de câmbio fixo, a entrada de dólares no mercado cambial força o Banco Central a comprá-los, para evitar uma apreciação da taxa de câmbio. Com isso, expande-se a base monetária. A "esterilização" se dá, então, pela venda de títulos públicos ao mercado, que transfere o excesso de reservas bancárias para o Banco Central. Além disso, é possível que o aumento da dívida pública entre 1974-78 tenha sido também explicado pela ocorrência de déficit nominal (soma do resultado primário com as despesas financeiras) nas contas do governo. Contudo, não há como confirmar ou rejeitar essa hipótese, porque esse indicador só passa a ser apurado no Brasil a partir de 1981.
17. Ver Coutinho e Belluzzo (1984), pp. 166-67.
18. Na época, Delfim Netto ocupava o cargo de ministro da Agricultura. Sua volta ao comando da economia foi recebida com grande entusiasmo nos meios empresariais, ansiosos por uma volta aos tempos de crescimento rápido do "milagre econômico".
19. Vale notar que a taxa de investimento da economia foi crescente até 1981.
20. O saldo operacional das contas públicas é medido pela diferença entre a receita total do governo e a soma de suas despesas primárias (inclusive subsídios e transferências) e com juros reais sobre a dívida pública. Essa medida de juros exclui as despesas relativas à correção monetária e cambial incidentes, respectivamente, sobre os títulos indexados à inflação e à taxa de câmbio. Há ainda dois outros conceitos de déficit público no Brasil: o déficit primário, que exclui do operacional as despesas com juros *reais*, e o nominal, que contabiliza o total de despesas, inclusive correção monetária e cambial.
21. Ver, nessa linha, Fishlow (1986).
22. Para uma análise crítica do modelo de ajuste externo e dos impactos dos encargos da dívida externa sobre as condições de operação da economia brasileira nos anos 80, ver Batista Jr. (1987).
23. Ver Castro e Souza (1985).
24. Ver Fishlow (1986).
25. Ver Bonelli e Malan (1976).
26. Ver Coutinho e Belluzzo (1984).

Capítulo

Esperança, Frustração e Aprendizado: A História da Nova República
(1985-1989)

Lavinia Barros de Castro

"A democracia não é branca nem preta: é cinza."
Norberto Bobbio, cientista político italiano

"Os vencedores pensam que a história terminou bem porque eles estavam certos, ao passo que os perdedores perguntam por que tudo foi diferente, e essa é uma questão muito mais relevante."
Eric Hobsbawn, historiador inglês

Introdução

Na historiografia econômica, o curto período que compreende a chamada "Nova República" (1985-89) ficou guardado na lembrança dos brasileiros como um conjunto de experiências malsucedidas de estabilização da inflação. Ao longo dos cinco anos do governo do presidente José Sarney foram lançados nada menos que três planos de estabilização: Plano Cruzado, em 1986; Plano Bresser, em 1987; e Plano Verão, em 1989. Embora frustrantes do ponto de vista do combate à inflação, esses planos colaboraram para que se verificassem momentos de rápido crescimento. De fato, a expansão acumulada do produto no período de 1985-89 foi de 24%, concentrados nos dois primeiros anos. As contas fiscais e externas, porém, se deterioraram fortemente ao longo do período, como veremos.

Mais do que um laboratório para experiências e teorias de como combater a inflação, a Nova República serviu de aprendizado, mostrando as dificuldades inerentes a qualquer processo de redemocratização. Assim, antes de entrarmos na análise do comportamento econômico do período, devemos atentar para o momento histórico que o precede: o movimento das "Diretas Já" e o sentimento, generalizado, de que a redemocratização tudo resolveria, desde a inflação ao retorno do crescimento, passando pela solução aos problemas sociais do país. A segunda seção deste capítulo, depois desta introdução, descreve justamente os acontecimentos políticos de 1984-85. A terceira seção apresenta a situação da economia no início do governo Sarney e no período imediatamente anterior. O debate que existia entre os economistas brasileiros sobre as causas da inflação no país é apresentado na quarta seção, enquanto a quinta discute, em maior profundidade, o conceito de inflação inercial. As medidas do Plano Cruzado, o comportamento da economia e a própria condução do plano diante do aquecimento da demanda, em 1986, são discutidos na sexta seção. A sétima trata do período de 1987-89, com os planos Bresser e Verão, mostrando a perda de eficácia das políticas de estabilização, após o primeiro choque heterodoxo (Plano Cruzado). Já a oitava seção resume o comportamento da economia no período de 1985-89, enquanto a nona busca, por fim, ressaltar o aprendizado com os erros cometidos e sumariar as conclusões.

Esperança e Frustração: a Campanha "Diretas Já" e a Morte de Tancredo Neves

Em 1984, o Brasil vivia um momento peculiar de sua história. Após 20 anos de Regime Militar, aos poucos ganhava força o movimento por eleições "Diretas Já". No imaginário de milhões de brasileiros que iam às manifestações pelo direito de eleger o presidente da República, a democracia não apenas traria de volta as liberdades civis e políticas como, também, o fim da inflação, o retorno do crescimento e a sonhada redistribuição da renda. O ambiente nacional, em suma, era de esperança e confiança na introdução de profundas mudanças.

A sucessão de comícios nos mais diversos cantos do país começou em janeiro de 1984. O ápice do movimento, porém, se deu às vésperas da votação da emenda constitucional que restabeleceria o direito ao voto popular e direto para presidente da República (a chamada Emenda Dante de Oliveira). No dia 10 de abril, quase um milhão de pessoas compareceram ao comício do Rio de Janeiro. Seis dias depois, foi São Paulo quem bateu o recorde no Vale do Anhangabaú, reunindo mais de um milhão de pessoas. Mas, apesar da grande mobilização popular, a emenda das diretas não foi aprovada por falta de *quorum*, em sessão que durou mais de 16 horas. Foi, pode-se dizer, a primeira frustração da Nova República.

A solução política para a transição para a democracia, porém, já estava em curso. Conscientes das dificuldades para aprovar a emenda, um grupo de políticos vinha articulando uma transição para a democracia através de eleições indiretas, no Colégio Eleitoral. Foi assim que, no dia 15 de janeiro de 1985, Tancredo Neves elegeu-se o primeiro presidente da República civil desde as eleições de 1960. Sua posse, porém, não chegaria a ocorrer. Poucas horas antes, o presidente eleito foi internado no Hospital de Base de Brasília. Após 38 dias de sucessivas cirurgias acompanhadas com grande expectativa pela mídia e pela população, Tancredo faleceu por infecção generalizada, no dia 21 de abril.

A morte de Tancredo deixou no poder a coalizão partidária que ajudara a elegê-lo no Colégio Eleitoral. Tratava-se de um agrupamento bastante plural, que poucos teriam capacidade de administrar. Na tentativa de representar todos os segmentos da sociedade, o governo reunia políticos de esquerda e de centro, bem como economistas de opiniões bastante distintas quanto à situação vivida pelo país e quanto às perspectivas de crescimento.[1] A transição para a democracia precisava mesmo conciliar as diferentes opiniões existentes acerca dos rumos do país. Nas palavras de Bobbio, citado na epígrafe deste capítulo, não havia espaço para ser preto ou branco, era preciso ser cinza. Mas, enquanto Tancredo tinha grande habilidade para administrar forças antagônicas, seu vice, José Sarney, o novo presidente do Brasil, era visto como o elo mais fraco da "Aliança Democrática" que havia elegido Tancredo.[2] Assim, sem a legitimidade das urnas, Sarney buscou a legitimidade das ruas, com o Plano Cruzado.

A Economia às Vésperas do Plano Cruzado

Após amargar uma recessão em 1981-83, a economia brasileira parecia, em 1984, ter reencontrado a trajetória de crescimento que a havia caracterizado por vários anos. De fato, em 1984, a economia atingira um crescimento de 5,4% do PIB e, em 1985, crescera nada menos que 7,8%. Além disso, ainda que o índice de utilização de capacidade estivesse abaixo da média do período 1970-80 (86%), ele tinha recuperado seu patamar médio vigente em 1981 (Tabela 5.1).[3]

Diferentemente do ocorrido em períodos anteriores, entretanto, o crescimento parecia vir acompanhado de uma melhora substancial das contas externas e de uma redução do desequilíbrio das contas públicas. A balança comercial tinha passado de um déficit de US$2,8 bilhões, em 1980, para um superávit de US$13,1 bilhões em 1984. Quanto à situação fiscal, em 1981, o déficit operacional atingiu 6,3% do PIB, reduzindo-se para 3,0%, em 1984.

O extraordinário resultado, obtido nas contas externas em 1984, pode ser atribuído, de forma sintética, a quatro causas: (1) ao processo de amadurecimento dos investimentos em substituição de importações e em promoção de exportações, realizados no II PND; (2) à maxidesvalorização da moeda realizada em 1983; (3) à recessão verificada na economia brasileira nos anos anteriores; e (4) à recuperação da economia americana em meados dos anos 1980.[4] Assim, e a despeito da pífia contribuição do movimento de capitais, houve aumento bastante significativo das reservas internacionais do país, que alcançaram em 1985 um valor 2,5 vezes superior ao de 1983, chegando a US$ 11,6 bilhões (Tabela 5.1).

Vivia-se, a rigor, um momento internacional favorável. O preço do petróleo, importante item da pauta de importações brasileiras, caía no mercado internacional, e o dólar desvalorizava-se em relação às moedas europeias e ao iene.[5] Em 1985 estávamos diante de um contexto de menor restrição externa, relativamente ao período anterior (1981-83), ao mesmo tempo que a economia tinha recuperado suas elevadas taxas históricas de crescimento.

Na primeira metade dos anos 1980, a evolução do déficit público estava estreitamente vinculada à analise do comportamento das dívidas interna e externa, devido ao peso dos encargos da dívida. Em função dos maiores juros internacionais, do processo de estatização da dívida, mas também da desvalorização de 1981 e 1983, a dívida externa do setor público saltou de 14,9% do PIB em 1981 para 33,2% em 1984. Enquanto os encargos pressionavam sensivelmente o déficit,

Tabela 5.1
Indicadores Macroeconômicos Selecionados – 1980-1985

	1980	1981	1982	1983	1984	1985
Taxa de Crescimento do PIB (%)	9,2%	-4,3	0,8	-2,9	5,4	7,8
Utilização de Capacidade (%)	84	78	76	73	74	78
NFSP – Déficit Operacional (% PIB)		6,3	7,3	3,3	3,0	4,7
Transações Correntes (TC) – US$ milhões	-12739	-11706	-16273	-6773	95	-248
Balança comercial (fob)	-2823	1202	780	6470	13090	12486
Serviços e rendas (líquido)	-10059	-13094	-17039	-13354	-13156	-12877
Transferências unilaterais	143	186	-14	111	161	143
Conta Capital e Financeira (CCF)	9610	12746	12101	7419	6529	197
Resultado do Balanço	-3472	625	-4542	-24	7027	-457
Reservas (b)	6.913	7.507	3.994	4.563	11.995	11.608

Fontes: PIB, deflator implícito e população: IBGE, "Estatísticas do século XX", 2003, e IBGE – Sistema de Contas Nacionais Referência 2000. IGP:FGV; Indicador de Utilização de Capacidade – Sondagem Industrial (FGV/IBRE); Dados do Balanço de Pagamentos e Necessidade de Financiamento do Setor Público (NFSP): Banco Central do Brasil.
Nota: (a) O conceito NFSP operacional retira a correção monetária e cambial e inclui os gastos líquidos com juros e o déficit primário; (b) Refere-se ao conceito "Liquidez Internacional".

houve queda da receita tributária, porém o gasto com os itens não financeiros contribuiu para a redução do déficit.[6]

Não apenas a relação Déficit/PIB crescia, como também se tornava mais difícil financiá-lo. Além das dificuldades de rolar a dívida externa, em meio à crise de liquidez vivida na América Latina, a base monetária diminuíra de 3,0% do PIB em 1981, para 1,9% em 1984. Obviamente, para recolher um mesmo imposto inflacionário sobre uma base menor era preciso elevar a inflação.

Durante o biênio 1983-84, o governo promoveu um ajuste fiscal com base na queda dos salários e do investimento público. Algumas medidas fiscais e monetárias foram ainda adotadas, ao final de 1985, por intermédio de um "pacote fiscal", cujo objetivo era eliminar o déficit no conceito operacional. Foi justamente na primeira metade da década de 1980 que cresceu a aceitação de que a definição adequada para mensurar o déficit público era o conceito operacional, isto é, aquele que desconta o efeito da inflação (correção monetária e cambial) nas contas do governo. Como resultado desses esforços fiscais, o déficit operacional foi reduzido entre 1983/84, embora tenha voltado a subir em 1985 (Tabela 5.1).[7]

O problema mais visível da economia brasileira era, dessa forma, a inflação que, mesmo nos anos de fraco desempenho do PIB (1981/83), não cedia. Já em 1980, a inflação havia superado os 100%, e os esforços realizados nos primeiros anos da década (1981-82) apenas a haviam reduzido marginalmente.[8] Mais grave, após a maxidesvalorização de 1983, a inflação havia se acelerado, atingindo 224% em 1984 (IGP).

As medidas fiscais, porém, não tiveram nenhum impacto sobre a inflação, que atingiu 235% ao final do ano de 1985. A bem dizer, a inflação às vésperas do Plano Cruzado estava se acelerando. A média da taxa mensal de inflação entre agosto de 1985 e fevereiro de 1986, anualizada, correspondia a uma inflação de 450%: "É interessante observar que, quando a inflação apresentava vários aspectos aceleracionistas, aplicou-se um plano baseado na interpretação inercialista da inflação".[9]

O Debate sobre as Causas da Inflação no Brasil

Diante da ineficácia das medidas fiscais e monetárias implementadas na primeira metade dos anos 1980, fortaleceu-se a tese de que o princípio da correção monetária, introduzido no Plano de Ação Econômica do Governo (Paeg), tornara-se um elemento de dificuldade para o combate à inflação. Mas, embora houvesse certa unanimidade quanto à necessidade de promover a desindexação da economia brasileira, o modo de fazê-lo estava longe de ser consensual.

Em 1984, havia basicamente quatro propostas de desindexação sendo discutidas: (1) "Pacto Social", proposto por economistas do PMDB e da Unicamp; (2) o "Choque Ortodoxo", defendido, sobretudo, por alguns economistas da FGV; (3) o "Choque Heterodoxo" de Francisco Lopes, da PUC-Rio; e (4) a "Reforma Monetária" de André Lara Resende e Pérsio Arida, ambos também da PUC-Rio.[10]

Sinteticamente, os proponentes do "Pacto Social" defendiam que a inflação no Brasil resultava de uma disputa entre os diversos setores da sociedade por uma participação maior na renda nacional — o chamado "conflito distributivo". Nele, cada grupo buscava se apropriar de uma parcela da renda maior para si, que, somadas, eram incompatíveis com a renda agregada da economia. Assim, a cada momento, uma parcela da população conseguia aumentar sua fatia na renda real através da reivindicação de um aumento de seus rendimentos (por exemplo, aumentos nominais de salários). No momento seguinte, porém, outro grupo reivindicava o direito ao aumento (seguindo o exemplo, os empresários subiam os preços de seus produtos), corroendo o ganho real obtido pelo primeiro, e assim sucessivamente. Em resumo, era até possível, transitoriamente, alterar a participação de uma determinada categoria na renda nacional, mas, ao longo do tempo, a distribuição permanecia a mesma. O resultado para a economia, todavia, era um processo inflacionário. Vale notar ainda que os economistas do PMDB compartilhavam a crença de que o fim do "conflito distributivo" só seria possível numa democracia, em um governo de coalizão. Nela, através de um acordo arbitrado ou promovido pelo governo, seria possível convencer empresários e trabalhadores de que a estabilização era um bem maior. Bastaria que todos concordassem em não aumentar seus preços por um determinado período para dar fim à inflação.[11]

Em contraposição aos defensores do Pacto, encontrava-se o grupo do "Choque Ortodoxo". Baseado na teoria quantitativa da moeda, este último defendia que a inflação no Brasil não tinha nada de peculiar. Como no resto do mundo, a inflação era causada pela excessiva expansão monetária e esta nada mais era do que uma forma espúria de financiar um governo que gastava além de sua capacidade de arrecadar receitas. Em suma, a causa da inflação brasileira era o excessivo gasto público numa economia em que o Estado crescera demais. Alegava-se que a ineficácia no combate à inflação no início dos anos de 1980 — com a adoção do programa do FMI — não era culpa da terapia, mas sim do modo incompleto e ineficiente com que esta havia sido sempre aplicada no Brasil. De acordo com esses economistas, era preciso promover um "Choque Ortodoxo". Ou seja, eram precisos: severos cortes de gastos, aumento de receitas e tributos e corte brusco da emissão de moeda e de títulos da dívida. Ao mesmo tempo, dever-se-ia promover a desindexação da economia e a liberalização total de seus preços.

Por fim, tanto a proposta do "Choque Heterodoxo" quanto a da "Reforma Monetária" (explicadas a seguir) eram defendidas por alguns economistas da PUC-Rio e estavam baseadas em estudos econométricos que mostravam dois fatos estilizados. O primeiro, que o componente de realimentação pela inflação passada (componente inercial) era a principal causa da inflação do ponto de vista estatístico. O segundo indicava que a influência sobre a inflação de variações no hiato do produto (componente da "Curva de Phillips" da inflação) era muito pequena. Nesse sentido, um hiato de produto de cerca de 15% reduziria a inflação em apenas 4% ou 6% ao ano. Isso seria insignificante, dada a dimensão da inflação no país, além de ser politicamente insustentável. Os economistas questionavam também a relevância do déficit público como causa da inflação. Descontados os efeitos da correção monetária e cambial, o déficit público no Brasil atingira apenas 3,0% do PIB. Esse nível era semelhante ao verificado (nessa época) em países como Estados Unidos e França e inferior ao verificado na Itália e no Canadá — países com inflações anuais muito inferiores às taxas brasileiras.

A ineficácia dos programas do FMI para estabilizar a economia brasileira, na primeira metade dos anos 80, era vista como prova cabal de que a inflação brasileira não era resultado de um sobreaquecimento da demanda em relação à estrutura da oferta. A inflação seria resultado, primordialmente, de cláusulas de indexação que a perpetuavam ao longo do tempo. Mas, ao contrário dos economistas do PMDB (que também acreditavam que o déficit público não era a principal causa da inflação), os economistas da PUC não acreditavam na viabilidade de um Pacto Social. Essencialmente, o argumento era de que o Brasil não dispunha de uma estrutura política que permitisse acordos tripartites (governo, trabalhadores e empresários) muito abrangentes, sendo muito difícil evitar que determinados grupos rompessem o Pacto.[12] O fim da inflação, portanto, passaria pela desindexação, mas esta não ocorreria através de um acordo voluntário.

Do ponto de vista político, existiam dois grandes atrativos nas propostas dos economistas da PUC. O primeiro deles era prometer a estabilização dos preços sem adotar políticas restritivas de demanda. Ao contrário, seria possível até aumentar a oferta de moeda — já que o fim da inflação traria consigo um natural processo de remonetização da economia durante os meses iniciais. O outro atrativo era seu caráter "neutro" do ponto de vista distributivo. Embora a desindexação não trouxesse a solução para a má distribuição de renda do Brasil, sua adoção poria salários e outras rendas em seus respectivos valores médios de equilíbrio (daí a caracterização de "choque neutro").[13] Posteriormente, com o fim da inflação, melhoraria a situação dos menos abastados (aqueles que mais sofrem com a inflação, pois têm menor acesso a ativos indexados).

Para o economista Francisco Lopes, o problema da estabilização poderia ser solucionado através de um pacto de adesão compulsória: um congelamento de preços.[14] Já para Pérsio Arida e André Lara Resende, o congelamento "engessava" a economia, eliminando o mecanismo de autorregulação dos mercados via preços e causava várias distorções alocativas.[15] A ideia alternativa, que ficou conhecida como "Proposta Larida", em homenagem aos dois autores, era desindexar a economia através da introdução de uma moeda indexada que circularia paralelamente à moeda oficial brasileira (na época, o Cruzeiro). Os planos de estabilização da Nova República (Cruzado, Bresser e Verão) seguiram a proposta de congelamento, ao passo que o Plano Real (1994) adotou a proposta "Larida" com algumas importantes modificações.

Por fim, cabe aqui mencionar uma tese que, não obstante não fazer parte do debate que existia pré-Plano Cruzado, discute causas da inflação e sua relação com o déficit público. Trata-se da tese defendida por Franco sobre a estabilização vivida pela Alemanha nos anos 1920, contemporânea ao lançamento do Plano Cruzado, defendida em 1986.[16]

De acordo com esse autor, diante de uma restrição externa extrema, em função da obrigatoriedade do pagamento de elevadas reparações de guerra, mas também de taxas de juros relativamente estáveis (a despeito de uma inflação galopante), a taxa de câmbio alemã teria se tornado o instrumento-chave para fechar as contas do Balanço de Pagamentos daquele país. Para honrar os pagamentos e evitar/reduzir a fuga de capitais, a taxa de câmbio alemã se desvalorizava mais rapidamente do que o necessário para compensar o resultado da Balança de Transações Correntes. Nesse contexto, a elevação da taxa de câmbio constituía-se em uma fonte de inflação de custos para economia. Os choques eram recorrentes e cada vez mais elevados. Entretanto, o problema não se restringia ao aumento dos preços dos produtos comercializáveis (importados e exportados). As elevações da taxa de câmbio se propagavam aos demais produtos, em função da indexação salarial existente. Haveria, portanto, na Alemanha, além de um fator de inflação de custos, um conflito de rendas entre patrões e empregados (conflito distributivo) que juntos resultavam em inflação crescente. Devido ao fato de os salários reais se tornarem cada vez mais defasados (pela própria aceleração inflacionária), mas também pela existência de mecanismos ineficientes de indexação, teria sido criada no país, não uma inflação inercial, mas sim uma espiral ascendente de preços. As desvalorizações eram cada vez mais elevadas e os trabalhadores, na luta por defender seus salários, exigiam prazos de indexação cada vez mais curtos, o que contribuía para a explosão inflacionária (hiperinflação). Diante desse quadro, a solução para o fim da inflação passava pela fixação da taxa de câmbio, mas também pela elevação dos salários reais e pela redução da restrição externa (suspensão do pagamento das reparações de guerra).[17]

Ainda nesse diagnóstico, a piora das contas fiscais não seria a causa da inflação. Elas se deterioravam na Alemanha em consequência da inflação pelo chamado "Efeito Tanzi". Este efeito ocorre quando se verifica um aumento do déficit público em função de uma perda real das receitas. De fato, em um contexto de elevada inflação é comum que os gastos se tornem indexados de forma mais eficiente do que as receitas, gerando o déficit. Essa situação pode ainda ser agravada pelo adiamento no pagamento dos impostos por parte da população, quando não existe um sistema eficiente de multas com correção monetária. As contas fiscais, em consequência, melhorariam, naturalmente, na medida em que a estabilização ocorresse, pela recuperação do valor real das receitas do governo.

Anos mais tarde, a história mostraria que o questionamento acerca das razões do fracasso dos planos do período 1985-89 ajudaria a criar um plano de desindexação muito mais sólido. O Plano Real, como veremos no próximo capítulo, conseguiu dar cabo a um problema essencial da economia brasileira: a alta inflação — mas isso se deu em um contexto de liquidez internacional muito mais favorável, como será discutido.

Como na frase de Hobsbawn citada na epígrafe: "Os vencedores pensam que a história terminou bem porque eles estavam certos, ao passo que os perdedores perguntam por que tudo foi diferente, e essa é uma questão muito mais relevante".

A Inflação Inercial

De acordo com Francisco Lopes, a inércia inflacionária decorre da existência de contratos com cláusulas de indexação.[18] Numa economia indexada, a tendência inflacionária torna-se a própria inflação do período anterior e pode ser agravada, ocasionalmente, por flutuações decorrentes de choques de oferta (choques agrícolas, choque do petróleo etc.) ou de choques de demanda (causados por um descontrole fiscal, por exemplo). O ponto fundamental é que essas possíveis fontes de flutuação, em vez de passageiras, são incorporadas à tendência.

Mas como pode a simples reposição de salários e aluguéis pela taxa de inflação passada ser *per se* uma causa da inflação? Como esclareceu Simonsen, se a situação inicial dos preços relativos for de desequilíbrio (causado por um choque real), a indexação, ao recompor a estrutura de preços inicial, tende a perpetuar preços que, tomados todos ao mesmo tempo, são incompatíveis com o equilíbrio de oferta e demanda da economia.[19]

OS TRÊS COMPONENTES DA INFLAÇÃO

De acordo com Simonsen (1974), a taxa de inflação em um período (r_t) possui três componentes:

$$r_t = a_t + br_{t-1} + g_t$$

Nessa equação, a_t é a componente de "inflação autônoma", também chamada de "componente de custos da inflação" ou de "componente dos choques de oferta". Ou seja, ela representa a influência de reajustes de preços decididos institucionalmente (aumento de salário-mínimo, desvalorização cambial decretada pelo governo, aumento de impostos ou preços públicos etc.) ou a influência resultante de variações de preços causadas por fatores de natureza acidental (tais como choques agrícolas ou choques do petróleo). O componente br_{t-1} é o fator de realimentação (inércia) da inflação, representando a influência da inflação do período anterior sobre a inflação corrente. O parâmetro **b** constitui o coeficiente de realimentação, isto é, em que proporção a inflação de um período se transmite ao período seguinte. Exceto em períodos de hiperinflação, quando o repasse pode ser superior a 1, supõe-se que $0 \leq b \leq 1$, ou seja, no máximo se transmite integralmente a inflação passada. A clássica concepção de que um aumento da demanda, não correspondido por um aumento da oferta, será seguido de aumento dos preços encontra-se representada por g_t. Esse componente de "excesso de demanda" tem ligação direta com o crescimento do produto. Quando $g_t = 0$, o produto cresce à taxa de crescimento potencial da economia, sem que haja nenhum excesso de demanda. Quando $g_t > 0$, há um excesso de demanda agregada originado, geralmente, por descontrole fiscal ou monetário. Analogamente, $g_t < 0$ representa a influência de políticas restritivas sobre a inflação, com o produto crescendo abaixo do potencial. Para compreender melhor a inflação inercial, suponha que a inflação anual em t seja de 80%, que b = 0.9 e que $g_t = a_t = 0$:

$$r_{t+1} = 0 + 0.9 (80) + 0 = 72$$
$$r_{t+2} = 0 + 0.9 (72) + 0 = 64,8$$

Ou seja, mesmo sem nenhuma pressão de oferta ou de demanda, basta que a inflação seja alta em um ano para que ela permaneça bastante alta nos próximos anos. Se b = 1, a inflação se perpetua no tempo (inércia pura) e a taxa de inflação se estabiliza. Quando $g_t = a_t = 0$ e b = 1, a inflação é "puramente inercial" e a taxa de inflação se torna constante ao longo do tempo, até que ocorra um novo choque.

Vejamos o caso da evolução do salário real no tempo, com inflação constante. Na data de dissídio, os trabalhadores estabelecem seus salários nominais. Como sabem que existe inflação, reivindicam um valor real superior ao de equilíbrio, já que ficarão sem aumentos até a data do próximo dissídio. A trajetória dos salários (ou aluguéis) é tal que adquirem um valor real de pico, na data do reajuste, para então decrescer gradativamente ao valor médio e continuar decrescendo até um valor de vale, no ponto que antecede o próximo reajuste. Isso significa que o valor inicial dos salários ou aluguéis não corresponde ao valor de equilíbrio do mercado, representado pelo salário real médio. Assim, a indexação, ao retomar esse ponto inicial (de pico), reproduz uma situação de desequilíbrio para a economia. Esse desequilíbrio é compatibilizado através do tempo pelo aumento dos preços (e consequente redução dos valores reais dos salários ou aluguéis). O raciocínio é análogo para outras rendas contratuais.

O ponto crucial da inércia inflacionária é a assincronia dos picos de renda no tempo, entre as diversas categorias da sociedade (trabalhadores, o governo e os empresários, para simplificar). É esta que permite certa estabilidade no patamar inflacionário. Se todos reivindicassem seus respectivos picos de rendimento, simultaneamente, o resultado para a economia seria a hiperinflação. Ao contrário, se todos fixassem seus rendimentos no vale, tenderia a haver uma deflação com recessão. A única posição sustentável, simultaneamente, para a economia como um todo é aquela em que os rendimentos se encontram todos em seus patamares médios. Esse era um ponto crucial para a sustentabilidade do programa de desindexação. Ou seja, era preciso fazer a conversão de todos os contratos da economia pelo seu valor médio, isto é, pelo seu valor de equilíbrio. Para evitar que as rendas contratuais fizessem a transição para uma economia desindexada em valores de picos ou de vales insustentáveis (política ou economicamente), salários, aluguéis, preços administrados pelo governo e todos os outros contratos indexados deveriam ser fixados com base nos preços reais médios observados no período de reajuste. Se fosse dado aos agentes o direito de escolher o ponto da conversão, todos optariam pela conversão no pico — e o resultado, para o sistema, seria a explosão inflacionária.

O COMPORTAMENTO DAS RENDAS CONTRATUAIS NUMA ECONOMIA INDEXADA

O salário (ou qualquer outra renda contratual) real médio para um determinado período, V_t, depende de três variáveis: do pico de salário real V^*, da magnitude do intervalo de reajuste, q, e da taxa de inflação no período α_t: $V_t = V(\alpha_t, \theta, V^*)$ (Simonsen, 1974, e Lopes, 1986). Quanto maior a taxa de inflação, menor o ângulo α_t (ver gráfico) e menor o salário real; quanto menor o período de reajuste q, maior o salário real; por fim, quanto maior o valor de pico V*, maior o salário real no período t. A dinâmica da inflação é tal que, supondo uma economia na qual a taxa de inflação possua um comportamento linear, o salário real cai durante o intervalo de tempo entre reajustes, q, para então recompor (na data de dissídio ou revisão contratual) o seu valor de pico, V*. A regra de recomposição de 100% da inflação passada na data de dissídio não garante salários reais médios constantes. De fato, se θ e V* permanecerem constantes, uma aceleração da inflação corrente ($\alpha_1 > \alpha_2$) implica redução dos salários médios reais, como mostra o gráfico a seguir. Se V_t é função de α_t, θ e V*, para compensar o efeito de um aumento da taxa de inflação (redução de α_t), é preciso ou elevar os picos ou diminuir o período de reajuste (ou uma combinação dos dois fatores que mantenha o salário real médio, ao longo de vários períodos, constante).

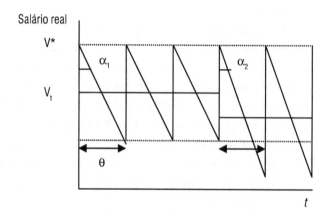

Há dois pontos finais que devem aqui ser ressaltados. O primeiro deles é uma tentativa de taxonomia dos diagnósticos de inflação. O segundo é uma advertência teórica quanto ao modelo de formação de expectativas subjacente à teoria da inflação inercial.

O Plano Cruzado é geralmente referido como um plano "heterodoxo", para se contrapor aos diagnósticos "ortodoxos". As teses "ortodoxas" veem a inflação, essencialmente, como o resultado de um excesso de demanda, provocado, em geral, por um governo que gasta além do que arrecada, financiando seus gastos através da expansão monetária.[20] Embora os ortodoxos sempre enfatizem a existência de inflação de demanda, não se trata propriamente de negar a possibilidade de eventuais focos de custos, que levem a alta de preços, como por exemplo, quebras de safras agrícolas ou pressões de custos associadas a sindicatos que reivindicam salários acima de seus ganhos de produtividade. O ponto dos autores ortodoxos é que as pressões de custos só se traduzem em inflação porque o governo as sanciona, através da expansão monetária passiva. Pressões de custos deveriam se materializar apenas em mudanças temporárias de preços relativos — e jamais em processos inflacionários. Nesse sentido, se estamos diante de uma economia cronicamente inflacionária, ou o governo está provocando a inflação, ou está sendo com ela conivente, sancionando a alta de preços por uma política monetária passiva. Assim, a solução para o fim da inflação é indubitavelmente o ajuste fiscal, acompanhado de política monetária restritiva. Os ortodoxos mais pragmáticos admitem a existência de rigidez em alguns preços e, portanto, de que o combate a inflação poderá resultar em algum sacrifício do produto. Este será, porém, um mal necessário para a recuperação da saúde da economia.

As chamadas teses heterodoxas de inflação, em contraposição, admitem a possibilidade teórica de inflação de demanda, melhor traduzida na frase de que, acima do pleno emprego, expansões fiscais geram inflação. Todavia, enfatizam que no mundo real e, em particular, em economias em desenvolvimento, onde a mobilidade dos fatores é menor e existem gargalos de oferta, estamos frequentemente diante de inflações de custos, que se transformam em processos inflacionários pela existência do conflito distributivo.[21] A majoração de custos pode, como na visão ortodoxa, ser circunstancial, caso em que provocam apenas uma mudança temporária de preços relativos. Mas, em geral, são pressões recorrentes que revelam problemas estruturais da economia: desequilíbrios estruturais do Balanço de Pagamentos; estruturas agrícolas ineficientes; infraestrutura inadequadas; gargalos setoriais de oferta que, aliados a rigidez de preços, fazem com que excessos de demanda setoriais se transformem em elevações gerais de preços; estruturas oligopolizadas que usam o aumento de *Mark-up* (inflação de margens) como fonte de financiamento para a expansão da produção, inexistência de um mercado de crédito e de capitais desenvolvido etc.[22] Nessa visão, as pressões de custos (ou de demanda, quando se está acima do pleno emprego) são fonte de aceleração inflacionária, porém, a inflação adquire um caráter inercial pela existência de um conflito distributivo latente ou institucionalizado — e tende a se manter constante. Cabe, porém, advertir que, ainda que institucionalizado por cláusulas de indexação contratuais, a inflação que tem por origem o conflito distributivo pode se acelerar. Isso ocorre, como vimos, quando os trabalhadores reivindicam o encurtamento dos períodos de reajustes.

Diferentemente dos ortodoxos, há uma ênfase nos efeitos da inflação sobre a distribuição de renda e/ou em problemas reais/estruturais da economia. Nessas condições, a expansão monetária é vista primordialmente como acomodatícia, portanto, é um resultado e não a causa última da inflação. Para combater esse tipo de inflação, cortes fiscais e monetários causam apenas sacrifício do produto, sem eliminar as verdadeiras causas da inflação. Mais do que isso, é preciso que a inflação deixe de ser primordialmente inercial, o que passa pela desindexação da economia, para que a política fiscal e monetária se tornem novamente eficientes no combate à inflação.[23]

No diagnóstico da inflação inercial do Plano Cruzado, a tese foi da existência não de problemas estruturais/reais da economia, mas sim o da existência de cláusulas de indexação contratual que perpetuavam a inflação. De toda forma, a ênfase na inconsistência da renda desejada entre os agentes e a negação da importância do desequilíbrio do setor público como a causa última da inflação fazem do Plano Cruzado um plano "heterodoxo".

A segunda advertência é que se costuma associar a inflação inercial com modelos de inflação com expectativas adaptativas (isto é, em que os agentes olham para a inflação passada, na hora de inferir preços futuros). Todavia, existem modelos que reproduzem a inércia inflacionária, com expectativas racionais (onde a inflação esperada pelo público é igual à esperança matemática da inflação). Nesse caso, a inflação passada é a melhor previsão para a inflação futura. Em outras palavras, olhar para o comportamento passado seria o racional, o que no caso significa não desperdiçar informações e ter capacidade de, na média, inferir corretamente o valor futuro das variáveis da economia. A identificação da teoria inercialista com a escola de expectativas adaptativas é, portanto, recorrente, mas não precisa. Tampouco acreditamos ser apropriada a visão de que a inflação inercial é "independente do estado de expectativas".[24] Isso porque as cláusulas de indexação periódica dos contratos sofrem revisões, quando mudam as expectativas inflacionárias, permanecendo as mesmas apenas quando se espera que a inflação seja relativamente constante.

O Plano Cruzado

O Plano Cruzado só foi adotado no segundo ano do governo Sarney, pelo ministro da Fazenda, Dílson Funaro, que substituíra Francisco Dornelles em agosto de 1985. Dentre as propostas ressaltadas anteriormente, o presidente Sarney adotou a proposta o "Choque Heterodoxo", de Francisco Lopes. Assim, veio a público, no dia 28 de fevereiro de 1986, o conteúdo do Plano Cruzado.[25] O Plano Cruzado tinha várias características semelhantes ao Plano Austral, implementado na Argentina um ano antes. Todavia, enquanto o Brasil se encontrava em uma situação bastante positiva do ponto de vista do produto, a Argentina entrou no Plano Austral em uma situação de retração econômica.

Analiticamente, existiam quatro grandes grupos de medidas no Plano Cruzado:

- *Reforma Monetária e Congelamento*: ficou estabelecido o *cruzado* como o novo padrão monetário nacional, à paridade de Cr$1.000 = Cz$1. A mudança tinha, basicamente, dois propósitos: 1) criar a imagem de uma nova moeda, forte; e

2) permitir a intervenção nos contratos, já que ficava estabelecida uma nova unidade monetária. Os preços de todos os produtos ficavam congelados a partir de 28 de fevereiro, e a taxa de câmbio vigente no dia anterior ao Plano ficou igualmente fixa. Para o controle do congelamento, foi criada a "Tabela da Sunab" (Superintendência Nacional de Abastecimento e Preços), que consistia numa lista de preços a ser respeitada — sob a vigilância da população, designada "fiscal do presidente". As instituições que não respeitassem o tabelamento de preços seriam multadas, através de denúncia pública, como "crime contra a economia popular".

- *Desindexação da Economia*: as Obrigações Reajustáveis do Tesouro Nacional — ORTNs (criadas em 1964, no Paeg) foram extintas e substituídas pelas Obrigações do Tesouro Nacional — OTNs, cujos valores ficariam congelados por um ano. Ficava proibida terminantemente a indexação de contratos com prazos inferiores a um ano. Todas as obrigações financeiras continuavam a ser denominadas na velha moeda (cruzeiro), que era desvalorizada diariamente em relação ao cruzado, através de uma *Tablita* de conversão. O objetivo desta era acabar com o problema da expectativa de inflação embutida nas obrigações financeiras, evitando transferências de renda entre credores e devedores — que seriam especialmente graves em caso de papéis com rendimentos nominais pré-fixados. A *Tablita* convertia valores em cruzeiros para cruzados a uma taxa de 0,45% ao dia, o que correspondia à média diária da inflação apurada entre dezembro de 1985 e fevereiro de 1986.

- *Índice de Preços e Cadernetas de Poupança*: houve deslocamento do período de apuração do índice de preços ao consumidor IPCA, que passou a ser denominado Índice de Preços ao Consumidor (IPC). O objetivo era eliminar a contaminação do índice pela inflação do mês de fevereiro.[26] As cadernetas de poupança passavam a ter rendimentos trimestrais, e não mensais. Aparentemente, o intuito dessa medida era evitar o fenômeno da ilusão monetária (queda do rendimento nominal e consequente despoupança).

- *Política Salarial*: os salários em cruzados deveriam ser calculados pela média dos últimos seis meses (setembro de 1985 a fevereiro de 1986) em valores correntes. Para fazer a conversão, foi divulgada uma tabela que trazia valores corrigidos a preços de fevereiro. Os salários ficavam oficialmente congelados, podendo os empresários decidir por aumentos caso a caso, através de negociação. Os dissídios passaram a ser anuais, com correção inferior a 100% (de 60%) sobre a variação acumulada do custo de vida. Foi concedido, a título de abono, um aumento de 8% para todos os assalariados e um aumento de 16% para o salário-mínimo.[27] Para evitar que os trabalhadores acumulassem perdas, foi criado ainda o "gatilho salarial", que garantia a correção imediata dos salários sempre que a inflação acumulasse 20%. A ideia era endogeneizar o período de reajuste (escala móvel) de forma a proteger os salários reais médios de qualquer inflação além do nível que aciona o gatilho. O reajuste, porém, não poderia exceder 20%, ainda que a variação acumulada do IPC superasse esse percentual, sendo o excedente computado nos reajustes subsequentes.

O sucesso inicial do Plano Cruzado foi estrondoso. Os índices de preços ao consumidor, que, em fevereiro de 1986, estavam em torno de 15% ao mês, baixaram para praticamente zero nos meses subsequentes. Como a manchete de alguns jornais sintetizava: o "dragão da inflação era de papel".

O movimento de oposição ao Plano, iniciado pelas duas principais centrais sindicais (CUT e CGT) imediatamente após seu anúncio, foi rapidamente esvaziado. As primeiras pesquisas de opinião indicavam índices de apoio ao presidente perto da unanimidade. Os "fiscais do Sarney" denunciavam qualquer desrespeito aos preços tabelados. Em vez da recessão, do desemprego e do arrocho salarial previstos pela oposição, ocorreu exatamente o contrário. Segundo dados do IBGE, houve crescimento de 20% nos postos de trabalho criados no primeiro quadrimestre de 1986, contra igual período de 1985. O único setor que mostrou queda expressiva do emprego foi o setor bancário, em que houve a extinção de cerca de 100 mil vagas. Porém, essa redução já era esperada devido ao fim dos ganhos com o *float* inflacionário dos bancos. A taxa de desemprego caiu de 4,4% em março para 3,8% em junho.

Além da expansão do emprego, o temor de interromper a produção diante da explosão de consumo que se seguiu ao Plano fez com que alguns empresários concedessem aumentos salariais adicionais aos do abono, sob ameaça de greve.[28] O problema é que essa aceleração do consumo se deu sobre uma demanda já aquecida. De fato, o produto industrial tinha crescido 8,3% em 1985. O nível de utilização de capacidade — que, ao final de 1985, já estava elevado para os padrões dos anos anteriores — começou a crescer rapidamente. Ao contrário do que dizia a tese da inflação "puramente inercial", a inflação antes do Plano já estava se acelerando.[29] A demanda já estava crescendo — e esse movimento foi intensificado após o lançamento do Cruzado. Nos primeiros trimestres de 1986, o nível de utilização passou para 81%, e atingiu 86% no quarto trimestre de 1986. A produção de bens de consumo durável, mais sensível à queda dos juros, aumentou 33,2% na comparação de junho de 1986 com junho de 1985 — e essa pressão de demanda não logrou ser suavizada por um aumento de importações, como veremos.

No que se refere à evolução das contas fiscais, Varsano traz uma análise detalhada, chamando atenção para a melhora nas contas públicas que ocorre no imediato pós-estabilização no Brasil.[30] Ele observa, aliás, que essa é uma característica comum em momentos de estabilização, seja em 1996, 1990 e 1994 em nosso país, a semelhança de outras experiências internacionais. Utilizando os dados apurados a partir das Contas Nacionais ("acima da linha") e comparando os dados de 1986 contra 1985 verifica-se um aumento da poupança do governo de virtualmente zero para 2,8 % do PIB. O resultado se deve basicamente a uma maior receita tributária (que passou de 23,81% do PIB para 26,50%), impulsionada pelo maior crescimento da economia e do fim do Efeito Tanzi. Houve também forte redução das despesas com juros reais, embora os gastos não financeiros tenham se elevado. O resultado foi praticamente a manutenção das despesas totais, que passaram de 23,81% do PIB, em 1985, para 23,70%, em 1986. Esses dados contrariam a visão de que teria ocorrido um enorme agravamento da situação fiscal no ano do Plano Cruzado. Entretanto, os resultados fiscais positivos do ano foram rapidamente revertidos, já em 1987, tendo se observado poupanças negativas até 1989, quando atingiu (− 5,72%) do PIB, segundo a mesma fonte.[31]

A outra suposição dos criadores do Plano era de que a oferta de moeda poderia crescer de forma a acomodar a nova demanda por moeda, sem que isso tivesse quaisquer impactos inflacionários. Logo se tornou claro, porém, que o governo tinha provocado uma expansão exagerada da oferta de moeda. As taxas de juros reais se tornaram negativas e ocorreu um processo de valorização expressiva dos ativos financeiros. Bolsas de valores, ativos reais e o ágio no mercado paralelo de dólar subiram consideravelmente. A redução das taxas de juros estimulou ainda mais a expansão do crédito, levando a um *boom* de consumo, comuns em quaisquer estabilizações, mas aqui agravados pelos abonos salariais concedidos e pelo próprio temor de que a estabilização fosse passageira.

Diante de uma demanda muito aquecida, cedo começaram a surgir os sinais de desabastecimento da economia. Produtos que foram congelados com defasagem em relação à média do período anterior foram os primeiros a desaparecer das prateleiras. Esse foi o caso dos produtos que, no dia 28 de fevereiro, estavam em promoção. Além desses, surgiam problemas no preço de produtos da cesta básica, ficando a margem de comercialização (diferença entre os preços de varejo e de atacado) praticamente nula. Por fim, aço, combustíveis, tarifas públicas e outros produtos também mostraram defasagens dos preços em relação aos custos. Começaram a surgir filas e, com cada vez maior frequência, o fenômeno do ágio.

A equipe econômica do governo logo percebeu os perigos embutidos no superaquecimento da economia. Mas, politicamente, o descongelamento era muito difícil de ser aceito. Na realidade, descongelar era tarefa também complicada do ponto de vista econômico. Um descongelamento parcial seria difícil de administrar — já o descongelamento total poderia acionar o gatilho salarial. Nesse contexto, a equipe econômica começou a se dividir. Alguns defendiam a liberação de apenas parte dos preços, outros queriam um novo empréstimo junto ao FMI (devido ao surgimento de problemas na balança comercial, resultantes do próprio *boom* de consumo) e havia, ainda, os que defendiam que tudo não passava de uma "bolha", de um surto de consumo passageiro. Em meio a essas desavenças, surgiu o "Cruzadinho", lançado em 23 de julho de 1986.

O Cruzadinho consistia num pacote fiscal para desaquecer o consumo e, ao mesmo tempo, financiar um plano de investimentos em infraestrutura e metas sociais, considerado prioritário pelo presidente Sarney. Os aumentos de preços provocados pelo pacote, porém, foram expurgados do índice oficial de inflação — a fim de evitar o acionamento do gatilho salarial. O descontentamento com o pacote foi geral: era insuficiente para desaquecer o consumo e gerou poucos recursos para financiar o programa de investimentos anunciado pelo governo. A insatisfação da população, que já vinha crescendo com os problemas do ágio e do desabastecimento, aumentou ainda mais com o expurgo do índice de preços oficial.

Diante do desabastecimento, o governo passou a recorrer às importações. Mas, devido à baixa tradição brasileira de importar, muitos problemas ocorreram, a exemplo do congestionamento nos portos e demora na entrega dos produtos.[32] Na realidade, nos primeiros meses do plano, os superávits da balança comercial permaneceram. Essa situação se alterou a partir do segundo semestre, com a queda das receitas de exportação e o aumento das importações, em função da defasagem cambial em termos reais (uma vez que o câmbio estava congelado, mas havia inflação) e do rápido crescimento do produto. Em outubro, o governo decretou uma desvalorização do cruzado de 1,8% e anunciou uma política de minidesvalorizações eventuais, baseadas em um indicador da relação câmbio/salários. Criou-se expectativa de uma desvalorização ainda maior — o que se traduziu em aumento do ágio no mercado paralelo de dólar, antecipação das importações, adiamento das exportações e, consequentemente, em uma deterioração ainda maior das contas externas.

Mas, apesar de todos os problemas da economia, o PMDB foi o partido vencedor nas eleições de novembro de 1986, conquistando o poder nos principais estados brasileiros. Uma semana após as eleições — quando ainda se contabilizavam os votos — foi anunciado o Cruzado II, deixando a percepção de que o adiamento de medidas restritivas tinha sido mero oportunismo político.

O Cruzado II era um novo pacote fiscal, com o objetivo de aumentar a arrecadação em 4% do PIB. O governo anunciou o aumento de impostos indiretos em produtos da "ponta" do consumo (automóveis, cigarros e bebidas). A ideia do governo consistia em aumentar, basicamente, preços de bens finais, com o objetivo de evitar repasses ao longo da cadeia produtiva. Entretanto, além desses, haviam sido autorizadas remarcações nas tarifas de energia elétrica, telefones e tarifas postais.[33] O governo ainda tentou expurgar novamente os aumentos, mas isso se tornou politicamente inviável.

O Cruzado II foi, assim, a válvula de escape para o abandono do congelamento. Os preços começaram a ser corrigidos, e a taxa mensal de inflação em janeiro de 1987 atingiu 16,8%, acumulando mais de 20% desde março de 1986. A consequência foi o acionamento do gatilho salarial. O fim oficial do Plano Cruzado ocorreu em fevereiro de 1987, com a decretação da extinção do congelamento dos preços. Finalmente, com a expressiva piora das contas externas, foi decretada, em fevereiro de 1987, moratória dos juros externos, o que diminuiu ainda mais a entrada de recursos externos no país. Pouco tempo depois, em abril, Dílson Funaro e sua equipe pediram demissão.

De acordo com os próprios "pais" do Cruzado, houve vários erros na concepção e na própria condução do Plano, a saber: (1) o diagnóstico de que a inflação era "puramente inercial" estava equivocado. Antes da introdução do Plano, a inflação já estava se acelerando; (2) os abonos salariais contribuíram para reforçar a explosão de consumo que normalmente ocorre após a estabilização; (3) a condução das políticas monetária e fiscal foi excessivamente "frouxa", o que poderia ter evitado o aquecimento de demanda; (4) o congelamento durou demasiadamente: 11 meses (eram previstos inicialmente apenas três meses); (5) diferentemente dos salários, os preços foram congelados em seus níveis correntes e não médios, introduzindo diversas distorções de preços relativos; (6) o gatilho salarial reintroduziu e agravou a questão da indexação dos preços; (7) a chamada "economia informal" ficou fora do congelamento, o que contribuiu para desalinhar ainda mais os preços relativos; (8) a manutenção do câmbio fixo de fevereiro até novembro, somada ao crescimento da demanda, fez com que as contas externas se deteriorassem; e (9) a existência de uma defasagem nos preços públicos no momento do congelamento piorou a situação fiscal do governo.[34] Dessa forma, nos planos que se seguiram ao Cruzado, o governo Sarney procurou não repetir os erros citados. O resultado, porém, esteve longe de ser satisfatório.

Os Planos Bresser e Verão

O ministro Dílson Funaro foi substituído na pasta da Fazenda por Luís Carlos Bresser-Pereira, professor da FGV-SP, que anunciou no dia 12 de junho de 1987 um novo plano de estabilização. O Plano Bresser objetivava, basicamente, promover um choque deflacionário na economia, buscando evitar os erros do Plano Cruzado. A inflação foi diagnosticada como inercial e de demanda e, em consequência, o plano foi concebido como híbrido, contendo elementos heterodoxos e ortodoxos.

Pelo lado do diagnóstico ortodoxo, as políticas fiscal e monetária, ao contrário do ocorrido no Cruzado, seriam ativamente usadas contra a inflação. Os juros reais positivos serviriam para contrair o consumo e também evitar a especulação com estoques. Pretendia-se reduzir o déficit público através de aumentos de tarifas, eliminação do subsídio do trigo, corte de gastos, e, como posteriormente anunciado, corte de investimentos públicos. Mas, para evitar o problema da defasagem dos preços públicos e administrados ocorrido anteriormente, foram decretados diversos aumentos pouco antes do anúncio do congelamento: eletricidade, combustíveis, aço, telefone etc. Não houve tampouco tentativas de expurgo, como as ocorridas no Cruzadinho. No entanto, todos os aumentos efetuados foram computados no índice de junho, a fim de evitar a contaminação do primeiro índice pós-plano — e, como no lançamento do Cruzado, houve deslocamento da base do índice oficial. A inflação de maio foi apenas parcialmente reposta, ficando estabelecido que o resíduo seria pago em seis parcelas mensais a partir de setembro. A inflação dos 12 primeiros dias de junho (impulsionada pelos aumentos de preços públicos e administrados), porém, não foi reposta.

Do lado heterodoxo, foi decretado um congelamento de preços e salários no nível vigente quando do anúncio do Plano, a ser realizado em três fases: (1) congelamento total por três meses; (2) flexibilização do congelamento; e (3) descongelamento. Os salários ficavam indexados a uma nova base: a Unidade de Referência de Preços (URP), que era prefixada a cada três meses com base na taxa de inflação média (geométrica) dos três meses precedentes.[35] Com o objetivo de acabar com o gatilho salarial, sem que se gerasse uma crise política, foi introduzido, através da URP, um esquema em que se garantia a correção mensal, mas ao mesmo tempo aumentava a defasagem entre a inflação do mês e seu repasse para os salários. Consequentemente, se a inflação se acelerasse ou desacelerasse, a variação seria suavizada pela média. Para evitar deterioração das contas externas semelhante à verificada nos primeiros meses do Plano Cruzado, a taxa de câmbio não foi congelada. Foi também necessária a criação de uma nova *Tablita* e de regras para os contratos de aluguéis. Admitiam-se, porém, isenções na aplicação da *Tablita*, e não foi criada uma nova moeda.

O Plano Bresser teve certo sucesso inicial na redução da inflação. Diferentemente do Cruzado, todavia, nem pretendia nem obteve inflação próxima de zero nos primeiros meses. A inflação mensal oficial (medida pelo IPC) baixou de 26,1% em junho para 3,1% em julho e 6,4% em agosto. Após o fracasso do Cruzado, porém, o congelamento pretendido pelo governo não foi respeitado. Diante do temor de um novo congelamento, houve remarcações preventivas de preços, que contribuíram para aumentar os desequilíbrios entre preços relativos. Além disso, a flexibilização anunciada contribuiu para que os aumentos decretados pelo governo no início do plano fossem repassados para outros preços. Acordos salariais firmados com categorias do funcionalismo acabaram por minar também a redução do déficit público pretendida pelo governo e contribuíram para a elevação da taxa mensal de inflação, que atingiu 14% em dezembro de 1987, pelo índice oficial. O melhor resultado partiu das contas externas, com a flexibilização do câmbio. Diante, porém, da resistência à proposta de reforma tributária e com a crescente insatisfação da população, o ministro Bresser-Pereira pediu demissão, sendo substituído por Maílson da Nóbrega, funcionário do Banco do Brasil, em janeiro de 1988.

O novo ministro repudiou as ideias heterodoxas de combate à inflação e propôs uma política ortodoxa gradualista, com o intuito de estabilizar a inflação em 15% ao mês e reduzir, também gradualmente, o déficit público. As propostas ganharam a alcunha de "Política do Feijão com Arroz", que se baseava no congelamento dos valores nominais dos empréstimos do setor público e na contenção salarial do funcionalismo público. A taxa de inflação no primeiro trimestre de 1988 ficou próxima ao pretendido pelo governo, mas os aumentos de preços públicos e um choque agrícola desfavorável fizeram com que os preços se acelerassem no segundo semestre. Além disso, na prática, a política monetária não logrou ser contracionista devido aos megassuperávits da balança comercial que se acumularam. Por todos esses fatores, em julho de 1988, a variação do IPC no mês atingiu 24%, realimentando as discussões acerca do caráter inercial da inflação brasileira. Uma importante mudança ocorrida ainda nesse período foi o fim da moratória do pagamento dos juros da dívida externa, decretada ao final de fevereiro de 1988.

O fato mais relevante de 1988, sem sombra de dúvida, foi a promulgação da nova Constituição do Brasil, batizada de "Constituição Cidadã", pelo deputado Ulysses Guimarães, então Presidente da Assembleia Nacional Constituinte.

Para firmar sua posição de ruptura em relação ao regime militar, recentemente superado, a Carta de 1988 qualifica como "crimes inafiançáveis e insuscetíveis de graça ou anistia" a prática da tortura e como "crime inafiançável e imprescritível" a ação de grupos armados, civis ou militares, contra a ordem constitucional e o Estado Democrático. Dentre suas diversas conquistas cita-se a formalização da jornada de trabalho de 8 horas diárias e 44 semanais, a formalização do direito ao décimo terceiro salário, do direito ao aviso prévio, da licença maternidade, licença paternidade e do direito de greve. O ponto mais relevante da nova carta foi a prioridade dada aos direitos sociais, o que se manifesta, inclusive, na própria ordenação dos capítulos do Novo Texto. De fato, os direitos sociais se tornaram o segundo título da Constituição ("Direitos e Garantias Fundamentais"), à frente inclusive do referente a "Organização do Estado". A carta reconhece a saúde, a educação, proteção à maternidade e à infância e assistência aos desamparados como direitos de todos — e não como serviços a serem prestados.

Apesar dos diversos avanços em relação aos direitos, do ponto de vista econômico, a nova Constituição afetou severamente a capacidade de o Governo Central controlar as contas públicas, principalmente, por três fatores: crescimento da vinculação de receitas do governo; redução da participação dos gastos federais no total do gasto público, diminuindo com isso a sua capacidade de controlar os dispêndios; e incremento das despesas com a Previdência.[36]

O insucesso do gradualismo da "política do feijão com arroz" no combate à inflação levou a uma radicalização das propostas de desindexação, que resultaram no anúncio, em 14 de janeiro de 1989, do Plano Verão. Assim, foram extintos todos os mecanismos de indexação, inclusive a Unidade de Referência de Preços (URP) que, ao atrelar os salários aos preços, com defasagem, era uma grande força de contenção da aceleração inflacionária. O novo Plano foi anunciado também como um programa híbrido, que continha elementos ortodoxos (como redução de despesas de custeio, reforma administrativa para reduzir custos, limitações a emissões de títulos pelo governo e medidas de restrição de crédito) e heterodoxos (congelamento de preços e salários).

Novamente, como havia ocorrido no Cruzado, houve mudança na unidade monetária nacional, sendo criado o cruzado novo, correspondendo a mil cruzados. A nova moeda foi estabelecida como equivalente ao dólar, na paridade 1:1. Mas, ao contrário do primeiro plano e também do Plano Bresser, não foram decretadas novas regras de indexação, sendo o congelamento anunciado por tempo indeterminado (para evitar, dessa vez, o que foi visto como erro do Plano Bresser). Diferente dos Planos anteriores, preocupados com a neutralidade distributiva, o Verão permitiu a transferência de rendas entre credores e devedores, ao não instituir regras para a conversão das dívidas pós-fixadas. A OTN e a OTN-fiscal, que serviam de indexadores para os papéis pós-fixados, foram congeladas e extintas. O último reajuste realizado pelos indexadores desconsiderou os 13 primeiros dias de janeiro. Além disso, pela terceira vez na Nova República, houve mudança no período de apuração do índice oficial de inflação e, assim como no Plano Bresser, foram decretados aumentos prévios de preços públicos e tarifas. Com isso, procurava-se corrigir as receitas do governo pela inflação acumulada desde o último reajuste e ainda deixar margem para uma eventual inflação residual que ocorresse até o fim do congelamento.

Como 1989 seria um ano de eleições presidenciais e, também devido ao descrédito do governo (após tantas tentativas frustradas de estabilização), o ajuste fiscal, na prática, não ocorreu. Além disso, os elevados juros praticados foram incapazes de conter o movimento de antecipação do consumo, movido pelo temor de explosão dos preços após o fim do congelamento. Os trabalhadores, insatisfeitos com as sucessivas perdas implícitas nas mudanças de índices, começaram a reivindicar reposições salariais.

Do ponto de vista da eficácia do Plano Verão, a inflação baixou no primeiro mês de sua implementação (fevereiro), mas, já em março, entrou em rota ascendente.

Agora, sem nenhum mecanismo de coordenação de expectativas devido à extinção dos indexadores, cada agente olhava o índice que melhor lhe convinha, e os períodos de reajuste de preços foram sistematicamente reduzidos. O resultado para a economia foi um grande aumento da inflação, que ultrapassou 80% ao mês no começo de 1990.

O Anexo traz uma comparação entre as principais medidas de cada um dos Planos, inclusive, da "Política do Feijão com Arroz", embora esta não possa ser considerada propriamente um "Plano", mas sim uma estratégia de combate à inflação.

O Comportamento da Economia no Período de 1985-1989

A Tabela 5.2 sintetiza o desempenho de alguns dos principais indicadores macroeconômicos no período de 1985-89. Chama atenção, antes de tudo, a taxa de inflação média (de mais de 470% ao ano). A repetição dos sucessivos planos se mostrou ser um total equívoco.

Entretanto, no período da Nova República, o crescimento médio do PIB ficou em 4,3%, uma taxa relativamente alta se comparada com o restante da década. Os fatores determinantes do nível de atividade, porém, variaram bastante ao longo do período.

Em 1986, durante o Plano Cruzado, foi a indústria que liderou o crescimento do produto, apresentando uma expansão de quase 12% em relação ao ano anterior. Como seria de se esperar em momentos de estabilização através de uma âncora nominal (no caso, o congelamento de todos os preços e do câmbio), a expansão se deu, sobretudo, em bens de consumo duráveis, mas também em investimentos. As exportações do período tiveram o pior desempenho (diminuindo 11% em relação a

Tabela 5.2
Economia Brasileira: Síntese de Indicadores Macroeconômicos – 1985-1989
(médias anuais por período)

	1985-89
Crescimento do PIB (% a.a.)	4,3
Inflação (IGP dez/dez, % a.a.)	471,7
FBCF (% PIB a preços correntes)	22,5
Tx. de cresc. das exportações de bens (US$ correntes, % a.a.)	4,9
Tx. de cresc. das importações de bens (US$ correntes, % a.a.)	5,6
Balança comercial (US$ milhões)	13.453
Saldo em conta-corrente (US$ milhões)	–359
Dívida externa líquida/Exportação de bens	3,8

Fonte: Elaboração própria, com base em dados do Apêndice Estatístico ao final do livro.

1985). De fato, a produção doméstica se voltou para satisfação do consumo interno, cujas vendas se expandiram a uma taxa de 22,8% nos primeiros seis meses de 1986, contra igual período do ano anterior.

Em contraposição ao ocorrido em 1986, ao longo de 1987 — Plano Bresser — foi a agropecuária (expansão de 15%) que garantiu um desempenho positivo do PIB, que cresceu 3,5%. Já a perda de poder aquisitivo dos salários e os juros reais mais elevados (em relação ao ano anterior) desestimularam as vendas do comércio e da indústria. Outro importante fator que impediu a queda do produto foi a expansão das exportações no período. O desaquecimento da demanda interna aliado à flexibilização do câmbio permitiram a recuperação das vendas ao exterior. O ano de 1988, por sua vez, quando foi implementada a chamada "política do feijão com arroz", foi o de pior desempenho da economia (-0,1% PIB). No caso, a FBCF foi o item que apresentou pior desempenho (taxa de crescimento real em relação ao ano anterior), retraindo-se em quase 5%. Como no ano anterior, foi o bom comportamento das exportações que impediu uma queda mais expressiva do produto.

Olhando a expansão do PIB, conclui-se que, na média, foram as exportações (crescendo mais de 6% a.a.) que puxaram o crescimento entre 1985 e 1989, à exceção do período relativo ao Cruzado. As vendas externas foram beneficiadas pela maturação de projetos relativos ao II PND, mas também pela própria queda da demanda interna, a partir de 1987, e pelo bom desempenho da economia mundial.

O crescimento do setor de serviços acima da indústria e da agricultura (Tabela 5.3) deve ser atribuído somente ao bom desempenho verificado em 1986, quando as vendas foram impulsionadas pelo Plano Cruzado. Da mesma forma, o bom comportamento, em média, de bens de capital e bens de consumo duráveis está fortemente influenciado pelo resultado daquele Plano.

No que se refere às contas externas, é visível a melhora da balança comercial, que passa de uma média de US$5,4 bilhões no período de 1981-84 para US$13,5 bilhões ao ano entre 1985-89. Como é natural, as importações no período da Nova República apresentaram forte correlação com o comportamento da economia. Assim, no ano de 1986, elas se expandiram quase 30%, caindo com o desaquecimento do PIB nos anos seguintes. Consequentemente, o saldo da Balança Comercial se manteve, na média, próximo a US$13,5 bilhões (Tabela 5.4), com resultado ligeiramente superior ao obtido em 1984 (tido como excelente). As transações correntes, na média, registraram um déficit da ordem de US$360 milhões, em virtude da piora do resultado da conta de serviços em relação aos níveis verificados em 1984. Deve ser ressaltado, entretanto, que esse comportamento se deve (novamente) ao ocorrido no Plano Cruzado, quando as balanças Comercial e de Serviços tiveram expressiva piora. Já a entrada de capitais se viu bastante prejudicada pelos sucessivos planos, que afastaram os investidores externos do Brasil.

Tabela 5.3
Crescimento do PIB, por Principais Componentes – 1985-1989
(% ao ano)

Consumo Final	3,8
FBCF	4,8
Exportações	6,3
Importações	6,1
PIB	4,3
Agricultura	3,7
Indústria	4,1
Serviços	4,8
Indústria – Categorias de Uso	
Bens de capital	5,7
Bens intermediários	3,3
Bens de consumo duráveis	6,3
Bens de consumo não duráveis	3,4

Fonte: Elaboração própria, com base em dados do Apêndice Estatístico ao final do livro.

Tabela 5.4
Balanço de Pagamentos – 1985-1989
(saldos médios anuais, em US$ milhões)

Balança comercial (FOB)	13.453
Serviços e rendas (líquido)	–13.938
Transferências unilaterais	125
Transações correntes	–359
Conta capital e financeira	683
Investimento estrangeiro direto	1.156
Investimento estrangeiro em carteira	–411
Outros	–62
Erros e omissões	–552
Resultado do balanço	–229

Fonte: Elaboração própria, com base em dados do Banco Central.

Por fim, quanto aos resultados fiscais, o resultado primário do governo piorou sucessivamente até 1987, teve ligeira recuperação em 1988 e voltou a piorar em seguida. A melhora de 1988, entretanto, tem pouco significado. Como já foi dito, a política de "feijão com arroz" enfatizava uma política fiscal contracionista e o uso de juros reais elevados para combater a inflação. Além da eficácia discutível desses instrumentos para o controle da inflação da época, houve ainda um reflexo negativo nas contas públicas, pelos elevados juros, como pode ser visto na Tabela 5.5.

Tabela 5.5
Necessidades de Financiamento do Setor Público – 1985-1989
(% PIB)

	1985	1986	1987	1988	1989
Déficit operacional	4,7	3,6	5,7	4,8	6,9
Resultado primário[a]	2,7	1,6	–1,0	0,9	–1,0
Juros reais líquidos	7,4	5,2	4,7	5,7	5,9

Fonte: Giambiagi e Além (1999).
[a] (-) = Déficit Primário

Em relação ao período como um todo, pode-se dizer que a queda da carga tributária, aliada a um aumento de gastos correntes fizeram com que as contas fiscais apresentassem expressiva deterioração, chegando a quase 7% de déficit operacional em 1989.[37]

Os efeitos perversos da inflação sobre a distribuição de renda podem ser observados pela constatação de que, a preços de 2008, o primeiro decil da distribuição sofreu uma queda da renda média de 13%, comparando o nível de 1989 com o de 1985, enquanto o último decil teve um incremento de renda de 25%, no mesmo período.

Conclusões

Em 1984, o Brasil vivia o sonho de que a democracia resolveria todos os problemas do país. A campanha das "Diretas Já" e mesmo a eleição de Tancredo Neves (ainda que pela via indireta) foram marcadas pela esperança de que o país reencontraria os caminhos do crescimento e promoveria, ao mesmo tempo, o fim da inflação e a redistribuição de renda. Do ponto de vista macroeconômico, o Brasil dispunha de algumas vantagens em relação à situação vivida no início dos anos 80. Por exemplo, as contas externas apresentavam significativo superávit comercial, e a situação da liquidez internacional havia melhorado em relação à crise vivida após a moratória do México, em 1982. As contas fiscais também se encontravam em posição melhor, e a maturação dos investimentos realizados no II PND dava ao país, sob a ótica da oferta de bens de capital, potencial para crescer.

Nesse cenário — e dado o insucesso do combate à inflação nos anos anteriores — desenvolveram-se, em meados dos anos de 1980, teorias alternativas de estabilização. A teoria que venceu o debate sobre as causas da inflação brasileira foi de que a inflação no Brasil era "puramente inercial". Nela, a inflação decorria apenas de práticas contratuais que repunham a inflação passada, a cada data-base. Na sua essência, a tese inercialista afirmava que a inflação vivida pelo país naquele período não devia ser atribuída a um superaquecimento da demanda em relação à oferta, sendo o déficit público pouco relevante. A demanda, porém, já estava, em 1985/86, relativamente aquecida, a considerar pelos índices de utilização de capacidade e, a rigor, a inflação já estava se acelerando, às vésperas do Plano. A suposição de que seria possível adotar uma política monetária acomodatícia se revelou incorreta, diante da explosão de demanda que se seguiu ao anúncio do Plano.

Uma sucessão de erros, incluindo alguns de concepção e outros de condução, levou o Cruzado ao fracasso. Os dois planos que se seguiram (Bresser e Verão) tentaram corrigir os problemas das tentativas anteriores, sem sucesso. A bem dizer, imediatamente após o anúncio dos sucessivos pacotes, a inflação baixava, mas, após um breve período, começava novamente a se acelerar. A cada plano, a inflação caía cada vez menos e se acelerava com maior intensidade. Olhando em retrospectiva, o período da Nova República acabou ficando na memória dos brasileiros como uma época de grande frustração no terreno econômico. O período, porém, comporta algumas lições importantes nessa área.

A primeira lição consiste na observação de que à estabilização se seguem movimentos naturais de expansão de demanda. Estes foram ampliados pelos abonos salariais e pelas políticas adotadas pelo governo. Ainda que a inflação fosse puramente inercial (e ela não o era em 1985-86), teriam de ser tomadas medidas para evitar o *boom* de consumo que geralmente sucede à estabilização. A segunda lição se refere ao uso da escala móvel. O "gatilho salarial", ao endogeneizar o período de reajuste, provou ser, na prática, um acelerador da inflação, na medida em que levava ao encurtamento do período de reajuste. A terceira lição é de que a estratégia de congelamento produziu desequilíbrios de preços relativos — e o descongelamento mostrou-se uma tarefa difícil de administrar. Por fim, a *repetição* de programas semelhantes de estabilização se mostrou um verdadeiro fracasso. Os agentes aprenderam a burlar os congelamentos, tornando-os inócuos, na prática. Os planos de estabilização do período de 1985-89 não incorporaram o necessário controle da demanda agregada após a introdução do Plano. O congelamento agravou esse problema, porque incentivou um aumento da demanda e, via expectativas, criou o temor de novos congelamentos (e dos efeitos do descongelamento).

Nossa interpretação, em suma, é de que, sim, existia um grande componente inercial na inflação brasileira, que precisava ser contido, entretanto, o congelamento se mostrou ser ineficaz. Havia, antes do plano, algumas pressões de demanda, mas essas eram localizadas e repassadas para os demais preços pelo fato de a economia estar plenamente indexada. Além disso, embora tenha ocorrido uma deterioração das contas externas em 1986, a situação da Balança Comercial era de fato mais confortável na segunda metade dos anos 1980 do que na primeira. Isto, a nosso ver, enfraquece a tese que atribui à necessidade de sistematicamente desvalorizar o câmbio (pressão de custos, resultante da vulnerabilidade externa da economia) a causa última da inflação brasileira, na segunda metade da década.

Por outro lado, não há dúvidas de que a fixação da taxa de câmbio é um poderoso instrumento para conter a inflação. Entretanto, a estratégia só é eficaz se o país recebe fluxos de capitais para financiar os seus déficits de transações correntes, que em regra surgem após uma estabilização desse tipo. Nesse sentido, tal estratégia era simplesmente inviável nos anos 1980, dado o contexto de liquidez internacional.

Ao final do período havia certo consenso entre os economistas de que a indexação no Brasil consistia, sim, num problema a ser solucionado, mas que o congelamento definitivamente não era uma estratégia eficiente; e que a explosão inicial da demanda, após o lançamento de um novo Plano, teria de ser fortemente combatida. O Plano Real, como veremos, beneficiou-se do aprendizado resultante dos sucessivos fracassos do combate à inflação no período de 1985-89. A Nova República é, portanto, uma época marcada pela esperança, pela frustração e pelo aprendizado.

RECOMENDAÇÕES DE LEITURA

Arida e Resende[38] e Lopes[39] são referências obrigatórias para estudar o conceito de inflação inercial no Brasil.

LEITURAS ADICIONAIS

Sardemberg[40] e Solnik[41] contam os bastidores do Plano Cruzado e fazem uma reflexão sobre as causas do fracasso daquela tentativa de estabilização. Modiano[42] discute com detalhes, além do Cruzado, os Planos Bresser e Verão. Simonsen[43] é um clássico para compreender as origens da teoria inercialista na literatura brasileira.

NOTAS
1. Francisco Dornelles, sobrinho do presidente, ficou com o cargo de ministro da Fazenda, enquanto João Sayad, secretário da Fazenda de São Paulo (governo Franco Montoro), assumiu o Ministério do Planejamento.
2. José Sarney havia sido presidente do Partido Democrático Social-PDS (partido que sucedera à Arena e dava sustentação ao regime militar) e contribuíra nos esforços do governo militar para derrotar a emenda Dante de Oliveira.
3. Os níveis de utilização eram, porém, bem diferenciados entre setores. No quarto trimestre de 1985, a indústria de Bens de Capital apresentava um índice de 69, materiais de construção 77, enquanto as

indústrias Química e Têxtil já exibiam índice de 91. Um ano depois, ao final da experiência do Cruzado, os índices atingiriam 81 para Bens de Capital e Materiais de Construção e 92 para as indústrias Têxtil e Química. Dados da FGV, disponíveis no sítio do Banco Central, séries temporais.
4. Ver Castro e Souza (1985).
5. Ver Modiano (1989).
6. Giambiagi (1989) pp. 137 e 138.
7. Esta piora em parte está associada à redução da própria carga bruta devido à diminuição dos impostos indiretos como proporção do PIB (conjugação de um Efeito Tanzi com "aperfeiçoamento da evasão por parte das empresas") (ver Giambiagi, idem, p. 139). Além disso contribui para a piora a própria mudança da dinâmica do crescimento para a agricultura e exportações do PIB, setores menos taxados.
8. Durante o II PND, a inflação brasileira girou em torno de 40%. Todavia, ao final de 1979 e início dos anos 1980, com o advento do segundo choque do petróleo, do choque dos juros, da desvalorização do câmbio e da revisão do período de indexação salarial de um ano para seis meses, a inflação atingiu o patamar dos 100%.
9. Bastos (2001), p. 227.
10. A caracterização das quatro teses foi feita em um artigo publicado na *Gazeta Mercantil* em 13 de agosto de 1984, pelo jornalista Celso Pinto. Ver Sardemberg (1987), p. 33.
11. A ideia do "Pacto Social" costuma ser explicada através da imagem originalmente utilizada por James Tobin (e reproduzida por Edmar Bacha em diversos artigos) de uma partida de futebol em que todos os presentes se encontram de pé para ver o jogo. Embora cada um prefira ver o jogo sentado, aquele que toma a iniciativa, sozinho, de se sentar, deixa de ver o jogo. O resultado é um equilíbrio perverso, no qual só é possível melhorar a situação geral se todos concordam em se sentar, ao mesmo tempo. Uma versão nacional dessa imagem encontra-se em Bacha (1985).
12. O fim da inflação pode ser entendido como um problema de coordenação decisória, em que existe o perigo do caroneiro (*free rider*). A estabilização seria como um bem público (não excludente), na qual existe a possibilidade de se abster da contribuição (no caso, decidir continuar elevando seus preços) e ainda assim se beneficiar do esforço coletivo (no caso, a decisão de outros de não mais aumentarem preços).
13. Para uma visão crítica da neutralidade das propostas ver Serrano (1986). Para esse autor, o que tornava o choque heterodoxo neutro era a adição do gatilho salarial, que foi introduzido de fato no Plano Cruzado, como veremos.
14. Ver Lopes (1986).
15. Ver Arida e Resende (1984). Ver também Resende (1986).
16. Franco (1986)
17. Conforme caracterizada a visão de Franco, 1986, em Bastos e Willcox (2001).
18. Ver Lopes (1986).
19. Ver Lopes (1986).
20. Vale ressaltar que, teoricamente, se o estoque de moeda cresce a uma taxa constante de inflação e o Banco Central acomoda o impulso expansionista do governo, a inflação pode ter um comportamento inercial (inflação constante ao longo de diversos períodos), tendo por ponto de partida um desequilíbrio fiscal. Ver Serrano (1986).
21. Para uma discussão rigorosa a cerca das causas da inflação: custos, demanda e conflito distributivo, ver Willcox (2001). As definições acima do que consiste ser "ortodoxo" ou "heterodoxo" são, porém, da autora, num esforço de conciliar os componentes da inflação mencionados com as teses assim denominadas na literatura brasileira.
22. Embora não exista propriamente uma "teoria cepalina/estruturalista" da inflação, existe uma identificação da inflação como um resultado perverso do próprio processo de desenvolvimento. Para uma discussão do diagnóstico estruturalista ver Bresser-Pereira e Nakano (1986), para uma discussão dos efeitos inflacionários da inexistência de um mercado financeiro desenvolvido ver Tavares (1972).
23. Modenesi (2005). Este autor cita que Lopes (1986) utiliza o termo "heterodoxo" para caracterizar a tese da inflação inercial derivada de uma série de trabalhos da PUC dos anos 1980 e de trabalhos anteriores

de Mário Henrique Simonsen dos anos 1970, sendo "ortodoxas" tanto as formulações monetaristas como as de cunho keynesiano. Todavia, o uso do termo "heterodoxo" já tinha sido feito em 1957, por Sunkel, para se contrapor a visão monetarista e caracterizar uma leitura estruturalista da inflação. Arida e Lara-Resende não estenderam a filiação da teoria inercialista ao pensamento cepalino-estruturalista, porém, Lopes, indiretamente, admitiu alguma influência ao assinalar um caráter neoestruralista na tese inercialista (Modenesi, idem). Para uma defesa da influência desse pensamento sobre a tese brasileira inercial ver Bresser-Pereira e Nakano (1986). Aqui nos cabe uma observação final. Embora existam modelos de inflação de inspiração keynesiana, não existe propriamente uma teoria da inflação em Keynes. O que sim existe nos trabalhos do autor é um questionamento aos monetaristas em relação à hipótese da constância da velocidade de circulação da moeda (quebrada basicamente pela incorporação da demanda especulativa da moeda — ver Simonsen, 1970), a observação da existência de rigidez para baixo de alguns preços e a argumentação contra a imposição de ajustes fiscais para combater a inflação alemã dos anos 1920.

24. Lopes (1986), p. 124.
25. Outras medidas importantes no ano de 1986 foram a extinção da chamada "conta-movimento" e a criação da Secretaria do Tesouro Nacional (STN). Com o fim da conta-movimento eliminavam-se os suprimentos automáticos que prejudicavam a atuação do Banco Central como gestor da política monetária.
26. O índice então vigente apurava a inflação entre os dias 15 de cada mês. Como o Plano Cruzado foi decretado em 28 de fevereiro, era preciso redefinir o período de apuração para expurgar a inflação que ocorrera nos últimos dias de fevereiro. O risco era contaminar o índice de março com uma situação pré-Plano, o que retiraria credibilidade quanto a sua eficácia.
27. Convencidos da possibilidade de aumento de preços às vésperas do plano, não captados pelo índice de fevereiro, a equipe do Cruzado concordou em conceder um abono de 4%. No decorrer dos três dias que antecederam o anúncio do Programa, porém, esse percentual foi aumentando. No caso do salário mínimo, ocorreram, ainda, dois arredondamentos: o primeiro para fechar um valor nominal 'redondo'; e, posteriormente (quando computada a taxa de aumento daí resultante), para arredondar a taxa. Ver Sardemberg (1987).
28. A capacidade de absorção do aumento de salários por parte das empresas foi, para muitos, surpreendente. Teoricamente, ela pode ser entendida quando se admite que numa economia em alta inflação há uma tendência de aumento dos *mark-ups*, a fim de construir um "colchão" para possíveis aumentos dos custos, e também em decorrência da própria perda da noção da estrutura de preços relativos pelos consumidores.
29. Para uma discussão econométrica que nega a existência de uma inflação puramente inercial no Brasil, ver Barbosa (1987).
30. Dados retirados de Varsano (1986), Tabela 11.1, p. 263.
31. É importante notar que quando se olham as contas fiscais do Plano Cruzado apuradas pelo Banco Central, no conceito das Necessidades de Financiamento do Setor Público (abaixo da linha) verificamos também uma melhora nas contas operacionais, em função da redução dos juros reais pagos pelo governo. Entretanto, verifica-se uma piora das contas primárias (redução do superávit) na comparação entre 1986/1985 — e não uma melhora do quadro. Isso corrobora a tese de que a redução dos juros mais do compensou a eventual piora no primário, mas deixa dúvidas quanto ao superávit não financeiro do governo.
32. No caso da carne bovina, o produto só começou a chegar nos portos em agosto de 1986, e em abril de 1987 — com o Cruzado já tendo fracassado — ainda havia carne chegando. Ver Sardemberg (1987).
33. Modiano (1989), p. 364. O autor observa que algumas elevações foram extremas, como no caso dos cigarros, que subiram 120%.
34. Ver Solnik (1987).
35. Se, por um lado, a URP aumentava a inércia, por outro ela evitava que as expectativas inflacionárias explodissem. Para uma discussão das vantagens e desvantagens de uma indexação *backward looking* e uma *forward looking*, ver Franco (1990).

36. Ver Giambiagi (1997).
37. A carga tributária caiu de uma média de 26% do PIB durante 1981/84, para uma média de 24% do PIB no triênio 1987/89, após o Plano Cruzado. De acordo com Varsano (1986), em 1984 a carga tributária era de 24,2% do PIB e passou para 23,7%.
38. Ver Arida e Resende (1984).
39. Ver Lopes (1986).
40. Ver Sardemberg (1987).
41. Ver Solnik (1987).
42. Ver Modiano (1989).
43. Ver Simonsen (1974).

Anexo: Planos de Estabilização 1986-1989

Medidas/Plano	Cruzado I – 28 de fev. de 1986	Bresser – 15 de junho de 1987	"Feijão com arroz" – jan. de 1988	Verão – 14 de jan. de 1989
Diagnóstico da Inflação	Inercial – Déficit Operacional Próximo a zero.	Inercial + Inflação de Demanda.	Inflação de Demanda.	Inercial + Inflação de Demanda.
Política Monetária & Fiscal	Proposta: Política monetária e fiscal acomodatícias. Prática: Política monetária e fiscal expansionistas.	Proposta e Prática: Política monetária e fiscal contracionistas.	Proposta: Política monetária e fiscal contracionistas (gradualismo) com objetivo de estagnar a inflação em 15% ao mês. Prática: Política monetária expansionista (megassuperávits da Balança Comercial).	Proposta: Cortes nas despesas públicas e aumento das receitas. Prática: não aprovados pelo Congresso.
Preços	Congelamento: previsto para 1-3 meses, durou 11.	Congelamento: três fases (1) Congelamento por 90 dias; (2) Flexibilização – reajustes mensais pelo IPC dos três meses anteriores; (3) Liberação dos preços.	Tentativa de Pacto Social. Prefixação dos reajustes de preços públicos e privados.	Congelamento por prazo indefinido. Descongelamento gradual a partir de março. Reajustes trimestrais.
Moeda	1.000 Cruzeiros = 1 Cruzado.	X	X	1.000 Cruzados = 1 Cruzado Novo.
Salários	Média dos seis meses. Abono Salarial: 8% para todos os salários, 16% para salário-mínimo + Gatilho ↔ 20%.	Três fases seguindo política de preços. Inflação de junho não reposta. Não houve abonos ou Gatilho.	Suspensos por 2 meses reajustes dos funcionários públicos.	Salário janeiro = Salário de dezembro corrigido pela URP de janeiro. A diferença da URP-INPC seria paga em três parcelas.
Dissídios	Anuais, com correção de 60% sobre o aumento do custo de vida. IPC com ponderação do antigo IPCA.	Mantidos com exceção daqueles ocorridos nos três meses da fase de congelamento.	X	Mantidos. Reajuste varia entre 11,31 e 18,71% de acordo com a categoria.
Índice de Preços Oficial do Governo	Mudança para índice ponta a ponta (dia 01-dia 30 do mês).	Deslocada base do índice para o início da vigência do congelamento (15 de junho). Aumento de preços públicos em junho.	X	IPC continua sendo índice oficial do governo. OTN é congelada e extinta.

(continua)

(continuação)

Medidas/Plano	Cruzado I – 28 de fev. de 1986	Bresser – 15 de junho de 1987	"Feijão com arroz" – jan. de 1988	Verão – 14 de jan. de 1989
Câmbio	Fixo ao valor de 28 de fevereiro – a balança comercial estava equilibrada.	Desvalorização de 9,5%. A taxa não é congelada. Houve desvalorização real da taxa cambial. Minidesvalorizações.	Desvalorização real visível nos megassuperávits da balança comercial.	Desvaloriza em 16,38%, ficando o câmbio, a partir daí, congelado. A taxa estipulada é de 1 Crz. Novo = 1 dólar.
Tablita	Para converter dívidas com vencimento posterior a data do plano.	Para atualizar dívidas estabelecidas antes da data do plano com expectativas de inflação superiores.	X	Para converter dívidas posteriores a 15 de jan. Juro real revisto.
Aluguéis	Reajuste semestrais para aluguéis residenciais e anuais com coeficiente determinado pelo governo para os aluguéis comerciais.	Aluguéis comerciais e residenciais congelados sem compensação pela inflação ocorrida desde o último reajuste.	X	Com o fim da OTN, aluguéis reajustados por índices próprios.
Indexação	Proibida por um ano. Fim da ORTN e criação da OTN – congelada por um ano.	Novo Indexador URP para salários e tetos de preços de acordo com a política de congelamento (três fases).	X	Extintas a OTN e URP. Na prática, o indexador passava a ser o IPC ou o *overnight* – o maior. Criação da BTN. Junho: BTN fiscal-diária.
Cadernetas	Rendimento Trimestral.	X	X	A partir de maio IPC + 0,5%.
Juros e Dívida externa	Acordo prévio com o FMI (1985). Juros prefixados para os 12 meses futuros.	Juros mantidos elevados para reduzir demanda.	Suspensa moratória em jan. de 1988. Novo acordo com FMI.	Elevação do *overnight* para 25 e 30%. Reempréstimos suspensos por um ano.
Inflação	Moratória dos juros externos em fevereiro de 1987. Próxima a zero nos primeiros meses. Ágio, mudanças de índices. Cruzadinho: o índice de inflação exclui itens corrigidos. Expurgo não é aceito no Cruzado II. Dispara gatilho salarial.	Aumento das tarifas decretado pelo governo no início do plano + expectativa de novo congelamento fizeram com que os preços subissem às vésperas do Plano. Perspectiva de flexibilização (fase 2) permitiu repasses de preços.	Evitou no curto prazo explosão inflacionária. Manteve-se entre 16% a 18% ao mês nos três meses iniciais. Inflação se acelera depois de três meses.	Descrédito do governo + juros elevados + ajuste fiscal difícil (ano eleitoral) + flexibilização do congelamento + fim da OTN e URP eliminam âncora dos preços.

Capítulo

Privatização, Abertura e Desindexação: A Primeira Metade dos Anos 90
(1990-1994)

Lavinia Barros de Castro

"O poder despreza aqueles que não sabem ocupá-lo."
Talleyrand, diplomata francês

"A experiência com o *rentenmark* foi um pulo sobre um barranco cuja extremidade oposta estava obscurecida por nuvens. Mesmo o ministro Luther, o autor do decreto de 15 de outubro de 1923, descreveu seu trabalho como alguém que 'constrói uma casa, começando pelo teto'."
Constantino Bresciani-Turroni, economista italiano, comentando a estabilização da hiperinflação alemã no pós-Primeira Guerra

Introdução

A primeira metade dos anos de 1990 marca a posse do primeiro presidente eleito pelo voto direto, fato que não ocorria no país desde 1961. No início de 1990, a inflação havia ultrapassado 80% ao mês e a economia, que crescera a uma taxa média em torno de 7% entre 1930-80, desde meados de 1980 se encontrava estagnada. Nesse contexto, é eleito, pelo voto direto, Fernando Collor de Mello, numa operação de autêntico *marketing* eleitoral, sem precedentes na história do Brasil.[1]

Inicialmente apoiada por um partido novo e inexpressivo (Partido da Reconstrução Nacional — PRN), sua candidatura conseguiu derrotar as aspirações de políticos tradicionais, como Leonel Brizola, e de Luiz Inácio Lula da Silva, que já possuía forte expressão no cenário político nacional. Collor trazia um discurso centrado na denúncia da corrupção, assistência às camadas mais desfavorecidas da sociedade e promessas de mudanças profundas na economia, tendo assumido o governo em março de 1990.

As reformas propostas por Collor, de fato, introduziram uma ruptura com o modelo brasileiro de crescimento com elevada participação do Estado e proteção tarifária. Embora os primeiros passos tenham sido dados na gestão Collor, o processo só se aprofundou no governo seguinte (1º Governo Fernando Henrique Cardoso — 1995-98). A política industrial também ficou abaixo dos objetivos traçados, sempre subordinada à questão prioritária do combate à inflação. Já os planos econômicos Collor I e II não apenas fracassaram em eliminar a inflação, como resultaram em recessão e perda de credibilidade das instituições de poupança. Na realidade, após uma série de escândalos, revelação de esquemas de corrupção e dois planos econômicos malsucedidos, Fernando Collor de Mello foi destituído do poder, no final de 1992, mostrando mais uma vez que "o poder despreza aqueles que não sabem ocupá-lo", como citado na primeira epígrafe deste capítulo.

A partir da posse de Itamar Franco (Vice-Presidente de Collor) deu-se continuidade ao processo de reformas. Mais importante: foram lançadas as bases do programa de estabilização que daria fim à alta inflação no país. A consolidação da estabilidade, entretanto, exigiu mais do que a desindexação. Na estratégia de combate à inflação do Plano Real, a taxa de câmbio e os elevados juros tiveram um papel fundamental, embora com consequências negativas para o desempenho da economia nos anos que se seguiram.

Estudar as reformas do período, os Planos Collor e a construção do Plano Real como estratégia bem-sucedida de combate à inflação são os principais objetivos deste capítulo. O texto é dividido em dez seções. Após esta introdução, a segunda seção discute brevemente a mudança do modelo de desenvolvimento pela qual passou a economia no início dos anos de 1990. Em seguida, a terceira seção discute o processo de privatização e a abertura econômica. A quarta seção aborda os dois Planos Collor (1991-92).

Da quinta a oitava seção discute-se o Plano Real, em suas três fases: (I) Ajuste Fiscal; (II) Desindexação; e (III) Âncora Nominal. A terceira fase, a rigor, extrapola os limites deste capítulo, uma vez que se inicia em julho de 1994, mas só termina em janeiro de 1999, com a desvalorização da taxa de câmbio. Acreditamos, porém, que para a boa compreensão do sucesso do Plano Real no combate a inflação é imprescindível comentarmos, ainda que de forma resumida, o papel jogado pelas âncoras de câmbio e de juros, motivo pelo qual incluímos uma breve sessão sobre essa fase no presente capítulo. Por fim, a nona seção discorre sobre os dados do período 1990-94, ressaltando o comportamento do PIB, a inflação, o balanço de pagamentos e as contas fiscais. As conclusões são apresentadas na décima seção.

A Mudança de Modelo

Foge ao escopo desse capítulo analisar o modelo brasileiro de desenvolvimento e suas transformações históricas. O objetivo dessa seção é tão somente traçar, em linhas gerais, algumas características para que o leitor compreenda as principais mudanças em curso na primeira metade dos anos 1990.

Durante o período de 1950-80, o Brasil cresceu a uma taxa média de 7,4% ao ano, e apenas em quatro ocasiões cresceu abaixo do marco de 4%. Esse crescimento esteve associado a uma política de substituição de importações, mas também a alguns episódios de promoção de exportações, como por exemplo, ao longo do "Milagre" (1968-73). Resumidamente, podemos dizer que as três principais características do modelo de industrialização brasileira do pós-Guerra foram: (1) a participação direta do Estado no suprimento da infraestrutura econômica (energia e transportes) e em alguns setores considerados prioritários (siderurgia, mineração e petroquímica); (2) a elevada proteção à indústria nacional, mediante tarifas e diversos tipos de barreiras não tarifárias; e (3) o fornecimento de crédito em condições favorecidas para a implantação de novos projetos.

O modelo de substituição de importações (MSI), tal como defendido pela Cepal,[2] foi a forma de os países retardatários promoverem a sua industrialização. Sinteticamente, pode-se dizer que a Cepal questionava a teoria econômica convencional em diversos pontos, sobretudo quanto à capacidade de o livre-comércio promover seja a eficiência na alocação de recursos (no nível interno e externo), seja o desenvolvimento "natural" das economias.

Dessa forma, o MSI defendia três papéis fundamentais para o Estado: o de indutor da industrialização, através da concessão de crédito e do uso intensivo de instrumentos cambiais, restrições quantitativas e tarifárias; o de empreendedor, a fim de eliminar os principais "pontos de estrangulamento" da economia; e o de gerenciador dos escassos recursos cambiais, a fim de evitar a sobreposição de picos de demanda por divisas e crises cambiais recorrentes.

A Cepal e o Modelo de Substituição de Importações

Conforme apresenta Bielschowsky (1988), os principais problemas das economias latino-americanas que justificavam, no diagnóstico da Cepal, um esforço de industrialização através da proteção aduaneira e da ação do Estado eram: (1) a deterioração dos termos de troca (principalmente em função do repasse, no caso dos países primário-exportadores, dos ganhos de produtividade para os produtos finais e do não repasse dos mesmos nos países do "centro", em função de estruturas oligopolísticas características da produção de manufaturados); (2) o desequilíbrio estrutural no balanço de pagamentos, resultante da exportação de produtos de baixa elasticidade-renda e importação de produtos de alta elasticidade-renda (sendo a única solução definitiva a própria industrialização); (3) os rendimentos crescentes da indústria (argumento da indústria nascente); (4) o desemprego, visto como resultado do alto crescimento demográfico, da importação de técnicas capital intensivas, do baixo crescimento da demanda internacional por produtos primários e da insuficiência no desenvolvimento de setores que poderiam absorver a mão de obra expulsa pelas máquinas; (5) a vulnerabilidade a ciclos econômicos, consequência da especialização em atividades primário-exportadoras; (6) a inadequação de técnicas modernas à disponibilidade de recursos dos países "periféricos"; (7) a existência de economias de escala na indústria; e (8) a indivisibilidade do capital — o que justificava a ação do Estado dando o "passo inicial".

A lógica do MSI pode ser assim sumariada: um choque externo (por exemplo, a crise de 1929, guerras mundiais etc.) põe em xeque a capacidade de importação dos países primário-exportadores. Dada a restrição do balanço de pagamentos, o governo utiliza-se de mecanismos cambiais ou tarifários para induzir um processo de substituição de importações pela produção local. Ocorre, porém, que a própria SI aumenta a demanda interna (renda), o que faz crescer as importações de insumos e bens de capital, acarretando uma nova crise de divisas, que leva a uma nova onda de SI e assim sucessivamente. Na superação contínua dessas contradições reside a essência da dinâmica do processo de SI (Tavares, 1972). O problema é que, à medida que o processo avança através de sucessivas respostas à "barreira externa", vai-se tornando cada vez mais difícil e custoso prosseguir. Ocorre uma mudança na pauta de importações: reduz-se a participação de bens de consumo final e aumenta-se a de produtos intermediários (com maior defasagem temporal entre o investimento e a efetiva produção). Aumenta, também, a relação capital/produto, reduzindo-se a eficiência dos investimentos. Além disso, conforme o processo avança, surgem itens de elevado conteúdo tecnológico, mais difíceis de serem produzidos internamente (idem).

Entre 1950-1980, o país cresceu a taxas médias superiores a 7% ao ano. A partir de 1968, algumas ferramentas de apoio às exportações foram acopladas ao MSI. Entretanto, o modelo de industrialização adotado deixou algumas sequelas para a economia, entre elas: uma estrutura de incentivos distorcida em certos setores (por exemplo, em alguns segmentos de bens de capital, em que não se atingiu escala e praticamente não houve transferência de tecnologia); um certo viés antiexportador (exceto nos segmentos em que as atividades exportadoras foram incentivadas); e endividamento do Estado (sobretudo no período do II PND).[3] Todavia, apesar de algumas ineficiências, há um certo consenso de que, no início dos anos de 1980, a estrutura industrial brasileira já estava completa e integrada, sendo isto o resultado, em grande medida, de um modelo de desenvolvimento liderado pelo Estado.[4]

Outro aspecto relevante do "modelo de crescimento" brasileiro até os anos 70 foi uma certa conivência com a inflação, sobretudo após o desenvolvimento de um sofisticado sistema de indexação a partir de 1964. A alta participação do Estado e a convivência com elevadas taxas de inflação foram, porém, questionadas ao final dos anos de 1970 e início dos anos de 1980, com o advento do segundo choque do petróleo e dos juros internacionais. Na realidade, a esses choques se seguiu uma situação de crise de liquidez externa (sobretudo a partir da moratória do México em 1982) e de crise da dívida, com consequências substantivas sobre o processo inflacionário. A bem dizer, nos anos que compreendem o final dos anos 1970 até o final dos anos 1980, o Brasil foi submetido a choques de diversas ordens, que levaram o país a uma situação de severa restrição externa, com implicações diretas sobre o crescimento da economia.

A crise financeira do Estado foi, ainda, decididamente agravada pelos sucessivos fracassos no combate à inflação. De fato, se considerarmos o período de 1986 a 1991, a economia brasileira foi submetida a diversos Planos de Estabilização (Plano Cruzado, Bresser, Verão, Collor I e Collor II). Enquanto o país se debatia em tentativas de combate à inflação, a indústria deixava de acompanhar os avanços tecnológicos e organizacionais em rápida propagação nas economias desenvolvidas. A retração do investimento prejudicaria particularmente a indústria de bens de capital. Se tomássemos, por exemplo, 1980 como base (100), o setor de bens de capital havia regredido, 10 anos depois, para um índice de produção física da ordem de 70. Enquanto isso, um país como a Coreia continuava reduzindo seu atraso relativo face às economias líderes e começava a fazer pesquisa e desenvolvimento intensamente. Enquanto a renda *per capita* da economia brasileira diminuía mais de 0,5% ao ano em média na década, surgiam no cenário internacional o chamado Consenso de Washington e o Plano Brady, ambos em 1989.

Por ocasião de um encontro do Institute for International Economics em Washington, D.C., o economista John Williamson listou uma série de reformas que os países em desenvolvimento deveriam adotar na área econômica para que entrassem em uma trajetória de crescimento autossustentado. Essa lista foi intitulada pelo próprio Willianson de "Consenso de Washington", pois ele acreditava ser um conjunto de medidas com que a maioria dos economistas ali presentes estaria de acordo. Sumariamente, as propostas de Williamson visavam assegurar a disciplina fiscal e promover ampla liberalização comercial e financeira, além de forte redução do papel do Estado na economia.[5]

Já o Plano Brady, anunciado em março de 1989, teve como elemento essencial a reestruturação da dívida soberana de 32 países, mediante a troca desta por bônus de emissão do governo do país devedor, que contemplavam abatimento do encargo da dívida (seja sob a forma de redução do seu principal, seja por alívio na carga de juros). Essa renegociação alterou fundamentalmente as condições de liquidez para países signatários, mas a oferta abundante de financiamento internacional estava condicionada à realização de reformas e de um profundo ajuste fiscal. Na realidade, o Brasil só completou a renegociação do Plano Brady, iniciada em 1992, no ano de 1994 — e isso foi fundamental para a consolidação da estabilização. Sem uma liquidez externa abundante, seria impossível promover a estabilização durante o primeiro governo Fernando Henrique Cardoso. As chamadas "reformas estruturais", porém, foram iniciadas anteriormente, como veremos na próxima seção.

Privatização e Abertura

As políticas de intensificação da abertura econômica e de privatização do governo Collor se inseriam no contexto da chamada nova Política Industrial e de Comércio Exterior (PICE), lançada no início do governo. De acordo com Erber e Vermulm, a PICE foi concebida como uma "pinça", com uma "perna" para incentivar a competição e outra para incentivar a competitividade.[6] Em termos da velha metáfora, acreditava-se que seria preciso uma "cenoura" e um "porrete" (*carrot and stick*) para fazer a "carroça da indústria nacional" voltar a andar. É importante notar, entretanto, que a recuperação do atraso industrial era vista pelo governo não apenas como uma prioridade *per se*, mas também como uma condição necessária para se obter a estabilidade duradoura dos preços.

Apesar de os gastos em pesquisa e desenvolvimento (P&D) no Brasil terem passado de 0,5%, em 1989, para 1,3% do PIB em 1994 como resultado da PICE, a "pinça" acabou por ter, na prática, a "perna" da competição mais forte do que a da competitividade. De fato, apoiado pela legitimidade das urnas; pelo contexto internacional pró-reformas; pela insatisfação do público perante a deterioração dos serviços prestados por algumas estatais; e pela própria crise do Estado, o governo enfatizaria, no âmbito interno, uma estratégia maior de privatização (sob a crença de que haveria aumento da competição e, assim, aumento da eficiência) e, no âmbito externo, a reforma tarifária e de comércio exterior.

Nos anos de 1990, o Plano Nacional de Desestatização (PND) foi considerado prioritário. Através dele, pretendia-se: 1) contribuir para o redesenho do parque industrial; 2) consolidar a estabilidade; e 3) reduzir a dívida pública (via aceitação de títulos como moeda de privatização). Além disso, foi permitida a utilização dos cruzados novos bloqueados como recursos para a privatização (ver seção "Os Dois Planos Collor").[7]

A privatização do período, entretanto, provou ter metas muito mais otimistas em termos de receita e cronograma, do que se verificou na prática. Nos governos Fernando Collor e Itamar Franco (1990-94) foram privatizadas 33 empresas federais (as empresas estaduais só entraram no programa posteriormente). Os principais setores foram os de siderurgia, petroquímica e fertilizantes. O total de receitas obtido foi de US$8,6 bilhões, com transferência para o setor privado de US$3,3 bilhões em dívidas.

A natureza relativamente modesta das privatizações realizadas em relação aos prognósticos iniciais dos governos Collor e Itamar Franco possui várias explicações: (1) muitas empresas públicas estavam em má situação financeira e precisavam ser saneadas para que existisse interesse na sua aquisição; (2) existia grande dificuldade em avaliar os ativos de diversas estatais, após anos de alta inflação e várias mudanças de moeda; (3) havia resistência do público e um governo que perdia credibilidade; (4) alguns setores, tais como o de jazidas minerais e setor elétrico, não podiam, pela Constituição de 1988, ser vendidos para estrangeiros; 5) operações mais complexas exigiam *per se* ganhos de experiência de privatização, que ainda não existiam. Além de todos esses fatores, a dificuldade em vencer a inflação acabou por ocupar o maior espaço dentre os esforços do governo, deixando as privatizações em segundo plano.

Como dito no início desta seção, a agenda de reformas não se limitou às privatizações. De fato, o governo Collor também foi marcado por profundas mudanças na política de comércio exterior uma vez que, simultaneamente à adoção do câmbio livre, intensificou-se o programa de liberalização de importações, que havia tido início ao final dos anos de 1980. Assim, no governo Collor, foram extintas as listas de produtos com emissão de guias de importação suspensa (o chamado "Anexo C", que continha cerca de 1.300 produtos) e os regimes especiais de importação (exceto Zona Franca de Manaus, *drawback* e bens de informática). Na prática, acabaram as formas mais importantes de controles quantitativos de importação, para dar lugar a um controle tarifário, com alíquotas cadentes. Foi também anunciada uma reforma tarifária, na qual se anunciou que todos os produtos teriam reduções graduais ao longo de quatro anos, a partir do qual atingiriam uma alíquota modal de 20%, dentro de um intervalo de variação de 0 a 40% (Tabela 6.1). Preanunciando reduções graduais, o governo pretendia preparar os produtores nacionais para a transição para uma economia mais aberta.[8]

Comparando a experiência brasileira com a de outros países latino-americanos ou, mesmo, com algumas experiências asiáticas, o ritmo e a extensão das reformas introduzidas no período Collor/Itamar podem ser considerados razoavelmente

Tabela 6.1
Alíquotas de Importação de Setores Selecionados – 1990-1994
(em %)

	1990	1991	1992	1993	1994
Tarifa média	32,2	25,3	21,2	17,1	14,2
Tarifa modal	40,0	20,0	20,0	20,0	20,0
Desvio-padrão	19,6	17,4	14,2	7,9	7,9
Setores selecionados					
Insumos industriais básicos	12,6	8,3	6,1	4,8	4,3
Bens de capital	36,0	29,2	25,0	21,0	19,3
Veículos de passageiros	85,0	59,3	49,3	39,3	34,3
Peças e acessórios de bens de capital	34,0	27,8	24,3	20,9	19,1
Peças e acessórios de equip. transport.	39,1	31,5	26,3	21,2	18,6
Outros	51,2	40,7	33,5	25,7	19,3

Fonte: Horta *et al.* (1992), Tabelas 4.4 e 4.5. Exclui setores da tabela original.

moderados, compreendendo as dificuldades que a indústria nacional teria após anos de baixo nível de investimento e turbulência econômica.

Os Dois Planos Collor

O Plano Collor I foi lançado já no dia 15 de março de 1990, mesmo dia da posse do novo presidente da República, Fernando Collor. Através deste, o cruzeiro foi reintroduzido como padrão monetário e foi promovido um novo congelamento de preços de bens e serviços. Como o plano foi lançado na metade do mês, os trabalhadores tiveram apenas garantida a inflação de fevereiro, perdendo a variação ocorrida nos primeiros dias de março. As medidas de congelamento foram, todavia, desrespeitadas e pouco caracterizam o Plano. De fato, após sucessivos choques semelhantes, tais ações não contavam com a menor credibilidade.

Foi na área financeira que se deu a maior (e bastante traumática) mudança: o sequestro de liquidez. Todas as aplicações financeiras que ultrapassassem o limite de NCr$50.000 (cerca de US$1.200, ao câmbio da época) foram bloqueadas por um prazo de 18 meses. O governo se comprometia a devolver os cruzados novos bloqueados, transformados em cruzeiros, em 12 prestações iguais e sucessivas a partir de setembro de 1991. Os recursos bloqueados receberiam correção monetária mais juros de 6% ao ano. Todos os débitos existentes deveriam ser liquidados na moeda antiga, bem como o pagamento de impostos (por um período de 60 dias).

Pretendia-se igualmente que os recursos fossem utilizados em privatizações, o que se verificou apenas parcialmente.

No que tange às medidas fiscais, o Plano Collor I promoveu um aumento da arrecadação, através da criação de novos tributos, aumento do Imposto sobre Produtos Industrializados (IPI), Imposto sobre Obrigações Financeiras (IOF) e outros; redução de prazos de recolhimento; suspensão de benefícios e incentivos fiscais não garantidos pela Constituição, além de uma série de medidas de combate à sonegação. Promoveu-se, ainda, uma redução do número de ministérios (de 23 para 12 — incluindo a agregação das pastas da Fazenda e do Planejamento, no Ministério da Economia, que passou a ser comandado pela ministra Zélia Cardoso de Mello), a extinção de uma série de autarquias, fundações e, inclusive, um conjunto significativo de demissões de funcionários públicos. Implementou-se ainda um regime de câmbio flutuante.

O diagnóstico do Plano Collor era de que existia uma "fragilidade financeira do Estado", tese atribuída, embora não exclusivamente, a economistas da Universidade Estadual de Campinas (Unicamp). O plano propunha resolver o problema da alta inflação através de uma desindexação parcial da economia e desoneração temporária do pagamento de juros sobre a chamada "moeda indexada".[9] Esta nada mais era do que depósitos bancários (oferecidos ao público com o nome de "contas remuneradas") que tinham por contrapartida títulos públicos e privados de *overnight*. Assim como a moeda de curso corrente, a "moeda indexada" tinha liquidez absoluta, mas, ao contrário da primeira, possuía rendimento nominal positivo, em geral superior à inflação. Assim, embora não pudesse servir de meio de troca, cumpria as funções de reserva de valor e de unidade de conta na economia.

O Plano Collor I recebeu críticas de todas as partes. O bloqueio dos recursos foi considerado uma inadmissível intervenção estatal, que tirava a confiança dos poupadores no sistema financeiro nacional, com graves consequências para o país. Argumentava-se, ainda, que o limite imposto era tão baixo, que prejudicava até pequenos poupadores e que a remuneração oferecida era inferior ao rendimento de diversas aplicações (queixa que gerou durante muitos anos ações judiciais contra o governo). Outros aspectos do plano também questionados foram: o congelamento de preços, dado o seu desgaste perante o público; o ajuste fiscal, que se baseava no aumento de receitas e não em corte de gastos; e o caráter fortemente recessivo do plano. A maior crítica era, porém, de natureza teórica: o plano teria confundido os conceitos de "fluxo" e "estoque".

Para Afonso Pastore, o bloqueio dos ativos monetários restringia apenas o *estoque* de moeda indexada existente, mas não acabava com o processo que a criava, ou seja, não eliminava o seu *fluxo*.[10] O autor argumentava que, como evidenciado pela teoria quantitativa da moeda, é o fluxo de moeda que gera inflação — e não o seu estoque — tornando o plano em si inconsistente. Seu argumento partia do princípio de que, em economias monetárias modernas, é comum às instituições financeiras carregarem em suas carteiras títulos públicos e privados financiando-os integralmente com depósitos de *overnight*, sem que se verifiquem, porém, taxas de inflação da ordem de grandeza da que ocorria no Brasil.

Ainda segundo Pastore, a explicação residiria no fato de que o risco envolvido nesse tipo de operação bancária é o risco de caixa (do banco se ver sem recursos líquidos para fazer face aos saques do público). No Brasil, entretanto, o risco de alavancagem para as instituições financeiras era nulo. Ao longo do dia, o Banco Central promovia operações chamadas de *go around*, vendendo ou comprando títulos públicos, a fim de avaliar as condições no mercado interbancário. No fechamento das operações, o Banco Central se comprometia a liquidar as posições dos bancos, recomprando os títulos "em excesso" no mercado ("zeragem automática") a uma taxa de juros real positiva, porém, não punitiva (não superior à taxa do mercado interbancário). Na prática, os bancos podiam carregar a quantidade de títulos que quisessem durante o dia — o risco de caixa inexistia.

Num esquema como esse, o Banco Central tinha apenas a capacidade de fixar os juros (tornando a oferta de moeda uma linha horizontal), sendo, portanto, a demanda quem determinava a quantidade de moeda no sistema. Em suma, a crítica de Pastore ao Plano Collor é de que, mantendo a zeragem, o Banco Central não conseguia ter controle sobre o fluxo de moeda (fixava apenas o juro do *overnight*) e, portanto, não conseguia ter controle sobre a inflação. A causa da inflação não era a existência de títulos de *overnight*: "Eles adquirem este poder inflacionário quando o Banco Central garante a conversão automática em moeda com poder liberatório, reduzindo a zero o preço de sua liquidez".[11] O autor admitia, porém, que sem o *overnight* rendendo juros reais positivos haveria o risco de desintermediação financeira e hiperinflação. O público sacaria seus recursos dos bancos em busca de ativos reais, ouro ou dólar, gerando uma hiperinflação.

Embora seja unânime a aceitação de que o Plano Collor I errou ao controlar o estoque e não o fluxo, o trabalho de Pastore gerou um amplo debate acerca do poder inflacionário da "zeragem". Alguns autores criticaram uma leitura excessivamente "quantitativista" do argumento de Pastore, e lembravam que o problema não era o simples fluxo de moeda, mas o fato de a velocidade de circulação da moeda estar em ascensão, num processo velado de fuga da moeda (e criação de quase moedas). Nesse contexto, o BC não teria mesmo como controlar o fluxo, porque a moeda se torna predominantemente endógena — e a única forma de parar o processo inflacionário seria através de uma reforma monetária crível. Ou seja, ainda que o Plano Collor tivesse se preocupado com o fluxo — como se propõe nos modelos de âncora monetária — o Plano não teria dado certo. Essa argumentação de que o problema não era a "zeragem" *per se* ganhou força pela observação de que o Banco Central continuou a praticar a zeragem até 1995 (e em determinadas circunstâncias posteriormente), e a alta inflação não voltou.[12]

O fato é que, na prática, o Plano Collor I conseguiu fazer com que a inflação baixasse dos 80% ao mês para níveis próximos de 10% nos meses seguintes, ao mesmo tempo que a economia sofria uma forte retração. Entretanto, a inflação voltou a se acelerar ao longo do ano. Diante do recrudescimento desta, houve a substituição da ministra Zélia Cardoso de Mello por Marcílio Marques Moreira e, em 1º de fevereiro de 1991, foi lançado o Plano Collor II, cujo objetivo era conter as taxas de inflação, na época em torno de 20% ao mês.

A forma de alcançar o controle da inflação, na concepção do Plano Collor II, era através da racionalização dos gastos nas administrações públicas, do corte das despesas e da aceleração do processo de modernização do parque industrial. Quanto a este ponto, a ideia é que a modernização ampliaria a oferta, a custos menores. O Plano também propunha dar fim a todo e qualquer tipo de indexação da economia, considerada a principal causa de retomada da inflação. Dessa forma, foi extinto o BTN (Bônus do Tesouro Nacional), que servia de base para a indexação dos impostos, e também todos os fundos de investimento de curto prazo (inclusive os que eram cobertos por operações de *overnight*). Em seu lugar, foi criado o Fundo de Aplicações Financeiras (FAF), que teria por rendimento a Taxa Referencial (TR), baseada numa média das taxas do mercado interbancário. A TR, porém, ao contrário dos antigos indexadores, introduzia um elemento *forward looking* para a indexação no Brasil. Em vez de a indexação se basear em movimentos da inflação passada, como no mecanismo de correção monetária, a TR embutia expectativas de inflação futura. Nas palavras de Gustavo Franco, criava-se, assim, o "neogradualismo". Neste, a dinâmica de formação dos preços seria "predominantemente *forward looking*". Dessa forma o componente autorregressivo (memória inflacionária) teria apenas uma pequena influência sobre a inflação.[13]

O neogradualismo partiria do princípio de que as pessoas observam o comportamento fiscal corrente do governo e dele inferem suas expectativas de inflação. Tudo se passaria como na atuação de um "círculo virtuoso", em que os cortes fiscais baixam a inflação, e (desde que não haja choques de nenhuma espécie) isso gera mais credibilidade e novos espaços políticos para melhorar os "fundamentos" (maiores cortes fiscais), o que, por sua vez, dá mais credibilidade e gera novas pequenas vitórias contra a inflação e assim sucessivamente — permitindo a inflação cair lentamente. O problema é que, embora fosse defensável como estratégia de estabilização, o neogradualismo não funcionou. A rigor, durante alguns meses, ele possibilitou a queda da taxa de inflação. Porém, a sucessão de escândalos políticos inviabilizou toda e qualquer ação de política econômica que dependesse da credibilidade do governo. As denúncias de corrupção culminaram em um processo de *impeachment*, que levou, por sua vez, à renúncia de Collor.[14]

A renúncia do Presidente da República, todavia, não configurou ameaça à estabilidade das instituições, tendo o vice-presidente Itamar Franco assumido o poder em seguida, em outubro de 1992. A pasta do Ministério da Economia — então ocupada por Marcílio Marques Moreira — foi novamente dividida entre o Ministério da Fazenda, assumido inicialmente por Gustavo Krause, e o Ministério do Planejamento, sob o comando de Paulo Haddad. O primeiro, porém, permaneceu apenas dois meses no poder, tendo o segundo assumido a pasta da Fazenda, em dezembro de 1992 e nela permanecido até março de 1993. Seguiu-se um período de alta rotatividade nos cargos, com destaque para a passagem do futuro Presidente do país como Ministro da Fazenda, Fernando Henrique Cardoso.[15] A equipe então formada permaneceu basicamente a mesma durante todo o período 1994-98. Foi nesse contexto que nasceu o plano que viria marcar a estabilização da economia.

O Plano Real: Concepção e Prática

O Plano Real foi originalmente concebido como um programa em três fases: a primeira tinha como função promover um ajuste fiscal que levasse ao "estabelecimento do equilíbrio das contas do governo, com o objetivo de eliminar a principal causa da inflação brasileira"; a segunda fase visava "a criação de um padrão estável de valor denominado Unidade Real de Valor — URV"; finalmente, a terceira concedia poder liberatório à unidade de conta e estabelecia "as regras de emissão e lastreamento da nova moeda (real) de forma a garantir a sua estabilidade".[16]

O diagnóstico do desajuste das contas públicas como (principal) causa da inflação brasileira torna o Plano Real, já na sua concepção, diferente de alguns de seus precursores nas décadas de 1980 e 1990. Ademais, embora todos os planos desde o Cruzado (1986) atribuíssem grande importância à necessidade de desindexação para a estabilidade dos preços, a proposta da URV era bastante original e bem mais complexa do que os congelamentos de preços propostos anteriormente.

Enquanto as duas fases iniciais do Real envolveram longo debate acadêmico e possuíam diversas inovações, a terceira fase se caracterizou por um conjunto de medidas superpostas, onde o governo agiu pragmaticamente, diante das condições que se impunham. Nesse sentido, assim como no caso alemão 70 anos antes, a experiência de desindexação brasileira: "(...) foi um pulo sobre um barranco cuja extremidade oposta estava obscurecida por nuvens", como lembrado por Bresciani-Turroni, citado na segunda epígrafe deste capítulo.

Por fim, como muitas vezes ocorre, a realidade se provou distinta do pressuposto. A importância da Fase I para a estabilidade dos preços foi, como discutiremos, muito inferior ao papel desempenhado pela desindexação e pela âncora cambial.

Fase I: O Ajuste Fiscal

A chamada "primeira fase" do Plano Real foi composta, conforme explicitava a própria Exposição de Motivos, por dois esforços de ajuste fiscal: o Programa de Ação Imediata (PAI) e o Fundo Social de Emergência (FSE). O PAI, a rigor, já havia sido lançado em maio de 1993, tendo por foco a redefinição da relação da União com os Estados e do Banco Central com Bancos Estaduais e Municipais, além de um programa de combate à sonegação. Dando continuidade a esses esforços, propunha-se, em fevereiro de 1994, a aprovação do FSE. Este seria constituído através da desvinculação de algumas receitas do governo federal, visando atenuar a excessiva rigidez dos gastos da União ditada pela Constituição de 1988.[17] No discurso do governo, pretendia-se, com o FSE, resolver a questão do financiamento dos programas sociais brasileiros, identificados como prioritários. Seu caráter "emergencial" se devia ao fato de que, originalmente, era previsto vigorar por um período de apenas dois anos (1994-95), embora tenha sido sistematicamente prorrogado, com outros nomes.[18]

O diagnóstico do problema fiscal como causa da inflação no Plano Real pode ser bem compreendido através da interpretação de Edmar Bacha.[19] De acordo com este, a coexistência entre déficit operacional baixo (menos de 1,0% na média 1991-1993) e alta inflação no país não deveria ser interpretada (como fora por ocasião do Plano Cruzado) como prova da pouca relevância do desajuste fiscal para a inflação. Existiria no Brasil um "déficit potencial", um desequilíbrio não revelado. Isso porque a demanda por recursos, expressa por ocasião da votação orçamentária, vinha sendo muito superior ao efetivamente verificado ao final do ano fiscal.

A relativa adequação entre o hiato de recursos orçados e o resultado fiscal era realizada através de dois procedimentos. Em primeiro lugar, o orçamento embutiria, em regra, uma previsão inflacionária bem inferior à efetivamente observada. Como as receitas públicas no Brasil se encontravam indexadas (pela inflação verificada) e as despesas eram fixas em termos nominais, a subestimativa da inflação favorecia a redução do déficit. Em segundo lugar, o Ministério da Fazenda adiava frequentemente a liberação das verbas orçamentárias, corroendo o valor real dos gastos. Dessa forma, existiria um desajuste fiscal *ex ante* (isto é, entre os gastos e as receitas orçadas) muito elevado, mas conforme a inflação corroía os gastos do governo em termos reais (e suas receitas mantinham-se relativamente protegidas), surgia, *ex post*, um déficit apenas moderado. Os dois efeitos somados levavam à realização, no Brasil, de um "Efeito Tanzi às avessas".[20]

O Efeito Olivera-Tanzi e o "Efeito Tanzi às Avessas"

A ideia do "Efeito Tanzi às Avessas" pode ser compreendida através de uma adaptação do modelo da Curva de Laffer da inflação, em que a alíquota do imposto é a taxa de inflação (p) e a receita do governo é o Imposto Inflacionário (m). Conceitualmente, o imposto inflacionário é definido como a demanda real por moeda multiplicada pela taxa de inflação [(M/P)(P'/P), onde M é o estoque de moeda, P, o nível dos preços e a apóstrofe representa a derivada da variável em relação ao tempo]. O comportamento da curva m se dá na medida em que a elevação da taxa de inflação (eixo horizontal na figura) provoca uma retração na demanda por moeda (já que esta está perdendo valor real), o que explica o crescimento a taxas decrescentes do lado esquerdo do gráfico. A partir de certo ponto, a elevação da inflação, ao invés de aumentar o valor do imposto, passa a reduzi-lo, porque a demanda por moeda cai mais do que proporcionalmente ao aumento da inflação (Cagan, 1956). A reta d representa o efeito da inflação sobre o déficit público ("Efeito Tanzi às Avessas") e é negativamente inclinada. Sua forma é tal que, com a inflação igual a zero, o déficit assume seu valor potencial, d* e decresce linearmente com o aumento da inflação. Essa relação valeria para os países que, como o Brasil, possuem receitas fiscais melhor indexadas do que seus gastos (ao contrário do Efeito Tanzi tradicional).

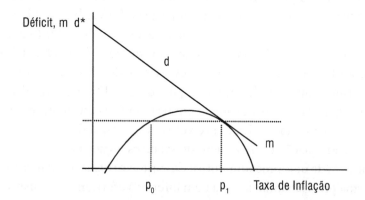

Em princípio, tendo em consideração apenas a curva m, bastaria uma reforma monetária, que atrelasse a moeda doméstica a alguma outra moeda internacional, para reduzir a inflação do ponto p_1 para p_0, sem que nenhuma medida fiscal fosse necessária. Ocorre, porém, que, no caso do modelo que inclui a reta d, no ponto p_0 o déficit (medido pela projeção da curva d sobre o eixo vertical) seria superior ao imposto inflacionário arrecadado com essa taxa de inflação. A inflação, então, se aceleraria para fazer com que o valor do imposto inflacionário se adaptasse à necessidade de financiamento do setor público. Ou seja, a inflação voltaria de p_0 para p_1 se a tentativa de contê-la não mudasse a estrutura fiscal do país, mas apenas a monetária. Assim, a desindexação (a ser promovida pela segunda fase do Real) só seria eficiente se precedida por uma fase de ajuste fiscal.

Várias críticas foram, porém, feitas ao modelo de Bacha:

- Por melhor que fosse a indexação das receitas brasileiras, inflações elevadas sempre geram prejuízos para a carga tributária, de maneira que é impossível evitar alguma perda de valor real entre o fator gerador de um tributo e o momento de sua efetiva arrecadação — Efeito Tanzi clássico (Giambiagi e Além, 1999);
- Os agentes de maior poder de barganha (como, por exemplo, os empreiteiros) deveriam, sabendo que o governo costumava atrasar seus pagamentos, exigir compensações — o que anularia, ao menos em parte, os efeitos benéficos para o orçamento do "controle na boca de caixa" (idem); e
- a não existência de substitutos perfeitos para a moeda no Brasil fazia com que a curva de Laffer da inflação só tivesse o lado esquerdo, já que não haveria como fugir da moeda necessária para fazer pagamentos mínimos do dia a dia. Entretanto, no modelo de Cagan, o lado esquerdo da curva é, em geral, considerado a parte "estável" da inflação, não explicando, portanto, o porquê de a inflação no Brasil estar se acelerando (Barbosa, 1999).

O fato é que as mudanças introduzidas pelo PAI e pelo FSE não se mostraram suficientes para assegurar o equilíbrio fiscal sequer em 1995. Além disso, o governo foi extremamente otimista nas suas perspectivas em aprovar, nos anos que se seguiram, reformas estruturais no Congresso. Estas eram consideradas, na concepção do Plano, fundamentais para a estabilidade duradoura — e não foram feitas. Como será visto no próximo capítulo, houve forte deterioração no superávit primário no primeiro ano após a introdução da nova moeda, Real (1995). Nos demais anos (1996-98) a maior contribuição para o aumento do déficit operacional, que reúne além das contas primárias as despesas de juros, viera destas últimas.

Foge ao escopo deste capítulo uma análise da evolução das contas fiscais no período pós-lançamento da moeda. Cabe, todavia, a pergunta: a piora das contas fiscais, verificada depois do lançamento do Real, corrobora a tese da "existência de um Efeito Tanzi às avessas" no Brasil e, portanto, o diagnóstico fiscalista do Plano? A resposta imediata parece ser "sim", pois se observou, ao longo dos anos, exatamente um cenário onde a inflação se reduziu e as contas fiscais pioraram. Uma análise mais profunda revela, porém, que essa conclusão é prematura, sobretudo no que se refere ao período onde se supunha inicialmente que o FSE bastaria, ou seja, nos anos de 1994 e 1995.

O FSE foi aprovado em 28 de fevereiro de 1994. Nesse ano tivemos um primeiro semestre de elevada inflação (em média, 43% a.m.) e um segundo semestre de inflação relativamente baixa, 3% a.m., em média (INPC/IBGE). No segundo ano (1995) a inflação é moderada ao longo de todo ano, com média de 1,7% ao mês.

Em princípio, se a inflação cai e há uma melhora no quadro fiscal, estamos diante do fenômeno Tanzi tradicional. Se, ao contrário, a inflação cai e há uma piora no quadro fiscal, estamos diante de um Tanzi às Avessas. O FSE, como vimos, era para compensar a suposta piora (esperada) do quadro fiscal. Dessa forma, se o Fundo fosse efetivo, as contas fiscais deveriam permanecer relativamente inalteradas pelo fim da inflação. O que ocorreu? Os dados mostram que, ao longo do ano de 1994 (com a aprovação do Fundo), houve uma melhora nas contas fiscais de 1,08% do PIB e, em 1995, uma piora significativa. O resultado de 1994, porém, não é bem compreendido pelos analistas. Giambiagi ressalta que, comparando os dados abaixo da linha (apurados pelo Banco Central — Necessidades de Financiamento do Setor Público) com os dados acima da linha (apurados pelo IBGE, nas Contas Nacionais), grande parte do resultado deve-se a "fatores não explicados" (a apuração de Erros e Omissões foi elevada).[21] Velloso, na mesma direção, afirma que a convivência de duas moedas e de taxas de inflação em extremos opostos pode ter introduzido distorções nas estatísticas.[22]

Assim, nos parece razoável concluir que a existência de algum "Efeito Tanzi às Avessas" no Brasil é provável, porém, parece ser um componente dentre outros. Mais importante — e ao contrário do que previa toda a teoria —, a falta de um ajuste fiscal não implicou o retorno da inflação, como pressupunha o modelo de Bacha. A inflação, na realidade, foi reduzida continuamente no período que sucedeu à introdução da moeda, até 1999, quando ocorreu a desvalorização cambial. O ajuste fiscal proposto pelo Plano Real, em suma, não foi eficaz e sua ausência não impediu a queda da inflação no período.

Isso, porém, não significa afirmar que o quadro fiscal brasileiro não fosse problemático, nem que não tenha sido em parte responsável pela deterioração das expectativas dos investidores externos, que culminou com a referida desvalorização. O que se está aqui ressaltando é, sobretudo, que o ajuste fiscal não se comprovou, na prática, precondição para a estabilidade. Em contrapartida, a desindexação promovida pela URV (Unidade Real de Valor) teve papel fundamental para o combate à inflação (segunda fase do Plano Real).

Fase II: Desindexação

A segunda fase do Plano buscava eliminar o componente inercial da inflação.[23] Partiu-se do princípio de que para acabar com a inflação era preciso "zerar a memória inflacionária". Mas, em vez da utilização de congelamentos de preços, a desindexação seria feita de forma voluntária, através de uma quase moeda, que reduziria o período de reajustes de preços.

A estratégia de redução do reajuste dos preços (superindexação) para posterior desindexação partia da observação de que, paradoxalmente, é mais fácil combater uma hiperinflação do que eliminar inflações altas e institucionalmente enraizadas (alta inflação). Historicamente, as hiperinflações terminam de forma abrupta, enquanto inflações mais moderadas podem se revelar persistentes ao longo de anos, como ocorreu, em alguns países latino-americanos. Por que isso ocorre?

Para a corrente que defendia a necessidade da desindexação para o sucesso do Plano Real, o problema decorre, basicamente, do fato de que, na alta inflação, os preços ainda acompanham movimentos da inflação passada; enquanto na hiperinflação os preços passam a seguir diariamente os movimentos de outra moeda, em geral o dólar. Retiram-se, portanto, os vínculos dos preços com o passado e criam-se as precondições para acabar com a inflação, através de uma"nova moeda", sem memória. Em suma, através da URV, ao invés de esperar que o encurtamento do período de reajustes dos contratos viesse em consequência de uma aceleração da taxa de inflação (como ocorrera nos países que viveram episódios dramáticos de hiperinflação), propunha-se uma reforma monetária que anulasse a memória inflacionária do sistema, de forma a simular uma hiperinflação, sem viver suas consequências.

Tão logo foi lançada a proposta da URV, os economistas familiarizados com a proposta "Larida" (lançada pelos economistas Pérsio Arida e André Lara Resende, ao final de 1984) reconheceram os vínculos entre uma e outra. De fato, os autores haviam sugerido encolher a memória inflacionária através da introdução de uma unidade monetária indexada, originalmente a ORTN (e, portanto, sem inflação). Esta conviveria, durante alguns meses, com a velha moeda (não indexada), deixando que os agentes optassem livremente entre as duas moedas. As semelhanças entre a proposta "Larida" e as medidas implementadas na segunda fase do Plano Real são realmente evidentes: livre-arbítrio para a adesão dos preços e contratos ao novo indexador; depósitos e ativos financeiros compulsoriamente denominados no indexador; conversão das rendas contratuais pelo seu valor real médio; dólar atrelado à variação do indexador etc. Todavia, importantes mudanças foram introduzidas na proposta original.

Por ocasião do lançamento da Proposta "Larida", o principal argumento para descartar sua adoção foi empírico: o único país que havia introduzido um esquema semelhante havia sido a Hungria, em 1945-46 — e o resultado havia sido a maior hiperinflação da história.[24] Mário Henrique Simonsen foi um dos autores que argumentou nessa direção e acabou, em sua crítica, contribuindo de forma substancial para o aprimoramento da proposta.

Simonsen observou que o valor da "moeda nova" (indexada) não seria estável como pretendiam os dois autores.[25] Na realidade, o valor oscilava quando a inflação se acelerava (ou desacelerava), em função da impossibilidade de evitar alguma defasagem entre a apuração do índice de preços e a fixação do valor de ORTN. Em outras palavras, dadas as dificuldades de se construir um indexador perfeito, que se movesse de forma simultânea aos preços correntes, haveria sempre alguma defasagem entre a inflação atual e aquela apurada estatisticamente. Por outro lado, a circulação de uma "moeda velha" com uma "moeda nova" (indexada) permitiria que o público manifestasse rapidamente repúdio à "velha moeda", em favor da "nova", fazendo explodir a velocidade de circulação e gerando uma hiperinflação na "velha moeda". O problema é que, com a explosão inflacionária, o índice representado pela "moeda nova" ficaria necessariamente defasado em relação à inflação corrente (em virtude da necessidade de pelo menos alguns dias para computar o próprio índice). Ou seja, ocorreria alguma perda de poder aquisitivo na "nova moeda"; em outras palavras, ocorreria alguma inflação na "nova moeda". A hiperinflação na "velha moeda", em resumo, acabaria por contaminar a "nova".

Para evitar que ocorresse a fuga da "vela moeda" para a "nova" (e as consequências da experiência húngara), estipulou-se no Plano Real que, simplesmente, não existiria uma "nova moeda", mas apenas uma nova unidade de conta. A URV foi então racionalizada como um processo de recuperação das funções de uma mesma moeda. Através dela se recuperaria, primeiramente, a função de unidade de conta (já que URV era apenas um indexador para contratos, permanecendo o cruzeiro real com a função de meio de pagamento), para depois transformar a URV em Real, resgatando sua função de reserva de valor, pelo fim da inflação.

A URV começou a vigorar a partir do dia 1º de março de 1994. Entre 1º de março e 30 de junho, o Banco Central fixou diariamente a paridade entre o cruzeiro real e a URV, tendo por base a perda do poder aquisitivo do cruzeiro real. Em 1º de julho de 1994 foi lançado o Real — e extinta a URV.

A segunda inovação em relação à proposta Larida se refere à criação de um indexador superior. O cálculo diário da URV foi estabelecido através da variação *pro rata* de três índices de preços: IGP-M, IPCA-E e IPC-Fipe. Como a URV era um mecanismo de curta duração, era conveniente utilizar um conjunto de índices para amenizar os benefícios que a utilização de um único índice traria a certos setores da economia (aqueles cujos principais insumos recebem maior peso na construção do índice). Além disso (terceira inovação), estabeleceu-se que os preços finais teriam de ser expressos em cruzeiros, obrigatoriamente (exceto nas últimas semanas de junho), sendo a cotação em URVs facultativa. Essa medida visava evitar um excessivo encurtamento do período de reajustes, o que aceleraria demasiadamente a inflação — o que pode ser considerado uma terceira inovação em relação à proposta original. De acordo com Gustavo Franco, introduziam-se, assim, custos de cardápio (ou custos de menu).[26]

Uma quarta e importante contribuição ao aperfeiçoamento da proposta Larida foi feita por um de seus próprios criadores. Ao invés da política monetária passiva, implícita na proposta original, Persio Arida defendeu que, ainda que a inflação fosse puramente inercial, uma estratégia de desindexação provavelmente só seria bem-sucedida se elevasse juros no imediato pós-Plano.[27] Basicamente, porque o fim da inflação leva a uma explosão natural do consumo que, se não contida, pode inviabilizar a estabilidade, rapidamente. Assim, ao contrário do ocorrido no Plano Cruzado, no início do Plano Real, a equipe do governo optou por aumentar as taxas reais de juros e elevar as taxas de depósitos compulsórios da economia, após a introdução da nova moeda, como veremos.

Tal como no Plano Cruzado, os salários foram convertidos pela média dos valores reais obtidos nos quatro meses anteriores (período dos dissídios salariais da época). Entretanto, foi introduzida uma importante mudança (quinta inovação): o pagamento pelo conceito de caixa. A partir de 1º de março, os salários ficavam fixos em URV, e eram pagos pela URV do dia do pagamento. Isso equivalia à correção mensal dos salários — uma reivindicação antiga dos sindicatos.[28] No caso das demais obrigações contratuais, ficou estabelecido que, no dia 1º de julho, todas elas deveriam estar expressas na nova unidade de conta. O voluntarismo na adesão à *urverização* dos contratos reforçava a ideia de que o Plano Real respeitava, ao máximo, os mecanismos de mercado, evitando o uso de *Tablitas* e outras formas de intervenção do passado. Ao mesmo tempo, a livre adesão dava tempo aos agentes para renegociarem os valores de correção pela inflação que, em grande medida, já estava embutida no valor dos contratos em vigor à época.[29]

Por fim, resta mencionar a contribuição posteriormente exposta por Gustavo Franco.[30] Segundo ele, a URV não deveria ser examinada à luz da experiência húngara de 1945-46, mas sim do *rentenmark* alemão.[31] De acordo com Franco, o fim da hiperinflação alemã se deu através da introdução de uma moeda indexada (o *rentenmark*), mas somente pelo fato de o governo alemão, no momento em que começou a emitir os *rentenmarks*, passar a atuar simultaneamente em duas pontas. Trocava marcos por *rentenmarks* a uma paridade fixa e, ao mesmo tempo, empenhava suas reservas internacionais para intervir no mercado de câmbio e sustentar a taxa entre o marco e o dólar. Como os preços da economia eram cotados em marcos, mas atrelados ao dólar, a estabilidade do câmbio marco/dólar trouxe a estabilidade dos preços. Se da experiência húngara e das observações de Simonsen parece ter saído a lição histórica do equívoco do convívio de duas moedas, de seus estudos sobre a experiência alemã, Gustavo Franco parece ter levado para o Plano Real a noção da importância da fixação da taxa de câmbio para a estabilização, que caracterizaria a chamada terceira fase do Plano.

A URV durou apenas quatro meses. Na prática, houve aceleração inflacionária no mês em que a URV foi introduzida e no mês que antecedeu à emissão do Real. Entretanto, a inflação entre abril e maio não se acelerou.

A aceleração inflacionária do primeiro mês após a introdução da URV era perfeitamente esperada pela teoria. O pagamento pela URV do dia, na prática, implicava em uma redução do período de reajustes de quatro meses para um. Todavia, a inflação medida pela URV não seguiu se acelerando, como ocorreu, por exemplo, na experiência húngara após a introdução do Pengö Fiscal. Nesse sentido, a solução brasileira teria sido superior, já que a desagregação das funções da moeda teria evitado a fuga da moeda velha para a nova e, com isto, a possível contaminação inflacionária.

Um argumento utilizado, para explicar a não aceleração da inflação no caso brasileiro, como vimos, foi o da manutenção dos chamados "custos de menu". Seguindo este mesmo raciocínio, a permissão do uso da URV nas últimas semanas teria reduzido tais custos a zero, o que explicaria a aceleração da inflação no mês de junho. Entretanto, a aceleração verificada nas últimas semanas do referido mês foi tão grande que mesmo seus defensores refutaram a hipótese de que a redução dos custos de cardápio explicasse a aceleração — atribuindo o fenômeno ao "temor de novos congelamentos", particularmente às vésperas do lançamento da nova moeda, no mês de junho.[32]

Quanto aos salários reais, houve ganhos no mês de introdução da URV (março) de 7,7% (PME/IBGE). Esse ganho inicial resultaria, de acordo com a teoria econômica, da redução do período de reajuste dos salários de 4 para 1 mês. Nos meses que se seguiram, porém, esses ganhos foram sendo corroídos até a emissão da nova moeda, quando há novo ganho real, porém, dessa vez em função do aumento concedido ao salário-mínimo (de R$ 70 para R$ 100), pela drástica redução do imposto inflacionário e, posteriormente, pela mudança de preços relativos em curso na economia em favor dos não comercializáveis — já durante a terceira fase do Plano Real.

Fase III: Âncora Nominal

A Medida Provisória (MP) 542, que deu início à terceira fase do Plano Real, apresentava um conjunto de medidas sobrepostas.[33] Eram elas, entre outras: (1) o lastreamento da oferta monetária doméstica (no conceito de base monetária) em reservas cambiais, na equivalência de R$1 por US$1 (Art. 3º da MP) ainda que essa paridade pudesse ser alterada pelo Conselho Monetário Nacional (§ 4º, alínea c); (2) a fixação de limites máximos para o estoque de base monetária por trimestre (até março de 1995), podendo as metas serem revistas em até 20%; e (3) a introdução de mudanças institucionais no funcionamento do Conselho Monetário Nacional, buscando dar passos em direção a uma maior autonomia do Banco Central.

Não foi por outro motivo que logo após a divulgação de seu conteúdo, diversos economistas criticaram a MP pela indefinição, na prática, de certos mecanismos referidos no documento. Em primeiro lugar, o governo estabeleceu o lastro sem garantir a conversibilidade entre o dólar e o real — o que retirava parte de sua credibilidade. Em segundo lugar, sabia-se que a redução da inflação pela URV levaria a uma natural remonetização da economia, mas a magnitude em que se daria o fenômeno era ainda desconhecida. Nesse sentido, o risco de as metas monetárias estabelecidas pela MP serem ultrapassadas era bastante alto.[34] Por fim, e mais importante, a MP foi acusada de conter uma grave inconsistência econômica ao lançar, simultaneamente, âncoras monetária e cambial em uma economia com mobilidade de capitais. Quanto a esse aspecto, poucos dias depois, foi esclarecido que o real adotaria âncora monetária (metas) e o câmbio seria livre para oscilar para baixo, mas teria o teto fixo em 1 real = 1 dólar (*banda assimétrica*).

Além dessas medidas, o Banco Central anunciou um enorme aperto de liquidez. Os recolhimentos compulsórios sobre depósitos à vista (novos) foram, em junho, aumentados de 40 para 100%, enquanto os de depósitos compulsórios a prazo e de poupança foram fixados em 20%. Os compulsórios foram sendo gradualmente reduzidos. Esse significativo aperto de liquidez logo após o lançamento da nova moeda é uma das maiores características do Plano Real em contraposição a planos de estabilização da segunda metade dos anos 1980. O objetivo desse aperto era conter o impulso de demanda que se verificara após a estabilização no Brasil.[35]

No que se refere à MP citada, a rigor, nenhuma das medidas previstas foi integralmente mantida na terceira fase do Plano: nem as metas monetárias, nem o lastro, nem a tentativa de fazer mudanças no Conselho Monetário na direção de uma maior autonomia ao Banco Central, ou mesmo a manutenção de uma paridade fixa do dólar em relação ao limite superior da banda. A política de câmbio livre para baixo (ou seja, apenas com um teto para a cotação do dólar), adotada após a emissão do real, durou apenas três meses. Nestes, o Banco Central se absteve de intervir no mercado de câmbio, ao mesmo tempo que procurava, em vão, cumprir metas monetárias rígidas. Em outubro de 1994, porém, devido, entre outras razões, ao insucesso das metas monetárias, o governo resolveu mudar de âncora, abandonando a monetária em prol da cambial, sem compromisso formal com o lastro.

As duas grandes virtudes da adoção de uma âncora cambial, geralmente ressaltadas pelos economistas, são: a) permitir o estabelecimento (uma vez que a âncora seja crível) de contratos de longo prazo (inviáveis em regimes de elevada inflação); e b) exercer forte pressão sobre os preços no setor de bens comercializáveis (*tradables*)

— sendo o impacto sobre o nível geral dos preços dependente do grau de abertura da economia em questão e do grau de desequilíbrio entre oferta e demanda no setor de bens não comercializáveis (*nontradables*).[36]

O resultado geralmente esperado é de que ocorra, num momento inicial, uma distorção dos preços relativos. Após um certo período, no entanto, espera-se que esta distorção seja extinta, já que a existência de um acréscimo significativo de lucratividade no setor de não comercializáveis atrairá mais e mais ofertantes — até que se reduza o excesso de demanda e, consequentemente, os preços no setor. O comportamento gráfico da inflação pode, portanto, ser dividido em duas fases: a primeira delas corresponde ao período imediatamente após a introdução da âncora, quando há uma redução abrupta e imediata na inflação (mantendo-se, porém, acima dos patamares internacionais). A segunda fase corresponde ao movimento de convergência da inflação doméstica aos padrões internacionais, representado pela queda suave e contínua das taxas. O grande mérito da âncora cambial consiste justamente em acelerar o processo de convergência para os padrões internacionais de inflação, tendo poucos efeitos recessivos sobre a economia (muitas vezes gerando, inclusive, um *boom* de atividades) quando comparado com medidas desinflacionárias como cortes de demanda.

Apesar das vantagens da âncora cambial no tocante à rápida convergência dos preços e ao aumento dos prazos de contratação, sua adoção tem consequências negativas para determinadas variáveis econômicas. São cinco as mazelas ressaltadas pelos críticos da proposta da âncora cambial: (i) reforça a absorção interna, podendo ocasionar pressões inflacionárias e até o abandono do programa;[37] (ii) faz com que a economia perca competitividade no comércio exterior, em função do aumento dos salários medidos em dólares (redistribuição de renda em favor dos *nontradables*); (iii) deteriora as contas externas, devido à apreciação real do câmbio uma vez que a inflação interna cai, porém, permanece acima da internacional por algum tempo; (iv) até que o programa se torne crível ou devido à existência de rigidez em alguns preços, as taxas de juros devem permanecer inicialmente superiores às internacionais, para depois convergirem; (v) provoca ciclos na atividade real da economia.

De acordo com Kiguel e Leviatan, baseados em mais de 20 casos de estabilização de alta inflação com o uso de âncora cambial, observa-se um maior crescimento do produto, na fase inicial do plano.[38] Esse crescimento é puxado pelo consumo dos duráveis (beneficiado pela queda da inflação e pelo retorno do crédito). Entretanto, com o passar do tempo, o produto se desacelera, continuamente, podendo inclusive o país vivenciar um período de recessão, até que ocorre, uma fuga de capitais (ataque especulativo). As contas fiscais e o desemprego acompanham o ciclo, melhorando inicialmente, para, posteriormente, se deteriorarem. Os preços relativos mudam, com o preço dos comercializáveis caindo mais rapidamente do que os não comercializáveis, para depois convergirem. Apenas o déficit em transações correntes não apresenta um comportamento cíclico, se deteriorando continuamente.

Como é perceptível pela evolução da conjuntura entre 1994-98, a ser discutida no próximo capítulo, o Plano Real apresentou diversas características comuns aos planos baseados em âncora cambial adotados em países de longa história inflacionária. Assim como nas demais experiências:

- houve apreciação cambial, decorrente de um câmbio pouco flexível e resistência na queda da inflação;
- a atividade real da economia sofreu um *boom* inicial com queda do desemprego (1995) e posterior aumento deste;
- a expansão do produto (também) se baseou principalmente no consumo (duráveis em particular, mais sensíveis ao crédito), apesar de que, como na experiência internacional, tenha ocorrido modesto aumento do investimento produtivo e ganhos mais significativos de produtividade;
- os salários reais, nos primeiros períodos do Plano, também se elevaram;
- os índices de preços ao consumidor tenderam a ficar, numa primeira fase, acima dos índices de preços por atacado (onde os *tradables* têm maior peso);
- houve rápida deterioração da balança de conta-corrente;
- o Brasil teve os déficits em transações correntes financiados por fluxos de capital, abundantes durante certo tempo, que (também) se reverteram em momentos de crise de confiança (Crise do México, Crise Asiática e Crise Russa); e, por fim, o país sofreu uma crise cambial seguida de desvalorização, em 1999.

Na realidade, apenas duas variáveis não se comportaram, no Brasil, conforme previsto pela teoria econômica desenvolvida para explicá-la: os juros e o déficit público.

Em geral, nos países de alta inflação que adotam âncora cambial, as taxas de juros, se bem que inicialmente mais elevadas que as internacionais, tendem a convergir para o patamar externo com o passar do tempo. No Brasil, não só as taxas de juros foram mantidas elevadas ao longo de todo o período 1994-98 (em torno de 21%, em média, em termos reais, considerando o INPC como deflator), como se mostraram bastante voláteis. Quanto ao déficit público, o que normalmente ocorre é uma redução do déficit na fase expansiva do ciclo e posterior deterioração na fase depressiva. No caso brasileiro, houve de fato uma melhora inicial (em 1994) seguida de grande deterioração.

Diante desse comportamento, pode-se dizer que os elevados juros durante todo o período do Real funcionaram como uma segunda âncora para os preços.[39] A partir de certo ponto, inclusive, a âncora dos juros se tornou mais relevante do que o papel desempenhado pelo câmbio. Este, a rigor, perdeu, nos últimos anos, seu caráter de âncora dos preços: "(...) dado que (o câmbio) evolui em um ritmo mais rápido do que as variáveis supostamente ancoradas".[40]

A mudança de importância das âncoras explica o comportamento divergente dos juros no Brasil em relação à experiência internacional, em países que adotam estabilizações com âncora cambial. Embora seja indiscutível que os momentos de elevação dos juros correspondem a momentos onde vivemos choques externos (Crise do México, Crise da Ásia e Crise da Rússia), os juros no Brasil permaneceram, por todo o período, em patamares elevados. Assim, ao contrário da experiência internacional, os juros aqui não convergiram, em grande medida, porque sempre foram usados como uma arma contra a inflação e, a partir de determinado ponto, mudou-se, por opção de política econômica, a principal âncora, do câmbio para os juros.

O comportamento dos juros também ajuda a explicar, embora não exclusivamente, a diferença entre o comportamento das contas fiscais no Brasil em relação à experiência internacional. Nesta, o comportamento das contas do governo acompanham o ciclo do crescimento discutido. Aqui, nos anos em que os juros são maiores, as contas fiscais pioram — e vice-versa, a exceção do ano de 1995, onde a maior deterioração deriva do comportamento das contas primárias.

A combinação de câmbio apreciado com elevados juros colocou a economia em uma trajetória de crescimento cada vez menor, déficits crescentes no balanço de pagamentos, ao mesmo tempo que a dívida pública se expandia. O êxito sobre a inflação dessa estratégia combinada de câmbio apreciado com elevados juros (e não de uma estratégia de combate à inflação baseada em política fiscal) é indiscutível — mas o custo para o lado real da economia foi também bastante elevado.

A Evolução da Economia no Período de 1990-94

O crescimento médio do PIB no período que se estende entre os governos Collor e Itamar (1990-94) foi de 1,3% ao ano. Contudo, quando avaliado ano a ano, seu comportamento foi bastante variado. Embora o setor de serviços tenha permanecido relativamente estagnado, tanto a agricultura quanto a indústria tiveram comportamento bastante volátil.

De fato, o sequestro de liquidez realizado no Plano Collor I (1990) gerou uma forte retração na economia (-4,3%), particularmente na indústria (queda de 8,2%). Após um modesto crescimento em 1991, o PIB voltou a cair (-0,5%) em 1992, em função da crise instalada no país com o processo de *impeachment* do presidente. Se não fosse o bom desempenho da agropecuária em 1992 (4,9%) o resultado teria sido pior. Vale ressaltar que a retração da indústria no Plano Collor I (1990) se deu em todas as categorias, mas foi especialmente forte no setor de bens de capital, que só veio a se recuperar em 1993. O crescimento dos juros reais provocou, por sua vez, uma forte contração nas vendas de bens de consumo duráveis. Em 1992, essa categoria apresentou uma queda de nada menos que 13% em relação ao período anterior.

Em 1993-94, a economia apresentou, ao contrário, taxas expressivas de crescimento: 4,9%, em 1993, e 5,9% em 1994. Esse crescimento esteve associado à recuperação da indústria, mas também ao bom resultado da agropecuária em 1994 (5,5%) — o que chegou a ser chamado de "âncora verde do real", uma vez que o aumento da oferta no setor contribuiu para a queda da inflação. Outros fatores que contribuíram certamente para o crescimento do PIB no biênio foram a existência de uma demanda reprimida, um certo afrouxamento da política monetária em 1993 e a oportunidade de renovar o parque industrial (bens de capital), devida às novas oportunidades de financiamento provocadas pela própria estabilização. Não obstante os juros terem permanecido bem acima dos níveis internacionais, as vendas de duráveis apresentaram alta correlação com a renda no biênio 1993-94, mais do que compensando a queda do período anterior.

O impacto do lançamento do real sobre a indústria (crescimento de 6,7%, em 1994) encontra-se, todavia, subestimado pelo fato de a estabilização só ter ocorrido a partir de 1º de julho. Se fosse considerado o crescimento anualizado da produção industrial no segundo semestre de 1994, ele atingiria quase 15%. Esse dado nos mostra que as medidas adotadas para comprimir a demanda (elevação de compulsórios e outras) foram, na realidade, insuficientes para conter a "festa da estabilização" que se seguiu à introdução da nova moeda. O crescimento só veio a ser contido pela Crise Mexicana, deflagrada em dezembro de 1994, e pela elevação de juros que a ela se sucedeu.

No que tange ao comportamento da inflação, no período de 1990-93, as taxas seguiram o padrão que já vinham apresentando nas tentativas de estabilização da Nova República. Imediatamente após a introdução de um plano, a taxa de inflação caía vertiginosamente para depois voltar a se acelerar. A rigor, antes da introdução do Plano Collor I (nos dois primeiros meses de 1990), o Brasil estava tecnicamente vivendo uma hiperinflação: a taxa de inflação mensal havia ultrapassado 80% ao mês. O Plano Collor I conseguiu baixar a inflação de forma significativa nos primeiros meses, convergindo para patamares próximos a 10% ao mês, posteriormente. Já em 1991, as taxas haviam dobrado. Com o Plano Collor II, em janeiro de 1991, a inflação caiu para voltar a se acelerar continuamente nos meses subsequentes — padrão que só foi modificado com a introdução do real, como mostra o Gráfico 6.1.

Em relação ao comportamento da balança comercial no período de 1990-94, deve-se ter em conta a recessão sofrida pela economia no início do período e sua posterior expansão e a intensificação da abertura comercial. Nos dois primeiros anos do período (1990-91), houve uma forte retração nas exportações, em relação aos patamares anteriores. Entretanto, nos três anos que se seguiram, as exportações — especialmente as de manufaturados — tiveram um comportamento significativamente expansivo. Assim, considerando 1990 como ano-base, as exportações de básicos (em US$) encontravam-se em 1994 num patamar 26,3% superior, enquanto as de manufaturados cresceram 46,8%.

As importações aumentaram continuamente (12,6% em média) ao longo de todo o período. No início do período, porém, é razoável crer que a própria abertura fosse um incentivo, sobretudo para a reposição de bens de capital, após anos sem investimentos significativos. A importância desse fator se tornou maior com o passar do tempo. Como visto anteriormente, a tarifa média de importação caiu de 32,2% para 14,2%. Somado a isso o efeito provocado sobre as compras externas pelo crescimento do produto (a partir de 1993), as importações cresceram, em 1994, para um patamar 60% superior ao vigente em 1990. As importações de bens de capital, cuja alíquota média sofreu um corte de 16,7 pontos percentuais, aumentaram em 91,4% no mesmo período, enquanto os gastos com a aquisição de automóveis importados passaram de US$31 milhões, em 1990, para US$1,6 bilhão, em 1994.[41]

O comportamento dos fluxos de capital para o Brasil sofreu uma significativa mudança ao longo do período. Os investimentos diretos, após atingirem um piso de apenas US$87 milhões ao final de 1991, cresceram para fechar 1994 em US$1,5 bilhão. Já os investimentos líquidos em carteira foram extremamente beneficiados

Gráfico 6.1
Comportamento da Inflação Mensal – IGP-DI – 1985-1996 (%)

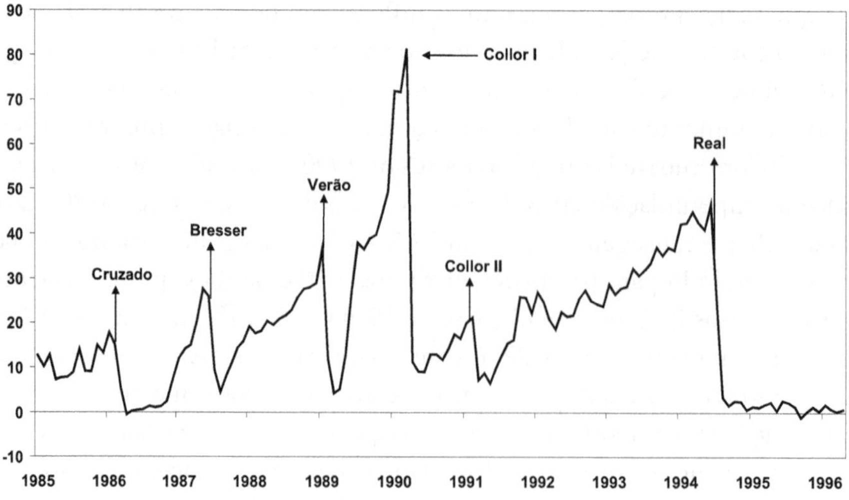

Obs.: Gráfico elaborado com base no IGP-DI mensal, de janeiro de 1985 a abril de 1996.
Fonte: FGV.

pela assinatura do Plano Brady, pela estabilização e os elevados juros domésticos, vistos como necessários para assegurar a estabilização.[42]

Quanto às contas públicas, cabem algumas considerações. O Plano Collor I, ao introduzir novos tributos e aumentar alíquotas, provocou uma melhora significativa nas contas primárias, que passaram de um déficit de 1,0% do PIB, em 1989, para um superávit de 2,3% em 1990. O resultado primário continuou a melhorar, de forma gradual, porém, essa trajetória foi interrompida pela crise política que se instalou no país em 1992. Os esforços realizados pelo PAI — sobretudo no que se refere ao combate à sonegação, aliado à desvinculação de receitas do FSE — permitiram uma melhora do resultado primário, que ultrapassou os 5,0% do PIB, em 1994 — embora essa melhora tenha sido praticamente revertida em 1995. Pode-se, assim, dizer que antes da entrada em vigor do Real houve uma clara melhora das contas públicas — como mostra a Tabela 6.2 — embora o ano de 1994 seja de difícil análise.

Por fim, a Tabela 6.3 traz um quadro sintético da evolução de alguns dos principais indicadores macroeconômicos no período de 1990-94. Como se pode perceber, o crescimento médio do PIB foi baixo, a inflação anual (média) foi da ordem de quatro dígitos e as exportações cresceram a uma taxa de 4,8%, enquanto as importações cresceram a uma taxa bem superior.

Conclusões

O período de 1990-94 foi marcado pelo início do processo de privatização e de abertura econômica. De forma estilizada, ao final dos anos de 1990, após uma década sem investimentos e em luta (sem sucesso) pela estabilização, o modelo de crescimento brasileiro, com grande ênfase na substituição de importações, havia se esgotado. No caso brasileiro, as mudanças ocorreram de forma lenta, quando comparadas com diversos outros países da América Latina.

Do ponto de vista político, o período foi bastante conturbado, culminando com a renúncia do presidente eleito Fernando Collor, após 30 anos sem votações diretas. Ainda que incipiente, a nossa democracia revelou relativa maturidade ao impor a queda do presidente, sem interrupção dos rituais de democracia, com a posse do vice-presidente da República.

Os dois planos realizados no governo Collor, tal como os da década anterior, fracassaram no sentido de alcançar uma estabilidade duradoura de preços. Como vimos, o Plano Collor I possuía um grave erro de concepção, enquanto o Collor II foi pouco representativo, tendo sido atropelado pelos próprios acontecimentos políticos. A estabilização veio somente através do Plano Real, uma estratégia de estabilização dividida em três fases: ajuste fiscal, desindexação e âncora nominal.

Tabela 6.2
Necessidades de Financiamento do Setor Público – 1990-1994
(% do PIB)

	1990	1991	1992	1993	1994
Déficit operacional[a]	–1,4	0,2	1,9	0,8	–1,3
Resultado primário	2,3	2,7	1,6	2,2	5,2
Juros reais líquidos	0,9	2,9	3,5	3,0	3,9

Fonte: Giambiagi e Além (1999).
[a] (-) = superávit.

Tabela 6.3
Economia Brasileira: Síntese de Indicadores Macroeconômicos – 1990-1994
(médias anuais por período)

	1990-94
Crescimento do PIB (% a.a.)	1,3
Inflação (IGP dez./dez., % a.a.)	1.210
FBCF (% PIB a preços correntes)	19,5
Tx. de cresc. das exportações de bens (US$ correntes, % a.a.)	4,8
Tx. de cresc. das importações de bens (US$ correntes, % a.a.)	12,6
Balança comercial (US$ bilhões)	12,1
Saldo em conta-corrente (US$ bilhões)	–0,3
Dívida externa líquida/Exportação de bens	3,2

Fonte: Elaboração própria, com base em dados do Apêndice Estatístico ao final do livro.

Em relação aos seus predecessores, o Plano Real possuía, na sua concepção, várias originalidades. Ao contrário das outras experiências — em que se atribuía principal importância ao componente inercial — o Plano Real defendia que o excessivo gasto público era o principal responsável pela inflação. Todavia, no caso brasileiro, considerava-se que a inflação beneficiava o fisco de forma espúria, tornando necessário um ajuste prévio (Fase I). Na prática, o diagnóstico do ajuste fiscal como precondição para a estabilização não foi validado, uma vez que a estabilização veio a despeito da piora das contas públicas.

A segunda originalidade do Plano Real refere-se à própria estratégia adotada para tratar o componente inercial da inflação, através da URV, na Fase II. A matriz dessa ideia estava presente já na proposta de André Lara Resende e Pérsio Arida.[43] Procuramos mostrar, porém, que essa proposta sofreu importantes aprimoramentos até o seu efetivo lançamento, em 1994, sendo o maior deles o fato de a URV não ser uma moeda plena.

Na terceira fase do Plano Real, porém, não houve originalidades. Na realidade, percorreu-se o caminho de quase todos os países que adotam âncora cambial. Enquanto as duas fases iniciais do Plano foram extremamente bem elaboradas e envolveram longo debate acadêmico, a terceira fase, após os tropeços iniciais, acabaria por se caracterizar por uma estabilização através do uso do câmbio e dos juros como âncoras para os preços, num contexto de liquidez abundante. O que caracteriza esta fase, portanto, é o pragmatismo e a agilidade nas respostas aos desafios que se impunham, sobretudo considerando os sucessivos choques externos vividos.

A esta altura cabe tentar responder: "Por que o Plano Real deu certo?". A resposta envolve um conjunto de fatores que, reunidos, fizeram a diferença.

Em primeiro lugar, as condições externas para a estabilização eram muito melhores em 1994 do que nos anos de 1980. Havia abundância de liquidez internacional e um elevado patamar de reservas (US$40 bilhões). Além disso, na década de 1990 a economia brasileira se tornou muito mais aberta. Por último, mas não menos importante, o Brasil concluiu um acordo nos moldes do Plano Brady somente em abril de 1994 (tendo sido um dos últimos países latino-americanos a fazê-lo), o que o possibilitou um reescalonamento da dívida externa. Todas essas características foram fundamentais para assegurar a eficácia da âncora cambial, introduzida após o lançamento do real. Nesse sentido, o Plano Real, se aplicado no contexto dos anos 1980, provavelmente fracassaria.

Em segundo lugar, a estratégia da URV provou ser muito superior à de desindexação via congelamento de preços. Enquanto o último provocava uma série de desajustes nos preços relativos, a URV previa um período para o alinhamento destes preços. Em terceiro lugar, o governo contava com o apoio político do Congresso e uma perspectiva de continuidade com o presidente Fernando Henrique Cardoso. Por fim, os elevados juros e o câmbio apreciado foram armas fundamentais na consolidação da estabilidade durante todo o período 1995-98, embora com profundas consequências sobre a dinâmica da dívida pública e para o crescimento.

Diante da observação de que diversas economias latino-americanas se estabilizaram nos anos 1990, é impossível evitar uma pergunta final: "Se todos se estabilizaram nessa década, o que o Plano Real possui de especial?".

A resposta, a nosso ver, passa pela compreensão de que essas economias têm em comum com o Brasil o uso do câmbio como estratégia de estabilização, em um contexto de elevada liquidez internacional. Todavia, o Brasil, ao contrário das demais, que eram, em grande medida, economias dolarizadas, desenvolvera um sofisticado sistema de indexação, extremamente difícil de ser desarmado, como mostrou a penosa década de 1980. Por um lado, o Brasil estava em desvantagem. De fato, estabilizar economias já formal ou informalmente dolarizadas é tarefa muito mais simples, na medida em que a memória inflacionária já desapareceu e basta fixar o câmbio. Por outro lado, o Brasil, com seu sofisticado sistema de indexação, manteve, em grande medida, as funções de sua moeda, se não intactas, muito mais ativas do que nos outros países. Mais importante — em contraposição, por exemplo, à Argentina, que adotou o caso extremo de âncora cambial, o Conselho da Moeda — o câmbio fixo sem lastro do Real permitia, uma vez domada a inflação, retomar graus de liberdade no uso da política monetária e fiscal no combate à inflação.

A vitória da inflação obtida no Plano Real foi sem dúvida uma grande e importante conquista. O passar dos anos, porém, revelaria que esta se limitou a estabilidade dos preços, mantendo-se a instabilidade no lado real da economia, com persistência da volatilidade do crescimento, baixos investimentos, sobretudo os de longo prazo de maturação, baixo desenvolvimento do mercado de crédito e permanência do viés curto-prazista dos ativos financeiros. A crença, compartilhada desde a década de 1980, de que o fim da inflação *per se* colocaria o país em rota de crescimento, infelizmente, não se materializou.

Defendemos aqui que algumas das ideias contidas no Plano Real foram, na realidade, levantadas 10 anos antes. Esse período caracterizou-se por um longo (e bastante doloroso) aprendizado tanto por parte do público quanto dos policy makers. Na prática, esse aprendizado foi fundamental. O Plano Real fica na história como uma estratégia complexa e bem-sucedida de desmonte de um sofisticado sistema de indexação, construído ao longo de 30 anos, desde 1964. Todavia, o problema da indexação, infelizmente, não desapareceu por completo, permanecendo um desafio para os próximos governos.

RECOMENDAÇÕES DE LEITURA

Arida e Resende[43] são a referência maior para uma compreensão da URV. Pastore[44] discute o Plano Collor e as dificuldades engendradas pela "zeragem automática". Já Franco[45] é uma referência fundamental para aqueles que desejam se aprofundar nos estudos sobre as origens do Plano Real.

LEITURAS ADICIONAIS

Pinheiro[46] discute o processo de privatização em profundidade. Horta *et al.*[47] são recomendados para as reformas relativas ao comércio exterior.

NOTAS

1. Collor explorava o perfil de um possível presidente para o Brasil cheio de vigor e ousadia, amante dos esportes e da velocidade. Entre os slogans de Collor estavam as promessas de acabar: "com o tigre da inflação em um só tiro"; "com os marajás" (funcionários públicos com elevados salários); com os

"elefantes brancos" (alusão às estatais); além de revolucionar a nossa indústria automobilística, que, segundo suas palavras, produzia "carroças e não carros".
2. Comissão Econômica para a América Latina e o Caribe, órgão da ONU sediado em Santiago do Chile.
3. Existe uma ampla literatura crítica ao chamado MSI associada, sobretudo, a trabalhos desenvolvidos pelo Banco Mundial nos anos 70-80. As principais críticas são: a proteção gerou uma utilização inadequada de recursos abundantes, como trabalho e recursos naturais; criou-se um forte viés contra as exportações, bloqueando os ganhos de escala e eficiência; a proteção contra as importações e o desestímulo às exportações minaram os incentivos para a redução de custos e a introdução de novos produtos. Mais recentemente, os trabalhos inspirados pela crítica ao MSI têm sido submetidos a uma revisão empírica e teórica por Rodrik (1997), entre outros.
4. Para uma interpretação diferente que defende a existência no Brasil de um modelo de desenvolvimento liderado/orquestrado pelo Estado (State Led) e o papel jogado pelas convenções do crescimento e da estabilidade ver Castro (1994).
5. O Consenso de Washington sofreu inúmeras críticas no período. Um de seus mais renomados questionadores, no cenário internacional, é J. Stiglitz (2003). Para uma discussão das consequências da adoção do Consenso de Washington num contexto de câmbio fixo/administrado no caso brasileiro, ver Bresser--Pereira (2003).
6. Ver Erber e Vermulm (1993).
7. O fato de a primeira privatização ocorrer em 1991, data em que os recursos bloqueados pelo Plano Collor I (analisado a seguir) começavam a ser devolvidos, limitou em muito sua utilização como moeda de privatização. Tendo recuperado seu poder liberatório (função de meio de pagamento), os recursos devolvidos foram usados em pequeno montante nas privatizações.
8. Ver Horta *et al.* (1992).
9. Ver Pastore (1990).
10. Para uma discussão sobre a moeda indexada recomenda-se a leitura de Barros (1992).
11. Pastore (1990), idem, p. 163.
12. Ver Ramalho (1995) e De Paula (1996).
13. Ver Franco (1993).
14. Ao longo de 1991 começaram a aparecer na imprensa denúncias de corrupção envolvendo o tesoureiro da campanha de Collor, Paulo César (PC) Farias. Em maio de 1992, a revista Veja publicou uma entrevista com o irmão do presidente da República, Pedro Collor de Mello, fazendo graves acusações contra este. No dia 2 de maio de 1992, a Câmara dos Deputados abriu contra Collor uma investigação que confirmou diversas ilegalidades. Os episódios mais marcantes do processo de *impeachment* foram as manifestações populares, muitas delas com elevada participação de estudantes exigindo a renúncia do presidente, movimento que ficou caracterizado como "caras pintadas", em alusão à prática de pintar o rosto com as cores verde-amarelo, durante as passeatas.
15. O ministro Paulo Haddad acumulou as pastas do Planejamento e da Fazenda até janeiro de 1993, quando tomou posse a nova ministra do Planejamento, Yeda Crusius. Esta permaneceu no cargo até maio do mesmo ano, sendo substituída por Alexis Stepanenko, que por sua vez cedeu o lugar a Benedito Veras em março de 1994. O ministro Veras acompanhou o presidente Itamar Franco até o final do governo, em dezembro de 1994. No que se refere ao Ministério da Fazenda, após a saída do ministro Haddad sucederam-se ainda quatro ministros antes da posse do ministro Malan em 1995: Elizeu Resende, que também permaneceu apenas dois meses no cargo; o futuro presidente da República, Fernando Henrique Cardoso, que ocupou a pasta entre maio de 1993 e março de 1994 e liderou a equipe econômica que concebeu o Plano Real; Rubens Ricupero, que o sucedeu e ficou no posto até setembro de 1994, sendo o titular da Fazenda quando o Plano Real foi decretado em 30/06/1994; e Ciro Gomes, que foi ministro no lugar de Ricupero, desde setembro de 1994 até o final do governo Itamar Franco. Fernando Henrique Cardoso renunciou ao cargo de Ministro em 1994 para se candidatar à Presidência da República. Vitorioso nas urnas, iniciou seu mandato em janeiro de 1995.
16. Exposição de Motivos nº 205, de 30 de junho de 1994.
17. O PAI foi lançado pelo então Ministro Fernando Henrique Cardoso, enquanto o FSE foi lançado pelo Ministro Rubens Ricupero.

18. Em 1995, foi aprovada sua prorrogação até junho de 1997. Nessa data, o Fundo foi novamente renovado para o segundo semestre de 1997, e para os anos de 1998 e 1999, quando teve sua validade novamente estendida. Nesse processo seu nome mudou duas vezes, primeiro para Fundo de Estabilização Fiscal (FEF) e, depois, para Desvinculação de Receitas da União (DRU), porém, nesse caso, com uma abrangência mais restrita. Os formuladores do Plano Real consideravam a primeira fase como suficiente para garantir o equilíbrio fiscal de curto prazo (1994 e 1995), mas admitiam a necessidade de outras providências para a criação de um equilíbrio fiscal duradouro, o que envolveria, inclusive, alterações na própria Constituição Federal.
19. Ver Bacha (1994). Vale ressaltar que esse fenômeno já estava relativamente descrito em escritos anteriores. Ver Bacha (1986).
20. Bacha (1994). Como vimos no Capítulo 5, o chamado Efeito Tanzi ocorre quando se verifica um aumento do déficit público em função de uma perda real das receitas. Em outras palavras, os gastos se tornam mais bem indexados do que as receitas, gerando uma perda para o governo (expressa na forma de um déficit ou redução do superávit). Se não houver um adequado sistema de multas, o adiamento do pagamento dos impostos pode se tornar uma prática racional do ponto de vista do agente econômico, porém, lesiva ao governo. A hipótese de Bacha é que, no Brasil, ocorreria o fenômeno oposto, já que as receitas estariam mais protegidas da inflação do que as despesas — haveria, assim, um "Efeito Tanzi às Avessas".
21. Giambiagi (1997), pp. 203-204.
22. Ver Velloso (1998), p. 121. De acordo com este autor, a deterioração das contas públicas entre 1994 e 1995 seria resultado: 1) do aumento das despesas previdenciárias, como reflexo do aumento do salário-mínimo de R$70,00 para R$100,00 em maio de 1995 (um aumento bem acima da média dos índices de inflação); 2) dos reajustes concedidos ao final do Governo Itamar Franco (principalmente pela busca de isonomia entre os três poderes da República); e 3) do aumento do funcionalismo de 23% em janeiro de 1995 pela reposição do IPC-r acumulado entre julho e dezembro de 1994, sendo o IPCR o índice de inflação oficial decretado após a introdução da URV (a seguir discutido). Ou seja, haveria causas concretas para a deterioração das contas independente da existência de algum Efeito Tanzi ou Tanzi às Avessas.
23. Fazendo analogia com o modelo de Simonsen apresentado no primeiro Box do Capítulo 5, se, no diagnóstico das causas da inflação antes da introdução do Plano Cruzado, tanto o componente de demanda (gt) como o autônomo ou inflação de custos (at) eram iguais a zero, sendo a inflação explicada exclusivamente pela inércia (brt-1); no diagnóstico que gerou o Plano Real a suposição era de que gt seria diferente de zero, daí a necessidade de se fazer a Primeira Fase (Ajuste Fiscal), antes de combater o componente autorregressivo da inflação (Segunda Fase). Além disso, se no Cruzado o componente inercial foi combatido através do congelamento, no Real teria sido usada a estratégia da URV. Vale, porém, observar que, como procuramos defender na seção anterior, o diagnóstico fiscal do Plano Real, ainda que possa ser representado tomando gt = 0, é bastante peculiar (Efeito Tanzi às Avessas).
24. De julho de 1945 até agosto de 1946 os preços aumentaram por um fator de 3 x 10^{25}. Para um estudo da hiperinflação húngara de 1946, recomenda-se Bomberger e Makinen (1988).
25. Ver Simonsen (1985).
26. Ver Franco (1995).
27. Ver Arida (1992).
28. Essa inovação pode ser entendida como uma resposta à crítica feita por Lopes (1986), por ocasião do lançamento da Proposta Larida. A proposta de que os preços poderiam ser convertidos livremente ao passo que as rendas contratuais (salários, aluguéis e preços públicos basicamente) deveriam ser convertidas pela média poderia: "(...) gerar resistências políticas. Afinal, fica difícil justificar por que os salários devem ser convertidos à nova moeda em termos de médias, enquanto os preços dos bens que compõem a cesta de consumo do trabalhador podem ser convertidos em termos de picos" [Lopes (1986), p. 138]. Dadas essas dificuldades, o autor propunha o congelamento. Nossa interpretação é que, no Plano Real, ao invés do congelamento (que se tinha provado de difícil administração), o que "se deu em troca" aos trabalhadores foi a redução do prazo de indexação salarial.
29. No caso dos contratos pós-fixados, a transição das moedas trazia um problema: a mensuração das taxas de inflação de julho e agosto de 1994. Ver Franco (1995).

30. Franco (1995).
31. A hiperinflação alemã é a fonte de diversas teorias distintas sobre causas e soluções para o final de hiperinflações. Sobre o tema os trabalhos clássicos são: Bresciani-Turroni (1989), Franco (1986), Sargent (1986) e Merkin (1988).
32. Franco (1995). Outra possível hipótese para o comportamento da inflação na fase URV seria que a adesão a ela teria ocorrido em duas etapas. No primeiro mês, um grande conjunto de preços e contratos teria sido atrelado à URV, o que levara a uma redução dos períodos de reajuste na economia, provocando aceleração da inflação. Um segundo grupo de preços, no entanto, só teria aderido ao novo indexador às vésperas do Plano Real, seja por conta das dificuldades de repartir o *float* inflacionário (ganhos reais advindos de uma inflação inferior à projetada nos contratos) ou até mesmo pela própria dificuldade de compreensão do funcionamento da URV. Como, impreterivelmente, todos deveriam ter seus preços e rendas denominados em URV no momento de transição para a nova moeda, os que ainda não tinham seus preços atrelados ao "feto de moeda" teriam corrido para a URV no último mês. O resultado macroeconômico desse processo seriam dois momentos de aceleração: o primeiro e o último meses. Ver Castro (1999).
33. A referida Medida Provisória, com algumas modificações, foi posteriormente transformada na Lei nº 9.069, em 26 de junho de 1995.
34. Ver Hermann (1994).
35. Cabe aqui comentar que, no início dos anos 1990, diversos artigos de jornal (muitos deles escritos por André Lara Resende) discutiram a adoção no Brasil de uma estratégia de combate a inflação semelhante à adotada na Argentina (Plan de Conversibilidad, 1991). Isto é, a adoção de um Conselho da Moeda (*Currency board*) para o Brasil, onde o Conselho deve manter 100%, ou mais, da base monetária como reservas. A adoção do *Currency board* foi refutada. Os principais argumentos eram de que o elevado percentual da dívida pública brasileira e as baixas reservas do nosso país tornavam essa uma estratégia extremamente perigosa. De fato, havia uma dívida de curto prazo a ser rolada que, se dolarizada, dificilmente poderia ser honrada. Ademais, a estratégia do Conselho da Moeda tinha também o inconveniente de eliminar de forma radical os graus de liberdade na condução da política monetária e fiscal, além de atrelar o crescimento da economia ao crescimento da economia americana.
36. Quanto menor o grau de abertura, maiores são os custos de transação na importação de *tradables*, logo menores serão as reduções dos preços desse setor e, evidentemente, menor será o impacto da âncora sobre o nível geral dos preços. Por outro lado, visto que o setor *nontradable* não sofre pressões competitivas, quanto maior a diferença entre a demanda e a oferta de *nontradables* (e é esperado que a demanda cresça dado o *boom* de consumo que se segue, *ceteris paribus*, à estabilização), maiores tendem a ser os preços no setor dos bens não comercializáveis, e, em consequência, menor a redução no nível geral dos preços.
37. A explicação teórica geralmente dada para esse reforço da absorção é que a elevação relativa dos preços dos *nontradables* implica uma redistribuição da renda para setores que geralmente possuem maior propensão a consumir. De fato, encontram-se, entre os *nontradables*, diversos serviços cujos ofertantes pertencem em geral às classes menos abastadas, por suposto, mais propensas a aumentar o volume do consumo dada uma elevação da renda. Esse fenômeno é ainda reforçado pelo fim do imposto inflacionário, que sabidamente onera mais os de menor renda, e pelo retorno do crédito ao consumidor.
38. Kiguel e Leviatan (1992). As tentativas de estabilização em países de inflação crônica através do uso de âncora estudadas por esses autores foram (ano.trimestre): Argentina (1959.3-1962.2; 1967.2-1970.3; 1973.3-1975.2; 1978.4-1981.1; 1985.1-1986.3), Brasil (1964.2-1968.3; 1986.1-1986.4), Chile (1976.3-1982.3), Uruguai (1968.2-1972.1; 1978.4-1982.4), México (1988-1992, data em que foi escrito o artigo) e Israel (1985.1-1992, data em que foi escrito o artigo).
39. Alguns autores se referem à âncora de juros como "âncora wickselliana".
40. Souza, 1999, p. 49. De acordo com o autor, há quatro fases bem distintas na condução da política cambial no Plano Real: Fase I, de livre flutuação (entre julho e setembro de 1994); Fase II de câmbio rígido (R$0,84/US$ por 5 meses); Fase III, há uma minidesvalorização de 6% (março de 1995, em resposta ao "Efeito Tequila"), seguida de"pequenas correções aleatórias da cotação do dólar"; e Fase IV, onde pequenas desvalorizações cambiais foram convergindo para um percentual estável, em torno de 0,6% ao mês, que durou até o final de 1998. Nessa última fase não se poderia mais usar o termo "âncora" para

o comportamento do câmbio frente à inflação, embora seu patamar apreciado ainda fosse importante para manter preços sobre controle.
41. No caso da indústria automobilística, a redução das tarifas foi bem mais expressiva, passando de um patamar médio muito alto (85%) para 34,3%.
42. Aqui cabe mencionar uma interpretação distinta de por que o Plano Real deu certo e o Cruzado fracassou. Para Bastos (2001), havia um diagnóstico equivocado por parte dos formuladores do Plano Cruzado: a de que a taxa de câmbio estivesse num patamar adequado (podendo ser ali congelado) e de que a situação externa estivesse confortável (superávit externo). Dessa forma, o congelamento do câmbio realizado no início do Plano Cruzado, sem o alívio da restrição externa, não teria sido capaz de eliminar a inflação brasileira. O retorno da inflação se deu na medida em que o congelamento do câmbio foi abandonado, em meados de 1986. Em contraposição, no Plano Real a fixação da taxa de câmbio teria vindo acompanhada da redução da restrição externa, o que explicaria o sucesso em estabilizar a inflação.
43. Ver Arida e Resende (1984).
44. Ver Pastore (1990).
45. Ver Franco (1995).
46. Ver Pinheiro (2000).
47. Ver Horta *et al.* (1992).

Capítulo

Estabilização, Reformas e Desequilíbrios Macroeconômicos: Os Anos FHC
(1995-2002)

Fabio Giambiagi

"Governar é uma arte. Não é um negócio, não é uma técnica, não é uma ciência aplicada. É a arte de conseguir que o ser humano viva em paz e razoavelmente feliz."
Felix Frankfurter, jurista norte-americano

"O Brasil ainda é um país onde são muito fortes as forças em favor da gastança de recursos públicos sem lastro. Creio que deva ser um dos últimos países do mundo nessa situação."
Paul Krugman, economista norte-americano, em entrevista à revista *Veja*, 5/5/1999

Introdução

Depois da redemocratização de 1945, o Brasil passou por ciclos históricos de governos militares e de governos democráticos. *Grosso modo*, nas décadas seguintes o país teve 20 anos de democracia (1945-1964) e outros 20 anos de regime militar (1964-1984) até o retorno das Forças Armadas aos quartéis. O marco desse retorno foi a posse de José Sarney em 1985, na forma de um governo de transição, não mais militar, porém ainda escolhido de forma indireta, por um Colégio Eleitoral. Nesse período de governos democráticos, com o longo interregno do regime de força de 1964, o país teve alguns presidentes civis, dos quais nada menos que quatro tiveram seu mandato interrompido em circunstâncias dramáticas para a vida brasileira:

Getúlio Vargas suicidou-se em 1954, no meio de uma enorme crise política; Jânio Quadros renunciou inesperadamente em 1961; João Goulart foi deposto por um golpe em 1964; e Fernando Collor foi afastado mediante *impeachment* em 1992.

Nessas circunstâncias, em 1994, ao disputar as eleições, Fernando Henrique Cardoso (FHC) tinha claro duas coisas. Primeiro, tendo estudado, como sociólogo, as crises anteriores — e acompanhado a de Collor já como alto expoente do seu partido — ele sabia que as alianças políticas eram essenciais para poder governar o Brasil. A questão de como conciliar essas alianças com a necessidade de avançar e transformar estruturas envolvia a arte citada na primeira epígrafe deste capítulo. Por isso, concluir o mandato presidencial emanado da decisão popular na data prevista e entregar o comando do país ao seu sucessor, como é praxe no ritual normal de uma democracia — e como não ocorria no Brasil desde a transição entre JK e Jânio —, foi uma das prioridades de FHC, e isso condicionou as opções que fez na economia.

A segunda coisa que FHC tinha claro é que fora eleito para vencer a inflação e que a forma como o seu governo seria visto pela História estaria ligada ao seu grau de êxito na matéria. Cabe lembrar que antes do Plano Real houve nada menos que cinco planos frustrados de estabilização: Cruzado (1986), Bresser (1987), Verão (1989), Collor I (1990) e Collor II (1991).

Neste capítulo, iremos nos deter na análise dos dois períodos de governo de FHC: 1995-1998 e 1999-2002.[1] Após esta introdução, trataremos dos esforços em favor da estabilização no começo do Plano Real. Logo depois, abordaremos o primeiro e o segundo mandatos, e, em seguida, analisaremos as reformas do período, com destaque, em uma seção específica, para as privatizações. O capítulo é complementado por duas seções sobre a década de 1990 e termina com uma seção de conclusões.

A Batalha da Estabilização

O primeiro governo FHC foi dominado pelo tema da estabilização, em função da memória dos planos fracassados nos 10 anos prévios, já citados.[2] O ano de 1995 e o próprio governo — empossado em 1º de janeiro — se iniciaram sob intensa pressão, por diversas razões. Em primeiro lugar, a economia se encontrava em claro processo de superaquecimento, o que trazia à memória o fantasma do Plano Cruzado, em que um *boom* de consumo mal administrado tinha provocado o colapso da estabilidade: no quarto trimestre de 1994, a expansão do PIB em relação ao mesmo período do ano anterior tinha sido de 11%.

Em segundo, estava em curso a crise do México, na qual a situação do balanço de pagamentos (BP) de final de 1994 levou a uma drástica desvalorização — com efeitos sérios sobre o *currency board* argentino —, o que começava a alimentar a suspeita de que regimes de câmbio rígido poderiam não acabar bem e de que o Brasil pudesse ser o próximo país a ser afetado por uma crise similar.

Em terceiro — e como efeito combinado do crescimento da demanda agregada e da redução da entrada de capitais associada ao ambiente externo —, as reservas internacionais do Brasil começaram a cair. O Plano Real tinha sido lançado em junho de 1994 com US$43 bilhões de reservas internacionais, que, já em dezembro, tinham caído para US$39 bilhões. Em março de 1995 as reservas já estavam em US$34 bilhões, e continuaram a diminuir até US$32 bilhões em abril, antes de começarem a se recuperar em função da reação oficial.

Finalmente, a inflação mantinha certa resistência à queda, cabendo citar que, nos primeiros 12 meses do Plano Real (julho 1994-junho 1995) a variação dos preços medida pelo INPC foi de 33%.[3]

O tempo mostrou que, contrariamente aos planos que o antecederam, o Real foi uma experiência bem-sucedida. Não era essa, porém, a visão existente no começo de 1995, quando a possibilidade de que, após alguns meses de bonança, a inflação voltasse com força e a indexação se reinstalasse na economia era uma ameaça concreta. Confrontadas com a pressão inflacionária, com a economia superaquecida e com uma deterioração rápida do balanço de pagamentos, as autoridades reagiram em março de 1995 com um conjunto de medidas, incluindo fundamentalmente dois componentes:

- Uma desvalorização controlada, da ordem de 6% em relação à taxa de câmbio da época, após o que o Banco Central passou a administrar um esquema de microdesvalorizações, através de movimentos ínfimos de uma banda cambial com piso e teto muito próximos.[4]
- Uma alta da taxa de juros nominal, que — expressa em termos mensais — passou de 3,3% em fevereiro para 4,3% em março, aumentando o custo de carregar divisas.

Os efeitos dessas medidas, tanto positivos como negativos, não demoraram a aparecer. Logo ficou claro — fato facilitado pela rápida recomposição da liquidez internacional poucos meses depois da crise mexicana — que o governo estava firmemente empenhado em defender a nova política cambial e que não contemplava novas desvalorizações. Assim, atraídos pela rentabilidade elevada das aplicações em moeda local, os investidores retornaram ao país e as reservas internacionais fecharam 1995 em US$52 bilhões. Ao mesmo tempo, a inflação começou a ceder e daí em diante a taxa anual caiu ao longo de quatro anos consecutivos. Pode-se concluir que, nas difíceis circunstâncias de 1995, o Plano Real foi salvo por dois fatores: a política monetária, pois sem os juros altos daquela época dificilmente ele teria escapado de sofrer o mesmo destino que os planos que o antecederam; e a situação do mercado financeiro internacional, pois se este não tivesse retornado à ampla liquidez e busca pela atratividade dos mercados emergentes, a política monetária *per se* provavelmente teria sido incapaz de assegurar o êxito do Plano.

Em contrapartida, o PIB dessazonalizado diminuiu mais de 3% entre o primeiro e o terceiro trimestre de 1995, movimento esse que na indústria foi mais intenso, com queda de 9% entre 1995-I e 1995-III. O grande *carry over* de 1994 — ano que se encerrou com todos os indicadores muito acima da média anual — garantiu um bom desempenho dos resultados anuais de 1995, mas o clima que se viveu nesse último ano foi de crise, devido à trajetória das variáveis ao longo dos meses.

Um *script* similar seria observado anos depois, com a reação oficial diante das crises da Ásia no segundo semestre de 1997 e da Rússia, em agosto de 1998. Em ambos os casos, a terapia incluiu uma forte dosagem de ortodoxia monetária. Com o tempo, houve também uma pequena desvalorização real. Esta última resultava do fato de que as microdesvalorizações permitidas pelo regime de "minibandas" se mantiveram relativamente constantes ao longo do tempo, em um contexto de inflação declinante.[5] As taxas de juros nominais, já então expressas em bases anuais, passaram de 21% para 43% em outubro de 1997, e de 19% para 42% — após uma curta "nova lua de mel" com os mercados internacionais — em setembro/outubro de 1998. A eficácia do remédio, porém, era cada vez menor, como se verá no restante do capítulo.

A Crise em Gestação: 1995-1998[6]

O Plano Real foi muito bem-sucedido no controle da inflação: contrariamente ao que tinha acontecido previamente, quando após alguns meses a inflação voltava mais forte, as taxas de variação anual dos preços caíram continuamente entre 1995 e 1998. O problema é que, paralelamente a esse êxito, a gestão macroeconômica deixava dois flancos expostos, que estavam se agravando a olho nu: um desequilíbrio externo crescente e uma séria crise fiscal.[7]

O Desequilíbrio Externo

No que tange ao desequilíbrio externo, a razão do mesmo era o grande aumento das importações que se seguiu ao Plano Real, combinado com um desempenho nada brilhante das exportações (Gráfico 7.1). Nos três anos entre 1995-1997 as importações em dólar cresceram a uma taxa média de 21,8% a.a. — com destaque para o crescimento de 51% em 1995 — enquanto as vendas ao exterior cresceram apenas 6,8% a.a., em que pese o fato de esses terem sido anos de grande expansão do comércio internacional e nos quais a economia mundial cresceu 3,8% a.a.

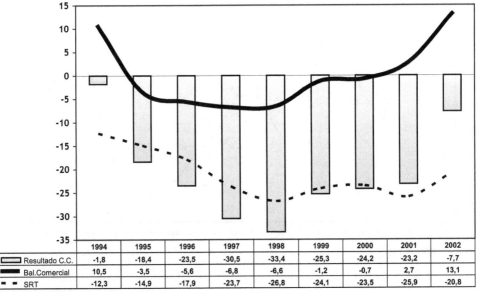

Gráfico 7.1
Balanço em Conta-Corrente – 1994-2002
(US$ bilhões)

Fonte: Banco Central.
Obs.: SRT – Serviços, rendas e transferências unilaterais.

Além da piora da conta-corrente associada ao comportamento da Balança Comercial, o financiamento do próprio déficit em conta-corrente a partir de 1995 gerou um efeito de realimentação dos desequilíbrios. Como estes eram financiados com novo endividamento externo e com a entrada de capitais na forma de investimento direto estrangeiro (IDE), a acumulação de estoques de passivos externos — dívida ou estoque de capital no país — implicava pagamentos crescentes de juros e de lucros e dividendos. O resultado é que o déficit de serviços e rendas praticamente dobrou no primeiro governo FHC. Devido ao aumento das importações e à maior despesa associada ao passivo externo, o déficit em conta-corrente — que fora de apenas US$2 bilhões em 1994 — ultrapassou US$30 bilhões em 1997. Ao mesmo tempo, a dívida externa líquida — que, depois da crise dos anos de 1980, tinha caído de um máximo de 4,7 vezes as exportações de bens para um mínimo de 2,3 vezes em meados dos anos 90 — voltou a aumentar rapidamente em 1996-1997. Essa relação agravou-se ainda mais em 1998/1999, com a crise internacional que reduziu as exportações brasileiras naqueles anos (Gráfico 7.2).

Gráfico 7.2
Dívida Externa Líquida/Exportações de Bens – 1981-2002

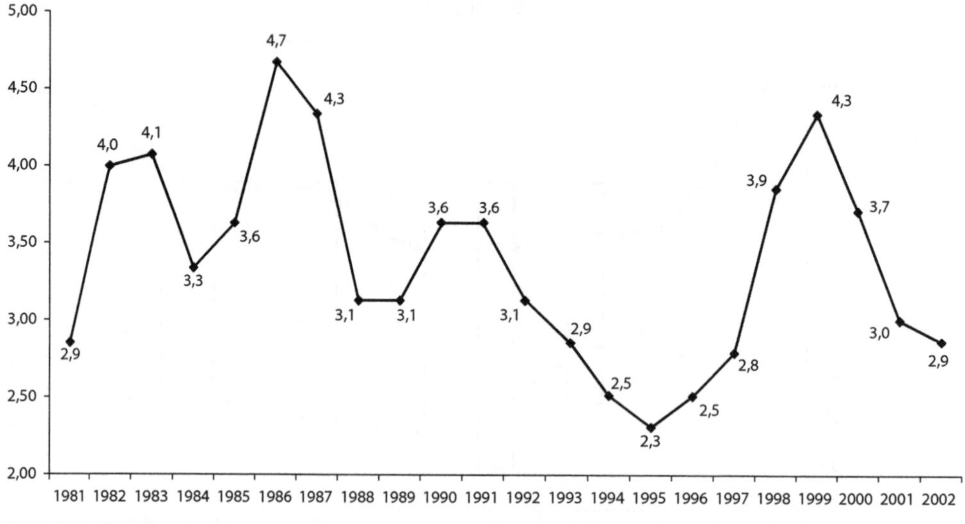

Fonte: Banco Central.

Todos esses fenômenos eram consequência da forte apreciação cambial que tinha se verificado nos primeiros meses do Real e que cobrava seu preço anos depois. A taxa de câmbio real (medida pela relação Índice de taxa de câmbio nominal x IPC-EUA/IPCA), partindo de um nível 100 em junho de 1994 — vésperas do Plano Real, pois a nova moeda foi lançada em 1º de julho — tinha diminuído para um índice de 68 no auge da apreciação real do câmbio, em julho de 1996. Mesmo que com o passar do tempo as microdesvalorizações na prática estivessem ultrapassando a inflação — gerando uma tênue desvalorização real — o referido índice em dezembro de 1998 era de apenas 79, indicando uma apreciação real acumulada de mais de 20% em relação ao início do Plano (Gráfico 7.3).

Por que as autoridades deixaram que a situação chegasse a esse ponto é matéria sujeita a controvérsia e que deverá provocar muitas teses dos historiadores.[8] Há três fortes razões, porém, que ajudam a entender o comportamento do governo. A primeira era o temor de uma repetição dos efeitos da desvalorização mexicana,

Gráfico 7.3
Brasil: Taxa de Câmbio Real – jun./1994 a dez./2002
(base junho 1994 = 100)

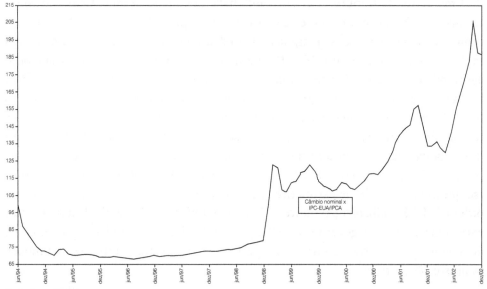

Fonte: Banco Central.

concebida para ser "moderada" e que acabou fugindo ao controle e gerando uma inflação de mais de 50% em 1995. Hoje sabemos que a desvalorização brasileira de 1999 foi bem-sucedida, mas no começo do Plano Real havia o medo de que, se o Brasil deixasse o câmbio desvalorizar mais, repetiria a experiência do México, onde a forte desvalorização cambial experimentada anos antes tivera grande impacto inflacionário. Ao optar por manter o câmbio sobrevalorizado, tudo indica que FHC julgou que era melhor lidar com uma situação externa difícil, mas que até então parecia contornável, do que com uma desvalorização que, na época, era vista pelos críticos da medida como um "salto no escuro".

A segunda razão estava ligada à primeira e era de ordem política. O melhor momento para uma desvalorização maior teria sido em 1995, quando o nível de atividade, em termos dessazonalizados, estava caindo rapidamente, e um câmbio mais desvalorizado enfrentaria uma pressão de demanda muito baixa. Na época, porém, o governo entendeu que a memória da indexação ainda estava muito presente e que a inflação ainda era alta, o que desaconselharia passos mais ousados na linha de uma desvalorização mais intensa. Pouco depois, a janela de oportunidade se fechou, pois entre o terceiro trimestre de 1995 e o mesmo período de 1996 o PIB cresceu 6%, o que tornaria arriscado soltar o câmbio nesse contexto, apesar do quadro externo relativamente benigno. A partir daí, quando as circunstâncias voltaram a ser favoráveis do ponto de vista estritamente econômico, o cenário político tinha mudado: em 1997, estava sendo discutida a emenda propondo a reeleição do Presidente da República e, em 1998, haveria eleições gerais. Realisticamente, não é difícil entender por que o governo não quis adotar uma desvalorização (com todos os riscos que isso implicava) em dois anos politicamente cruciais, pelas razões citadas, como eram 1997 e 1998. Ao mesmo tempo, porém, a situação foi se agravando e, já em 1997, o déficit em conta-corrente chegou a quase 3,5% do PIB.

A terceira razão para manter o câmbio sobrevalorizado era a esperança de que o resto do mundo continuasse a financiar o país, em um processo no qual os ajustes fossem feitos gradualmente e o governo se beneficiasse do papel de "ponte até o restabelecimento do equilíbrio", que poderia ser representado pelas volumosas privatizações em curso (e que deveriam se prolongar ainda por alguns anos). Note-se que as entradas de Investimento Direto Estrangeiro (IDE), que tinham sido da ordem de US$1 bilhão/ano durante os 15 anos anteriores ao Plano Real, aumentaram exponencialmente no governo de FHC. Na expectativa dos formuladores de política econômica, FHC seria reeleito e no segundo mandato seriam feitos gradualmente os ajustes requeridos.

A Crise Fiscal

Entre os ajustes, naturalmente, teria de ser incluído o enfrentamento do segundo grave problema do período, representado por uma situação fiscal crítica (Tabela 7.1).[9] Esta foi caracterizada, nos quatro anos do primeiro governo FHC, pelos seguintes fatos:[10]

- Um déficit primário do setor público consolidado.
- Um déficit público (nominal) de 6% do PIB, na média de 1995-1998.
- Uma dívida pública crescente.

Muito se debateu na época sobre a responsabilidade relativa dos juros *vis-à-vis* das demais contas na piora do resultado fiscal depois de 1994. Entretanto, quando se levam em conta os juros reais — única forma em que a comparação com os anos anteriores a 1995 faz sentido, pois os juros e o déficit nominais anteriores a 1994 eram enormes, mas não tinham maior significado econômico — a responsabilidade da política fiscal expansionista é clara. De fato, ¾ da piora do resultado operacional das Necessidades de Financiamento do Setor Público (NFSP) entre as médias de 1991-1994 e 1995-1998 foram causados pela deterioração do resultado primário (Tabela 7.2) e só um quarto pela maior despesa com juros reais.

Tabela 7.1
Necessidades de Financiamento do Setor Público NFSP
Conceito Nominal 1994 – 2002 (% PIB)

Discriminação	1994	1995	1996	1997	1998	1999	2000	2001	2002
Resultado primário	5,21	0,24	-0,09	-0,87	0,01	2,85	3,19	3,34	3,20
Governo Central	3,25	0,47	0,33	-0,25	0,50	2,08	1,70	1,67	2,14
Receita total	18,92	16,68	15,87	16,64	18,24	19,17	19,60	20,55	21,50
Tesouro/BC	13,91	12,09	11,14	12,01	13,64	14,68	14,95	15,80	16,73
INSS	5,01	4,59	4,73	4,63	4,60	4,49	4,65	4,75	4,77
(-) Transf. Est./Mun.	2,55	2,58	2,49	2,61	2,84	3,20	3,36	3,50	3,77
Receita líquida	16,37	14,10	13,38	14,03	15,40	15,97	16,24	17,05	17,73
Despesas	13,95	13,50	13,20	13,85	14,75	14,26	14,66	15,61	15,84
Pessoal	5,14	5,11	4,76	4,20	4,44	4,36	4,49	4,75	4,78
INSS	4,85	4,59	4,81	4,92	5,31	5,36	5,49	5,73	5,91
OCC	3,96	3,80	3,63	4,73	5,00	4,54	4,68	5,13	5,15
Erros e omissões[a]	0,83	-0,13	0,15	-0,43	-0,15	0,37	0,12	0,23	0,25
Estados e Municípios	0,77	-0,16	-0,49	-0,67	-0,17	0,20	0,50	0,79	0,71
Estados	n.d.	n.d.	n.d.	n.d.	-0,37	0,14	0,38	0,54	0,57
Municípios	n.d.	n.d.	n.d.	n.d.	0,20	0,06	0,12	0,25	0,14
Empresas estatais	1,19	-0,07	0,07	0,05	-0,32	0,57	0,99	0,88	0,35
Federais	1,63	0,38	0,26	0,24	-0,21	0,58	0,86	0,60	0,10
Estaduais	n.d.	-0,43	-0,18	-0,17	-0,07	0,01	0,13	0,27	0,25
Municipais	n.d.	-0,02	-0,01	-0,02	-0,04	-0,02	0,00	0,01	0,00
Juros setor público	29,88	6,75	5,16	4,54	6,79	7,99	6,51	6,60	7,61
NFSP	24,67	6,51	5,25	5,41	6,78	5,14	3,32	3,26	4,41

n.d. Não disponível
[a] Diferença entre o resultado "acima" e "abaixo da linha".
Fonte: Banco Central.

Entre 1994 e 1998, o setor público sofreu uma piora primária da ordem de cinco pontos percentuais do PIB. O peso dos juros ao longo do tempo decorreu, por um lado, da taxa de juros real — que, deflacionando a taxa de juros básica (Selic) pelo IPCA, foi de 22%, em média, nos quatro anos 1995-1998 — e, por outro, do fato de que as taxas de juros incidiam no começo do Plano Real sobre uma dívida pública equivalente a 30% do PIB e passaram depois a ser aplicadas a uma dívida progressivamente crescente. Há que frisar também que a política econômica se defrontou com um problema clássico dos programas de estabilização: a falta de

Tabela 7.2
Necessidades de Financiamento do Setor Público
Conceito Operacional (% PIB)

Composição	1991/1994	1995/1998	Deterioração	Composição (%)
Resultado primário	2,92	-0,18	3,10	76
Juros reais	3,32	4,32	1,00	24
NFSP	0,40	4,50	4,10	100

Fonte: Banco Central.

um "alicerce", representado pela política fiscal. Sem a ajuda desta, o êxito do Real dependeu quase que exclusivamente do rigor da política monetária, e os juros tiveram um papel crucial para preservar o Plano.

Em resumo, houve, ao longo do período de 1995-1998, uma deterioração dos indicadores de endividamento, tanto externo como público. As autoridades imaginavam que os ajustes poderiam esperar até um distante *day after* da privatização. Esta cumpriria o duplo propósito de garantir financiamento externo para o desequilíbrio em conta-corrente do BP e de evitar uma pressão maior sobre a dívida pública, atuando como contrapeso à pressão do déficit fiscal.

O Desfecho dos Desequilíbrios

Entre 1995 e 1998, houve um progressivo desgaste da âncora cambial como instrumento básico da política econômica. Embora essa âncora tivesse sido funcional em um primeiro momento para o combate à inflação, com o passar dos anos os problemas dela decorrentes começaram a se mostrar crescentemente onerosos. Por um lado, porque a deterioração da conta-corrente estava gerando um aumento acelerado dos passivos externos do país. E, por outro, porque a necessidade de compensar esse déficit externo mediante a entrada de capitais que se sentissem atraídos pelas elevadas taxas de juros oferecidas no mercado passou a gerar uma despesa financeira significativa. Isso, por sua vez, pressionava as contas públicas e contribuía para piorar a trajetória da relação dívida pública/PIB, além de representar um entrave para a melhora do nível de atividade. A política econômica baseada na combinação de déficits em conta-corrente e de taxas de juros reais elevadas poderia ser sustentada enquanto houvesse espaço para a ampliação do endividamento, tanto externo como público. Entretanto, com o passar do tempo — e diante das crises que sacudiram os mercados internacionais no primeiro governo FHC — esse espaço foi se fechando e praticamente deixou de existir no decorrer do segundo semestre de 1998, quando o resto do mundo deixou de financiar o Brasil e a rolagem da dívida interna passou a ser feita a taxas de juros proibitivas.

Entre o final de 1994 e o ano de 1998, o mercado financeiro internacional foi sacudido por três crises importantes. A primeira foi a do México, que eclodiu no apagar das luzes de 1994 e afetou fortemente os mercados emergentes no primeiro semestre de 1995. A segunda foi a dos países da Ásia em 1997, inicialmente originária da Tailândia e que se alastrou rapidamente para Coreia do Sul, Indonésia e Malásia. E a terceira foi a da Rússia, em 1998. Em todas elas, o Brasil foi seriamente afetado pelo "efeito contágio" associado à redução dos empréstimos aos países ditos "emergentes", que sobreveio a cada crise.

Depois dos sobressaltos associados à crise do México, em 1995, e da Ásia, em 1997, a estratégia de continuar a financiar os desequilíbrios chegou a ganhar força novamente por um breve período de tempo, no início do segundo semestre de 1998, quando, superada a crise asiática, o governo conseguiu concluir com êxito a privatização da Telebrás. Naquela ocasião, na primeira semana de agosto de 1998, as reservas internacionais do país estavam em US$74 bilhões, a crise asiática parecia cair no esquecimento e as pesquisas indicavam que FHC seria reeleito em outubro. O governo respirava aliviado. Pouco depois, porém, a moratória da Rússia — país com elevado déficit externo e onde as autoridades tinham se comprometido a não desvalorizar a moeda — mudou súbita e completamente o panorama. Com o "setembro negro" de 1998, o *day after* tinha chegado mais cedo, e os ajustes que o governo tencionava fazer ao longo de quatro anos teriam de ser feitos imediatamente. Depois de três ataques especulativos contra o Real — em 1995, 1997 e 1998, em cada uma das crises externas anteriores — o instrumento clássico de combate a esses ataques — a alta da taxa de juros — não mais se mostrava suficiente para debelar o problema, além de agravar seriamente a situação fiscal. Foi nesse contexto de crise que FHC iniciou o seu segundo mandato presidencial, em janeiro de 1999. O esquema de política econômica que vigorara até então, porém, mostrou-se, na prática, exaurido.

O Segundo Governo FHC: 1999-2002

Faltando poucas semanas para as eleições presidenciais de 1998, o governo brasileiro começou a negociar um acordo com o Fundo Monetário Internacional (FMI) que lhe permitisse enfrentar um quadro externo extremamente adverso, caracterizado pelo esgotamento da disposição do resto do mundo em continuar a financiar déficits em conta-corrente da ordem de US$30 bilhões. Isso, por sua vez, estava gerando uma fuga de capitais, porque o temor de uma desvalorização vista como iminente estava estimulando a troca de R$ por US$ antes que ocorresse a mudança cambial e/ou a adoção de algum tipo de controle de capitais.

O Fundo coordenou os esforços de apoio ao Brasil, mediante a organização de um pacote de ajuda externa, somando US$42 bilhões. Desses, US$18 bilhões seriam do FMI e o restante de outros organismos multilaterais e de diversos governos, entre eles os dos Estados Unidos, a Grã-Bretanha, a Itália, a Alemanha, a França, o Japão e a Espanha. Esse primeiro acordo contemplava um importante aperto fiscal, com o superávit primário passando de 0,0% do PIB em 1998 para 2,6% do PIB em 1999, e 2,8% e 3,0% do PIB em 2000 e 2001, respectivamente.[11] É importante registrar que o acordo não contemplava mudanças na política cambial, que seria mantida inalterada.

O acordo, porém, enfrentou dois obstáculos que se revelaram insuperáveis. O primeiro foi o ceticismo com que foi recebido pelo mercado, pouco disposto a essa altura a considerar que o Brasil poderia escapar de uma desvalorização. E o segundo foi a rejeição, pelo Congresso, de uma das mais importantes medidas do programa fiscal proposto em outubro de 1998: a cobrança de contribuição previdenciária dos servidores públicos inativos. Ela foi rejeitada pelo Congresso nos últimos dias de 1998, dando a ideia de que o governo não conseguiria ter apoio para a implementação das suas propostas.[12] Em tais circunstâncias, o pessimismo externo aumentou e a perda de divisas se acelerou, com o país enfrentando semanas nas quais a queda de reservas chegou em certos dias a ser de US$500 milhões a US$1 bilhão.

Nesse cenário — e apesar da sua defesa do regime cambial nos anos anteriores —, o governo ficou sem opção, e a desvalorização cambial foi uma imposição das circunstâncias, pois, em meados de janeiro de 1999, ela se tornara inevitável. Assim, depois de uma tentativa frustrada (que durou somente dois dias) de "domar" o processo mediante uma mudança controlada da ordem de 10% — e que, em um contexto de pânico do mercado financeiro, apenas financiou a fuga de divisas a uma taxa fixa por mais 48 horas — o governo deixou o câmbio flutuar. Assim, este, que antes da desvalorização estava em torno de R$1,20, escalou rapidamente para mais de R$2,00 em menos de 45 dias, no que se anunciava como a reedição do surto inflacionário vivido pelo México quatro anos antes.

O panorama começou a mudar com a nomeação de Armínio Fraga para o posto de presidente do Banco Central. Visto como um profundo conhecedor do mercado financeiro internacional — onde trabalhara durante anos em Nova York — ele escolheu sua equipe e anunciou duas providências: a elevação da taxa de juros básica; e o início de estudos para a adoção do sistema de metas de inflação, que há anos vinha sendo adotado em diversos países. Esta última foi entendida como uma espécie de "troca de âncora", face ao desaparecimento da âncora cambial, sendo o novo regime detalhado poucos meses depois, em junho.

O REGIME DE METAS DE INFLAÇÃO

Com a adoção do sistema de metas de inflação, o Conselho Monetário Nacional (CMN) ao definir um "alvo" para a variação do IPCA, passou a balizar as decisões de política monetária do Banco Central (BC) tomadas todos os meses pelo Comitê de Política Monetária (Copom). Este toma decisões acerca da taxa Selic com base em um modelo no qual a hipótese adotada quanto à taxa de juros e à cotação cambial gera um certo resultado da inflação, nos termos desse modelo. Assim, teoricamente, se a variação dos preços resultante de incorporar às equações uma hipótese correspondente à taxa de juros Selic vigente na época se mostrasse inferior à meta, o BC estaria em condições de reduzir os juros, enquanto, se a inflação estimada fosse superior à meta, o BC deveria subir os juros. O sistema de metas trabalha com uma margem de tolerância acima ou abaixo da meta, para acomodar possíveis impactos de variáveis exógenas, procurando evitar grandes flutuações do nível de atividade. A meta inicial fixada para 1999 foi de 8% — com tolerância de 2% acima ou abaixo do alvo — e nessa mesma oportunidade adotaram-se metas de 6% para 2000 e de 4% para 2001, passando a partir de então a se definir a meta para o ano t no mês de junho de (t-2). A inflação se manteve dentro do intervalo previsto em 1999 e 2000, mas se situou muito acima do teto em 2001 e, particularmente, em 2002.

Ao mesmo tempo, o governo conseguiu apoio político para aprovar as medidas de ajuste com as quais poderia renegociar o acordo com o FMI, já em um novo cenário. Como este incluía uma dívida pública maior — devido ao efeito da desvalorização sobre a parcela da dívida afetada pelo câmbio —, foi necessário ampliar a meta de superávit primário, que passou a ser de 3,10%; 3,25% e 3,35% do PIB para os anos de 1999 a 2002, implicando um forte aperto fiscal, em particular, nas contas do governo central (Tabela 7.1).[13]

A desvalorização não teve os efeitos inflacionários que inicialmente temiam os que a ela se opunham nos anos anteriores. Para tentar entender isso — e com o benefício da visão retrospectiva — é possível apontar para a importância dos seguintes fatos, que explicam a baixa inflação registrada:

- A desvalorização ocorreu em um momento de "vale" da produção industrial: no primeiro trimestre de 1999, esta estava 3% abaixo do primeiro trimestre de 1998 que, por sua vez, era 3% inferior ao primeiro trimestre de 1995, gerando uma contração de demanda que diminuiu muito a chance de repasse do câmbio aos preços.

- Quase cinco anos de estabilidade e a desmontagem dos mecanismos de reajuste tinham de fato mudado a mentalidade indexatória dos agentes econômicos, que tinha prevalecido até o Plano Real.
- A baixa inflação mensal inicial — variação do IPCA de 0,7% em janeiro e 1,1% em fevereiro — apesar da megadesvalorização ocorrida — diminuiu muito o temor de uma grande propagação dos aumentos de preços.
- A política monetária rígida — caracterizada por uma taxa de juros real de 15% em 1999 — cumpriu o papel esperado de conter o ritmo de remarcações e de apreciar o Real, após o *overshooting* inicial.
- O cumprimento sucessivo das metas fiscais acertadas com o FMI criou uma confiança crescente de que a economia seria mantida sob controle.
- O aumento do salário-mínimo em maio de 1999, de menos de 5% nominais, quando muitos analistas ainda projetavam taxas de inflação da ordem de 20%, teve um papel crucial nas negociações salariais da época, balizando reajustes baixos.
- A definição, em junho, de uma meta de inflação de 8% para o ano completou o ciclo de medidas para ajustar a economia a uma inflação superior à de 1998, porém, inferior a dois dígitos.

A partir do começo de 1999, o país iniciou um processo de retomada do crescimento que só viria a ser abortado pela combinação de crises de 2001. Em 1999, a economia completou o ano, no último trimestre, crescendo a um ritmo anualizado (com ajuste sazonal) de 6% em relação ao terceiro, mas o *carry over* estatístico decorrente do fato de que o PIB tinha contraído ao longo de 1998 — gerando um baixo nível de atividade no começo de 1999 — levou a um resultado muito baixo no ano como um todo. Em 2000, já sem esse efeito estatístico, a economia cresceu mais de 4%. Em termos de inflação, os resultados do IPCA foram excelentes, pois a alta de preços foi de 9% em 1999 e de 6% em 2000, neste último caso atingindo estritamente a meta de inflação.

A CRISE DE ENERGIA DE 2001

A economia brasileira tinha tido um bom ano em 2000 e se preparava no início do ano seguinte para o que a maioria dos analistas encarava como sendo uma clara possibilidade de manter esse ritmo de crescimento em 2001. Esse panorama, porém, mudou drasticamente com a crise de energia daquele ano.

A rigor, as raízes dessa crise tinham sido plantadas em anos anteriores, devido ao fato de o governo ter programado uma privatização completa das usinas hidrelétricas, que acabou não ocorrendo. Prevendo que as empresas seriam privatizadas, o governo não ampliou os investimentos, esperando que o setor privado o fizesse. Porém, a venda das empresas não ocorreu e, portanto, não houve grandes inversões em novas obras no setor, nem estatais nem privadas, com exceção da conclusão das obras em curso. Enquanto isso, o consumo de energia elétrica continuava aumentando, em um contexto marcado por grandes inovações tecnológicas e dos hábitos de consumo — massificação do uso de computadores, multiplicação do número de aparelhos de TV nas residências, uso intensivo de aparelhos de *freezer* etc.

Em 2001, em face de uma intensidade pluviométrica particularmente baixa, no pico sazonal das chuvas os reservatórios na região Sudeste/Centro-Oeste chegaram a apenas 35% de sua capacidade em março, gerando a perspectiva clara de que o país simplesmente ficasse sem energia elétrica em meados do ano, se não houvesse um ajuste forte e rápido da demanda.

Foi exatamente isso que ocorreu, com a obrigação imposta pelo governo a todos os consumidores de realizar cortes de 20% (em relação ao ano anterior) da demanda de energia. Com isso e a regularização do regime de chuvas, a situação se normalizou com o passar dos meses, e o racionamento acabou no início de 2002. Como sequela, porém, ficaram dois trimestres consecutivos de queda do PIB em termos dessazonalizados durante 2001; uma série de demandas das empresas de energia, cujo faturamento caiu seriamente e ficaram com dívidas elevadas; tarifas mais caras para ressarcir as empresas; e um modelo setorial inconcluso, pela inviabilidade política de continuar com a privatização, ao mesmo tempo que as restrições fiscais continuavam dificultando o aumento dos investimentos das empresas estatais de geração ligadas à Eletrobrás — Furnas, Chesf e Eletronorte. Essa indefinição acerca do modelo do setor foi herdada pelo governo Lula no início de 2003.

Brasil: Consumo de Energia Elétrica e Capacidade Instalada – 1981-2002
(crescimento médio, por década)

Década	Consumo energia (% a.a.)				Capacidade instalada energia (% a.a.)
	Indústria	Comércio	Residências	Total	
1981/90	5,4	5,5	7,4	5,9	4,8
1991/00	2,4	7,1	5,8	4,1	3,3
1981/00	3,9	6,3	6,6	5,0	4,0

Fonte: Pires, Gostkorzewicz e Giambiagi (2001), com base em dados da Eletrobrás.

Em 2001, a economia foi prejudicada por uma combinação de eventos, incluindo a crise de energia, o "contágio" argentino — que diminuiu a entrada de capitais — e os atentados terroristas de 11 de setembro, que abalaram fortemente os mercados mundiais.[14] Nesse contexto, o risco-país voltou a aumentar, refletindo uma menor disponibilidade de capitais para o país e afetando os juros domésticos.[15] Isso comprometeu o desempenho médio da economia no segundo governo FHC (Tabela 7.3).

Tabela 7.3
Crescimento do PIB – 1995-2002
(Médias anuais por período – %)

Variável	1995-1998	1999-2002	1995-2002
Consumo total	2,9	1,7	2,2
Consumo governo	1,0	2,0	1,5
Consumo famílias	3,5	1,6	2,5
FBCF	4,1	-1,2	1,4
Exportações	3,2	8,5	5,8
Importações	12,1	-4,2	3,6
PIB	2,5	2,3	2,4

Fonte: IBGE.

O balanço do período de 1999 a 2002 é ambíguo (Tabela 7.4). De um lado, o crescimento permaneceu baixo e o país continuou amargando taxas de juros reais elevadas; de outro, houve melhora sistemática da balança comercial e do resultado

Tabela 7.4
Economia Brasileira: Síntese de Indicadores Macroeconômicos – 1995-2002
(médias anuais por período)

	1995-1998	1999-2002	1995-2002
Crescimento do PIB (% a.a.)	2,5	2,3	2,4
Inflação (IPCA dez/dez, % a.a.)	9,4	8,8	8,1
FBCF (% PIB a preços correntes)	19,2	17,9	18,3
Tx. de cres. das exportações de bens (US$ correntes, % a.a.)	4,1	4,2	4,1
Tx. de cresc. das importações de bens (US$ correntes, % a.a.)	14,9	-4,9	4,5
Balança comercial (US$ bilhões)	-5,6	3,5	-1,1
Saldo em conta-corrente (US$ bilhões)	-26,4	-20,1	-23,3
Dívida externa líquida / Exportações de bens	2,9	3,5	3,2

Fonte: Elaboração própria, com base em dados do Apêndice Estatístico do final do livro.

em conta-corrente e o país fez um ajuste fiscal que no início do processo até os mais otimistas julgavam que seria muito difícil de implementar.

As Reformas do Período[16]

Os anos FHC foram caracterizados por marcas positivas importantes. A primeira foi a da estabilização: desde que o Índice Geral de Preços (IGP) da Fundação Getulio Vargas (FGV) começou a ser apurado, na década de 1940, em apenas três anos (dos quais nenhum nos 35 anos anteriores a 1994, ano do Plano Real) ele tinha sido inferior a 10%. Já no período de 1995-2002, isso ocorreu em quatro dos oito anos e, com o IPCA, em seis dos oito anos.

A segunda marca registrada foi a das reformas, que deram continuidade, de uma forma mais profunda, a um movimento iniciado ainda no governo Collor e em claro contraste com a "apatia reformista" do governo Lula, que sucedeu FHC. As mudanças mais importantes, que ficaram como herança para o futuro, dos oito anos de gestão de FHC e sem que necessariamente a ordem signifique um ranking de importância relativa, foram:

  i. Privatização.
  ii. Fim dos monopólios estatais nos setores de petróleo e telecomunicações.
  iii. Mudança no tratamento do capital estrangeiro.
  iv. Saneamento do sistema financeiro.
  v. Reforma (parcial) da Previdência Social.
  vi. Renegociação das dívidas estaduais.
  vii. Aprovação da Lei de Responsabilidade Fiscal (LRF).
  viii. Ajuste fiscal, a partir de 1999.
  ix. Criação de uma série de agências reguladoras de serviços de utilidade pública.
  x. Estabelecimento do sistema de metas de inflação como modelo de política monetária.

A privatização transferiu para o setor privado empresas deficitárias ou empresas superavitárias com níveis inadequados de investimento. Com a desestatização, esses gastos deixariam de pressionar as contas públicas.

O fim dos monopólios estatais exigiu aprovação de Emenda Constitucional e permitiu que os setores de petróleo e telecomunicações deixassem de ser prerrogativa exclusiva de atuação do Estado, abrindo caminho para o estabelecimento de competição no setor de petróleo — mesmo com a Petrobras continuando a ser estatal — e para a privatização da Telebrás.

A mudança no tratamento do capital estrangeiro também exigiu Emenda Constitucional. A medida, por um lado, abriu os setores de mineração e energia à possibilidade de exploração por parte do capital estrangeiro. Por outro, mudou o conceito de empresa nacional, permitindo que firmas com sede no exterior passassem a dispor do mesmo tratamento que as empresas constituídas por brasileiros. Ambas contribuíram para a elevação dos investimentos estrangeiros a partir de 1995.

No que se refere ao sistema financeiro, com os problemas associados ao desaparecimento das receitas de *float* dos bancos após o fim da alta inflação, as ineficiências do setor ficaram expostas. Em tal contexto, os anos de 1995-1997 foram marcados pelas crises dos bancos Econômico, Nacional e Bamerindus, além dos casos inicialmente não resolvidos dos bancos estaduais, notadamente Banespa e Banerj. O governo atuou, então, em diversas frentes, propiciando, entre outras coisas, uma solução de mercado para esses três bancos privados, que foram absorvidos por outras instituições financeiras, também privadas. Em particular, o governo: (1) instituiu o Programa de Estímulo à Reestruturação e ao Fortalecimento do Sistema Financeiro Nacional (Proer), concedendo uma linha especial de assistência financeira destinada a permitir reorganizações societárias no sistema, o que, com um custo fiscal relativamente baixo (estimado em 1 a 2% do PIB), evitou uma crise financeira dramática como a vivida antes no México e depois em países da Ásia e na Argentina;[17] (2) privatizou a maioria dos bancos estaduais, mediante negociações com os governadores; (3) facilitou a entrada de bancos estrangeiros no mercado brasileiro, procurando ampliar a concorrência no setor; (4) favoreceu um processo de conglomeração no setor, que deixou o mercado com menos instituições, porém relativamente mais fortes; (5) ampliou os requisitos de capital para a constituição de bancos; e (6) melhorou substancialmente o acompanhamento e monitoramento do nível de risco do sistema por parte do Banco Central.

A reforma da Previdência se deu em duas etapas. Na primeira, através da Emenda Constitucional nº 20, de 1998, estabeleceu-se uma idade mínima para os novos entrantes na administração pública, e ampliou-se a necessidade de tempo de contribuição para quem já estava na ativa, além de "desconstitucionalizar" a fórmula de cálculo das aposentadorias do INSS (referentes, portanto, aos trabalhadores do setor privado). Na segunda, mediante a Lei nº 9.876/99, aprovou-se o "fator previdenciário" para o INSS.[18] Conforme essa lei, as novas aposentadorias concedidas por esse instituto aos antigos trabalhadores do setor privado passariam a ser calculadas em função da multiplicação da média dos 80% maiores salários de contribuição a partir de julho de 1994 — para evitar questionamentos acerca de como indexar os valores anteriores ao Plano Real — por um fator previdenciário tanto menor quanto menores fossem o tempo de contribuição e a idade de aposentadoria. Uma pessoa que se aposentasse cedo, portanto, teria o seu salário de contribuição multiplicado por um fator muito inferior a 1, desestimulando aposentadorias precoces.

A renegociação dos passivos estaduais consistiu na "federalização" de dívidas frente ao mercado, mediante comprometimento dos estados junto à União, com as dívidas sendo pagas em 30 anos, na forma de prestações mensais. A contrapartida exigida, na forma de colateralização das receitas futuras de transferências constitucionais, evitou que os estados conseguissem burlar a regra de pagamento, pois nesse caso a União poderia se apropriar das receitas de transferências dos Fundos de Participação e até do ICMS estadual, o que obrigou os Estados a se ajustarem.

Já a LRF estabeleceu tetos para as despesas com pessoal em cada um dos poderes nas três esferas da Federação e, entre vários dispositivos de controle das finanças públicas, proibiu novas renegociações de dívidas entre entes da Federação.[19] A lei evitou o problema de *moral hazard* que se criava anteriormente, em que cada renegociação era feita "pela última vez" e era sucedida por uma nova pactuação das condições de pagamento quando do vencimento das dívidas. Combinado com os contratos assinados entre o governo federal e a maioria dos estados, isso fez com que estes enfrentassem uma verdadeira restrição orçamentária, além de ter propiciado a contínua melhora da situação fiscal de estados e municípios, que passaram de um déficit primário de 0,7% do PIB em 1997 — antes da renegociação de suas dívidas — a um superávit de 0,8% do PIB quatro anos depois (Tabela 7.1).

Além da LRF, o governo implementou um rígido programa de ajuste fiscal, a partir de 1999. Este representou, pela primeira vez em três décadas, a vigência de uma restrição orçamentária efetiva, baseada em metas fiscais rígidas, pondo fim à situação tradicional de falta de maior controle das contas públicas, à qual se referia Krugman na frase citada no começo do capítulo.

As agências reguladoras dos serviços de utilidade pública, nos moldes das que existem em diversos países desenvolvidos, foram criadas com o intuito de defender os interesses do consumidor, assegurar o cumprimento dos contratos, estimular níveis adequados de investimento e zelar pela qualidade do serviço, nas áreas de telecomunicações (Anatel), petróleo (ANP) e energia elétrica (Aneel).

Finalmente, o sistema de metas de inflação, ainda que institucionalmente algo precário pela ausência de autonomia do Banco Central, caracterizou um compromisso formal com a estabilidade de preços, por parte das autoridades, inédito na história do país. As metas operam como um instrumento de balização das expectativas, e a implementação do sistema foi marcada pela gestão profissional do Banco Central; pelo desenvolvimento de procedimentos de transparência no relacionamento entre a instituição e o público; pela elaboração periódica de atas do Banco Central e dos "Relatórios de Inflação"; e pela obtenção de taxas de inflação relativamente baixas

— à luz da intensidade da desvalorização cambial observada no período — embora superiores aos níveis desejados, em alguns anos.

Visto como um todo, esse conjunto de novidades moldou um país, em linhas gerais, mais assemelhado às nações desenvolvidas, genericamente caracterizadas por economias com menor presença do Estado nas atividades produtivas, sistemas financeiros sólidos, contas fiscais sob controle e níveis de inflação relativamente baixos.

AS POLÍTICAS SOCIAIS NOS ANOS FHC

No governo FHC e, especialmente, ao longo da sua segunda gestão, foram lançados ou aprimorados diversos programas, que aumentaram o gasto público e criaram uma rede de proteção social relativamente desenvolvida para os padrões de um país latino-americano de renda média, como é o nosso.

Entre essas ações, algumas das quais corresponderam a desdobramentos de programas já existentes, encontram-se:

- A expansão das medidas previstas na Lei Orgânica da Assistência Social (LOAS), que garante um salário-mínimo a idosos e deficientes, independentemente de contribuição prévia e, no final de 2002, juntamente com as Rendas Mensais Vitalícias (RMV), atendia diretamente a aproximadamente 2,3 milhões de pessoas.
- O Bolsa-Escola, do Ministério de Educação, que em 2002 garantia benefícios às famílias com crianças na escola, na época correspondentes a R$15 mensais por criança, até o limite de três crianças (R$45/mês) e que no final do governo beneficiava 5 milhões de famílias.
- O Bolsa-Renda, do Ministério da Integração, dirigido a aproximadamente 2 milhões de famílias pobres das regiões que enfrentavam o problema da seca.
- O Bolsa-Alimentação, a cargo do Ministério da Saúde, que atendia a 1 milhão de gestantes/ano na fase de amamentação.
- O Auxílio Gás, do Ministério das Minas e Energia, que previa a doação, em 2002, de R$8 mensais, beneficiando 9 milhões de famílias para subsidiar o custo do botijão.
- O Programa de Erradicação do Trabalho Infantil (PETI), da Secretaria de Assistência Social, para retirar 1 milhão de crianças do trabalho, dando a elas bolsas para estudar.

Quando se compara a situação social do Brasil no início da década de 2000 com a de outros países da América Latina afetados por processos de ajuste fiscal, nota-se que, como resultado dessas iniciativas, o Brasil passou a dispor de mais instrumentos de proteção às classes mais desfavorecidas da população. Além disso, a distribuição dos recursos é feita de forma democrática, já que a verba de um modo geral é repassada diretamente para as pessoas, sem passar pela intermediação de lideranças políticas, como em outros países da região. O fato de esses programas não terem sido na época mais populares revela, principalmente, três questões: (1) o peso da redução da renda real do trabalho no período, como um dos principais determinantes do que se poderia denominar "humor" da população; (2) a falta de competência política do governo federal para assumir a paternidade desses programas e se comunicar melhor com a população; e (3) o predomínio da percepção de insegurança nas grandes metrópoles, ligada ao aumento da criminalidade no meio urbano, já que muitos desses programas específicos estavam voltados para outras regiões que não as periferias dos grandes centros, onde se localizam as principais fontes da violência.

As Privatizações

As privatizações, na gestão FHC, caracterizaram-se pela venda de empresas prestadoras de serviços públicos, com ênfase nas áreas de telecomunicações e energia. Essas operações, por sua vez, foram marcadas por uma nova mudança de porte das empresas (em relação às privatizações de 1991-1994), o que se demonstra pelo vulto do total arrecadado.[20]

As razões por detrás do processo de privatização estão explicitadas no artigo 1º da Lei nº 8.031 de abril de 1990, conforme o qual o Programa Nacional de Desestatização (PND), lançado em 1990, tinha os seguintes objetivos fundamentais:

> "reordenar a posição estratégica do Estado na economia, transferindo à iniciativa privada atividades indevidamente exploradas pelo setor público; contribuir para a redução da dívida pública (...); permitir a retomada de investimentos nas empresas e atividades que vierem a ser transferidas à iniciativa privada; contribuir para a modernização do parque industrial do país (...); permitir que a administração pública concentre seus esforços nas atividades em que a presença do Estado seja fundamental para a consecução das prioridades nacionais; e contribuir para o fortalecimento do mercado de capitais".[21]

A essas razões originais, porém, com o passar do tempo, acabaram se superpondo outras, ligadas à necessidade de atrair capitais estrangeiros, com políticas vistas como "corretas" por estes. Em particular, durante o primeiro governo FHC, marcado por um déficit primário das contas públicas e por déficits em conta-corrente expressivos, a privatização era funcional à política econômica, pois ela, como já foi dito, simultaneamente: permitia que os elevados déficits públicos do período não pressionassem mais ainda a dívida pública; e garantia financiamento firme para parte do desequilíbrio da conta-corrente.[22] Por isso ela funcionava como "ponte", enquanto os desequilíbrios fiscal e externo — que o governo alegava serem temporários — se mantinham. Quando, a partir de 1999, a desvalorização cambial e o ajuste fiscal corrigiram o rumo da economia, a privatização deixou de ser urgente, dando origem a uma nova atitude oficial, claramente mais relaxada a esse respeito. Seja como for, a receita acumulada da venda de empresas estatais atingiu cerca de US$100 bilhões, com picos anuais de US$28 bilhões em 1997 e de US$38 bilhões em 1998, conforme dados do BNDES.

A despeito das vultosas somas obtidas com as privatizações, a avaliação de todo o processo, à luz dos resultados, não deixa de ser ambivalente. Por um lado, houve um conjunto de consequências positivas. Primeiro, a dívida pública foi favoravelmente afetada, no sentido de que sem a privatização ela seria maior ainda. Segundo, na maioria dos casos, as empresas ficaram em melhor situação e se tornaram mais eficientes depois de vendidas do que antes.[23] Terceiro, no caso das telecomunicações, em particular, houve claros benefícios sociais, medidos, por exemplo, pela queda do preço das linhas de telefonia fixa, pela redução do tempo de espera para obtenção de linhas, e, principalmente, pela proporção de telefones fixos por habitante, que, conforme dados da Anatel, em 1998 — ano da privatização — era de apenas 14 por 100 habitantes e, quatro anos depois, tinha passado para mais do dobro, fenômeno concentrado nas classes C e D. E, quarto, no caso dos estados, a venda das empresas em situação financeira mais crítica melhorou substancialmente o resultado fiscal das empresas estatais estaduais, que sofreu uma evolução positiva praticamente contínua, passando de um déficit primário de 0,4% do PIB em 1995 e, ainda, de 0,1% do PIB em 1998, para um superávit nesse conceito de 0,3% do PIB três anos depois, sendo parte importante do ajustamento do setor público (Tabela 7.1).

Do lado negativo, os resultados do processo de privatização ficaram aquém do que fora alardeado pela propaganda oficial nos anos de maior empenho privatizante dos governos. Dois elementos concorreram para isso. Primeiro, a ideia — muito citada pelas autoridades na época — de que com a desestatização o governo teria mais recursos para gastar nas áreas sociais era equivocada. A privatização foi feita fundamentalmente para permitir que as empresas privatizadas pudessem voltar a investir, livres dos problemas fiscais inerentes ao setor público, mas isso não significava que por essa razão o governo central teria mais recursos para aplicar em outras áreas. E, segundo, houve sérios problemas regulatórios no setor elétrico. Neste, embora, a rigor, a privatização tenha se limitado à distribuição de energia elétrica (pois 70% da capacidade de geração continuou em mãos do Estado), a ausência de uma regulação clara que estimulasse o setor privado, combinada com a falta de maiores investimentos das estatais, gerou uma situação em que nem o setor privado nem a Eletrobrás investiram conforme as necessidades do país. O resultado foi uma paralisia dos investimentos, que acabou contribuindo para gerar a crise energética de 2001. Mesmo que a geração praticamente não tenha sido privatizada, como a "cara" do setor elétrico aos olhos do público era dada pelas empresas de distribuição, a crise foi vista pela população como um símbolo das supostas falhas da privatização.

Em resumo, a realidade forneceu argumentos para os dois lados do debate sobre o tema das privatizações. No final das contas, politicamente, a desestatização não foi nem um caso de sucesso, como na Inglaterra de Margaret Thatcher, nem um fracasso como, por exemplo, era em geral a avaliação da privatização no final dos anos de 1990 na Argentina.

Uma Década de Transformações: A Mudança em Três Estágios

Fala-se por vezes das "décadas perdidas" de 1980 e 1990, mas a expressão não chega a fazer jus aos fatos. Primeiro, porque enquanto na década de 1980 a renda *per capita* no Brasil caiu -0,6% a.a., entre 1990 e 2000 ela aumentou 0,9% a.a. Além disso, enquanto nos anos de 1980 o governo não teve êxito em mudar o rumo da economia — numa época marcada por diversas tentativas frustradas de combater a alta inflação — a década de 1990 tem tudo para passar a ser conhecida pelos historiadores como uma "década de transformações". Nesse sentido, entendendo que 1990 foi um ano de transição em que foram feitos anúncios de mudanças, mas ainda sem grandes efeitos práticos, podemos, à luz do que vimos até agora e considerando também os primeiros anos da década de 2000, dividir essas transformações em três etapas, a saber:

- 1991-1994. Nela, o binômio privatização/abertura introduziu um choque de competição na economia, que representou uma mudança radical do modelo de economia protegida até então vigente e obrigou o setor privado a se modernizar para sobreviver face ao novo ambiente enfrentado pelos negócios. Entretanto, a inflação, que, medida pelo IGP, chegou a ser de mais de 5000% nos 12 meses anteriores ao Plano Real, permanecia como um obstáculo poderoso para as decisões de investimento de longo prazo.
- 1995-1998. No primeiro governo FHC, a estabilização associada ao Plano Real marcou uma revolução comportamental no setor privado, pois com a possibilidade de comparar preços (algo impossível quando a inflação é de 2 ou 3% por dia útil) a soberania do consumidor passou a obrigar a uma disputa entre as firmas, que potencializou os benefícios da competição introduzida pela concorrência dos importados. Porém, a existência de dois grandes desequilíbrios — externo e fiscal — gerava a impressão de que uma crise estava à espera do país — o que de fato aconteceu — funcionando como um entrave às decisões de investimento.

- 1999-2002. Correspondeu a uma tríplice mudança de regime — cambial, monetário e fiscal. Até 1998, sempre que o Brasil viveu alguma grande crise, esteve presente pelo menos um dos três seguintes elementos: alta inflação, crise externa e/ou descontrole fiscal. Foi assim no final do governo JK; na sucessão de crises de Jânio/Jango de 1961-1963; em 1973, com o choque do petróleo; nas diversas crises — externa, fiscal e inflacionária — dos anos de 1980; na hiperinflação reprimida vigente em 1994; e no ambiente de colapso que se vivia no final de 1998, com os desequilíbrios externo e fiscal. Com as medidas de 1999, o país passou a ter condições de enfrentar cada um desses problemas: se a inflação preocupa, o BC atua através do instrumento da taxa de juros; se há uma crise de BP, o câmbio se ajusta e melhora a conta-corrente; e se a dívida pública cresce, há que se "calibrar" o superávit primário. Com isso, têm-se os elementos para atacar os principais desequilíbrios macroeconômicos de forma integrada. Até então, os governos tinham muitas vezes gerado diversos desequilíbrios, enquanto o balanceamento entre os novos instrumentos a partir de 1999 permite dar conta do conjunto dos desafios e aspirar a ter inflação baixa, equilíbrio externo e controle fiscal. E, de fato, o ajuste foi expressivo: entre 1998 e 2002, o país teve uma melhora da sua balança comercial de US$20 bilhões, no contexto de uma desvalorização nominal acumulada de 192% (ou 30,7% a.a.) e uma inflação em quatro anos de menos de 40% (ou 8,8% a.a.), ou seja, um *pass-through* — coeficiente de repasse do câmbio aos preços — de menos de 0,3.

Em consequência desse conjunto de mudanças, o país ficou com uma economia muito mais moderna e competitiva do que em 1990, com estabilidade — ainda que temporariamente ameaçada em 2002, como veremos — e um conjunto de políticas macroeconômicas adequadas.

Por Que o Ajuste não Foi Percebido

Se em 1999 foram tomadas as medidas adequadas para enfrentar o duplo desequilíbrio então existente, mediante o ajuste fiscal para conter o aumento da dívida pública e a flutuação cambial para reduzir o déficit em conta-corrente, a pergunta que cabe fazer é: "O que não deu certo?". Por que, em 2002, o Brasil não era percebido como um caso de sucesso, nem pelos mercados, que castigaram o país com níveis de risco-país elevadíssimos, nem pela população, que se manifestou majoritariamente contra o governo nas eleições? No caso dos mercados, a Tabela 7.5 fornece algumas pistas.

Tabela 7.5
Dívida Líquida do Setor Público – 1994-2002 (% PIB)

Discriminação	1994	1995	1996	1997	1998	1999	2000	2001	2002
Dívida interna	21,5	22,8	26,7	27,3	32,2	34,2	35,9	42,0	44,4
Governo Central	6,7	8,9	13,1	15,2	18,8	19,5	21,2	23,4	24,4
Base monetária	3,6	2,8	2,2	3,3	3,8	4,1	3,8	4,0	4,9
Dívida mobiliária	11,7	14,2	19,4	25,6	31,3	34,4	38,2	45,9	40,4
Renegociação est./mun.	0,0	0,0	0,0	-4,9	-8,5	-11,0	-12,3	-13,3	-14,6
FAT	-2,0	-2,3	-2,3	-2,4	-3,2	-3,5	-4,0	-4,6	-5,1
Operações compromissadas	0,0	0,0	0,0	0,0	0,0	0,0	0,5	-0,7	5,2
Outras	-6,6	-5,8	-6,2	-6,4	-4,6	-4,5	-5,0	-7,9	-6,4
Estados e Municípios	9,6	9,4	10,0	11,3	12,3	13,6	13,9	16,5	18,3
Dívida renegociada	0,0	0,0	0,0	4,9	8,5	11,0	12,3	13,3	14,6
Outras	9,6	9,4	10,0	6,4	3,8	2,6	1,6	3,2	3,7
Empresas estatais	5,2	4,5	3,6	0,8	1,1	1,1	0,8	2,1	1,7
Dívida externa	8,5	5,0	3,5	4,0	5,7	9,2	8,8	9,5	15,5
Dívida total	30,0	27,8	30,2	31,3	37,9	43,4	44,7	51,5	59,9
Dívida fiscal	30,0	27,8	28,5	31,2	36,9	36,3	37,3	39,2	39,0
Ajuste patrimonial	n.d.	n.d.	1,7	0,1	1,0	7,1	7,4	12,3	20,9
Privatização	n.d.	n.d.	-0,1	-1,9	-2,9	-3,4	-4,7	-4,6	-4,3
Outros ajustes	n.d.	n.d.	1,8	2,0	3,9	10,5	12,1	16,9	25,2
Dívida interna	n.d.	n.d.	0,0	0,0	0,4	3,7	4,4	5,7	10,2
Dívida externa	n.d.	n.d.	0,1	0,2	0,5	2,9	2,9	4,2	8,3
Outros	n.d.	n.d.	1,7	1,8	3,0	3,9	4,8	7,0	6,7

n.d. Não disponível.
Fonte: Banco Central.

Note-se que entre 1995 e 2002 não houve um único ano no qual a relação dívida pública/PIB não tenha aumentado em relação ao ano anterior. Há, porém, uma diferença fundamental entre os dois governos FHC. No primeiro, a dívida aumentou por razões fiscais, pelas NFSP elevadas. Enquanto isso, no segundo governo, devido ao forte ajuste primário, a dívida de origem fiscal se manteve relativamente estável e o aumento do total se explica pela variação dos ajustes patrimoniais de 20% do PIB entre 1998 e 2002, por causa dos efeitos cambiais e do reconhecimento de dívidas antigas — ou "esqueletos". O fato, porém, é que os investidores, acostumados a olhar a evolução dos grandes agregados, continuavam vendo uma dívida pública em constante aumento.

Já a percepção de que a situação externa do Brasil estava de fato mudando de forma estrutural só se deu no final de 2002. Até meados daquele ano, o superávit comercial em 12 meses estava em torno de US$5 bilhões e a previsão de déficit em conta-corrente para 2003 era de US$20 bilhões. Só no final de 2002 se constatou que o superávit comercial tinha atingido mais de US$13 bilhões, e as previsões de mercado para o déficit em conta-corrente de 2003 tinham caído para US$5 bilhões.

O fato, porém, é que ainda no segundo semestre de 2002 quem olhasse de fora para o país chegaria à conclusão de que no Brasil a dívida pública continuava aumentando e o déficit em conta-corrente era ainda, quase quatro anos depois da flutuação cambial, da ordem de US$20 bilhões. Havia nisso uma certa miopia, pois, mantido o ajuste fiscal, o fim do processo de desvalorização levaria a uma inflexão da trajetória de aumento do endividamento público, enquanto o câmbio, cedo ou tarde, acabaria por causar uma mudança na situação externa. De qualquer forma, entre a maioria dos analistas — principalmente estrangeiros, com menor conhecimento do país — imperava grande ceticismo sobre o Brasil.

Ao mesmo tempo, por maiores que fossem os méritos da política econômica inaugurada em 1999, há duas ressalvas fundamentais para entender as suas limitações. Em primeiro lugar, o contexto externo foi muito ruim: no período de 1999-2002, o país enfrentou a maior crise econômica da Argentina em quase 100 anos; a contração da maioria dos mercados consumidores da América Latina; os efeitos dos atentados terroristas contra as Torres Gêmeas de Nova York; a desvalorização do euro; uma séria contração de crédito nos mercados internacionais; e uma queda acumulada de 17% do preço médio das exportações brasileiras entre 1998 e 2002. Tudo isso levou a uma necessidade maior de desvalorização cambial, com efeitos negativos sobre a dinâmica dos preços e dos juros, que foram pressionados pela necessidade de evitar uma maior inflação, causada pela taxa de câmbio.

Em segundo lugar, é preciso levar em conta as condições iniciais de implementação das políticas, condições essas caracterizadas por um desequilíbrio externo de grande magnitude. Isto é, o ajustamento externo era necessário, não podia prescindir de uma desvalorização e, enquanto esta se processasse, a queda dos salários reais era inevitável. Nos quatro anos entre 1999 e 2002, a cada final do ano a taxa de câmbio real foi mais desvalorizada que no ano anterior. Enquanto durasse o ajuste, portanto, as mudanças da balança comercial seriam positivas, mas as consequências internas seriam danosas. Não é de estranhar que por cinco anos consecutivos — pois esse movimento já tinha se iniciado em 1998 — o rendimento médio real anual apurado pelo IBGE tenha tido um declínio constante. Já em 2001 a renda média real medida por esse indicador era inferior à de 1995, e isso se acentuou em 2002.

O fenômeno nada mais foi do que a contrapartida da necessidade de expandir o saldo de transações reais, como pode ser visto na Tabela 7.3. Entre 1998 e 2002, devido à taxa de câmbio, as exportações reais, nas Contas Nacionais, tiveram um crescimento real médio de 9% a.a., e as importações, um declínio médio anual de 4%. Para abrir espaço para essa ampliação do saldo de transações com o exterior, o consumo *per capita* teve que ficar praticamente estagnado nesse período. Isso explica a impopularidade da política econômica, assim como a reversão desse processo explicaria a popularidade de Lula anos depois.

O desempenho relativo da economia brasileira no período não chegou a ser ruim. Cabe citar que, conforme a Cepal, enquanto entre 1995 e 1998 o conjunto dos demais países da América do Sul — excetuando o Brasil — teve um crescimento acumulado de 17%, nos quatro anos seguintes (1999-2002) ele sofreu uma *redução* total de 3%. Já o Brasil, no segundo governo FHC, cresceu um total de 10%, o que, embora fosse ligeiramente inferior aos 11% do primeiro mandato, representou um resultado bastante superior ao da região. Entretanto, após oito anos de estabilização, em 2002, o Brasil nunca tinha conseguido ter dois anos consecutivos com um crescimento anual de mais de 3%, e a média de expansão do PIB nos dois governos Cardoso tinha sido de apenas 2,4% a.a. Foi esse desempenho negativo que foi condenado pelo eleitorado em 2002.

À luz dos comentários feitos nas três seções anteriores, sobre as transformações da economia nos anos 1990, e mesmo considerando o desempenho medíocre da economia em termos de crescimento naqueles anos, o papel do Governo FHC talvez possa ser melhor avaliado a partir de uma observação feita, curiosamente, por um integrante do Governo Lula, o ex-Secretário de Política Econômica, Marcos Lisboa, que ocupou a função em 2003 e 2004, sob o Ministro Palocci. Anos depois, em 2010, ao receber o título de "Economista do Ano", no seu discurso intitulado "Instituições e crescimento econômico" e fazendo certo paralelo com outros episódios históricos de reformas estruturais que contribuíram para criar as condições para uma expansão posterior, ele viria a afirmar que

> "o cuidado com a construção das instituições não gera resultados significativos no curto prazo, mas é fundamental no longo prazo. Não se deve medir um governo ou uma gestão pelos resultados obtidos durante sua ocorrência e sim por seus impactos no longo prazo, pelos resultados que são verificados nos anos que se seguem ao seu término".[24]

O debate de quão importantes as reformas dos anos 1990 foram para o melhor desempenho da economia já no Governo Lula, entretanto, é algo que transcende os limites deste capítulo.

O MERCADO DE TRABALHO: 1995/2002

Uma das razões pelas quais o candidato do governo FHC à Presidência da República (José Serra) acabou sendo derrotado nas eleições de 2002 foi, certamente, a avaliação de que a política econômica tinha deixado a desejar em termos dos seus efeitos sobre a renda e o emprego. No caso do emprego, a rigor, os problemas principais localizaram-se no período de governo 1995-1998, uma vez que durante o segundo governo a geração de emprego foi de 2,0% a.a., em média. A taxa de desemprego era calculada pelo IBGE com base em uma metodologia que mudou no final do segundo governo FHC, o que nos impede de fazer comparações entre a nova taxa e a antiga. Porém, adotando uma hipótese realista para a taxa de dezembro de 2002 — quando a estatística de desemprego sofreu descontinuidade — estima-se que a taxa média anual de desemprego aberto no Brasil em 2002 tenha sido de 7,2% (com a metodologia antiga). Ela se compara com 5,1% em 1994 e com os 7,6% de 1998. Em outras palavras, a piora do desemprego nos oito anos de FHC se deu no seu *primeiro* governo, já que entre 1998 e 2002 o desemprego diminuiu.

Indicadores do Mercado de Trabalho no Brasil – 1995-2002
(taxas de crescimento médias por período – % a.a.)

Variável	1995-1998	1999-2002
PIA	2,3	2,2
PEA	1,9	1,9
População ocupada	1,2	2,0
Com carteira assinada	–0,7	1,5

Fonte: IBGE. Para 2002, utilizaram-se dados parciais, sem incluir o final do ano, dado que a Pesquisa Mensal de Emprego sofreu descontinuidade.
Nota: PIA = População em Idade Ativa. PEA = População Economicamente Ativa.

Conclusões

De certa forma, pode-se falar de dois governos FHC muito diferentes entre si: o primeiro, caracterizado por uma política cambial rígida, crescente dependência do financiamento externo e um desequilíbrio fiscal agudo; e o segundo, marcado pelo câmbio flutuante, redução do déficit em conta-corrente e forte ajuste fiscal. Como denominador comum a ambos governos, a justa preocupação com o combate à inflação e, do lado negativo, a contínua expansão do gasto público: a despesa primária total do governo central passou de 17% do PIB em

1994, para 18% do PIB em 1998 e 20% do PIB em 2002, apesar da distorção existente nessa comparação devido ao aumento do PIB nominal na ordem de 10% em 1995 em relação à série original de IBGE. Isto é, a consolidação da estabilização e o fim de um processo histórico de 30 anos de indexação (1964-1994) são a parte boa do balanço de um período que, por outro lado, esteve associado a baixo crescimento, aumento da carga tributária e uma pesada herança de elevado endividamento externo e fiscal.

No final da sua gestão, como saldo positivo — intangível, porém muito importante —, FHC deixou, fundamentalmente: (1) um "tripé" de políticas — metas de inflação, câmbio flutuante e austeridade fiscal — que, se mantidas ao longo de anos, poderiam criar as condições para o desenvolvimento econômico futuro, com inflação baixa e equilíbrios externo e fiscal; e (2) um elenco bastante robusto de mudanças estruturais importantes, com destaque para a Lei de Responsabilidade Fiscal; a reforma parcial da Previdência Social; o ajuste fiscal nos estados; o fim dos monopólios estatais nos setores de petróleo e telecomunicações; e a reinserção do Brasil no mundo, através da obtenção de fluxos de IDE de, na média, quase US$20 bilhões/ano nos oito anos, com perspectivas concretas de continuar a serem expressivos nos anos seguintes. Em contrapartida, em relação às expectativas que se tinham no início da estabilização, FHC ficou devendo a reforma tributária, o desenvolvimento de um mercado de crédito (ainda atrofiado pelos juros altos quase 10 anos depois do Plano Real) e a superação duradoura da vulnerabilidade externa do país, problema antigo que, inclusive, se agravou no seu primeiro mandato.

Por último, cabe uma nota importante para alguns avanços institucionais registrados em diversos campos nesse período. Em particular, a partir de 1999 adotou-se, na prática, embora não formalmente, um regime de funcionamento autônomo do Banco Central; os ritos da democracia foram rigorosamente seguidos; e, o que não foi pouco, oito anos de um governo civil se encerraram na data prevista e com a passagem normal do cargo para o sucessor. Considerando que em outros países da América Latina, nesse período, houve tentativas de golpe militar, presidentes depostos por *impeachment*, mandatos que acabaram antes do tempo devido a crises econômicas, presidentes que tiveram de fugir para não serem presos e outros presidentes que acabaram na prisão, pelo menos por certo tempo, trata-se de um feito importante. Especialmente, quando se leva em conta que, no Brasil, depois de 1945, Getúlio Vargas, Jânio Quadros, João Goulart e Fernando Collor não terminaram seus mandatos e José Sarney entregou o Poder com uma inflação mensal de mais de 80%. Entendendo a estabilidade institucional como um processo de longo amadurecimento, o Brasil tornou-se mais parecido com uma nação adulta nos anos de 1990.

Recomendações de leitura

Franco[25] expõe algumas das ideias centrais da concepção dominante na equipe econômica nos primeiros anos do Plano Real. Giambiagi[26] faz uma análise da política fiscal implementada nos dois governos FHC, de 1995 a 2002. O livro do organizador Marcelo Abreu é leitura obrigatória sobre o período.[27]

Leituras adicionais

Batista Jr.[28] inclui as principais críticas feitas à condução da política econômica nos anos FHC. O tema das reformas do período permeia mais de um capítulo de Giambiagi e Além.[29]

Notas

1. Para uma excelente avaliação dos anos 1990 e seus desdobramentos, ver a coletânea de Abreu (2014), com destaque para os textos de Abreu e Werneck (2014) e Werneck (2014a).
2. Para entender a concepção do governo e como ele encarava os principais desafios na época, ver Franco (1998). O mesmo autor, depois, fez um balanço mais abrangente do período (Franco, 1999).
3. Esse era, na época, o índice de preços ao consumidor mais considerado nas análises, tanto oficiais como de consultores privados. Posteriormente, em 1999, com a adoção do sistema de metas de inflação, o índice mais relevante passou a ser o IPCA (Índice de Preços ao Consumidor Ampliado), que tem uma composição da cesta de consumo mais abrangente.
4. Isso era uma forma de câmbio controlado, com uma taxa que, com o passar do tempo, era suavemente deslizante.
5. A desvalorização nominal em 1997 e 1998 foi da ordem de 7 a 8% a.a., enquanto a inflação em 1998 caiu para apenas 2%.
6. Os números citados neste capítulo já representam o resultado das sucessivas revisões da série histórica das Contas Nacionais de 1995 em diante.
7. Para uma crítica contundente à política econômica do período, ver Batista Jr. (2000). Uma avaliação também crítica, embora mais moderada, encontra-se em Amann e Baer (2000).
8. Ver Lopes (2003).
9. Os números das Tabelas 7.1 e 7.2 já incorporam as revisões metodológicas feitas depois do último ano da tabela, mas retroativas à década de 1990.
10. Ver Giambiagi e Além (1999) e Velloso (1998).
11. Esses percentuais referem-se ao que foi negociado na época, muito antes da revisão da série histórica do PIB que ocorreu vários anos depois e afetou a série dos dados fiscais da relação Superávit primário/PIB.
12. A taxação dos inativos tinha ainda um forte conteúdo simbólico, pela ideia de que o Brasil estaria enfrentando um velho "tabu". A medida foi depois reapresentada e aprovada mas, meses mais tarde, foi julgada inconstitucional pelo Supremo Tribunal Federal. Já então, porém, a decisão não teve a mesma repercussão negativa, pois a economia brasileira estava se recuperando e foram tomadas medidas fiscais compensatórias. A proposta viria a ser resgatada em 2003, na reforma previdenciária do governo Lula.
13. Para uma avaliação da política fiscal nos dois governos FHC, ver Giambiagi (2002).
14. Na Argentina, na época, vigorava o Plano de Conversibilidade e o mercado receava que a paridade US$/peso (fixada por lei em 1:1) não pudesse ser mantida. Como muitos investidores estrangeiros não faziam distinção entre os países ditos "emergentes", o Brasil acabou sendo indiretamente afetado pelo aumento do risco da região. Em 11 de setembro de 2001, um grupo terrorista da organização Al-Qaeda explodiu dois aviões contra as Torres Gêmeas de Nova York e um terceiro contra o Pentágono, em Washington, além de ter sequestrado um quarto aparelho que acabou caindo em uma área rural, matando todos os passageiros. Foi o maior atentado terrorista da História, visto como uma agressão

direta aos Estados Unidos e os seus efeitos iniciais se fizeram sentir pesadamente sobre os mercados financeiros internacionais.

15. Sobre o tema do risco-país, ver Garcia e Didier (2002).
16. Sobre algumas dessas questões, ver Souza (1999).
17. O saneamento do sistema financeiro promovido pelo Proer revelou-se de grande ajuda na crise financeira internacional, anos depois, em 2008.
18. Ver Ornelas e Vieira (1999).
19. Ver Afonso (2002).
20. Para a explicação e a descrição das origens da privatização, ver Pinheiro e Giambiagi (1994 e 1997). Para uma avaliação dos primeiros resultados, ver Pinheiro (1996).
21. Em 1980, as empresas estatais investiam 4,5% do PIB. Dez anos depois, essa variável tinha diminuído para apenas 1,9% do PIB. Ver Pinheiro e Giambiagi (1997).
22. Ver Bacha (1997).
23. Ver, para os casos iniciais, Pinheiro (1996).
24. Lisboa (2010), p. 7.
25. Ver Franco (1998).
26. Ver Giambiagi (2002).
27. Abreu (2014).
28. Ver Batista Jr. (2000).
29. Ver Giambiagi e Além (1999).

Capítulo

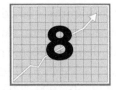

Rompendo com a Ruptura: O Governo Lula
(2003-2010)

Fabio Giambiagi

"Sou mais madura, mais experiente, mais consciente das limitações de ser Governo. Sou mais tolerante na convivência com outras forças políticas e entendo que um governo tem de ser mais amplo. Mudei muito."
Luiza Erundina, ex-prefeita de São Paulo, em 2000, respondendo à pergunta sobre o que mudara desde que tinha sido eleita prefeita pelo PT em 1988

"Não me cobrem coerência. Não tenho compromisso com o erro."
Juscelino Kubitschek, quando era acusado de mudar de opinião

Introdução

Este capítulo aborda os dois governos do presidente Luiz Inácio "Lula" da Silva (2003-2006 e 2007-2010).[1] A sua posse em 2003 teve dois significados importantes. Em primeiro lugar, em termos político-ideológicos, representou a ascensão da esquerda ao poder, através do Partido dos Trabalhadores (PT). Pelas posições deste desde a primeira vez que Lula foi candidato a presidente, em 1989, o novo governo parecia encarnar uma mensagem de transformação talvez apenas comparável, na América do Sul, à posse de Salvador Allende no Chile, nos anos de 1970.

Em segundo lugar, a perspectiva de um governo Lula servia como um teste importante para a economia brasileira. De fato, durante anos, inicialmente com as reformas dos governos Collor/Itamar Franco e, mais especialmente, após o Plano Real, as autoridades tinham assumido o discurso das mudanças estruturais. Isso implicava afirmar que a defesa da estabilidade e, a partir do final dos anos 90, a austeridade fiscal, seriam transformações permanentes, que cristalizariam ambições nacionais, e não do partido A ou B. Esse discurso, porém, tinha dificuldades para convencer muitos analistas, tanto no mercado doméstico como no internacional, como se conclui à luz dos prêmios de risco e das taxas de juros ainda bastante elevadas observadas na prática ao longo de todo o período de 1999-2002. Em outras palavras, o mercado pareceu durante muito tempo entender que o compromisso com a estabilidade e a austeridade era do presidente Fernando Henrique Cardoso (FHC), junto com seu ministro da Fazenda (Pedro Malan) e o Banco Central (BC). Havia dúvidas, porém, sobre até que ponto esses compromissos seriam mantidos pelo governo seguinte.

A desconfiança aumentou ao longo de 2002, no calor da campanha eleitoral. Em que pesem análises que procuravam fugir ao pessimismo, muitos observadores internacionais temiam a decretação de alguma forma de moratória em 2003, no contexto da adoção — que alguns julgavam certa — de políticas populistas por parte de um novo governo, encabeçado pelo PT.[2]

Ao tratar da condução da política econômica no período de 2003-2010, este capítulo aborda esses receios, chamando atenção para as dúvidas que existiam acerca da permanência do ajuste brasileiro e a forma como o novo governo lidou com elas. Ele está dividido em nove seções. Após esta introdução, analisa-se a mudança de posição do PT e, logo depois, comentam-se as primeiras medidas de política econômica do novo governo. A quarta seção mostra a superação da crise de 2002 e é seguida por uma discussão acerca das propostas apresentadas pelo novo governo ao Congresso, dando continuidade às reformas de 1995-2002. A sexta seção trata do desempenho da política econômica nos anos 2003-2010. A sétima analisa o novo papel do Brasil na economia mundial. A oitava mostra os governos FHC e Lula como parte de um processo histórico. Ao final, sintetizam-se as conclusões.

A Mudança do PT e o Caminho para o Centro

Ao longo dos anos — e à medida que crescia — o PT, bem como seu candidato a presidente da República, Lula, lançado pelo partido desde as eleições de 1989, passaram por um processo de moderação. A frase de Luiza Erundina na epígrafe deste capítulo — embora ela não faça mais parte do PT — é a expressão desse processo. Como é comum em partidos de esquerda que, tendo a perspectiva do poder, se aproximam do centro político, o PT foi abandonando algumas bandeiras que empunhou historicamente, como, por exemplo, a defesa específica da moratória da dívida externa.

Ainda que importante, esse processo de conversão do PT, até 2002, era ainda incipiente. É possível fazer uma longa listagem de declarações e/ou atos, indo desde economistas simpatizantes, até o seu próprio líder (Lula), passando por deputados e representantes diversos do partido, cujo teor trazia preocupação aos mercados no início da década. Vejamos alguns casos.

A economista Maria da Conceição Tavares, ex-deputada federal do PT e na época conselheira de Lula, escreveu em julho de 2000 artigo defendendo a ideia de que "está mais do que na hora de submeter à população um plebiscito nacional sobre a dívida externa que esclareça os prejuízos decorrentes de manter essa situação de submissão às regras do FMI que mantêm o país prisioneiro do capital financeiro internacional" (*Folha de S. Paulo*, 02/07/2000).

Naquela época, as principais lideranças do PT tinham dado seu apoio, justamente, a um plebiscito — informal e voluntário — feito junto à população pela Conferência Nacional dos Bispos do Brasil (CNBB) e que continha três perguntas. A primeira delas era se o acordo firmado com o FMI em 1999 deveria ser mantido. A segunda, se a população era favorável a uma auditoria da dívida externa. E a terceira, textualmente, se "o orçamento público nos três níveis de governo deve continuar pagando a dívida interna aos especuladores". Em artigo publicado no *Jornal do Brasil*, o então deputado federal, também do PT, Aloísio Mercadante, visto então como possível ministro da Fazenda de um eventual governo Lula, afirmou claramente que "apoiamos a iniciativa da CNBB de realizar um plebiscito sobre o endividamento do país" (*Jornal do Brasil*, 04/09/2000).

Apesar da moderação pela qual passou o partido, alguns dos seus porta-vozes mais importantes continuaram tendo até 2002 — ano das eleições — uma postura crítica em relação ao "coração" da política de ajustamento implementada a partir de 1999 pelo governo FHC. Guido Mantega, por exemplo, que representava o candidato Lula em diversos eventos e, na época, tinha uma coluna regular no jornal *Valor Econômico*, manifestou-se muito claramente nos seguintes termos em 2001, acerca das metas fiscais para 2002-2004 anunciadas na Lei de Diretrizes Orçamentárias (LDO): "A meta de superávits primários de 3% (do PIB) de 2001 a 2004, contida na última LDO, é exagerada e suicida para uma economia que precisa de investimentos" (*Valor Econômico*, 10/05/2001).

O sentido dessas afirmações tinha ficado claro em artigo do mesmo Lula já antes, em 2000, quando escreveu que "precisamos, em primeiro lugar, readquirir o controle sobre nossa política fiscal e monetária, hoje comandada pelo FMI, a serviço da geração de superávits primários para pagar os credores" (*Valor Econômico*, 02/05/2000). Ressalte-se que, mesmo pouco tempo antes das eleições, esse tom era mantido. Em agosto de 2002, dois meses antes da disputa presidencial, o mesmo Mantega afirmava que o superávit primário de 3,75% do PIB definido para 2003

"(...) é um obstáculo para o país aumentar seus gastos sociais. Por isso vamos reabrir a discussão do superávit primário com o FMI. Se nós baixarmos nossos gastos com juros, o superávit pode ser menor" (*O Globo*, 24/08/2002). O próprio candidato Lula assim se expressou no debate promovido pela TV Record entre todos os candidatos antes das eleições, no dia 2 de setembro de 2002, afirmando que o país "não pode continuar sendo vítima da insanidade de uma política econômica que só pensa no pagamento de juros e não pensa no pagamento de salários".[3] A pergunta natural feita pelos detentores de ativos importantes no sistema financeiro era, portanto, o que isso implicaria no futuro. Isto é, se pagar os juros da dívida não era mais prioritário, como eles seriam pagos?

É importante fazer a ressalva de que argumentos como os aqui transcritos não implicavam necessariamente uma defesa da proposta de não pagar a dívida, seja a externa ou a pública, propostas que, de fato, o PT não defendia na época. Entretanto, a simples menção à possibilidade de um debate acerca da conveniência ou não desse pagamento, patrocinado por quem tinha chances concretas de ser governo, alimentava os temores do mercado financeiro, nacional e internacional. Ou seja, se parlamentares influentes do Partido manifestavam-se sobre a conveniência de realizar um plebiscito sobre a dívida externa e assessores de Lula opunham-se radicalmente aos níveis de superávit primário então existentes, havia dúvidas compreensíveis entre os detentores de títulos do governo brasileiro acerca de que atitude seria adotada pelo PT, caso fosse governo, quanto ao pagamento da dívida externa e da sustentação de superávits primários que permitissem honrar a despesa com juros da dívida interna.

Um momento importante do debate programático se deu em 2001, com a divulgação do primeiro documento oficial do Partido com vistas às eleições de 2002.[4] Intitulado "Um outro Brasil é possível" e divulgado como plano econômico, nele constavam entre outras, textualmente, as propostas de:

- Renegociação da dívida externa (p. 5).
- Limitação, na forma de um percentual-teto das receitas, da disponibilidade de recursos destinados ao pagamento de juros da dívida pública (p. 19).

O programa econômico, posteriormente, em parte, revisto — mas sem mudanças de fundo — e rebatizado, sintomaticamente, de "A ruptura necessária", foi aprovado meses depois pela máxima instância deliberativa do partido, em um encontro nacional ocorrido no final de 2001 na cidade de Olinda.

No meio financeiro, as expressões "renegociação da dívida externa", "limitação ao pagamento de juros" e a palavra "ruptura" só não tiveram efeito imediato porque na época as eleições estavam ainda distantes. Entre os analistas de mercado que se detiveram na análise do documento, porém, a leitura deste gerou preocupação.

O programa foi complementado com o documento divulgado pelo instituto associado ao partido e que elaborou o projeto conhecido como "Fome Zero".[5] Esse documento — que não tecia maiores considerações acerca das fontes de financiamento para o Programa — propunha, entre outras coisas:

- Conceder benefícios previdenciários de 1 SM aos trabalhadores não contribuintes do INSS do meio urbano, estimando-se explicitamente que "o efeito decorrente da inclusão dessa nova massa de indivíduos na Previdência poderá provocar um aumento da ordem de 2% do PIB na despesa de benefícios" (p. 86).
- (Na tabela que definia os usos e fontes) financiar o "Fome Zero" através de um sistema de cupons de alimentação com custo estimado no próprio documento em aproximadamente 1,7% do PIB, com "recursos do Tesouro e da assistência social" (p. 101), o que significava, na prática, em se tratando de um novo programa, um aumento de gastos nesse montante, sem fonte de recursos assegurada.

Em outras palavras, o documento, cuja página de apresentação era assinada pelo próprio Lula, propunha aumentar o gasto público, assistencial e previdenciário mediante medidas que, somando as citadas com outras propostas, representavam uma variação do gasto da ordem de 5% do PIB em relação à situação da época.

Essas questões são importantes porque, sem entendê-las, não se pode compreender o comportamento do mercado financeiro em 2002 e o alívio resultante do abandono desse tipo de postura em 2003.

O discurso do PT começou a mudar de tom no meio da disputa eleitoral de 2002 a partir da escolha, como coordenador do programa de governo, de um quadro com experiência administrativa e então já filiado às correntes moderadas do partido: Antônio Palocci, na época prefeito de Ribeirão Preto e que tinha sido anteriormente deputado federal.

Palocci, que até então não era um dos membros mais destacados do PT, começou a agir com desenvoltura e, na qualidade de coordenador do programa, foi conversando com diferentes grupos de economistas, de um lado, e com representantes do *establishment*, do outro. A visão que ele transmitia aos seus interlocutores era de que o partido tinha mudado. Em outras palavras, de certa forma, a mensagem que se tentava passar era que o PT tinha rompido com a ideia de ruptura.

A QUESTÃO DA GOVERNABILIDADE

Após a aprovação da nova Constituição, em 1988, e do esfacelamento da então coalizão governante, baseada no binômio PMDB-PFL (respectivamente, Partido do Movimento Democrático Brasileiro e Partido da Frente Liberal) — que tinha conquistado uma vitória esmagadora nas eleições parlamentares de 1986 —, o processo político-partidário brasileiro viria a se caracterizar por três elementos básicos, a saber: (1) a exigência, para a aprovação de Emendas Constitucionais, de três quintos dos votos das duas casas do Congresso e, em cada uma delas, em duas votações; (2) a elevada fragmentação partidária; e (3) a intenção manifesta de sucessivos governos, desde os anos 90, de mudar certos artigos da Constituição, o que esbarrava em (1) e (2).

Isso deu origem à contingência de o partido no poder ter de construir o que os estudiosos da ciência política denominam de "presidencialismo de coalizão".* Observe-se que, pelo resultado das eleições de 1998, por exemplo, primeiro, nenhum partido tinha mais de 25% dos votos na Câmara de Deputados; segundo, o PSDB (partido do então presidente da República) tinha menos de 20% dos deputados; e terceiro, para aprovar uma Emenda Constitucional, que requer 308 votos, era necessário somar todos os votos de pelo menos quatro partidos.

**Distribuição das Bancadas Partidárias na
Câmara de Deputados nas Eleições Legislativas de 1998 e 2002**

Partidos	1998		2002	
	Deputados	Participação %	Deputados	Participação %
PFL	105	20,5	84	16,4
PSDB	99	19,3	71	13,8
PMDB	82	16,0	74	14,4
PPB	60	11,7	48	9,4
PT	58	11,3	91	17,7
PTB	31	6,0	26	5,1
PDT	26	5,1	21	4,1
PSB	19	3,7	23	4,5
PL	12	2,3	26	5,1
Outros[a]	21	4,1	49	9,6
Total	513	100,0	513	100,0

Fonte: Jornais diversos da época.
[a] Em 1998, 9 partidos. Em 2002, 10 partidos.

---

* Ver Abranches (2003).

Essa realidade não se modificou substancialmente nas eleições de 2002. Isto é, independentemente de qual fosse o presidente, ao longo da campanha já ficara nítido que nenhum partido teria uma hegemonia clara, e que seria necessário construir coalizões amplas para governar. A diferença com relação às eleições anteriores é que, em 1994 e 1998, FHC construiu a coalizão junto com a sua candidatura, fazendo uma aliança eleitoral já para a campanha, com o argumento de que "sem alianças, é possível vencer, mas não governar". Enquanto isso, Lula, diante das dificuldades de avançar mais para o centro, em função da dinâmica eleitoral, fez uma aliança com um pequeno partido de centro — o Partido Liberal-PL — mas deixou para discutir alianças mais amplas depois das eleições. Foi por esse motivo que, em nome da governabilidade, o PMDB — que apoiou José Serra para a presidência em 2002 — passou a ser cortejado para formar parte do governo, em 2003 e se integrou plenamente a ele nos anos posteriores.

Em 2003, opinando a respeito do contraste entre o que o PT tinha proposto historicamente e o que ele vinha fazendo, mais de um jornalista lembrou a frase de JK citada no começo do capítulo e com a qual ele repelia, nos anos de 1950, aqueles que apontavam contradições entre suas promessas e seus atos. Para a conversão da cúpula do partido em favor de se ter um governo moderado é provável que tenham convergido dois fatores:

- A dramaticidade da crise argentina de 2001-2002, que deixou claros os problemas que poderiam resultar de uma paralisia completa dos empréstimos ao Brasil.
- A própria seriedade da situação externa do país no final de 2002, indicando que, sem a recuperação do crédito externo e o acesso aos recursos do FMI, havia riscos de Lula ter de assumir em 2003 com uma situação gravíssima, dólar pressionado, inflação ascendente e o país correndo risco de insolvência.

Independentemente de quais tenham sido as razões, o fato é que o PT acelerou o seu processo de mudanças durante 2002. Três documentos importantes, lançados pelo Partido ao longo do ano, confirmaram essa transformação. Em primeiro lugar, a "Carta ao Povo Brasileiro", em junho, na qual o PT se comprometeu a "preservar o superávit primário o quanto for necessário para impedir que a dívida interna aumente e destrua a confiança na capacidade do governo de honrar os seus compromissos", frase praticamente idêntica à empregada nos anos anteriores por Pedro Malan e sua equipe para justificar os sucessivos apertos da política fiscal a partir de 1999.[6] Em segundo, o programa de governo formalmente apresentado em julho, muito mais moderado que os anteriores.[7] E, em terceiro, em agosto, a "Nota sobre o Acordo com o FMI", pela qual o partido prometeu respeitar o acordo com o FMI negociado no final do governo FHC.[8]

A mudança — que teve depois como um marco o anúncio do nome de Palocci para o cargo de ministro da Fazenda — seria completada, já no governo, em 2003, com a divulgação de um documento oficial de caráter conceitual, intitulado "Política Econômica e Reformas Estruturais".[9] Nesse trabalho, se propunha um modelo de desenvolvimento que preservasse a estabilidade econômica, redirecionando, porém, o gasto público de modo a que este chegasse às classes sociais efetivamente mais necessitadas. O citado texto enfatizava tópicos como a necessidade de rever a Lei de Falências; a concessão de autonomia operacional ao Banco Central; a importância de modificar as regras de aposentadoria do funcionalismo; a defesa de uma maior focalização do gasto público e outras propostas que, até então, o PT tinha tradicionalmente combatido.

Emblemático da mudança de enfoque do Partido foi o reconhecimento, nesse documento do Ministério da Fazenda, do mérito de muitas das políticas sociais do governo anterior, ao afirmar que "(...) ao longo dos últimos 10 anos, o Brasil reduziu significativamente o grau de extrema pobreza em cerca de 4,5 pontos percentuais, apresentando um dos melhores desempenhos entre os países latino-americanos" (p. 37). O contraste entre essa passagem do documento e as críticas do PT nos anos anteriores, acerca do suposto descaso do governo FHC com a questão social, é evidente.

As Primeiras Medidas de Política Econômica

Poucos dias após as eleições de 2002, Martin Wolf, editor do *Financial Times*, publicou um artigo, reproduzido no Brasil pelo jornal *Valor Econômico*, tendo como título "Ao Senhor Presidente Lula da Silva", no qual dizia que o melhor caminho para o país evitar uma moratória era obter um superávit primário de 6% do PIB.[10] Qual devia ser, exatamente, o nível de superávit primário era uma questão em aberto na época, dada a dificuldade de conhecer com precisão as taxas futuras de juros e de crescimento do PIB. Entretanto, existia a percepção difusa de que o superávit de 3,75% do PIB — previsto para 2003, no acordo negociado com o FMI em 2002 — não era mais suficiente para a situação na qual a economia brasileira se encontrava. Primeiro, porque, para reconquistar a confiança da comunidade financeira, os credores reclamavam um certo grau de *overshooting* fiscal, que não deixasse dúvidas acerca da trajetória futura da relação dívida pública/PIB. Segundo, porque tudo indicava que a taxa de juros real teria de sofrer um aumento expressivo em 2003 em relação a 2002, para poder combater a inflação que estava se estabelecendo na economia no final de 2002. E, terceiro, porque a dívida pública tinha aumentado muito como percentual do PIB, requerendo um ajuste adicional da meta de superávit primário.[11]

QUAL DEVE SER O SUPERÁVIT PRIMÁRIO?

Há uma conhecida fórmula para calcular o superávit primário (como fração do PIB), requerido para manter estável a relação dívida pública/PIB, e que é uma função da taxa de juros e do crescimento econômico. Tal fórmula é

$$p = d \cdot (i-q) / (1+q) - s$$

onde p é o superávit primário expresso como proporção do PIB; d é a relação dívida pública/PIB; i é a taxa de juros real da dívida pública; q é o crescimento da economia; e s expressa a relação "Senhoriagem"/PIB, ou seja, o fluxo de financiamento através da emissão monetária. Na fórmula, o componente d considera a dívida "pura", isto é, aquela que rende a necessidade de pagamento de juros e, portanto, não inclui a base monetária, que nas estatísticas oficiais é parte da dívida pública.

Para uma dívida inicial de 55% do PIB — sem base monetária — similar à que existia no final de 2002 no Brasil, e uma senhoriagem de 0,4% do PIB, consistente com uma inflação baixa, o conjunto de resultados do superávit primário, para valores realistas das taxas de juros e de crescimento da economia, é dado pelo quadro a seguir.

Superávit Primário Requerido para Estabilizar a Relação Dívida Pública/PIB (% PIB)
d = 0,55; s = 0,004

		\multicolumn{4}{c}{Crescimento real do PIB (%)}
		2,0	3,0	4,0	5,0
Taxa de juros real (%)	8,0	2,8	2,3	1,7	1,2
	9,0	3,4	2,8	2,2	1,7
	10,0	3,9	3,3	2,8	2,2
	11,0	4,5	3,9	3,3	2,7
	12,0	5,0	4,4	3,8	3,3

No início de 2003, a economia brasileira encontrava-se no lado inferior esquerdo da tabela, com a necessidade de elevar os juros para combater a inflação e com a perspectiva de um crescimento estimado para aquele ano em apenas 2% — que, depois, acabou sendo menor. Com uma taxa de juros real prevista para o ano da ordem de 10% ou mais, é natural que as recomendações dos especialistas em questões fiscais apontassem para a necessidade de ter um superávit primário próximo a 4,0% do PIB, como se vê na parte inferior da primeira coluna da tabela.

É válido admitir que a relação superávit primário/PIB poderia cair, nos anos seguintes, se a economia crescesse mais e/ou os juros cedessem. Cabe lembrar que a fórmula calcula o superávit necessário para estabilizar a relação dívida/PIB, mas se o objetivo é que esta diminua, o superávit tem de ser maior que o apontado pela tabela para cada combinação de hipóteses. Foi o que acabou acontecendo de 2003 em diante.

Ao mesmo tempo, a política monetária também estava exigindo decisões urgentes. Em que pesem as sucessivas elevações da taxa de juros Selic a partir de outubro de 2002 — quando, em aproximadamente 60 dias, a taxa nominal definida pelo Banco Central passou de 18% para 25% a.a. — um número crescente de analistas entendia que essa reação, além de tardia, tinha sido insuficiente, face à intensidade da alta de preços que estava se verificando, e defendia novas rodadas de aperto da política monetária.[12]

"Novo ajuste fiscal" e "aumento da taxa de juros", um ano antes, na reunião de Olinda de final de 2001, eram as últimas coisas que o PT imaginava fazer se assumisse o poder após as eleições de 2002. Portanto, eram medidas que constituíam uma espécie de "teste" para o Partido e o governo Lula, na visão do mercado financeiro, de cujo resultado dependia em parte o destino da nova administração. Aquela parcela do mercado que encarava com receio a possibilidade de uma vitória de Lula e tinha ojeriza às posições antigas do PT em defesa da "ruptura", mas simpatizava com a "Carta ao Povo Brasileiro" e com o compromisso de "gerar o superávit primário necessário para evitar novos aumentos da dívida pública", teria nos primeiros passos do novo governo a medida de qual seria, afinal de contas, o "verdadeiro" PT: o de Olinda, de 2001, ou o da "Carta ao Povo Brasileiro", de junho de 2002?

No período que foi da vitória eleitoral, em outubro de 2002, até abril de 2003, isto é, nos seis meses seguintes às eleições, o governo tomou as seguintes decisões, que representaram uma mudança clara em relação ao passado do PT e contribuíram decisivamente para reduzir o grau das tensões macroeconômicas existentes no final de 2002:

- Nomeou para o cargo de presidente do Banco Central o ex-presidente mundial do Bank Boston, Henrique Meirelles, mantendo, inicialmente, todo o restante da Diretoria anterior, em claro sinal de continuidade.
- Anunciou as metas de inflação para 2003 e 2004, de 8,5% e 5,5%, respectivamente, que implicavam um forte declínio em relação à taxa efetivamente observada em 2002, reforçando a política anti-inflacionária.
- Elevou a taxa de juros básica (Selic) nas reuniões do Comitê de Política Monetária (Copom), mostrando que isso não era mais um "tabu" para o PT.

- Definiu um aperto da meta de superávit primário, que passou de 3,75% para 4,25% do PIB em 2003.
- Ordenou cortes do gasto público, para viabilizar o objetivo fiscal, deixando de lado antigas promessas de incremento do gasto.
- Colocou na Lei de Diretrizes Orçamentárias o objetivo de manter a mesma meta fiscal, de 4,25% do PIB de superávit primário, para o período de 2004-2006.

Em conjunto, essas medidas deram sequência ao abandono de muitas das bandeiras históricas do partido observado em 2002 e representaram uma mudança completa em relação à maneira como o PT via a política econômica até poucos meses antes. Já vimos manifestações de importantes quadros do partido acerca da necessidade de inverter as prioridades fiscais, feitas em 2000, em 2001 e algumas delas ainda em 2002. Em 2003, o enfoque era muito diferente: diante das cobranças dos que defendiam um aumento do gasto público, Lula, já como presidente da República, desabafou: "Todo mundo tem o direito de ser contra (a política do governo), mas, por favor, apresentem de onde vão tirar o dinheiro" (*Folha de S. Paulo*, 07/05/2003).

Agindo assim, o PT somou-se a um vasto conjunto de partidos de esquerda que, ao longo dos anos e em diferentes países, tinham se transformado durante o exercício do Poder, adotando políticas relativamente ortodoxas, baseadas na austeridade fiscal e na estabilidade de preços. De certa forma, anos depois, o partido dava razão à tese que muitos de seus líderes antes criticavam, de que tanto a austeridade como a estabilidade deveriam ser políticas de Estado, independentemente do partido que estivesse no governo.

A Superação da Crise de 2002

Os problemas econômicos de 2002 refletiam, em parte, uma crise de desconfiança associada à incerteza em torno do que ocorreria com a política econômica a partir de 2003, com a posse do novo governo.[13] Três indicadores, ligados entre si, captaram com toda intensidade essa incerteza. Primeiro, o risco-país, medido pelos C-Bonds, atingiu mais de 2000 pontos-base em outubro de 2002, depois de se encontrar em pouco mais de 700 pontos em março daquele ano. Segundo, a taxa de câmbio que, em março de 2002, fechara a R$/2,32US$ — mesma cotação de final de 2001 — chegou a R$/3,89US$ no final de setembro, último dia útil antes das eleições (representando, portanto, um aumento da cotação cambial de 68% em seis meses). Por último, a expectativa de inflação para 2003 elevou-se dramaticamente a partir de setembro.

A expectativa média do mercado para a variação do IPCA de 2003, apurada pelo Banco Central em janeiro de 2002, era de 4,0%. Ela foi aumentando lentamente e chegou a setembro de 2002 em torno de 5,5%. Quando ficou claro que Lula venceria as eleições, face à indefinição que existia acerca da condução futura da política monetária, em um cenário com o dólar pressionado, essa expectativa para a inflação de 2003 subiu quase 600 pontos em menos de dois meses, chegando a novembro em 11%.

Aquele foi um momento de auge da incerteza acerca de que rumos tomariam a política monetária e as principais variáveis macroeconômicas a partir do mês de janeiro seguinte, quando assumiria o presidente eleito. Até setembro, a taxa de juros nominal Selic estava em 18% a.a., quando a inflação em 12 meses, medida pelo IPCA, se situava em 8%. Com a disparada do dólar e o contágio da inflação mensal no último trimestre — que elevou a inflação de 2002 a quase 13% — a equipe do Banco Central de FHC elevou os juros até 25%, mas isso revelou-se relativamente inócuo face à falta de precisão a respeito da política a ser adotada a partir de janeiro de 2003.

A sequência anteriormente mencionada de nomeação de Palocci para ministro da Fazenda, seguida da indicação de um banqueiro central visto pelo mercado como confiável; do anúncio da conservação inicial do restante da diretoria do BC, herdada de Armínio Fraga; e de duas novas rodadas de aumento dos juros, até 26,5% a.a., já no governo Lula, gerou uma grande distensão do ambiente financeiro a partir do primeiro trimestre de 2003. Nesse contexto — e ajudada pelos excelentes resultados mensais da Balança Comercial — a taxa de câmbio recuou para menos de R$3,00 no segundo trimestre. Enquanto isso, o risco-país (medido pelo C-Bond) desabava para menos de 800 pontos, praticamente o mesmo nível de um ano antes, "devolvendo" em sua totalidade o que em 2002 o mercado denominava de "efeito Lula".

Como parte da sequência de ações ortodoxas (vistas como "pró-mercado") adotadas em 2003, deve ser citada a renovação do acordo com o FMI, até o final de 2004, mantendo o esquema de comprovação regular do cumprimento das metas fiscais e todo o arcabouço normal dos acordos com a instituição. Uma diferença importante em relação a acordos anteriores, porém, foi que, na prática, no novo acordo, embora dispondo da linha de crédito daquela instituição, o país não fez uso dos recursos. Assim, o programa operou como uma espécie de "prevenção" contra possíveis crises, mas sem implicar maiores diferenças para 2004 em relação à política econômica implementada em 2003.

Contudo, em termos de contaminação dos preços associada à desvalorização anterior da taxa de câmbio, o mal estava em parte feito. Isso porque a inflação dos primeiros meses de 2003, embora com tendência declinante, revelou-se maior que a do mesmo período de 2002, elevando assim o acumulado em 12 meses até um pico de 17% em maio. Só a partir do segundo semestre de 2003 — e depois de uma queda mais acentuada da inflação — o BC se viu à vontade para seguir com convicção uma política de redução das taxas de juros.

Resumindo o que foi discutido até aqui, o governo Lula assumiu em uma situação de certa forma paradoxal. Ao longo dos oito anos anteriores, Lula e o PT tinham tido uma postura crítica, acusando o governo FHC de estar "obcecado" pela estabilidade. Ao mesmo tempo, questionava-se a chamada "vulnerabilidade externa", foco de parte importante do diagnóstico e das propostas do PT durante a campanha eleitoral. O PT preparou-se, então, para, uma vez no governo e julgando que a batalha contra a estabilidade estaria vencida, dar início imediatamente à tão almejada fase de crescimento da economia e de superação da crise externa.

Ao chegar o momento de assumir o poder, porém, a situação não poderia ser mais diferente do que se imaginava no início da campanha eleitoral de 2002, quando a expectativa generalizada era de que o Brasil teria naquele ano uma inflação de 4 ou 5%, um superávit comercial da ordem de US$5 bilhões e um déficit em conta-corrente próximo dos US$20 bilhões. Ao se encerrar 2002, a inflação era de 13%, o Brasil tinha retornado à fase dos "megassuperávits" comerciais, com o saldo ultrapassando US$13 bilhões e o déficit em conta-corrente tinha caído para menos de US$8 bilhões.

Ao longo de 2003, a ortodoxia fiscal e monetária abraçada pelo novo governo gerou resultados positivos em termos de combate à inflação, ajudada naturalmente pela queda do câmbio no início de 2003 — causada, em parte, pelo rigor da política monetária. Para isso, contribuiu não apenas a política econômica como também a abundância conjuntural de liquidez internacional, face às baixíssimas taxas de juros vigentes nos Estados Unidos, na época em torno de 1% a.a. Com a perspectiva de que o mercado de câmbio revertesse em parte a desvalorização de 2002, isto é, tendo pela frente a possibilidade de um importante ganho de capital medido em dólares, houve uma grande entrada de recursos que, por sua vez, contribuiu para fazer cair a cotação do dólar.

A contrapartida da queda da inflação foi a elevação da taxa de juros real Selic — usando o IPCA como deflator — de 6% em 2002, para 13% em 2003. Na sequência desse processo, a atividade econômica sofreu as consequências e o desempenho do PIB ficou comprometido em 2003.

As Propostas de Reforma de 2003

Juntamente com as medidas de aperto monetário e fiscal, outro elemento importante para justificar a "guinada" do mercado após a onda de desconfiança que precedeu a eleição de Lula foi o compromisso do novo governo com as chamadas "reformas estruturais". Assim como no caso da política econômica em geral, tal mensagem também foi vista como sinal de continuidade em relação às reformas, ainda incompletas, de 1995-2002.

Concretamente, esse compromisso se traduziu em dois fatos:

- O envio ao Congresso da proposta de reforma tributária.
- O encaminhamento, em paralelo com a reforma tributária, da proposta de reforma da Previdência Social.

No primeiro caso, a reforma tributária proposta visava quatro objetivos: (1) uniformizar a legislação do ICMS, contribuindo para reduzir as possibilidades de evasão; (2) prorrogar a Desvinculação de Receitas da União (DRU), que reduz parcialmente a vinculação das despesas às receitas, dando certa margem de manobra às autoridades para remanejar recursos e aproveitar receitas para fazer superávit primário, sem ter de gastá-las; (3) renovar a Contribuição Provisória sobre Movimentações Financeiras (CPMF), evitando queda da receita em 2004; e (4) transformar a Contribuição para o Financiamento da Seguridade Social (Cofins) em uma tributação sobre o valor adicionado, em substituição à taxação "em cascata" até então prevalecente.

No caso da Previdência Social, a proposta se concentrou no regime dos servidores públicos e, basicamente, contemplou os seguintes elementos mais importantes: taxação, através de alíquota contributiva, dos servidores inativos, com a mesma alíquota dos ativos, ressalvado um limite mínimo de isenção; aplicação de um redutor para as novas pensões acima de um certo piso de isenção; antecipação, para todos os funcionários da ativa (inclusive aqueles já empregados), da idade mínima para aposentadoria integral, de 60 anos para os homens e 55 para as mulheres, prevista apenas para os novos entrantes na Emenda Constitucional nº 20, de 1998; e definição do mesmo teto de benefícios do INSS para os benefícios dos novos entrantes, com a possibilidade de criação de fundos de pensão para a complementação da aposentadoria a partir desse limite.[14]

As propostas estavam longe de completar a agenda de reformas necessárias da Previdência Social, que provavelmente um dia irá requerer uma nova mudança das regras de aposentadoria do INSS. Elas foram, porém, muito bem recebidas pelo mercado. A razão é que se tratava de um conjunto de providências que, primeiro, eram mais profundas do que inicialmente se imaginava; segundo, representavam um rompimento com as bases corporativas do funcionalismo, que tradicionalmente estiveram vinculadas ao PT; e terceiro, iam na direção certa de reforço do ajuste fiscal e redução das desigualdades sociais.

O Desempenho da Economia no Período 2003-2010

O desempenho da economia brasileira a partir de 2003 foi decisivamente influenciado pela evolução da economia internacional e, face à continuidade do regime de metas de inflação, que tinha sido inaugurado em 1999, também da taxa de câmbio e da inflação. Isto é, após o anúncio das novas metas — de 8,5% para 2003 e de 5,5% para 2004 — as decisões mensais acerca da taxa básica de juros nas reuniões do Comitê de Política Monetária (Copom) do Banco Central foram sempre tomadas em função da tentativa de atingir o alvo proposto, que, de 2005 em diante, seria de 4,5% a.a.

Devido ao comportamento favorável da taxa de câmbio e à rígida política monetária adotada pelo Banco Central, a inflação em 12 meses acabou cedendo substancialmente a partir do segundo trimestre do ano e fechou 2003 em 9,3%, ligeiramente acima da meta de 8,5%, porém abaixo do nível psicologicamente importante dos dois dígitos. Já a taxa de juros real média em 2003-2004, medida pela Selic, mostrou-se similar à do segundo Governo FHC, indicando mais um aspecto em que a política econômica do primeiro Governo Lula assemelhou-se, pelo menos inicialmente, à do seu antecessor. Enquanto que entre 1995-1998 a taxa Selic real média foi de 22% a.a., no período 1999-2002 ela caiu para 10% a.a., subindo para 13% a.a. em 2003 e cedendo para 8% em 2004. A rigor, com a nova alta da Selic depois observada em 2005, a taxa de juros real anual média de 11% a.a. do primeiro Governo Lula (2003-2006) foi ligeiramente superior à do segundo Governo FHC, embora depois tenha diminuído significativamente, para 6% a.a., no segundo Governo (2007-2010).

O Gráfico 8.1 mostra que nos oito anos do Governo Lula, o Banco Central, conduzido de modo autônomo por Henrique Meirelles e por vezes à revelia das posições defendidas pelo Ministério da Fazenda, implementou nada menos que quatro rodadas de elevação nominal dos juros, algo dificilmente previsível em 2002, a se confiar nos documentos programáticos do PT escritos em anos anteriores: no começo do Governo, em 2003, quando, com o dólar ainda pressionado, a taxa Selic nominal — anualizada — foi aumentada de 25,0% para 26,5%; entre setembro de 2004 e maio de 2005 quando, no contexto de uma forte alta das *commodities* ela passou de 16,0% para 19,75%; entre abril e setembro de 2008, quando o forte crescimento da economia e o temor do Banco Central quanto a uma pressão de demanda levaram a uma alta de 11,25% para 13,75%; e, finalmente, entre abril e julho de 2010, quando a taxa, em função de um receio similar, já afastada a crise econômica de 2009, passou de 8,75% para 10,75%. Embora o Brasil tenha continuado a ter taxas de juros reais muito elevadas no contexto internacional, da observação do Gráfico 8.1 se depreende que o denominador comum dos ciclos foi que os "picos" e os "vales" de cada processo foram cada vez menores que no ciclo anterior.

Gráfico 8.1
Selic Nominal (%)

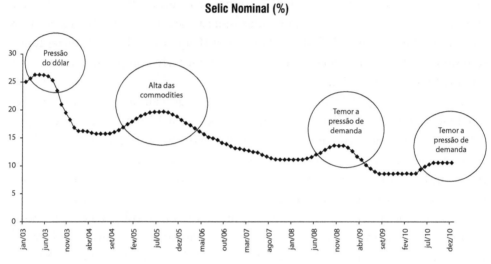

Fonte: Banco Central.

Por sua vez, a apreciação da taxa de câmbio real brasileira — medida pela relação Taxa de câmbio nominal × IPC dos EUA/IPCA — ao longo dos anos Lula foi substancial, em parte influenciada pela melhora dos termos de troca e pela abundância de recursos à disposição no mercado internacional.[15] O fenômeno pode ser compreendido e avaliado à luz dos Gráficos 8.2 e 8.3, este último mostrando a forte correlação verificada entre o preço dos produtos exportados pelo Brasil e a evolução da taxa de câmbio.

A política fiscal inicial do novo Governo revelou-se, também contrariamente à retórica de campanha eleitoral, mais contracionista que no Governo anterior. De fato, em 2003, especificamente, o gasto primário total, incluindo as transferências para Estados e Municípios e utilizando o deflator implícito do PIB como deflator, caiu 5% em termos reais. Por outro lado, ele voltou a aumentar fortemente já a partir de 2004, sendo financiado pela elevação da carga tributária, repetindo o padrão de incremento simultâneo desta e da relação gasto público/PIB observado nos anos FHC.

A queda das receitas extraordinárias, que tinham caracterizado os últimos anos da política fiscal na gestão FHC — recursos que estavam ligados a pagamentos de impostos atrasados e outras formas de receitas *once and for all* — gerou a necessidade

Gráfico 8.2
Brasil: Preços de Exportações e Importações (média 2002 = 100)

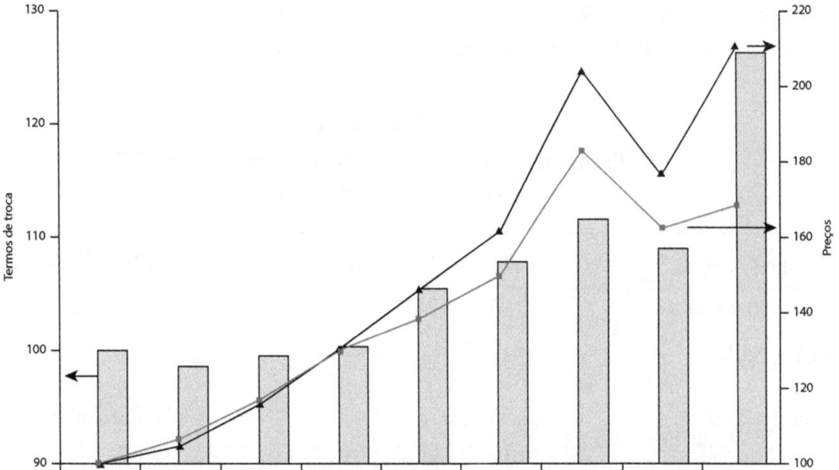

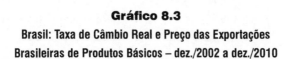

	2002	2003	2004	2005	2006	2007	2008	2009	2010
Termos de troca	100,0	98,6	99,5	100,3	105,6	107,8	111,6	109,0	126,4
Preços de exportação	100,0	104,7	116,1	130,2	146,4	161,8	204,4	177,0	213,3
Preços de importação	100,0	106,1	116,7	129,8	138,7	150,1	183,1	162,4	168,8

Fonte: Funcex.

Gráfico 8.3
Brasil: Taxa de Câmbio Real e Preço das Exportações
Brasileiras de Produtos Básicos – dez./2002 a dez./2010

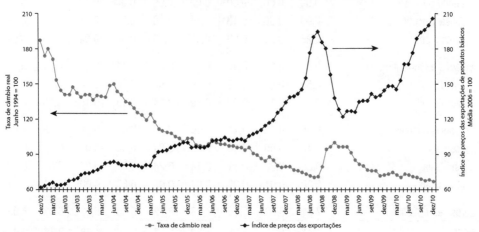

Fonte: Funcex, Banco Central, IBGE.

de praticar a contração do gasto de 2003, particularmente intensa no caso de pessoal e de "outras despesas correntes e de capital" (OCC).

Em que pese a obtenção de superávits primários relativamente robustos, o rigor da política monetária se traduziu em despesas expressivas com o pagamento de juros, em um primeiro momento. A Tabela 8.1 mostra a evolução do superávit primário e a tendência de redução do peso dos juros ao longo do tempo — diante

Tabela 8.1
Necessidades de Financiamento do Setor Público NFSP
Conceito Nominal 2002 – 2010 (% PIB)

Discriminação	2002	2003	2004	2005	2006	2007	2008	2009	2010
Resultado primário	3,20	3,24	3,68	3,75	3,15	3,25	3,34	1,96	2,62
Governo Central	2,14	2,26	2,68	2,57	2,13	2,19	2,29	1,27	2,03
Receita total	21,50	20,76	21,43	22,50	22,56	22,75	23,05	22,18	21,74
Tesouro/BC	16,73	16,06	16,64	17,50	17,43	17,59	17,80	16,72	16,29
INSS	4,77	4,70	4,79	5,00	5,13	5,16	5,25	5,46	5,45
(-) Transf. Est./Mun.	3,77	3,51	3,45	3,86	3,85	3,88	4,28	3,83	3,62
Receita líquida	17,73	17,25	17,98	18,64	18,71	18,87	18,77	18,35	18,12
Despesas	15,84	14,98	15,46	16,21	16,68	16,75	16,01	17,17	16,92
Pessoal	4,78	4,41	4,27	4,25	4,38	4,28	4,21	4,55	4,28
INSS	5,91	6,24	6,42	6,73	6,87	6,81	6,42	6,75	6,56
OCC	5,15	4,33	4,77	5,23	5,43	5,66	5,38	5,87	6,08
Fundo Soberano	0,00	0,00	0,00	0,00	0,00	0,00	-0,46	0,00	0,00
Ajuste metodológico[a]	0,00	0,00	0,13	0,11	0,10	0,07	0,03	0,04	0,87
Erros e omissões[b]	0,25	-0,01	0,03	0,03	0,00	0,00	-0,04	0,05	-0,04
Estados e Municípios	0,71	0,80	0,89	0,98	0,82	1,11	0,99	0,64	0,54
Estados	0,57	0,69	0,82	0,79	0,68	0,96	0,84	0,54	0,44
Municípios	0,14	0,11	0,07	0,19	0,14	0,15	0,15	0,10	0,10
Empresas estatais	0,35	0,18	0,11	0,20	0,20	-0,05	0,06	0,05	0,05
Federais	0,10	-0,05	0,00	0,05	-0,04	-0,06	-0,01	-0,05	-0,02
Estaduais	0,25	0,22	0,11	0,14	0,24	0,01	0,07	0,09	0,06
Municipais	0,00	0,01	0,00	0,01	0,00	0,00	0,00	0,01	0,01
Juros setor público	7,61	8,42	6,56	7,28	6,72	5,98	5,32	5,13	5,03
NFSP	4,41	5,18	2,88	3,53	3,57	2,73	1,98	3,17	2,41

n.d. Não disponível
[a] Recursos transitórios referentes à amortização de contratos de Itaipu com o Tesouro Nacional. Em 2010, inclui capitalização da Petrobras.
[b] Diferença entre o resultado "acima" e "abaixo da linha".
Fonte: Banco Central.

da queda da relação Dívida/PIB e dos juros menores — com algumas oscilações dadas pelos movimentos já citados da política monetária.[16]

Não obstante o fato de que os superávits primários observados em média no Governo Lula foram, em linhas gerais, significativos, houve uma nítida mudança de postura após a troca do Ministro da Fazenda ocorrida no final do primeiro Governo Lula, com a saída de Antonio Palocci — objeto de uma série de acusações com grande repercussão na época — e a sua substituição por Guido Mantega, antigo assessor de Lula por vários anos e ex-Ministro do Planejamento, sendo Presidente do BNDES na época da mudança na condução da Fazenda. Tal mudança nos rumos da política econômica se manifestou por meio dos seguintes elementos:

- a taxa de variação real do gasto público teve um aumento expressivo em relação à média dos dois primeiros anos de Governo, com ênfase nos aumentos do funcionalismo, especialmente na segunda metade da década;[17]
- observou-se uma tendência a um afrouxamento dos superávits primários;
- o Governo passou a usar a possibilidade de desconto — por vezes, até mesmo expressivo — de parte do investimento da meta de superávit primário, mecanismo que, embora estivesse formalmente disponível ainda no final do Governo FHC, nunca tinha sido utilizado. Com isso, a "meta fiscal", na prática, deixou de ser efetivamente perseguida, uma vez que passou a ficar sujeita a uma espécie de "banda de tolerância";[18]
- o Ministério da Fazenda passou a divergir claramente em várias ocasiões do Banco Central acerca da condução da política monetária;
- foram abandonados os estudos que a área econômica vinha fazendo em 2005, destinados a elaborar um plano de longo prazo visando maior contenção do crescimento da despesa, para atacar de modo mais vigoroso o desequilíbrio fiscal;
- a retórica ministerial deixou de enfatizar os aspectos de continuidade ligados à manutenção das políticas herdadas do Governo anterior e passou a procurar diferenciar de forma sistemática a política oficial em relação à que era praticada no Governo FHC; e
- houve um aumento substancial da importância e do papel do BNDES na economia.

Apesar da redução do superávit primário na segunda metade do segundo Governo Lula, o fato é que, com a apreciação cambial nominal verificada a partir do final de 2002, incidente sobre uma dívida pública no início ainda fortemente indexada à taxa de câmbio e com o aumento inicial do superávit primário, houve um processo duradouro de redução da relação Dívida líquida do setor público/PIB. Além de o superávit primário, mesmo menor, ter sido ainda relativamente robusto, houve uma tendência de redução da taxa de juros real entre os Governos FHC e Lula — reduzindo a despesa financeira — e, ao mesmo tempo, os ajustes patrimoniais evoluíram favoravelmente.

A Tabela 8.2 mostra a dinâmica desse processo, que fez a dívida líquida do setor público cair de 60% do PIB em 2002, para 38% do PIB em 2010. Observe-se que quando se comparam as posições de 2010 e de 2002, os efeitos patrimoniais — dominados pela apreciação do dólar — responderam por quase ²/₃ da queda da relação Dívida/PIB.

Tabela 8.2
Dívida Líquida do Setor Público – 2002-2010 (% PIB)

Discriminação	2002	2003	2004	2005	2006	2007	2008	2009	2010
Dívida interna	44,4	43,3	42,3	44,7	47,6	51,9	48,3	49,6	47,3
Governo Central	24,4	24,5	24,3	28,4	32,4	37,9	35,0	37,3	35,7
Base monetária	4,9	4,3	4,5	4,7	5,0	5,4	4,7	5,0	5,3
Dívida mobiliária	40,4	41,4	39,9	44,1	44,4	44,1	40,1	41,4	40,9
Empréstimos ao BNDES	-0,8	-0,8	-0,9	-0,8	-0,4	-0,2	-1,1	-3,9	-6,0
Renegociação est./mun.	-14,6	-14,1	-14,2	-13,3	-12,7	-12,1	-11,9	-11,0	-10,4
FAT	-5,1	-5,1	-5,3	-5,3	-5,4	-5,1	-5,0	-4,8	-4,4
Operações compromissadas	5,2	3,8	3,0	1,7	3,3	6,9	10,5	13,6	7,5
Outros	-5,6	-5,0	-2,7	-2,7	-1,8	-1,1	-2,3	-3,0	2,8
Estados e Municípios	18,3	17,3	17,0	15,4	14,5	13,3	12,7	11,7	11,1
Dívida renegociada	14,6	14,1	14,2	13,3	12,7	12,1	11,9	11,0	10,4
Outras	3,7	3,2	2,8	2,1	1,8	1,2	0,8	0,7	0,7
Empresas estatais	1,7	1,5	1,0	0,9	0,7	0,7	0,6	0,6	0,5
Dívida externa	15,5	11,0	7,9	3,2	-1,1	-7,3	-10,7	-8,8	-9,3
Dívida total	59,9	54,3	50,2	47,9	46,5	44,6	37,6	40,8	38,0
Dívida fiscal	39,0	38,9	37,0	36,9	36,9	35,4	33,0	33,9	31,5
Ajuste patrimonial	20,9	15,4	13,2	11,0	9,6	9,2	4,6	6,9	6,5
Privatização	-4,3	-3,7	-3,3	-3,0	-2,8	-2,6	-2,3	-2,3	-1,9
Outros ajustes	25,2	19,1	16,5	14,0	12,4	11,8	6,9	9,2	8,4
Dívida interna	10,2	7,5	6,4	5,6	4,9	4,3	3,9	3,5	3,0
Dívida externa	8,3	5,7	4,6	3,4	3,0	3,5	-0,5	2,4	2,5
Outros	6,7	5,9	5,5	5,0	4,5	4,0	3,5	3,3	2,9

n.d. Não disponível.
Fonte: Banco Central.

Tanto no caso das NFSP, como da dívida pública, houve uma inflexão importante em 2009 quando, na esteira da maior crise da economia mundial desde os anos 30, a economia brasileira parou de crescer. Na ocasião, com a combinação de frustração de receita, incentivos concedidos no bojo da adoção de uma política anticíclica e manutenção do ritmo de crescimento do gasto em função de decisões previamente tomadas, houve uma redução importante do superávit primário e um aumento da dívida pública.

Neste ponto, porém, há que se fazer um esclarecimento essencial, relacionado com a posição do setor público em relação ao resto do mundo. Nas crises anteriores, o setor público era devedor líquido em dólares. Depois disso, os sucessivos anos de acumulação de reservas tinham feito o setor público se transformar em credor líquido do exterior, de modo que na crise de 2008, a posição de reservas internacionais do país era largamente superior à dívida externa bruta oficial.

Anteriormente, uma desvalorização (apreciação) cambial fazia a dívida pública aumentar (diminuir). Na nova situação, porém, o fenômeno passava a ter o efeito oposto, em face da citada posição externa líquida credora. Uma crise externa, que em várias ocasiões nos anos de 1990/começo da década de 2000 tinha causado problemas de Balanço de Pagamentos e, via câmbio, pressionado a relação Dívida pública/PIB, passava agora a gerar efeito fiscal de sentido exatamente contrário. Ou seja, a desvalorização cambial, em 2008, reduziu inicialmente a dívida pública, liquidamente! Já com o câmbio voltando a se apreciar em 2009, a dívida líquida do setor público aumentou, pela redução do valor em R$ das reservas internacionais, que são um ativo que é descontado da dívida bruta para chegar ao conceito de dívida líquida.

No que se refere às variáveis econômicas pelas quais em geral se mede o sucesso ou fracasso de um Governo, relacionadas ao nível de atividade e ao comportamento dos preços, os resultados do Governo Lula foram positivos (Tabela 8.3). No campo da economia real, após o efeito inicial da alta dos juros em 2003, o PIB teve um crescimento modesto, de apenas 1,1%. Porém — e no rastro do significativo crescimento da economia mundial — nos anos seguintes a economia brasileira mostrou um dinamismo muito maior. Somente no final de 2008 o crescimento seria interrompido pela crise mundial, mas retornando com grande vigor em 2010. No quinquênio 2004-2008, especificamente, a taxa média de crescimento do PIB foi de 4,8%, mas na média dos oito anos 2003-2010, devido às baixas taxas de 2003 e 2009, ele ficou em 4,0%.

Adicionalmente, a inflação manteve-se sempre no intervalo de tolerância definido pelo sistema de metas de inflação e mostrou uma trajetória cadente quando se comparam as taxas médias observadas em Governos sucessivos. Ao mesmo tempo, o maior otimismo com a evolução futura da economia causou uma intensificação da demanda por emprego, gerando uma queda importante das taxas de desemprego, de 12% em 2002 para 7% em 2010, acompanhada de uma importante elevação dos níveis de formalização da economia.[19]

Tabela 8.3
Economia Brasileira: Síntese de Indicadores Macroeconômicos – 2003-2010
(médias anuais por período)

	2003-2006	2007-2010	2003-2010
Crescimento do PIB (% a.a.)	3,5	4,6	4,0
Inflação (IPCA dez/dez, % a.a.)	6,4	5,1	5,7
Taxa desemprego IBGE (%)	10,9	8,0	9,5
FBCF (% PIB a preços correntes)	17,0	19,3	18,2
Tx. de cres. das exportações de bens (US$ correntes, % a.a.)	22,9	10,0	16,3
Tx. de cresc. das importações de bens (US$ correntes, % a.a.)	17,9	18,8	18,3
Balança Comercial (US$ bilhões)	37,4	27,1	32,3
Saldo em conta-corrente (US$ bilhões)	10,9	-31,7	-10,4
Dívida externa líquida / Exportações de bens	1,4	-0,1	0,7

Fonte: Elaboração própria, com base em dados do Apêndice Estatístico do final do livro.

A Mudança da Taxa de Desemprego Aberto Calculada pelo IBGE

Em dezembro de 2002, o cálculo da taxa de desemprego oficial, realizado pelo Instituto Brasileiro de Geografia e Estatística (IBGE), passou a incorporar uma série de mudanças metodológicas em relação à pesquisa anterior. Tais modificações foram retroativas a janeiro daquele ano. Basicamente, as três mudanças mais importantes, que seguiram tendências internacionais, foram as seguintes:

- O período de referência passou a ser representado pelos 30 dias anteriores à pesquisa e não pela semana, apenas. Para ser considerado membro da População Economicamente Ativa (PEA) o indivíduo tem de ter ficado empregado ou tem de ter procurado emprego nos 30 dias prévios.
- A População em Idade Ativa (PIA), da qual uma parte compõe a PEA, passou a ser considerada a partir de 10 anos e não de 15, como era antes.

- A extensão geográfica das regiões metropolitanas pesquisadas incorporou os municípios que passaram a formar parte dessas áreas ao longo dos anos 90.

De um modo geral, as novas mudanças deram origem a uma PEA maior que no conceito anterior. Na nova classificação, principalmente pela extensão do prazo de apuração (de uma semana para 30 dias), parte importante dos trabalhadores adicionais ingressaram na estatística como desempregados, causando aumento da taxa de desemprego. Não é difícil entender por quê. Imaginemos um universo com 6 desempregados em uma PEA de 100 indivíduos (i.e., uma taxa de desemprego de 6%) e com base em um critério pelo qual, inicialmente, a PEA não captasse a situação de quem tenha procurado emprego no começo de um período de 30 dias, mas não o tenha procurado, especificamente, na semana da pesquisa. Esse indivíduo não era considerado desempregado pelo conceito inicial porque, oficialmente, quem não procura emprego não é desempregado e na pesquisa de sete dias esse indivíduo não aparecia procurando emprego. Quando o período da consulta se estende para 30 dias, esse indivíduo — que antes era parte da PIA, mas não da PEA — passa a compor a PEA, como desempregado. Como um indivíduo pesa mais na comparação com um universo de 6 pessoas que em um universo de 100, a nova taxa de desemprego que resulta de comparar 7 com 101, é maior do que a anterior, de 6,0%.

Portanto, não podemos comparar a taxa de desemprego do governo Lula com a do governo anterior, porque a pesquisa original foi abandonada no final de 2002 e a nova pesquisa começou apenas naquele ano. A comparação só pode ser feita com 2002, quando começou a ser apurada a nova pesquisa.

No campo externo, houve uma combinação singular de trajetórias. A existência de superávits em conta-corrente nos primeiros anos do Governo, juntamente com a continuidade do ingresso de um fluxo expressivo, ano após ano, de investimentos estrangeiros, gerou uma significativa acumulação de reservas e a consequente redução da dívida externa líquida do país. Esta última chegou a se tornar negativa desde 2008, significando que as reservas eram superiores à dívida externa bruta total (privada e oficial). O Gráfico 8.4 mostra a melhora inequívoca da posição externa do país, denotando uma transformação fundamental em relação ao padrão histórico observado nas décadas anteriores, nas quais o Brasil sempre tinha sido um devedor líquido.

Contudo, o acúmulo de reservas não esteve isento de problemas. O contínuo aumento do estoque de reservas depois de 2003, não por acaso, coincide com a persistente tendência de apreciação do Real, interrompida apenas no final de 2008,

Gráfico 8.4
Brasil: Dívida Externa Líquida/Exportações de Bens – 2002-2010

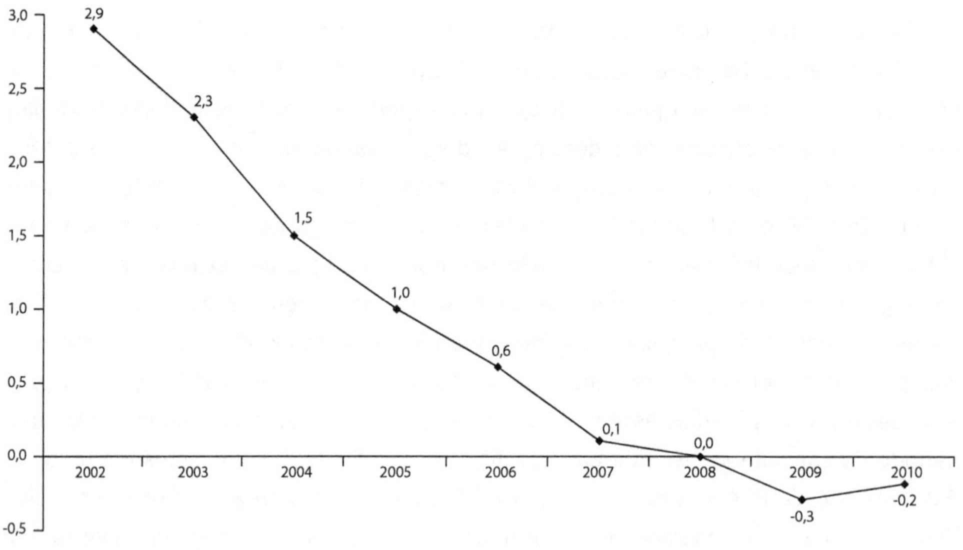

[Gráfico de linha mostrando valores: 2002: 2,9; 2003: 2,3; 2004: 1,5; 2005: 1,0; 2006: 0,6; 2007: 0,1; 2008: 0,0; 2009: -0,3; 2010: -0,2]

Fonte: Banco Central.

por conta dos reflexos da crise financeira internacional. A apreciação, se mantida, tenderia, cedo ou tarde, a penalizar os resultados da Balança Comercial.[20] O Brasil, objetivamente, conseguiu evitar que o seu setor industrial sofresse maiores problemas, até 2010. De qualquer forma, a partir de meados da década, a maior parte dos superávits no Balanço de Pagamentos do país — responsáveis pelo aumento das reservas — originaram-se da evolução da conta de capitais e não dos resultados da conta-corrente.

Quanto aos riscos da apreciação cambial, estes ficaram, em parte, encobertos pelo crescimento firme da economia mundial — especialmente antes da eclosão da crise internacional, no final de 2008 — que marcou o período de 2003 a meados de 2008. Tal cenário manteve a possibilidade de expansão do *quantum* das exportações brasileiras — nas Contas Nacionais, entre 2002 e 2007 as exportações cresceram a uma média anual de mais de 9% — apesar da apreciação real observada. Além disso, o crescimento mundial provocou forte aumento dos preços internacionais das *commodities*, o que, em certa medida, compensou o efeito-preço negativo da apreciação cambial sobre as exportações. Basta dizer que, entre as médias anuais de 2002 e 2008, os preços em dólar dos produtos básicos e semimanufaturados exportados pelo país cresceram 164% e 134%, respectivamente. Mesmo os preços dos produtos manufaturados exportados pelo Brasil — menos sensíveis às pressões de demanda e ao crescimento econômico — sofreram um incremento de 66% nessa comparação.

O desempenho da Balança Comercial no conjunto de 8 anos do Governo Lula impressiona mais pelo seu valor — pela dimensão dos superávits observados no período — que pelo seu elemento físico, uma vez que por trás dos números elevados da Balança escondia-se uma trajetória bem menos brilhante da evolução do *"quantum"* de exportações e importações. Assim, os superávits deveram-se em boa parte ao *"boom"* de preço das exportações. Cabe chamar a atenção para a perda de participação dos manufaturados na pauta de exportações do país: essa rubrica, que em 1970 respondia por apenas 15% das exportações totais e em 1985 já tinha alcançado 55% do total, manteve-se aproximadamente nesse nível, com algumas oscilações, até 2002, porém caindo para 39% do total em 2010.

Apesar da melhora significativa do preço das *"commodities"*, a combinação de apreciação cambial, maior crescimento do PIB e forte predomínio da absorção doméstica gerou uma tendência gradual à deterioração da posição externa do país, expressa pelo resultado em conta-corrente. A partir de meados da década, os fluxos externos se deterioraram e o país passou a piorar o seu saldo em transações correntes, como mostra o Gráfico 8.5.

A deterioração do resultado em conta-corrente resultou, por um lado, da apreciação cambial e, por outro, foi a contrapartida do esforço de investimento para alavancar o crescimento, em um contexto de pressão sobre a absorção doméstica acentuada pelo impulso do consumo doméstico. Tal dinâmica foi mais intensa a partir de meados da década, em virtude das características do ciclo político em curso, no qual a popularidade do Governo se baseava em transferências de renda a um grande número de indivíduos e no forte estímulo ao consumo das famílias. O consumo maior tornou-se a base do evidente sentimento de bem-estar da maioria da população e, por extensão, do eleitorado.

Com isso, o país desfez em parte o ajustamento que tinha realizado a duras penas — com a erosão de popularidade disso resultante, de FHC no seu segundo Governo e de Lula na primeira metade do seu primeiro. Lembremos que a poupança externa — contrapartida, nas Contas Nacionais, do déficit em conta-corrente — tinha sido de 4% do PIB em 1999 no começo do ajustamento verificado no segundo Governo de FHC e revertera o sinal, transformando-se em "despoupança" — superávit em conta-corrente — de 1% do PIB em 2004. Seis anos depois, era novamente positiva em 3% do PIB em 2010, com o ressurgimento dos déficits em conta-corrente.[21]

Gráfico 8.5
Brasil: Balanço em Conta-corrente – 2002-2010 (US$ bilhões)

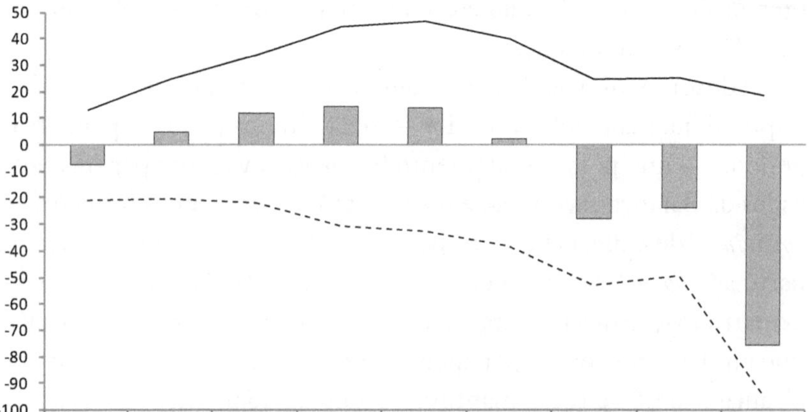

	2002	2003	2004	2005	2006	2007	2008	2009	2010
Resultado C.C.	-7,7	4,2	11,7	14,0	13,6	1,6	-28,2	-24,3	-75,8
Balança Comercial	13,1	24,8	33,6	44,7	46,5	40,0	24,8	25,3	18,4
SRT	-20,8	-20,6	-21,9	-30,7	-32,9	-38,4	-53,0	-49,6	-94,2

Fonte: Banco Central.
Obs.: SRT – Serviços, rendas e tranferências unilaterais.

Em contrapartida, a poupança doméstica teve um desempenho desfavorável. Tal dinâmica foi o reflexo do fato de que o consumo total — privado e do Governo — que em 1999 fora de 84% do PIB e que após cinco anos de ajustamento cedera para 79% do PIB, deixou de contribuir para o ajustamento.

A Tabela 8.4 capta a dinâmica desse processo. No capítulo anterior, vimos que nos quatro anos de ajuste 1999-2002, o consumo das famílias tinha crescido menos do que o PIB — que por sua vez também tinha crescido pouco — enquanto que as exportações cresceram fortemente e as importações diminuíram em termos reais, para o setor externo se ajustar. Esse padrão, de certa forma, se manteve nos primeiros dois anos do primeiro Governo Lula, quando o consumo das famílias cresceu a uma média anual de apenas 1,7%, ante 3,4% do PIB, 12,7% das exportações reais e 4,8% das importações reais. As circunstâncias começaram a mudar na segunda metade do primeiro Governo Lula, coincidindo, não por acaso, com a queda do ex-Ministro Palocci e a adoção de um discurso muito mais pró-consumo que pró-ajuste. Tal mudança marcou um contraste com o clima vigente até então e iria se caracterizar pela forte expansão do crédito e por uma política fiscal mais agressiva em termos de expansão do gasto público. O resultado disso foi uma aceleração do consumo, em particular o das famílias,

Tabela 8.4
Crescimento do PIB – 2003-2010
(Médias anuais por período – %)

Variável	2003-2006	2007-2010	2003-2010
Consumo total	3,1	5,2	4,1
Consumo governo	2,8	3,2	3,0
Consumo famílias	3,2	5,9	4,5
FBCF	3,2	9,7	6,4
Exportações	9,9	2,0	5,9
Importações	8,6	14,6	11,6
PIB	3,5	4,6	4,0

Fonte: IBGE.

que no segundo governo Lula cresceu a uma taxa muito superior à registrada na média dos primeiros quatro anos de Governo.[22]

Tal dinâmica se explica também pelo desempenho da política fiscal. Também nesse caso, como se pode ver na Tabela 8.5, a gestão de Palocci na Fazenda manteve as linhas gerais da política adotada no segundo Governo FHC, nos anos do Ministro Malan no cargo, caracterizada pelo crescimento da receita a taxas superiores às de incremento do gasto primário, no nível do Governo Central. Repare-se que o crescimento anual do gasto primário total do Governo dos seis anos 2005-2010 foi da ordem de 6% em termos reais, contra uma média de menos de 2% nos dois primeiros anos do Governo Lula. Esse padrão de gestão, fortemente baseado nas transferências diretas a indivíduos — através de aposentadorias, aumentos reais do salário-mínimo, benefícios

Tabela 8.5
Taxas de Crescimento Real da Receita e da Despesa Totais do Governo Central por períodos (% a.a.)[a]

Variável	1999-2002	2003-2004	2005-2010	2003-2010
Receita total	6,6	3,3	4,5	4,2
Despesa primária /a	5,2	1,6	5,7	4,7
PIB	2,3	3,4	4,3	4,0

[a] Inclui transferências a Estados e Municípios.
Fonte: STN. Deflator: Deflator implícito do PIB.

assistenciais do LOAS, seguro desemprego e Bolsa Família — implicou um estímulo poderoso ao consumo, especialmente em um contexto marcado pela inflação baixa.

A CONSOLIDAÇÃO DO SISTEMA DE METAS DE INFLAÇÃO

Ao longo do Governo Lula, o regime de metas de inflação seguido pelo Banco Central, a partir de 2003 sob a condução de Henrique Meirelles, acabou por se consolidar como parte do arcabouço de política econômica. Tal fato não deixa de ser algo irônico, quando se lembram as críticas que os representantes do PT faziam ao mesmo nos anos iniciais do regime. Vale recordar que o próprio assessor principal (Guido Mantega) do já então Presidente eleito e que três anos depois acabaria nomeado Ministro da Fazenda fez, logo após a vitória eleitoral de 2002, a seguinte declaração acerca da decisão que o Comitê de Política Monetária (Copom) estava prestes a tomar na época, elevando os juros: "Nesse modelo se toma a taxa de câmbio, a taxa de inflação e o crescimento do PIB para se chegar à taxa de juros. Então, por esse modelinho talvez tenham que subir um pouco os juros. Mas não nos esqueçamos que esse modelo econométrico é burro, porque se fosse inteligente poderia dispensar o presidente do Banco Central e colocar as variáveis no computador" (*Gazeta Mercantil*, 19 de novembro de 2002). Após a redefinição das metas de inflação para 2003 e 2004 por parte do novo Governo em 2003, para 8,5% e 5,5%, respectivamente, a trajetória da inflação foi declinante, movimento esse consolidado com a fixação da meta para 2005 — em junho de 2003 — em 4,5%. Nele e nos anos seguintes, a inflação oficial se manteve sempre dentro do intervalo da banda. Nos cinco anos 2005/2010 nos quais a taxa-meta foi estabelecida em 4,5%, a taxa efetiva de variação do IPCA foi de 4,9%, indicando um grau de eficiência elevado da política monetária. Para tal êxito contribuíram a trajetória excepcionalmente bem comportada da taxa de câmbio — com exceção do ano de 2008 — e uma taxa de juros real, em média, ainda bastante elevada, embora com tendência de queda. No final da década, os desafios associados ao regime eram quatro: i) combater a alta conjuntural da inflação observada em 2010, com chances de "contaminar" o resultado de 2011; ii) reduzir a meta, a médio prazo, para um número mais próximo da inflação nos países mais avançados, talvez para algo entre 3,0% e 4,0%, ligeiramente abaixo do alvo de 4,5% mantido durante vários anos; iii) conciliar a preservação do regime de metas com um crescimento médio sustentado mais robusto da economia, idealmente mais próximo de 5%; e iv) conseguir implementar (ii) e (iii) em um contexto de juros reais menores que as taxas observadas no Brasil na primeira década e meia a partir da estabilização de 1994.

Taxas-alvo e observadas da variação janeiro/dezembro do IPCA (%)

Ano	Meta original	Resultado observado	Variação cotação R$/US$[a]	Taxa Selic real[b]
1999	8,00	8,94	48,0	15,3
2000	6,00	5,97	9,3	10,8
2001	4,00	7,67	18,7	9,0
2002	3,50	12,53	52,3	5,9
2003	3,25	9,30	- 18,2	12,9
2004	3,75	7,60	- 8,1	8,0
2005	4,50	5,69	- 11,8	12,6
2006	4,50	3,14	- 8,7	11,6
2007	4,50	4,46	- 17,2	7,1
2008	4,50	5,90	31,9	6,2
2009	4,50	4,31	- 25,5	5,4
2010	4,50	5,91	- 4,3	3,6

[a] Refere-se à cotação no final de dezembro.
[b] Deflator: IPCA.
Obs.: Para 2004 e 2005, adotou-se uma margem de tolerância de + ou – 2,50 % em relação à meta. Para os demais anos, a margem foi de + ou – 2,00 %.
Fontes: Banco Central, IBGE.

Uma nova realidade

Os anos Lula coincidiram com o surgimento de uma nova percepção — tanto interna como externa ao país — acerca do novo papel do Brasil no mundo. Houve seis fatores que se combinaram nesse sentido:

i) a crescente importância da economia chinesa no mundo;
ii) a avidez das economias emergentes por produtos dos quais o Brasil tornara-se um grande produtor;
iii) as potencialidades associadas à exploração do etanol;
iv) as descobertas de petróleo do pré-sal;
v) os efeitos indiretos da crise de 2009 sobre a imagem do país; e, "last but not least";
vi) a escolha do Brasil para ser sede da Copa do Mundo de 2014 e do Rio de Janeiro como local das Olimpíadas de 2016.

O primeiro ponto é crucial para entender o que aconteceu com o Brasil naqueles anos. Quem identificou pioneiramente o fenômeno foi Antônio Barros de Castro, com seu artigo original aludindo ao surgimento de um "mundo sinocêntrico".[23] O fato de a China ter a) altas taxas de crescimento; b) um peso crescente na economia e na demanda mundiais; e c) ser forte demandante de produtos exportados pelo Brasil, fez com que os efeitos do dinamismo daquela economia sobre o nosso país se tornassem cada vez maiores com o passar do tempo, como fica claro pela observação do Gráfico 8.6. Na crise externa do Brasil durante 1998-1999, quando a China crescia em termos anuais a uma taxa em torno de 10%, o peso da demanda daquele país nas exportações brasileiras era ínfimo, da ordem de 1%. Já em 2010, ele foi de mais de 15% das nossas exportações, significando que a capacidade de influenciar variáveis relevantes da economia brasileira era muito maior. Cabe destacar que, enquanto isso, as vendas brasileiras para os Estados Unidos, que ainda em 2002 eram de mais de 25% do total exportado pelo Brasil, diminuíram para menos de 10% do total em 2010, reflexo em parte das mudanças geopolíticas que ocorreram no mundo no período.

O segundo ponto é essencial para entender por que algumas economias emergentes tiveram melhor desempenho que outras na década de 2000. Com a emergência, não só da China, mas também de outros países da Ásia e, principalmente, da Índia, com seu potencial de consumo devido à sua população de dimensões bilionárias, passou a haver uma procura muito grande por produtos dos quais o

Gráfico 8.6
Participação das Exportações para a China no Total das Exportações do Brasil (%)

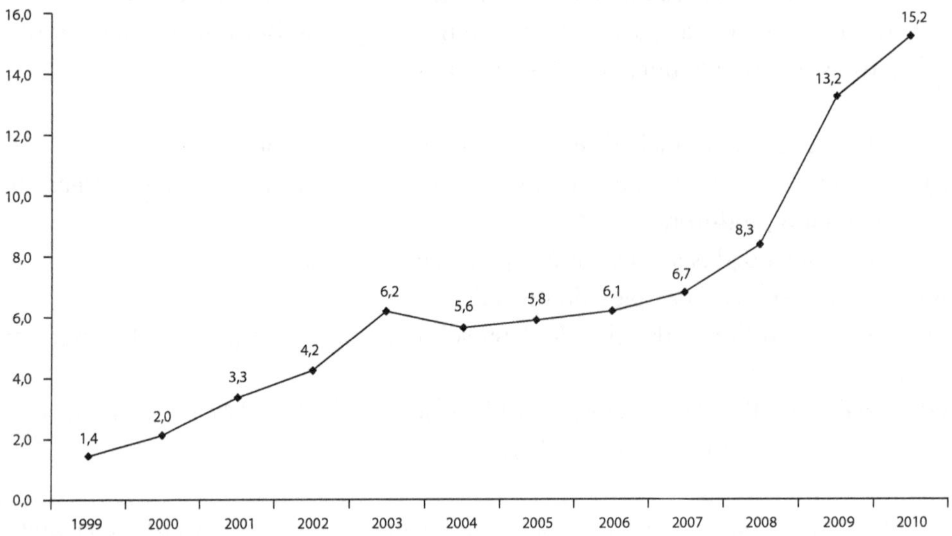

Ano	%
1999	1,4
2000	2,0
2001	3,3
2002	4,2
2003	6,2
2004	5,6
2005	5,8
2006	6,1
2007	6,7
2008	8,3
2009	13,2
2010	15,2

Fonte: Ministério do Desenvolvimento, Indústria e Comércio Exterior.

Brasil tornara-se um fornecedor-chave no mercado mundial. As elevadas taxas de investimento de vários países asiáticos, com destaque para a China, catapultaram a demanda por minério de ferro, onde a empresa brasileira Vale se destaca como uma das grandes "players" no mundo.[24] Ao mesmo tempo, a emergência de — literalmente — centenas de milhões de pessoas ao mercado de consumo de massas na Ásia e, em particular, nos seus dois gigantes — China e Índia — abriu um horizonte de expansão enorme para muitos de nossos produtos básicos. Isso vale tanto para itens da nossa pauta exportadora como a soja, como também para produtos com algum grau de elaboração onde, por dotação natural ou em função do resultado de investimentos anteriores, o Brasil tinha grande vantagem comparativa. Foi o caso, por exemplo, de papel e celulose ou do complexo de carnes, setores em que o Brasil tinha assumido um papel de liderança mundial.[25]

No que se refere aos biocombustíveis, eles se tornaram muito relevantes no debate mundial na década de 2000, devido à combinação de três fenômenos. Um, o repique dos preços do petróleo na década, flertando frequentemente com o nível de US$ 100, em claro contraste com os níveis baixos de preço que perduraram durante muitos anos, o que estimulou a procura de fontes alternativas. Dois, a crescente percepção de que o mundo padecia de um "risco ambiental" associado a uma civilização excessivamente poluente.[26] E três, a preocupação, exacerbada após os atentados terroristas de 2001 nos EUA e a intervenção norte-americana na Guerra do Iraque, com o fato de que os grandes produtores de petróleo se encontravam em países vistos, sob a ótica das potências ocidentais, como problemáticos.[27] A isso se adicionou, no caso do Brasil, o amadurecimento de pesquisas de longa duração realizadas pela Embrapa. Todos esses fatores, combinados com o benefício natural decorrente do fato de que, pelas condições do solo e do clima, o país encontrava-se em situação privilegiada como produtor de combustíveis derivados da cana-de-açúcar com grande rendimento e baixo custo, colocaram o Brasil no centro dessa discussão de interesse mundial, com o aparecimento de um horizonte de perspectivas muito promissoras para a exploração dos biocombustíveis.

O surgimento, na década de 2000, de perspectivas de grande aumento da produção off-shore nas novas áreas do pré-sal configurou-se como uma novidade com potencial para provocar efeitos significativos sobre a economia brasileira. Sem dúvida, é importante abandonar paulatinamente a "civilização do petróleo", devido às ameaças ambientais dela decorrentes. De qualquer forma, o Brasil foi visto pelo mundo como tendo tido a sorte de fazer a última descoberta associada a um padrão de desenvolvimento que, embora fadado a mudar substancialmente no decorrer das décadas seguintes, ainda poderia ensejar grandes perspectivas de exploração aos países produtores, se soubessem administrar a bonança adequadamente. Na esteira dessas descobertas, abriram-se perspectivas de investimentos expressivos por parte da Petrobras, com grandes efeitos multiplicadores pelos diversos elos da cadeia de produção de bens e serviços relacionada com o setor.

No que se refere à crise mundial de 2009, embora ela tenha castigado o país pela paralisia das fontes de crédito internacional e causado uma recessão por dois trimestres do nível de atividade no país, acabou tendo efeitos benéficos sobre nossa imagem externa. Primeiro porque, contrariamente ao que ocorrera em outros episódios de crise internacional no passado, os efeitos foram comparativamente mais benignos, sem a ocorrência de uma crise séria de Balanço de Pagamentos nem uma forte alta da inflação. Segundo porque, embora em 2009 o Brasil tenha sofrido uma queda do PIB, não houve quedas dos níveis de consumo e do emprego como as observadas nas principais economias industrializadas. Terceiro porque, nesse contexto, foram mais valorizadas as conquistas do país verificadas em anos anteriores, relacionadas com a construção de uma economia estável e com um elevado nível de reservas internacionais. Quarto, porque o sistema financeiro brasileiro passou incólume pela crise, refletindo em parte o efeito das regras prudenciais desenvolvidas pelo Banco Central brasileiro ao longo de vários anos. Quinto porque, comparativamente, indicadores nos quais o Brasil até então aparecia em situação não muito confortável no contexto internacional, passaram subitamente a serem vistos como mais do que aceitáveis: um déficit público de 3% do PIB ou uma dívida pública bruta de 60% do PIB, que em épocas em que o FMI ditava os padrões globais de exigências contábeis e os EUA tinham superávit fiscal, eram encarados com reserva pelos analistas, passaram a serem vistos com outros olhos quando os EUA exibiram déficits de 10% do PIB e uma dívida pública de 80% do PIB. E sexto, porque ao ruir o esquema de governança da economia global, baseado até o final do século XX no poder do chamado "G-8" composto pelas principais potências do mundo, tornou-se flagrante a necessidade de reconhecimento do peso de novos atores globais. Reflexo disto, em 2006 o Brasil foi convidado a exercer a presidência rotativa do "G-20", fórum que passou a reunir não apenas as principais economias industrializadas como também países emergentes como o Brasil, China, Índia e outros.

Finalmente, a decisão tomada pela FIFA, em 2007, de o Brasil sediar a Copa de 2014 e a escolha, em 2009, da cidade do Rio de Janeiro como sede das Olimpíadas de 2016 fizeram com que os olhos da comunidade internacional se voltassem mais para o país. Tais escolhas, além de colocar a "marca" Brasil na vitrine diante do mundo, geraram a perspectiva de investimentos importantes em obras ligadas à realização dos eventos esportivos, no entorno dos projetos, na infraestrutura urbana e aeroportuária e na área crítica de telecomunicações.[28]

Esse conjunto de elementos objetivos, potencializados por uma eficiente propaganda oficial e por uma intensa diplomacia presidencial associada à figura de Lula, promoveram uma nova imagem do Brasil no exterior. Tanto porque os indicadores de confiança no futuro do país melhoraram internamente, como no sentido de que o país passou a ser visto com mais interesse pelo resto do mundo, dando continuidade ao processo de evolução positiva da imagem que, a rigor, tinha começado nos anos de 1990, em função da estabilização da economia e do prestígio internacional de que também desfrutava o então Presidente FHC.

Os governos FHC e Lula como parte de um processo histórico

Os anos do Governo Lula foram, num certo sentido muito específico a ser a seguir explicado, o oposto do que foi o Governo FHC, especialmente o segundo (1999-2002). Nos anos FHC, como ressaltado no capítulo anterior, houve uma série de reformas que modificaram significativamente a economia em relação ao que ela era até meados dos anos de 1980; contudo, a evolução de alguns indicadores macroeconômicos deixou muito a desejar. Além do crescimento e da geração de emprego terem sido modestos, a dívida pública, que era de 30% do PIB em 1994, dobrou de tamanho oito anos depois; a dívida externa aumentou substancialmente; e no final da gestão foi necessário recorrer ao FMI para não ficar sem reservas internacionais.

Em contraste, nos anos Lula, além de na década ter havido uma recuperação do crescimento e do investimento, com um impacto muito favorável sobre o emprego, a dívida líquida do setor público diminuiu em 1/3; o país tornou-se credor líquido do exterior, uma vez que a dívida externa líquida tornou-se negativa; e as reservas atingiram quase US$290 bilhões em 2010. Em compensação, as reformas estruturais limitaram-se a uma mudança da Previdência restrita ao âmbito do funcionalismo e de importância modesta.[29]

A REDUÇÃO DA DESIGUALDADE NA PRIMEIRA DÉCADA DO SÉCULO XXI (*)

A partir da estabilização da economia, em 1994, houve no Brasil uma melhora importante em diversos indicadores sociais e de equidade. Esses resultados se intensificaram ao longo da década de 2000. Dentre os principais indicadores dessa melhora, selecionamos quatro:

1. A distância entre os mais ricos e os mais pobres reduziu-se fortemente ao longo da década. Entre 2001 e 2009, a renda *per capita* dos 10% mais ricos da população brasileira aumentou 1,5% ao ano, enquanto a renda dos mais pobres cresceu a taxa

de 6,8% (Neri, 2010). O ganho proporcionalmente maior deste último grupo está relacionado aos programas sociais, com destaque para o Programa Bolsa Família (PBF). Este foi criado em 2004 e concebido como um programa "focado" nas famílias de menor renda. O PBF unificou cinco programas federais preexistentes de transferência de renda (Bolsa Escola, Bolsa Alimentação, Auxílio Gás, Cartão Alimentação e Erradicação do Trabalho Infantil). De acordo com o Ministério do Desenvolvimento Social, o programa atendia, em 2010, mais de 12 milhões de famílias, com maior impacto no Norte e no Nordeste, contribuindo, dessa forma, também para a redução das desigualdades regionais do país. Um dos grandes méritos do programa é seu custo relativamente baixo, uma vez que, mesmo após a sua ampliação, consumiu, em 2010, menos de 0,5% do PIB.

2. O Índice de Gini (indicador que indica maior desigualdade quanto mais próximo de um; e maior equidade quanto mais próximo de zero) das pessoas ocupadas caiu de 0,57 em 2001 para 0,52 em 2009. Entre as causas desse fenômeno, destacam-se: a) a elevação do salário-mínimo; b) o aumento do emprego, em particular do emprego formal com carteira assinada; c) o incremento da taxa de escolaridade; e d) a queda do trabalho infantil (Souza, 2010).

3. Considerando o país dividido entre cinco classes (A, B, C, D, E, sendo "A" a mais elevada), 29 milhões de brasileiros ingressaram na "nova classe média" (Classe C) entre 2003 e 2009, conforme o estudo de Marcelo Neri acima citado. Muito embora o título "classe média" seja polêmico, uma vez que o termo vai além do poder aquisitivo e também se refere a formas de comportamento (Rocha, 2010), o fato é que milhares de brasileiros ingressaram na "Classe C", tendo esta se tornado o maior grupo social, representando mais de 50% da população total. Para isso contribuiu o aumento da massa salarial e a democratização do acesso ao crédito, associado, no caso das classes mais baixas, a políticas públicas como a do "Crédito Consignado". A ampliação do crédito popularizou o acesso aos bens, sendo essa também uma forma de aferir a redução da desigualdade.

4. Por fim, o Índice de Desenvolvimento Humano (IDH) que reúne indicadores de renda, educação e saúde, também evoluiu positivamente. Considerando a metodologia iniciada em 2010, o Brasil passou de 0,65 em 2000 para 0,69 em 2010 — sendo a unidade o valor máximo do índice. Nessas condições, o Brasil se situou ao final da década na posição 73, entre 169 países avaliados, com um índice que classifica o país como de "alto desenvolvimento humano".

As melhoras verificadas na equidade e nos indicadores sociais ao longo da década de 2000 representaram um avanço civilizatório para o país. No final da década, os principais desafios para a década de 2010 a 2020 eram: i) a redução da desigualdade regional, ainda expressiva; ii) a precariedade do acesso ao saneamento básico nas regiões mais pobres do país; iii) a melhora da qualidade do ensino; e iv) a pobreza feminina, sobretudo entre mães solteiras, sem acesso a creches e com pouca capacidade de reinserção no mercado de trabalho, após a maternidade (Lavinas e Urani, 2010).

(*) Este box foi elaborado por Lavinia Barros de Castro.

A combinação de aumentos reais do salário-mínimo, injeção de recursos nos programas sociais — com destaque para o Bolsa Família — e forte crescimento do emprego, no contexto de uma economia em crescimento, com inflação relativamente baixa e melhora na distribuição de renda, explica a elevada popularidade de Lula.[30] Sua história de vida de antigo retirante nordestino e ex-operário que chegou ao posto mais importante do país, somada à sua inigualável capacidade de comunicador, que criou um sentimento de identificação único na História do país entre a maioria da população e a figura do Presidente da República, o tornaram uma espécie de mito em vida.

Lula soube exercer com destreza a arte da política de agradar a grupos diversos. Da mesma forma que, sob Getúlio Vargas, JK e Jango, PSD e PTB formavam parte do Governo, mas representando diferentes interesses, Lula soube equilibrar-se com maestria política entre forças diversas, quando não historicamente antagônicas. Ele foi apoiado politicamente por agremiações que iam desde uma das ramificações históricas do Partido Comunista, até partidos conservadores associados aos "grotões" mais atrasados, passando pelo "núcleo duro" parlamentar do PT e do PMDB. E, em termos de grupos sociais e econômicos, o leque de apoios ia desde os sindicalistas da CUT, até segmentos expressivos do mercado financeiro, satisfeitos com a política monetária do Banco Central, a expansão do crédito e o lucro dos bancos.

Ao mesmo tempo, o Brasil de 2010 continuava sem ter resolvido velhos problemas, que o exercício de uma liderança política mais ativa poderia ter ajudado a enfrentar melhor. A taxa de investimento em 2010 foi similar à do começo do Plano Real, a poupança doméstica era muito baixa e, principalmente, em termos de perspectiva de longo prazo, protelou-se por mais 8 anos o enfrentamento, no âmbito do INSS, do desafio demográfico representado pelo fato de que a população de 60 anos ou mais, que em 2000 correspondia a apenas 13% da população de 15 a 59 anos, alcançaria, pelas projeções demográficas do IBGE, nada menos que 52% dela em 2050. E isso, sem que o Presidente mais popular da História do país tenha aceito usar sequer uma ínfima parcela do seu capital político e da sua capacidade de comunicação para lidar com o que talvez fosse o maior desafio do país a longo prazo.[31]

O julgamento do Governo Lula por parte dos contemporâneos foi excepcionalmente favorável, haja vista as elevadas taxas de popularidade do Presidente, mesmo no final do seu mandato. Já o julgamento da História dependeria em parte de como fossem encaminhados esse e outros desafios nos anos posteriores ao seu Governo. Se o país não se preparasse adequadamente para o que viria depois da euforia do pré-sal e para o fim do bônus demográfico associado ao crescimento da população ativa ainda a um bom ritmo, talvez os historiadores concluiriam daqui a algumas décadas que o Brasil teria perdido uma oportunidade rara de se preparar melhor para o futuro, em um contexto externo extremamente favorável e sem aproveitar as possibilidades de influenciar a agenda nacional por parte de um Presidente com um poder de convencimento especial.[32]

Conclusões

No seu magnífico livro *Raízes do Brasil*, publicado originalmente em 1936, Sérgio Buarque de Holanda refere-se ao conflito entre os tipos do "aventureiro" e do "trabalhador", que ele associa à distinção entre os povos "caçadores" e "lavradores", respectivamente. Segundo ele, o primeiro tipo de sociedade, onde os "caçadores" são majoritários, almeja alcançar o ponto de chegada, "dispensando os processos intermediários", enquanto que as sociedades compostas por "lavradores" baseiam-se, em palavras que ficaram famosas, no "esforço lento, pouco compensador e persistente, sem perspectivas de rápido proveito material".

O Brasil é um país onde, politicamente, as "coalizões reformistas" têm dificuldades de se estabelecer, justamente pelo divórcio que existe entre os custos políticos que certas reformas exigem — das quais a previdenciária é a mais evidente — e a recompensa que, muitas vezes, chega apenas anos depois.[33] Por isso, Câmara Cascudo pronunciou certa vez há muitas décadas a sentença que tão bem identifica certa característica brasileira a protelar a tarefa de encarar os problemas de frente: "o Brasil não tem problemas, mas apenas soluções adiadas".

Em linhas gerais, no começo da década de 2000, o Brasil se encontrava em circunstâncias algo similares às que países como Espanha ou Portugal tinham vivido em meados dos anos de 1980, quando começavam a se enfrentar com os custos da integração à então Comunidade Econômica Europeia, sem que as vantagens disso ainda fossem claras. A partir do início dos anos de 1990, o Brasil passou por mudanças importantes na sua economia: o grau de abertura comercial e financeira aumentou; as empresas se tornaram mais competitivas; houve um amplo processo de privatização; o combate à inflação se converteu em prioridade a partir de 1994; e foram adotadas medidas severas de ajuste fiscal. No conjunto, tais passos constituem etapas do processo de transformação de uma economia, rumo a uma situação de maior competição com o exterior e envolvem o objetivo de ter indicadores fiscais sólidos, inflação baixa e regras de política econômica relativamente estáveis. Pode-se dizer que, na América Latina, o Chile é o caso bem-sucedido por excelência dessa trajetória, tendo começado o percurso antes do Brasil, com bastante êxito.

De certa forma, a concessão do grau de investimento (*"investment grade"*) ao Brasil na segunda metade da década de 2000 representou, perante a comunidade financeira internacional, a coroação desse processo de modernização, iniciado com a abertura de Collor, continuado com o Plano Real e as reformas de FHC e mantido por Lula.[34] O raciocínio implícito nessa estratégia era que, uma vez obtido tal grau, o Brasil passaria a estar associado a um risco muito menor que no passado, com impacto favorável sobre a taxa de juros real doméstica. Com o tempo, o esforço de ajuste e modernização da economia acabaria sendo recompensado.

Ao término do segundo Governo Lula, em 2010, essa história tinha sido escrita, mas apenas pela metade. Os oito anos do seu Governo de fato se caracterizaram pela estabilidade macroeconômica e a estratégia brasileira foi premiada com o grau de investimento das agências de rating. Contudo, por uma certa ironia do destino — e ainda que com a qualificação de que, tendo se tornado credor líquido em termos financeiros, o impacto disso era muito diferente que 10 ou 15 anos antes — o Brasil no final da década de 2010 estava novamente às voltas com expressivos — e crescentes — déficits externos em conta-corrente, além de conservar uma taxa de juros real elevada em termos internacionais. As explicações para tais fenômenos podem ser encontradas em diagnósticos feitos muito tempo antes, que vão desde questões associadas à taxa de câmbio e à procura de poupança externa, como repetidamente tem criticado Bresser-Pereira — para citar apenas um autor — até a ausência de reformas estruturais mais profundas, conforme enfatizado, por exemplo, em livro de Armando Castelar Pinheiro e Fabio Giambiagi publicado em meados da década.[35] O maior aprofundamento dessas questões, entretanto, vai além dos limites deste capítulo.

À guisa de síntese, o que se pode dizer sobre os anos 2003-2010 é que foram marcados pela consolidação do processo de estabilização e por avanços sociais importantes. Por outro lado, o Brasil em 2010 ainda continuava, mais de 15 anos depois do Plano Real, com alguns problemas similares aos de 1995, quais sejam: uma taxa de investimento insuficiente, uma poupança doméstica baixa e uma competitividade deficiente da sua economia, fatores que estavam novamente por trás do ressurgimento do problema dos déficits elevados em conta-corrente. Embora o país tivesse avançado muito naqueles anos, em 2011, no pós-Lula, ele teria que se defrontar com alguns desafios similares aos que existiam 17 anos antes!

RECOMENDAÇÕES DE LEITURA

O fato de o Governo Lula ser recente faz com que seja pequeno o número de referências sobre ele, comparativamente a outros períodos. Mesmo assim, recomenda-se a leitura de Bresser-Pereira[36] — este escrito antes de 2003 — e do documento do Ministério da Fazenda,[37] por refletirem duas visões nitidamente diferentes do debate existente sobre política econômica e desenvolvimento no Brasil nos primeiros anos da década de 2000. O então Senador Aloísio Mercadante faz uma defesa do Governo no seu livro sobre a gestão Lula.[38] No artigo de Giambiagi sobre quase duas décadas de política fiscal no país, há uma grande variedade de dados de receita e despesa do Governo Central, com foco algo mais detalhado nos números referentes à década de 2000.[39] Por último Rogério Werneck faz uma análise exaustiva sobre os oito anos do período.[40]

NOTAS
1. Ver também Werneck (2014b).
2. Para duas avaliações divergentes acerca das perspectivas da economia brasileira a partir de 2003, ver Williamson (2002) e Goldstein (2003).
3. Transcrição do debate, divulgada no dia seguinte através da internet.
4. Ver Partido dos Trabalhadores (2001).
5. Ver Instituto Cidadania (2001).
6. Ver Partido dos Trabalhadores (2002a).
7. Ver Partido dos Trabalhadores (2002b).
8. Ver Partido dos Trabalhadores (2002c).
9. Ver Ministério da Fazenda (2003). Do ponto de vista do processo de evolução e amadurecimento das ideias, esse documento é um desdobramento do trabalho preparado por Lisboa (2002) e cujas origens, por sua vez, se situam no estudo organizado por Urani *et al.* (2001), desenvolvido no âmbito do Instituto de Estudos de Trabalho e Sociedade (IETS). O grupo de autores do trabalho original do IETS era eclético em termos partidários, mas tinha uma clara afinidade com algumas ideias e propostas de políticas públicas desenvolvidas ao longo dos anos no Instituto de Política Econômica Aplicada — Ipea, órgão vinculado ao Ministério do Planejamento. Essa agenda vinha sendo em parte implementada na gestão de FHC, em particular no segundo mandato. A partir das discussões no âmbito do IETS, alguns dos responsáveis pelo documento original citado, organizado por Urani e outros, somados a diferentes pesquisadores, sob a coordenação de Marcos Lisboa, então economista da Fundação Getulio Vargas e depois nomeado Secretário de Política Econômica do governo Lula, elaboraram a chamada "Agenda Perdida", propondo uma agenda de políticas microeconômicas que, segundo os autores, teria ficado "esquecida" no debate eleitoral de 2002.
10. *Valor Econômico*, 30 out. 2002, p. A11.
11. Em 2007, o IBGE divulgou uma série das Contas Nacionais recalculando o PIB desde 1995. Adicionalmente, houve depois mudanças nos conceitos da dívida pública e do déficit público apurados pelo Banco Central, com revisão da série desde o começo da década de 2000. Embora as tabelas do livro incorporem os números da revisão da série histórica 1995/2014 feita em 2015, o superávit primário citado nesta seção como proporção do PIB refere-se aos números existentes na época, com as informações fiscais e os valores nominais do PIB com os quais se trabalhava na ocasião. O esclarecimento é importante, uma vez que tais percentuais não são comparáveis com os dados expostos nas tabelas. O importante é registrar, primeiro, que a meta de superávit primário foi aumentada em 2003; e, segundo, que o Governo Lula cumpriu sucessivamente todas as metas primárias durante vários anos, o que só deixaria de ocorrer em 2009, no contexto do relaxamento da política fiscal e da frustração de receita que acompanharam a severa crise internacional daquele ano.
12. A inflação mensal média, medida pelo IPCA, que tinha sido de 0,6% ao mês nos primeiros nove meses de 2002, tinha alcançado 2,1% ao mês no último trimestre de 2002 e foi de 2,3% em janeiro de 2003, não obstante as pressões sazonais de outubro/janeiro não serem particularmente fortes, em geral. Em outras palavras, o quadro inflacionário era crítico no início de 2003.

13. Havia também em curso, praticamente desde a crise asiática de 1997, uma séria crise que atingiu em cadeia diversas economias emergentes e gerou forte escassez de recursos externos para todos esses países. O ano de 2002, em particular, foi marcado pela crise argentina, com claro efeito de contágio sobre o Brasil. Além da desconfiança em relação a um eventual governo do PT, portanto, o ambiente externo encontrava-se deteriorado há alguns anos pela sucessão de crises financeiras em mercados emergentes.
14. Para uma análise das características do sistema previdenciário até então, ver o Capítulo 10 de Giambiagi e Além (1999).
15. A taxa de juros real do Brasil cedeu ao longo dos anos. Porém, como ela continuou sendo alta e os juros internacionais caíram muito no período, o diferencial de juros em favor do Brasil se manteve como um poderoso fator de estímulo para o ingresso de capitais no país.
16. Os superávits primários divulgados na época eram da ordem de 1 ponto percentual do PIB maiores que os expostos na Tabela 8.1, seja porque o PIB nominal de referência era menor — antes da revisão da série histórica do IBGE — seja porque o superávit da Petrobras — posteriormente excluída da estatística fiscal, inclusive nas séries retrospectivas — era substancial.
17. Como o crescimento do PIB também sofreu uma aceleração, a despesa feita especificamente com pessoal, medida como proporção do PIB, em 2008 era ainda similar à de 2004. Em 2009, porém, com a estagnação da economia naquele ano, a relação entre a despesa com pessoal e o PIB aumentou muito. No caso da despesa total, depois de 2003 houve uma tendência de aumento, em geral, ao longo dos anos.
18. A isso veio se somar, especificamente em 2009 e 2010, o uso relativamente extenso de mecanismos diversos próprios da chamada "contabilidade creativa", com a adoção de critérios pouco usuais de contabilização de fontes de receita. O destaque nesse sentido coube à capitalização da Petrobras em 2010, que engordou o superávit primário em quase 1% do PIB naquele ano, como aparece na rubrica de "ajuste metodológico" da Tabela 8.1.
19. O percentual de trabalhadores com carteira assinada, em relação ao total de trabalhadores ocupados — neste total, incluindo aqueles empregados no governo, que não possuem carteira de trabalho — passou de 44% em 2003, para 51% em 2010.
20. A partir da segunda metade da década de 2000, passou a haver um intenso debate no Brasil acerca dos riscos do país sofrer a chamada "doença holandesa" ("Dutch desease"). O termo se refere ao fenômeno antigamente vivenciado pela Holanda em função do *"boom"* da exploração dos seus recursos naturais, gerando apreciação da sua moeda e causando problemas de competitividade para a indústria.
21. A partir de 2010, estes dados já incorporavam também a revisão das contas do balanço de pagamentos.
22. É legítimo argumentar que, após vários anos do ajuste iniciado em 1999, era natural que, numa fase de descompressão das tensões sociais acumuladas até 2003-2004, houvesse um certo relaxamento macroeconômico e a relação Consumo/PIB aumentasse. O que queremos destacar aqui é que, em uma situação na qual tanto o consumo como o investimento aumentam como proporção do PIB, o saldo em transações reais com o exterior tenderia, *ceteris paribus*, a perder peso relativo. Os efeitos disso sobre a dinâmica do Balanço de Pagamentos, entretanto, puderam ser atenuados, durante vários anos, devido à melhora dos termos de troca.
23. Ver Castro (2008).
24. Antes da crise de 2008, havia nada menos que 72 cidades na China construindo sistemas de metrô, fortemente demandantes de insumos minerais e metálicos.
25. Como colocou certa vez em um debate um especialista em temas de comércio, "já pensaram no que vai acontecer com as exportações brasileiras de frango quando a geladeira chegar nas áreas rurais mais distantes da Índia?". Ressalte-se que o caso do Brasil revelou-se completamente diferente, por exemplo, em relação ao do México, país cuja agropecuária é fraca; com poucos recursos naturais exceto o petróleo; para quem a China tornou-se um poderoso concorrente das suas tradicionais "maquiladoras"; e, tradicionalmente, dependente de uma economia, como a dos EUA, que enfrentou uma crise profunda nos últimos anos da primeira década do século.
26. Supunha-se que esta, a longo prazo, no limite, poderia comprometer dramaticamente — na ausência de uma mudança do padrão de desenvolvimento — os padrões de vida na Terra, gerando uma grande demanda pela exploração de fontes alternativas de energia.
27. A exemplo de alguns países no Oriente Médio e na África ou do delicado caso da Venezuela sob a liderança de Hugo Chávez.

28. O desafio para o país passou nesse caso a ser não só ter eventos que fossem bem-sucedidos, mas também conseguir que eles deixassem um legado de realizações para a população — e não apenas dívidas e obras superfaturadas. Se o Brasil seria capaz disso ou não, é algo que só se poderia saber depois da realização da Copa do Mundo e das Olimpíadas.
29. Uma avaliação equilibrada e equidistante dos governos FHC e Lula foi dada, no fim da gestão deste último, pelo historiador José Murilo de Carvalho, em entrevista ao jornal *Valor Econômico* de 20 de agosto de 2010. Segundo ele, "houve redução da pobreza e da miséria desde o Plano Real, com grande aceleração a partir de 2003. Programas de inclusão social iniciados no governo anterior, como o Bolsa Escola, foram grandemente ampliados no Bolsa Família e pelos aumentos no salário-mínimo... Lula se beneficiou de uma herança bendita dos dois governos anteriores, de Itamar e Fernando Henrique, sobretudo no que se refere ao Plano Real. O controle da inflação, o saneamento financeiro, garantidos no governo Lula pela ação do Banco Central, e o enxugamento das gorduras do Estado formaram um dos alicerces em que se sustenta o bom momento de que goza a economia do país. Se Lula expandiu muito o lado social, no quesito republicanismo o governo Cardoso teve melhor desempenho, apesar de alguns tropeços, como na campanha para a reeleição. Uma diferença importante foi o cenário internacional. Cardoso foi atropelado por uma crise externa que prejudicou o seu segundo mandato, quando poderia colher os frutos do saneamento realizado no primeiro. Lula, na maior parte do tempo, voou em céu de brigadeiro. Mas, de modo geral, vejo os dois governos, e o de Itamar, como voltas de um círculo virtuoso que, se levado adiante, corre o risco de consolidar nossa democracia política e nos aproximar de uma democracia social" (páginas 6 e 7 do caderno "Eu&Fim de Semana" do jornal).
30. Ao mesmo tempo, porém, um mínimo de rigor no tratamento dos dados obriga a qualificar melhor certas análises contemporâneas e segundo as quais os anos 2003-2010 corresponderam ao melhor Governo da História do país. O fato de que a taxa de crescimento médio do PIB nos oito anos citados tenha sido de 4,0% a.a., uma boa taxa, mas nada espetacular; e de que o índice de Gini das pessoas ocupadas, embora declinante, ainda era de 0,52 em 2009, sendo que entre 1993 e 2002 já tinha caído de 0,60 para 0,56, indica quão eficiente foi a propaganda política oficial no período, mais do que a natureza supostamente excepcional dos avanços alcançados, embora estes tenham sido inequívocos.
31. Por exemplo, aceitando alguma erosão da sua popularidade para tentar convencer a população de que algo precisava ser feito com as regras de concessão de benefícios — em um país onde as mulheres, em média, nas cidades, continuaram se aposentando por tempo de contribuição pelo INSS aos 52 anos de idade.
32. Uma boa explicação para o sucesso de Lula foi dada ao autor deste capítulo em 2007, em conversa pessoal, por um jornalista que conhecia muito bem há mais de 20 anos o então Presidente. Suas palavras, resumidamente, foram as seguintes: "Lula tem a popularidade que tem porque tem uma sensibilidade rara para perceber o que a média das pessoas quer. Repare que ele surge na política brasileira nas assembleias de São Bernardo, mas ele não cresceu aí defendendo as suas próprias teses. O que ocorria no lugar onde as assembleias eram realizadas? O palanque estava no meio do estádio e Lula se dirigia a ele partindo das laterais do campo, que estava apinhado de gente. Na medida em que ia avançando, aproveitava para sentir a temperatura do ambiente. Quando o clima dominante era de revolta pela proposta dos empresários, no palanque era duríssimo contra o patronato. Já quando sentia que a maioria das pessoas estava satisfeita com o que tinha sido alcançado, ressaltava as conquistas e investia contra os grupos mais radicais que sempre querem mais do que o que é obtido nesse tipo de negociações. Ou seja, Lula defendia como sendo opinião dele como líder sindical o que já sabia de antemão que a maioria queria. Ele não influenciava a opinião majoritária, mas era o contrário: era guiado por ela. Lula pregava aquilo que a massa queria ouvir. E, no exercício da Presidência, faz a mesma coisa. Com resultados políticos, tanto em 1979 como agora, muito favoráveis a ele".
33. Certa vez, o líder do Governo na Câmara dos Deputados, assistindo a uma apresentação de um assessor do Ministro de Planejamento acerca das preocupações que o Executivo tinha a respeito das tendências demográficas futuras e seu impacto sobre as contas da previdência social, perguntou, no final da exposição: "Ok, entendi, mas quero saber o seguinte: isso estoura neste Governo ou não?". E o drama político é que a consequência de adiar reformas importantes, sabe-se, dificilmente aparece imediatamente, mas com o passar dos anos. A história foi contada ao autor deste capítulo pelo próprio assessor em questão.

O detalhe relevante é que o Ministro de Planejamento na época atendia pelo nome de Delfim Netto e o diálogo ocorreu em ... 1982!

34. O "grau de investimento" é uma das categorias de "risco soberano" (ou seja, atribuído ao país) utilizadas por agências privadas de classificação de risco. Embora a escala completa de "ratings" varie entre as diversas agências, em todas elas a obtenção de "grau de investimento" denota um país cuja economia é considerada relativamente equilibrada e que respeita os chamados "fundamentos macroeconômicos", sugerindo um baixo grau de exposição ao risco para os investidores que aplicam seus recursos nessa economia. Além disso, a regulação financeira de diversos países impõe limites ao investimento de suas instituições financeiras em ativos estrangeiros de países não classificados como "*investment grade*".
35. Ver Bresser-Pereira (2002) e Pinheiro e Giambiagi (2006), respectivamente.
36. Ver Bresser-Pereira (2002).
37. Ver Ministério da Fazenda (2003).
38. Ver Mercadante (2006).
39. Ver Giambiagi (2008).
40. Ver Werneck (2014).

Capítulo

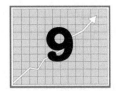

Fim de Ciclo: O Governo Dilma
(2011-2015)

Fabio Giambiagi

"Quem é temido por muitos deve temer a muitos"
Sólon, legislador da Grécia antiga[1]

"Não vamos tirar direitos do trabalhador, não. Nem vem que não tem!"
Presidente Dilma Rousseff, em entrevista ao jornal
Valor Econômico, **17 de março de 2011)**

Introdução

A chamada "armadilha da renda média" tem sido discutida há décadas na literatura econômica. A expressão refere-se a países que passam com sucesso pela "etapa fácil" do crescimento, quando se aproveitam de uma série de circunstâncias favoráveis para se desenvolverem. Nesse processo, os países transitam de níveis de renda *per capita* baixos — em termos internacionais — para níveis de renda médios, mas se defrontam depois com sérias limitações para conservar esse *momentum*.

Fernando Veloso e Lia Valls Pereira descrevem essa situação de modo preciso com as seguintes palavras:

"Na medida em que se aproximam de um nível de renda média, os fatores responsáveis pelo crescimento no estágio inicial começam a se esgotar. Em particular, o estoque de trabalhadores subempregados ... se exaure e os salários passam a se elevar, reduzindo a competitividade de bens intensivos em mão de obra. Os ganhos de produtividade associados à realocação de recursos entre setores e à adoção de tecnologias importadas também tendem a diminuir e o crescimento passa a depender cada vez mais de aumentos de produtividade dentro dos setores, principalmente no setor de serviços, que se torna progressivamente preponderante na produção e no emprego total. Nesse estágio, os países devem passar da etapa de importadores de tecnologias para a de criadores de tecnologias."[2]

Na transição entre a primeira e a segunda década do século atual, o Brasil se deparou com esse sério desafio. Para qualquer governante, seria um obstáculo cuja superação não era nada trivial e que levou muitos países a fracassar. No Brasil, esse problema foi acentuado pela particularidade de que, depois de duas presidências muito marcantes na História do país — a de Fernando Henrique Cardoso, associada à estabilização; e a de Lula, com o processo de inclusão social nela verificado — o risco de o novo governante ser visto como uma figura politicamente menor era bastante grande.

Tendo sido Ministra das Minas e Energia e da Casa Civil no Governo de Lula entre 2003 e 2010 e vista por este, na época, como uma militante de perfil técnico e com capacidade gerencial — imagem habilmente explorada pelo marketing oficial — Dilma Rousseff conseguiu se eleger em 2010 — com o apoio decisivo de Lula — e também se reeleger em 2014. Entretanto, o ensinamento atribuído a Sólon citado no começo deste capítulo mostrou-se apropriado: uma longa lista de atritos acumulados com diversos atores políticos nos anos em que tinha sido Ministra e depois Presidente, quando a popularidade lhe sorria, cobrou seu preço quando os indicadores de avaliação inverteram sua trajetória.

Este capítulo analisa os anos Dilma, desde a sua posse em janeiro de 2011 até o momento em que este livro está sendo completado, em 2016. Ele se divide em sete seções, incluindo esta introdução. Inicialmente, analisam-se os fatores que representaram "passivos ocultos" dos anos Lula. Posteriormente, argumenta-se que o Brasil do começo da década passou por características típicas do fim de um ciclo. A quarta seção mostra como, além dos problemas já existentes, a administração acentuou as dificuldades, cometendo alguns erros que tiveram sérias consequências. Depois, mostra-se a tendência ao agravamento das contas públicas no final do primeiro Governo Dilma. A sexta seção trata do "golpe de leme", com a súbita guinada da condução da economia em 2015, associada à nomeação de Joaquim Levy como Ministro da Fazenda. Por último, a sétima concentra as conclusões do capítulo.

A herança do Governo Lula[3]

O segundo Governo Lula acabou em clima de "*grand finale*" de uma ópera: o Presidente que se despedia do Poder tinha em torno de 80% de popularidade, a economia cresceu 7,5 % em 2010 e as taxas de desemprego aproximavam-se de um mínimo histórico, sugerindo que a crise de 2009 tinha sido superada. Nesse contexto, Lula pôde contribuir decisivamente para eleger como sucessora sua Ministra da Casa Civil, Dilma Rousseff, apesar de ela não ter na época nenhuma experiência eleitoral prévia, ainda que tivesse ocupado posições importantes nos seus dois Governos.

Muitos anos antes, em um contexto político completamente diferente, por trás do aparentemente glorioso 1973 do "milagre econômico" já apareciam alguns dos problemas que depois levaram à desaceleração da economia brasileira a partir de 1974. Da mesma forma, também por trás da euforia de 2010 podiam ser identificados pontos de preocupação que deveriam ter merecido mais atenção das autoridades. O véu da euforia escondia questões que, não obstante, seriam visíveis para um olhar mais crítico.

Tais problemas podem ser divididos em dois conjuntos de questões: conjunturais e estruturais. Em termos conjunturais, a economia brasileira no final de 2010 emitia todos os sinais clássicos de uma economia em processo de intenso superaquecimento.[4] Em primeiro lugar, o indicador de utilização de capacidade apurado pela Sondagem Industrial da Fundação Getulio Vargas (FGV) tinha alcançado o nível de 85%, nível esse que na série histórica só fora superado nos anos 1970 e que era maior, inclusive, que os de 1980 e 1986, anos que a historiografia já consagrou como fases finais de ciclo por impossibilidade de sustentação do ritmo de crescimento prévio.[5]

Em segundo lugar, por conta dessa situação, em um mercado de trabalho apertado e com dificuldades crescentes para encontrar mão de obra disponível, o salário real aumentava em praticamente todos os segmentos, muitas vezes, tendencialmente, acima do crescimento da produtividade.

Em terceiro lugar, depois dos superávits em conta-corrente que o país tinha experimentado até 2007, o Brasil vivia uma etapa de déficits expressivos na conta-corrente, variável essa que entre 2009 e 2010 tinha aumentado rápida e intensamente.

Por último, como caberia esperar, em tal situação os preços foram pressionados e, depois de cinco anos em que a inflação (IPCA) tinha sido de 4,7% a.a., em média, próxima da meta de 4,5% — meta essa mantida ao longo de todo o período — a taxa alcançou 5,9% em 2010, aproximando-se do teto da "banda de tolerância", de 6,5%.

É aqui que entra o segundo conjunto de fatores — de natureza estrutural — que deveria ter inspirado certa preocupação, analisando friamente a realidade de 2010/2011. A partir de meados da primeira década do século, depois do ajuste clássico do começo do primeiro Governo Lula, em 2003, as autoridades tinham colocado em prática um conjunto de políticas ativas. Isso se deu a partir de diversos mecanismos, tanto monetários como fiscais. Nesse rol, merecem destaque o crescimento do gasto público, o expressivo aumento real do salário-mínimo, a tendência à redução da taxa de juros e a expansão creditícia. O denominador comum a essas iniciativas, que visavam à redução das desigualdades sociais, era o fato de que, de um modo geral, elas constituíam mecanismos de estímulo à demanda.

Foi nesse contexto que a crise de 2008/2009 atingiu a economia em plena "colheita" de bons indicadores.[6] Devido ao ajuste fiscal de 1999 e anos posteriores, mantido nos primeiros anos do Governo Lula, a dívida líquida do setor público encontrava-se em declínio como proporção do PIB, os indicadores de risco-país eram baixos, o déficit público apenas moderado e a confiança na economia brasileira nunca havia sido tão alta, por volta de 2008.

Tais condições eram propícias para a adoção de políticas anticíclicas durante 2008/2009, como de fato foi feito, com efeitos visíveis relacionados com a superação rápida da crise. Foi nesse ambiente favorável que o Presidente Lula, no final do seu governo, chegou a se vangloriar do fato de o país ter sido "o último a entrar e o primeiro a sair" da crise.

O problema é que o êxito da prescrição deu às autoridades a ideia de que políticas de estímulo à demanda, que poderiam ser recomendáveis em circunstâncias marcadas pelo desemprego elevado e a grande ociosidade — particularmente, no contexto de uma situação emergencial como a de 2009 — seriam também as políticas certas a adotar daí em diante. Essa posição refletia também, a partir de 2011, uma visão mais pessimista do governo quanto à evolução da crise internacional e, principalmente, dos seus possíveis efeitos sobre o Brasil. O cenário externo, de fato, era nebuloso por volta de 2011, com o agravamento da crise econômica na periferia da zona do euro e a ainda lenta recuperação da economia dos Estados Unidos, sinalizando uma demanda externa ainda fraca em perspectiva.

Aparentemente, o que a equipe econômica entendia como uma ameaça externa pesou mais do que os limites do lado da oferta na definição dos rumos das políticas oficiais no primeiro Governo Dilma. Assim, o Governo "dobrou a aposta", de certa forma, insistindo no binômio desoneração de impostos/estímulo ao consumo, quando as circunstâncias que geraram o êxito inicial dessas políticas estavam se modificando.

Cabe lembrar que, no final da gestão de Governo de Fernando Henrique Cardoso, em 2002, o indicador de utilização de capacidade da Sondagem Industrial da FGV (IBRE) tinha sido de 79% — o pior desde 1993 — e que, em 2003, no começo do Governo Lula, a taxa de desemprego aberto do IBGE alcançara 12%. Nos anos posteriores, dado esse quadro inicial, Lula teve êxito em usar políticas de demanda para estimular a economia. Elas serviram para aumentar a utilização de capacidade da economia e para reduzir a taxa de desemprego. Já o ambiente que se vivia nos novos tempos de 2011, com níveis de ociosidade mínimos e taxa de desemprego da ordem de metade da de 2003, requeria dar ênfase às políticas de oferta. E foi justamente nessas condições que o investimento perdeu dinamismo no Governo Dilma.

Parte da responsabilidade pelo que aconteceu a partir de 2011 cabe ao Governo Lula, por não ter percebido a tempo a situação típica de "armadilha da renda média" na qual o país estava ingressando.[7] Para isso, é importante observar a Tabela 9.1, que mostra as taxas de variação média, por períodos, da População em Idade Ativa (PIA), da População Economicamente Ativa (PEA) e da população ocupada, oriundas da Pesquisa Mensal de Emprego (PME) do IBGE. A tabela compara essas taxas com o crescimento do PIB, para apurar o incremento da produtividade por trabalhador ocupado.[8] São fontes de informação com uma série de diferenças, a principal das quais o fato de que o PIB é nacional, enquanto a pesquisa da PME abrange apenas as principais Regiões Metropolitanas do país. De qualquer forma, como na época não se dispunha de indicadores mensais de emprego e trabalho com abrangência nacional, é o melhor indicador de que se pode dispor.

Tabela 9.1
Variáveis Macroeconômicas Selecionadas
Taxas de crescimento médias (%a.a.)

Período	PIA	PEA	Pop. ocupada	PIB	Produto por trabalhador
2004/2010	1,71	1,71	2,62	4,47	1,80
2011/2015	1,19	0,70	0,68	0,98	0,30

Fonte: IBGE (Contas Nacionais e Pesquisa Mensal do Emprego).

Observe-se que, exceção feita ao ano de 2003, de comportamento pífio da economia e que não foi parte da tabela por ser o ano-base, a economia teve um crescimento bastante favorável nos anos Lula. Mesmo o desempenho ruim de 2009 fica mitigado pelo altíssimo crescimento de 2010. Entretanto, se decompõe a taxa média de 4,5% a.a. entre o ano-base de 2003 e 2010, nota-se que o principal fator de crescimento, na equação Produto = Emprego x Produtividade por trabalhador ocupado, foi justamente a forte expansão da população ocupada, de 2,6% a.a. entre 2003 e 2010.

Já o crescimento da produtividade por trabalhador ocupado foi importante (1,8% a.a.), mas não particularmente brilhante. Mesmo que se considere esta última taxa razoável para o período, ela seria insuficiente para sustentar no futuro um ritmo de crescimento da economia da ordem de 4% a.a. quando o emprego passasse a crescer a níveis substancialmente inferiores à citada taxa de 2,6% a.a.

Adicionalmente, sobre este ponto cabe adicionar quatro coisas:

i) a taxa de 1,8% a.a. de crescimento da produtividade foi muito influenciada por excluir um ano ruim (2003) e incluir no final da série o ano de 2010, com o maior crescimento do PIB desde 1985;
ii) quando estendida para períodos maiores, de 10 anos, a taxa é menor, seja quando se consideram os anos anteriores ou os posteriores, mostrando a dificuldade de se conservarem taxas de crescimento mais fortes da produtividade;[9]
iii) o último ano para o qual a taxa média de crescimento da produtividade por trabalhador ocupado — de acordo com os indicadores estatísticos precários disponíveis na época — por um período móvel de 10 anos tinha ultrapassado 2% tinha sido em 1982, por conta do crescimento espetacular da variável no começo dos anos 70;[10] e
iv) no futuro, conservar a expansão da produtividade em ritmo próximo a 2% a.a. seria um grande desafio. Ao ser incorporado ao mercado de trabalho um empregado adicional quando o desemprego inicial é de 12%, provavelmente esse indivíduo tem uma produtividade elevada, só estando desempregado previamente porque a crise era grave. Já ao ser incorporado ao mercado um indivíduo quando o desemprego é de 5% ou 6%, há grandes chances de que se trate de alguém que, por ter baixa produtividade, já tinha sido rejeitado antes em outros empregos e encontrava dificuldades para ser contratado. Além disso, há que se considerar o peso dos serviços com um obstáculo importante para a melhora da produtividade média da economia. De um modo geral, nos últimos dez anos os serviços representaram de 65% a 70%, aproximadamente, do valor adicionado, caracterizando-se pela sua baixa produtividade na maioria dos seus subsetores.[11]

Tal análise é complementada pela Tabela 9.2, que mostra a comparação entre as taxas de crescimento do PIB e do produto potencial e a decomposição desta entre as contribuições do capital, do trabalho e da Produtividade Total dos Fatores (PTF). A tabela decompõe o crescimento do PIB desde 1993 por ciclos e indica que:

- nos anos de 1993 a 1997, o crescimento se deu basicamente via demanda, com a oferta ficando defasada, em um período marcado pela ocupação de capacidade ociosa;
- a partir de 1998 até 2003, embora o produto potencial continuasse a apresentar um crescimento baixo, o dinamismo ainda menor da economia, numa época de crise, levou à criação de uma ociosidade significativa;

- a partir de 2004, essa relação se inverteu e, mesmo que o crescimento do produto potencial tenha se expandido, ele o faz abaixo do crescimento do PIB, com a capacidade ociosa sendo reduzida rapidamente; e
- nos últimos anos da série, o crescimento do produto potencial voltou a diminuir, mas como o do PIB desacelerou mais ainda, a capacidade ociosa aumentou um pouco.

Já a decomposição do crescimento do produto potencial sugere que:[12]

a) a contribuição do capital para o crescimento da economia aumentou após a saída da crise de 2008/2009, mas para se conservar ela teria que estar associada a um grande dinamismo do investimento, que dificilmente poderia se manter durante muitos anos sem pressões relevantes sobre a Balança Comercial;
b) a contribuição do trabalho, na média, individualmente foi a mais relevante, mas ela tenderia a diminuir no futuro, em razão de condições associadas ao esgotamento do chamado "bônus demográfico";[13] e
c) na média, a contribuição da PTF ao crescimento médio anual não chegou a 1%.

O que se quer explicar com isso é que, cedo ou tarde, o *boom* da demanda característico dos anos Lula esbarraria em limites físicos e que o país não se preparou adequadamente para quando esse momento chegasse, cuidando de assegurar a sustentação do crescimento do produto potencial. Isso implicaria elaborar uma agenda mais sofisticada do que o "trinômio" expansão do gasto público + desonerações tributárias + redução de juros. Na ausência de uma agenda que viabilizasse a sua sustentação, o investimento tenderia a perder dinamismo. A essa tendência vieram se somar os erros de gestão de 2011 em diante.

Tabela 9.2
Contribuições para o Crescimento do Produto Potencial e Variação do PIB:
médias por período (% a.a.)

Período	Capital	Trabalho	PTF	Prod. potencial	PIB
1993-1997	0,9	0,6	1,1	2,6	4,1
1998-2003	0,8	1,3	0,4	2,5	1,8
2004-2008	0,9	1,7	1,3	3,9	4,8
2009-2015	1,5	0,9	0,1	2,5	1,7

Contribuição para o PIB potencial

Fonte: Souza Júnior (2016), até 2014, com dados atualizados pelo próprio, a pedido do autor, até 2015.

Talvez nada seja mais emblemático acerca do descaso progressivo do Governo Lula em perseguir reformas fundamentais para o longo prazo que a diferença de tratamento que estas reformas receberam nos seus dois mandatos. Na gestão de 2003-2006, aprovou-se uma reforma previdenciária para o funcionalismo e houve toda uma agenda microeconômica que explica, entre outras coisas, o forte crescimento da construção civil nos anos posteriores. Já entre 2007 e 2010, a agenda de reformas notabilizou-se por sua ausência. Nada relevante de estrutural foi perseguido. Vejamos isso mais de perto.[14]

O fim de um ciclo

Durante boa parte da gestão de Governo do Presidente Lula, vigorou o que se poderia denominar de "quadrado mágico" favorável ao crescimento. Em primeiro lugar, os níveis de preços das exportações e dos termos de troca foram extraordinários. Em segundo, na segunda metade da década passada, os juros externos próximos de zero criaram um "apetite por risco" nos mercados emergentes como poucas vezes se vira na História do pós-guerra. Em terceiro, a elevada taxa de desemprego inicial em 2003 permitia amplas possibilidades de expansão da economia, sem risco, no curto prazo, de gargalos pelo lado da oferta de mão de obra. Finalmente, o fato de no final de 2002 o câmbio estar muito depreciado pelo "risco Lula" permitia que, dissolvida a ameaça de tomar medidas antagônicas ao mercado, houvesse amplo espaço para a apreciação do câmbio, com consequências positivas para o combate à inflação.

Nada disso, porém, seria muito duradouro — e isso era previsível, embora sempre existissem aqueles dispostos a pensar que "esta vez é diferente".[15] Em algum momento, o *boom* das *commodities* acabaria e os termos de troca cairiam. Os juros do FED não poderiam continuar perto de zero indefinidamente. A taxa de desemprego cairia até encontrar o seu piso, perto do mínimo da taxa de desemprego que não pressiona a inflação, ou seja, da versão local da *non accelerating inflation rate of unemployment* (NAIRU). E, por último, depois de a taxa de câmbio, que era de R$3,53/US$ no final de 2002, ter caído a R$1,67/US$ oito anos depois, cedo ou tarde ela teria que se depreciar novamente, invertendo a sua contribuição para o combate à inflação. Era preciso, então, se preparar com antecedência para quando esse dia chegasse e tudo passasse a ser mais difícil.[16]

E foi o que aconteceu: o dia, finalmente, chegou. Depois de 2011, o índice de preços das exportações brasileiras e os termos de troca começaram a cair (Tabela 9.3).[17] Os juros externos ainda se mantiveram baixos durante anos, mas o momento da elevação se aproximou cada vez mais. A taxa de desemprego parou de cair depois de 2014 e a taxa de câmbio alcançou R$2,66/US$ no final de dezembro de 2014, quase R$1 (ou 60%) acima em relação ao nível de final de 2010. Em particular, a taxa de câmbio sofreria uma forte pressão em 2015, quando chegou perto de R$4 em torno do final do ano.

Além disso, é importante lembrar que lidar com uma escassez de mão de obra seria uma situação praticamente inédita até então, no Brasil. Tradicionalmente, o país sempre tinha convivido — apenas com algumas breves exceções, como o auge do Plano Cruzado em 1986 — com a existência de grandes massas de trabalhadores disponíveis, situação propícia à alavancagem da economia mediante estímulos de natureza keynesiana.

Porém, as condições para o desenvolvimento de longo prazo, associadas à expansão da oferta, teriam que ser função de outros elementos, notadamente:

- educação de qualidade;
- níveis adequados de investimento e poupança;
- gasto público eficiente;
- boa infraestrutura;
- instituições favoráveis ao crescimento; e
- ambiente de competição.[18]

Tabela 9.3
Índice de Preços do Comércio Exterior 2010-2014 (2006=100)

Ano	Básicos	Semimanufaturados	Manufaturados	Total	Importações	Termos de troca
2010	174,0	142,9	128,7	145,7	121,7	119,7
2011	228,4	172,9	146,8	179,5	139,1	129,0
2012	209,7	161,0	146,4	170,7	140,4	121,5
2013	206,7	144,8	142,2	165,2	138,8	119,0
2014	188,4	138,8	140,8	156,5	136,1	115,0
2015	132,5	116,5	124,5	122,7	119,9	102,3

Fonte: FUNCEX.

Tais elementos se combinam para que se verifiquem bons níveis de crescimento da produtividade e dependem da ação dos governos. A eles se juntam os efeitos de uma demografia favorável, algo que em geral foge à influência dos governos, pelo menos no curto prazo.

Pode-se alegar que alguns dos países que apresentaram as maiores taxas de crescimento nas últimas décadas fogem a essa caracterização. A China, por exemplo, não tem uma educação média elevada, nem a Índia uma infraestrutura de qualidade. São países, porém, que, ressalvadas as devidas diferenças, encontram-se em um estágio histórico do seu processo de desenvolvimento com alguma semelhança com o que o Brasil enfrentou entre 1930 e 1980. Quando o desenvolvimento se inicia com níveis muito baixos de produtividade e se verifica um forte movimento migratório do campo para a cidade e de mão de obra de setores atrasados para outros mais avançados, o campo de espaço para a expansão é enorme.

É justamente quando é preciso ir além dessas etapas iniciais do desenvolvimento que surge a chamada "armadilha da renda média", que países como a Coreia do Sul conseguiram vencer e a China tentará superar nas próximas décadas. Foi aí que o Brasil falhou seriamente na década atual.

O primeiro ponto citado anteriormente, educação de qualidade, foi o que permitiu o salto dos países de renda média para o pequeno grupo dos países desenvolvidos, porém, no Brasil, é uma deficiência histórica. Em termos de comparações internacionais, o país deixa muito a desejar, pelo baixo número de anos de estudo da população e pelo seu péssimo desempenho em exames internacionais como o Program for International Student Assessment (PISA). Um dado é particularmente eloquente: o percentual da população que conclui o ensino secundário, estratificado por faixa etária conforme a apuração da OCDE no documento denominado Education at a Glance. Nele consta o Brasil, apesar de não ser parte da organização. Esse percentual, para a população de 25 a 64 anos, é de 87% na Alemanha, 85% na Coreia do Sul, 57% no Chile e apenas 46% no Brasil. O mais revelador é o percentual na faixa dos adultos jovens (25 a 34 anos), de 98% na Coreia, 87% na Alemanha, 77% no Chile e 61% no Brasil. É claro que o problema vem de longa data, mas o ponto é que quando isso passou a fazer uma maior diferença, em um mundo de grande competição, o Brasil avançou, mas a uma velocidade inferior à requerida.

O segundo ponto relevante para poder aspirar a uma maior taxa de crescimento e fator-chave para o item associado à contribuição do capital na Tabela 9.2 é a combinação de poupança e investimento. Ora, em 1994, ano da estabilização, quando surgiu a esperança de que a época de alta inflação do Brasil tivesse ficado na História, o que se dizia era que o grande desafio, depois de alcançar a estabilidade, deveria ser a recuperação do crescimento e que para isso era necessário ampliar o investimento e a poupança. Quais foram os indicadores naquele ano? Taxa de investimento de 21% do PIB e poupança doméstica também de 21%. Mais de 15 anos depois, em 2010, o que a economia brasileira mostrava? A mesma taxa de investimento de 21% do PIB e uma poupança doméstica menor, de 18% do PIB. A dependência da poupança externa para o financiamento do investimento tinha aumentado. O terceiro ponto mencionado anteriormente é ter um gasto público eficiente. Também nesse requisito o país deixava a desejar. Em 1991, primeiro ano para o qual há estatísticas fiscais compatíveis com a agregação atual, o gasto primário total do Governo Central — incluindo transferências a Estados e Municípios — em números redondos era de 14% do PIB, com um investimento da União da ordem de 1% do PIB e serviços públicos de baixa qualidade. Em 1994, ano da estabilização, aquele percentual do gasto total já tinha crescido para 17% do PIB. Em 2002, último ano da gestão FHC, já estava em 20% do PIB, sinal de que a tendência citada antecedeu em muito aos governos do PT. No ano de ajuste de 2003, sob a condução do Ministro Palocci, esse peso caiu para 18% do PIB. Já em 2010, no final do Governo Lula, tinha voltado a ser de 21% do PIB, com um investimento da União da mesma ordem de grandeza — de 1% do PIB — de duas décadas antes, apesar do aumento relativo de 50% do peso do gasto. Com uma grande demanda associada ao gasto previdenciário e social, sobravam poucos recursos para atividades associadas ao impulso ao crescimento, como inovação, ciência e tecnologia e pesquisa avançada.

O quarto ponto importante para ter uma economia com potencial de ser dinâmica e competitiva é dispor de uma boa infraestrutura.[19] Este é um dos elementos em que a falha do país em se preparar para o futuro tornou-se mais gritante. Uma estimativa acerca dos setores de energia, transportes, telecomunicações, aeroportos, portos, hidrovias e saneamento indica que, nos últimos dois anos (2001/2002) do Governo FHC, a soma do investimento público e privado nesses setores foi de 2,6% do PIB. Esse percentual já estava muito aquém dos mais de 5% do PIB que, conforme antigas estimativas não estritamente comparáveis, tinham sido gastos nesses setores na década de 1970. A mesma fonte estima que o investimento médio nesses segmentos da infraestrutura foi de apenas 1,8% do PIB no primeiro Governo Lula (2003/2006) e de 2,2% do PIB no segundo (2007/2010).[20] Isso não deixava de ser um reflexo do padrão de forte expansão do consumo, que limitava o espaço do investimento, numa macroeconomia em que a distância entre o produto potencial e o PIB foi se estreitando gradativamente.

O quinto elemento importante para ter um ambiente propício ao crescimento é o desenvolvimento de instituições adequadas.[21] Neste particular, o país experimentou avanços importantes em favor de uma maior previsibilidade a partir da estabilização. O Banco Central foi reforçado na sua atuação técnica em defesa da estabilidade; adotou-se o regime de metas de inflação; foi criada uma série de agências reguladoras; a defesa da concorrência foi fortalecida através de uma atuação mais incisiva dos órgãos encarregados disso, entre outras medidas. Já no Governo Lula, embora não tenha nem de longe chegado a haver recuos como os verificados nesse sentido em outros países da América Latina, a atuação das agências reguladoras — bem como das empresas estatais em geral — passou a ser seriamente questionada pelo Poder Executivo e houve uma maior politização na escolha de muitos dos seus dirigentes.

Finalmente, o ambiente de competição e exposição à economia internacional sofreu alguns percalços no período, em um contexto caracterizado pela ação intensa dos *lobbies* em defesa de medidas protecionistas, como estímulos ao produtor nacional ou o aumento da alíquota de importações em algumas atividades. A adoção de regras de conteúdo local no setor de petróleo, ainda que em certa medida pudesse ser defensável, transformou-se, devido aos excessos, num exemplo do que estamos descrevendo, sendo um componente importante do processo que levou a uma série de sobre custos da Petrobras. Estes foram objeto de diversas denúncias de ampla repercussão, já na década atual. Como se sabe, quando o futuro de uma empresa passa a depender mais de medidas de proteção ao mercado que dos esforços de inovação, a dinâmica capitalista tipicamente schumpeteriana se ressente e os indicadores de produtividade acabam refletindo tal *modus operandi*.

A combinação desse conjunto de elementos acarretou taxas de expansão da produtividade, nos anos Lula, que seriam insuficientes para sustentar o padrão de crescimento do PIB quando a capacidade de absorção de mão de obra se esgotasse. Lembre-se que, na Tabela 9.1, o crescimento da população ocupada, da ordem de 2,5% a.a., respondeu pela maior parte do crescimento da economia entre 2003 e 2010. À época, o crescimento da população ocupada se deu a uma velocidade maior que a do crescimento da População Economicamente Ativa (PEA), na mesma época de 1,7% a.a.

Quando o desemprego alcançasse um piso, porém, por definição, o crescimento da população ocupada passaria a ficar restrito pela dinâmica da oferta de trabalho. Portanto, só por conta disso já caberia esperar uma desaceleração da economia. Além disso, cabe citar que a taxa de variação anual do conjunto da população de 15 a 59 anos, entendida como *proxy* da variação da PEA, tenderia a declinar, por questões demográficas (Gráfico 9.1). Pelas projeções do IBGE revistas depois em 2013 — que confirmaram a tendência já estabelecida na revisão prévia, de 2008 — a taxa de crescimento desse universo da população, que no começo do Governo Lula fora de 1,8%, chegaria, ao final da década de 2010, a em torno de 0,6% a 0,7%.

Dito de outra forma, independentemente de erros que pudessem ser cometidos posteriormente, a economia brasileira, em 2010, apesar da euforia, encontrava-se no final de um ciclo, que poucos perceberam, ofuscado que estava o país pelo crescimento médio de 4,5% a.a. nos sete anos de 2003 a 2010.

Um cálculo simples apontava para a dimensão do desafio que seria necessário encarar ao longo da década de 2010, na perspectiva do(a) Presidente da República eleito(a) naquele ano trabalhar desde o início com a possibilidade de reeleição, exercendo o Poder, portanto, praticamente até o final da década. Nesse caso, se a um crescimento anual da população de 15 a 59 anos de 1,0%, como o que se tinha em perspectiva para os oito anos até 2018, fosse adicionada uma hipótese de variação anual da produção por trabalhador de 1,5%, chegar-se-ia à conclusão de que talvez

Gráfico 9.1
Brasil: Taxa de Variação da População de 15 a 59 Anos (%)

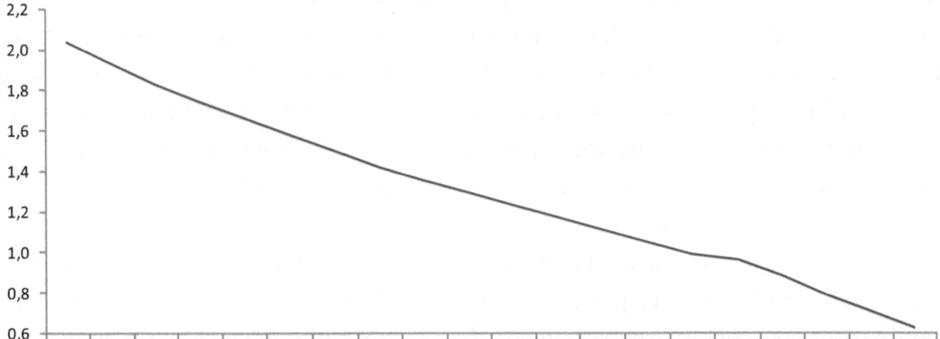

	2001	2002	2003	2004	2005	2006	2007	2008	2009	2010	2011	2012	2013	2014	2015	2016	2017	2018	2019	2020
Taxa	2,04	1,93	1,83	1,74	1,66	1,58	1,50	1,42	1,35	1,29	1,23	1,17	1,11	1,05	0,99	0,96	0,88	0,79	0,71	0,63

Fonte: IBGE (Revisão populacional 2013).

um número realista para o crescimento futuro esperado do PIB fosse de 2,5% a.a. Entretanto, no começo do Governo Dilma, em 2011, com a economia vindo de uma taxa de 7,5% de crescimento em 2010, toda a tônica oficial era de que o país caminhava para uma expansão algo menor, mas ainda da ordem de 4,5% a 5,0% a.a. Nada mais distante do que viria a acontecer.

AS POLÍTICAS SOCIAIS DO GOVERNO DILMA*

Em 2 de junho de 2011, o Governo Federal lançou o Plano "Brasil Sem Miséria" (BSM) com um objetivo ambicioso: superar a extrema pobreza, até o final de 2014. O Plano se organizava em três eixos: i) garantia de renda; ii) inclusão produtiva; e iii) acesso a serviços públicos.

O diagnóstico do Governo era de que, apesar do sucesso do Bolsa Família, em 2011 havia ainda 22 milhões de pessoas que, mesmo recebendo os benefícios do programa, continuavam na extrema pobreza. Ademais, havia uma questão particular a ser tratada: a concentração da pobreza em determinados grupos. Entre os mais pobres, 71% eram negros, 60% viviam na Região Nordeste e 40% eram crianças e adolescentes entre zero a 14 anos. O primeiro passo do programa foi, portanto, promover uma "busca ativa", no intuito de aumentar o "Cadastro Único" e identificar um "mapa da pobreza" no país, o que levou à inclusão de mais 1,4 milhões de famílias no programa. Para atender à parcela mais vulnerável — as crianças de zero a seis anos — o BSM lançou uma ação específica: o "Brasil Carinhoso". As medidas, apesar de aparentemente simples, atacavam aspectos-chave para uma evolução infantil saudável, incluindo maior número de vagas em creches e ampliação da distribuição de vitamina A e de medicamentos para asma. A segunda etapa do programa focou na faixa entre 7 e 15 anos. O programa retirou da extrema pobreza 8 milhões de crianças e adolescentes (MDS, 2015). Em 2014, o Brasil deixou de integrar o "Mapa Mundial da Fome", ficando abaixo do limite de 5% do indicador de "Prevalência de Subalimentação" criado pela FAO — abaixo do qual se considera que o país tenha superado o problema da fome. Os avanços ocorreram a custos relativamente baixos, com o valor total das transferências de renda para o Bolsa Família sendo da ordem de 0,5% do PIB ao longo do primeiro Governo Dilma.

Quanto ao eixo da inclusão produtiva do plano, destaca-se o Programa Nacional de Acesso ao Ensino Técnico e Emprego (Pronatec), que oferece cursos gratuitos de qualificação profissional para o público de baixa renda. Outros programas importantes foram o "Água para todos", de cisternas para universalizar o acesso à água para famílias do semiárido e cisternas de produção, o "Luz para Todos" no setor de energia e a inclusão de 700 mil famílias de baixa renda no Programa "Minha Casa, Minha Vida" (MDS, 2015). Tais programas foram importantes, embora, em alguns casos, tenham tido dificuldades posteriores de sustentação, como no caso do Pronatec, seriamente afetado pelos cortes orçamentários em 2015.

Já os resultados na dimensão do acesso a serviços públicos do BSM são mais polêmicos. De acordo com seus críticos, apesar dos avanços nos indicadores sociais, as transferências de renda não são capazes de eliminar carências importantes na saúde e na educação — que demandam políticas específicas — levando assim a uma crescente busca por bens públicos no setor privado (Lavinas, 2014). Nesse sentido, assim como em outros países da América Latina, o Brasil estaria criando um "sistema dual", onde aqueles em melhores condições financeiras pagam pelo acesso ao sistema privado, enquanto o sistema público não alcança uma efetiva universalização do acesso aos direitos básicos. Na área da Educação, especificamente, houve aumento do número de pessoas nas escolas e nas universidades, em parte pelas políticas afirmativas, mas também pelo crescimento do Fundo de Financiamento Estudantil (FIES). Cabe também citar o Programa "Ciência sem Fronteiras", por meio do qual, nas etapas avançadas do ensino, o Governo oferece bolsas de graduação e pós-graduação no exterior, além de incentivos para parcerias e intercâmbios com instituições internacionais de excelência.

Embora tais programas fossem, em linha geral, positivos, eles permitiram, porém, expor claramente antigos problemas e trouxeram novos desafios (Schwartzman, 2014). Entre eles, destacam-se a falta de bons professores, a má qualidade do ensino, a escassa flexibilidade para a gestão das universidades públicas e a falta de sustentação no tempo de algumas iniciativas, como constatado com o enxugamento que alguns desses programas sofreram em 2015. Os baixos resultados obtidos nos testes internacionais evidenciam sérios problemas no sistema educacional brasileiro.

* Este box foi elaborado por Lavinia Barros de Castro.

Os erros de gestão

Vista em retrospectiva, aquela expectativa era simplesmente impossível de concretizar. A essa situação, já *per se* delicada, se somariam os erros da própria lavra do novo Governo.[22] Para entender melhor a questão, há que levar em conta um fato fundamental: enquanto o ex-Presidente Lula era um sindicalista, que se guiava politicamente pelo seu instinto, em função do qual tomava as decisões na economia, a Presidente Dilma é uma economista, com convicções profundas sobre uma série de questões.

O Governo Dilma se iniciou sob a premissa de que a economia estaria com dois preços "errados" que seriam necessários corrigir: o câmbio e os juros. Fiel a esse espírito, na área cambial, o governo tomou medidas incisivas para forçar uma depreciação da taxa de câmbio. A rigor, medidas nesse sentido já vinham sendo experimentadas desde o final da gestão Lula, sem muito sucesso, devido ao ambiente de otimismo acerca dos rumos do país que se respirava no mercado internacional naquele tempo, o que favorecia o ingresso de capitais no Brasil. A partir de 2011, novas intervenções das autoridades, combinadas com algumas mudanças no humor dos mercados internacionais diante de possíveis mudanças da política monetária dos Estados Unidos, levaram a uma alta da cotação do dólar expressa em R$.

Já em relação à taxa de juros, após uma rápida elevação de curta duração no primeiro semestre de 2011, a partir de agosto daquele ano o Banco Central iniciou uma forte queda da taxa SELIC, que fez esta ceder de 12,50%, naquela ocasião, para 7,25% no final de 2012. Tendo sucedido a dois presidentes que deixaram marcas profundas — FHC, pela estabilização; e Lula, pelas políticas sociais — e em um país caracterizado por muitos anos de juros elevados, era claro então que Dilma Rousseff gostaria de ser reconhecida como "a Presidente que reduziu os juros reais a 2%".

Na esteira desse processo, o Banco Central, sob nova condução após a saída de Henrique Meirelles junto com o fim do mandato de Lula e já sob o comando de Alexandre Tombini, passou a adotar uma série de sinais ambíguos acerca do seu compromisso com a perseguição da meta de inflação de 4,5%. A nova direção da instituição, após assumir em 2011 admitindo que naquele ano a convergência não poderia ser feita, mas comprometendo-se a atingir os 4,5% em 2012, no começo de 2012 repetiu a estratégia, sinalizando que a meta seria alcançada só em 2013. Isso minou a confiança do mercado, o que se refletiu numa elevação gradual das expectativas de inflação a partir de então, não apenas para o ano corrente, mas também para os anos posteriores. Até então, quando a pesquisa Focus do Banco Central indagava aos participantes do mercado a expectativa acerca da inflação um ou dois anos à frente, havia plena confiança na meta. Com a sucessão de frustrações, em dezembro de 2014, no final do primeiro Governo Dilma, com a inflação novamente perto do teto da meta, não só as expectativas de inflação para o ano seguinte já estavam totalmente contaminadas, como mesmo a expectativa para 2016 encontrava-se em 5,7%, bastante acima de 4,5%. Os críticos começaram a acusar o Governo, então, de abandonar o "tripé" macroeconômico composto pela combinação de meta de inflação, austeridade fiscal e flutuação cambial.

A superposição de desvalorização e redução dos juros provocou uma pressão inflacionária, com a variação do IPCA ameaçando constantemente ultrapassar o teto de 6,5% da banda de tolerância e com a taxa média dos quatro anos 2011/2014 alcançando 6,2%. Diante do risco da inflação superar o teto, o governo reagiu apelando para o controle de alguns preços com impacto no IPCA. Assim, em 2012 determinou uma redução nominal significativa dos preços da energia elétrica, com efeitos durante 2013, com o duplo propósito declarado de melhorar a competitividade da indústria e de baratear a conta ao consumidor residencial. Este fato foi, na ocasião, devidamente enfatizado pela Presidente da República em pronunciamento em rede nacional de televisão, muito comentado na época. Complementarmente, os preços dos derivados de petróleo foram rigidamente controlados, permanecendo estáveis durante a maior parte do quadriênio, não obstante a desvalorização cambial ocorrida, que pressionou os custos da Petrobras.

Essas duas intervenções tiveram sérias consequências. O preço do item "energia elétrica residencial" teve variação nominal de apenas 2,9% em 2012 e deflação de 15,7% em 2013, ao custo de descapitalizar todo o setor. Como o segmento é regulado, mas tem um pequeno mercado "spot" de preços livres, a combinação de desincentivo à oferta, com o estímulo à demanda em decorrência da baixa de preços, levou a uma explosão dos preços do mercado livre. As empresas distribuidoras de energia, com compromissos de abastecimento, tiveram que conseguir a energia adicional pagando preços exorbitantes, exatamente quando o seu faturamento diminuía. O resultado foi que o setor ficou ameaçado por uma quebradeira generalizada, apenas evitada porque o governo socorreu as empresas com recursos do Tesouro, agravando, porém, o déficit público.[23]

A *DÉBÂCLE* DO SETOR DE ENERGIA

Em 2007, o Brasil parecia destinado a ser uma potência energética. Inicialmente, as condições favoráveis ao cultivo da cana-de-açúcar, utilizada na produção de álcool combustível, pareciam abrir uma avenida de possibilidades em um mundo ávido por superar a "civilização do petróleo". Em encontro na época entre os Presidentes Lula e Bush, discutiu-se a possibilidade de o álcool virar uma *commodity* energética, com o etanol podendo se transformar numa fonte de divisas importante para o país. Adicionalmente, o anúncio da descoberta das reservas do chamado "pré-sal" foi visto como o "último bilhete premiado" daquela era do petróleo, com amplas possibilidades de a Petrobras ser alavancada para se tornar uma empresa ainda maior.

Em torno de cinco anos depois, esse panorama de sonhos começou a virar um pesadelo, com a *débâcle* tríplice do setor de energia. No caso do petróleo, a combinação da exigência da nova legislação aprovada para o setor no final do Governo Lula — obrigando a Petrobras a ter 30% do investimento e ser operadora dos campos do pré-sal — com o rígido controle de preços dos derivados de petróleo, elevou consideravelmente o endividamento da empresa, que teve seu *rating* reduzido, com seu valor em Bolsa tendo quedas sucessivas. Complementarmente, a revolução do *shale gas* nos Estados Unidos mudou drasticamente o panorama global do setor, que passou a viver uma situação de excesso de oferta. A isso se somou, em 2014 e 2015, a queda dos preços do petróleo no mercado internacional e o *coup de grâce* da chamada "Operação Lava Jato", encabeçada pela Polícia Federal e pelo Ministério Público e que identificou um escândalo bilionário de corrupção na estatal. Isso levou ao adiamento da divulgação do balanço de setembro daquele ano, só publicado em abril de 2015 e após o reconhecimento de perdas significativas, devidas à corrupção e a decisões de investimento orientadas por interesses políticos.

Na esteira dos problemas do setor de petróleo e gás, também o etanol foi afetado. Isto porque a viabilidade econômica do etanol no Brasil — dada a menor eficiência em termos de quilometragem por litro de combustível *vis a vis* a gasolina — dependia da existência de um diferencial de preços favorável ao etanol — tradicionalmente mais barato. Com o preço da gasolina artificialmente reprimido pelas injunções da política anti-inflacionária e os custos do setor aumentando regularmente no contexto de uma economia que durante anos girou com uma inflação da ordem de 6% a.a., a relação de preços entre o etanol e a gasolina sofreu uma distorção, desestimulando o consumo de energias alternativas. O resultado foi que diversos investimentos feitos na expectativa de que o setor sofresse um *boom* de demanda se transformaram num "cemitério de usinas", especialmente relevante no interior paulista.

A "trinca" de problemas energéticos se completou com a forte intervenção no setor elétrico, verificada em torno da metade do primeiro Governo de Dilma Rousseff. Esta, na busca por uma redução de preços no setor que beneficiaria a sua popularidade com vistas às futuras eleições, acabou gerando uma grave crise setorial, afetando seriamente a rentabilidade do segmento.

Como consequência desse conjunto de elementos, examinando-se as cotações de final do mês e considerando o valor das empresas deflacionado pelo IPCA, conclui-se que, no caso da Petrobras, entre o pico de maio de 2008 e o nível em dezembro de 2015, seu valor real na Bolsa sofreu uma redução de impressionantes 87%, sendo de 81% entre os meses de dezembro de 2010 e de dezembro de 2015 (gestão de Dilma Rousseff). Já no caso da Eletrobrás, entre dezembro de 2010 e dezembro de 2015, a perda de valor real foi de 76%.

Valor em bolsa da Petrobras e da Eletrobrás: dezembro
(R$ bilhões constantes dezembro 2015)

	Petrobras	Eletrobrás
2006	391	49
2007	705	44
2008	347	45
2009	516	60
2010	533	37
2011	384	35
2012	317	12
2013	252	11
2014	141	9
2015	101	9

Fonte: Bloomberg.

No setor de petróleo, por sua vez, o controle dos preços dos derivados gerava uma situação paradoxal: como a Petrobras era uma empresa que, na época, era importadora líquida do produto, mas tinha seu preço de venda doméstico fixo, ela tinha se tornado praticamente a única companhia de petróleo do mundo que, quando o preço do produto aumentava no mercado internacional, via seu lucro diminuir, pelo encolhimento da sua margem operacional. E isso em momentos em que o mesmo governo obrigava a Petrobras a se comprometer com vultosos investimentos na área do pré-sal. O resultado foi um aumento significativo do endividamento da empresa.

Aos poucos, portanto, as inconsistências do Governo Dilma na gestão macro e microeconômica — esta última envolvendo setores essenciais, como os de energia elétrica e de petróleo — foram se tornando cada vez mais evidentes.[24] À desfiguração parcial do "tripé macroeconômico" somaram-se os problemas setoriais anteriormente descritos, uma série de decisões confusas, contraditórias e/ou erradas em diversos campos e uma gestão política na relação entre o Poder Executivo e o Legislativo que foi se tornando crescentemente conflituosa.[25]

Com esses ziguezagues das políticas e a falta de clareza das regras, o investimento do país em infraestrutura continuou a deixar a desejar, situando-se em apenas 2,3% do PIB na média de 2011/2014, praticamente no mesmo nível que na média dos quatro anos anteriores.

A área onde o governo se revelou eficaz na primeira gestão Dilma (2011/2014) foi, sem dúvida, na propaganda política, favorecida por um dado objetivo da realidade: depois de 2010, os salários continuaram aumentando e o desemprego continuou a cair. Tinha-se então uma situação aparentemente paradoxal. Por um lado, uma economia com sinais crescentes de exaustão, baixo dinamismo e incerteza cada vez maior acerca dos seus rumos futuros. Por outro, indicadores de mercado de trabalho ainda bastante positivos, que davam à maioria das pessoas certo sentimento de alheamento em relação à crise.

O fato de Dilma Rousseff, nesse contexto, ter sido reeleita com base justamente na pregação de que sua luta era pela preservação das conquistas sociais supostamente ameaçadas foi a expressão mais eloquente da força da percepção de que a crise não tinha chegado, até 2014, na residência da maioria dos eleitores. Era comum escutar de analistas políticos, naquele ano, a tese de que a crise não se fazia presente "da porta de casa para dentro" e parecia circunscrita ao "lado de fora da casa", sem afetar o ânimo das pessoas.

Isso tudo, porém, tinha um preço. As políticas oficiais continuavam a estimular o consumo e fomentar o gasto, ao mesmo tempo que o crescimento do PIB definhava e o ambiente de negócios era cada vez pior para o investimento. O resultado, como não poderia deixar de ser, foi um aumento da relação entre o consumo e o PIB e uma redução do investimento e da poupança doméstica, expressos como proporção do PIB (Gráfico 9.2). Entre 2010 e 2014, o consumo total nas Contas

Gráfico 9.2
Consumo e Poupança (% PIB)

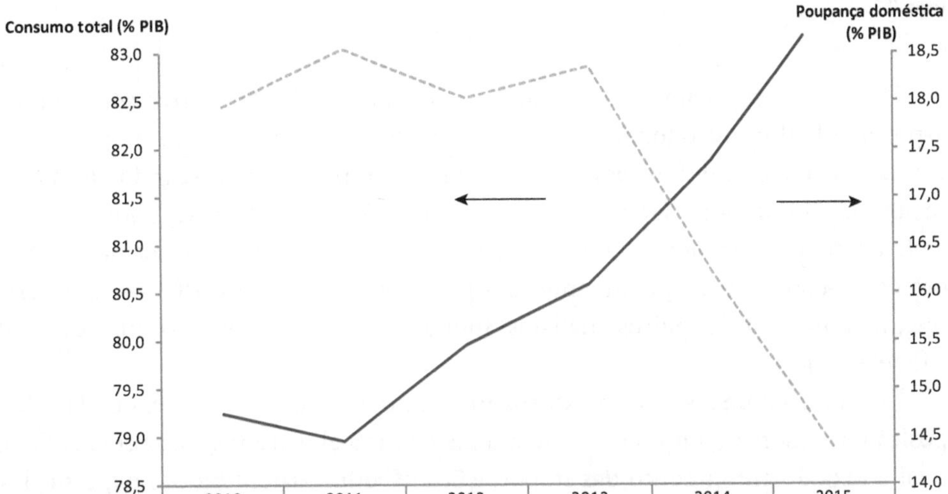

	2010	2011	2012	2013	2014	2015
Consumo total	79,24	78,96	79,95	80,58	81,87	83,57
Poupança doméstica	17,94	18,54	18,02	18,35	16,22	14,39

Fonte: IBGE (Contas Nacionais).

Nacionais — ou seja, o consumo do governo e das famílias — aumentou de 79% para 82% do PIB, enquanto a poupança doméstica caiu de 18% para 16% do PIB.

A Tabela 9.4 fornece uma visão complementar desse processo, mostrando o desempenho relativo das diversas categorias da demanda agregada. Entre 2010 e 2014, o consumo das famílias ainda cresceu em termos absolutos a uma taxa acumulada de 14%, preservando a sensação de bem-estar da maioria da população, o que, com a boa avaliação das políticas sociais do governo, explica o resultado eleitoral de 2014. O contraste com a realidade de 2015, assim, seria um choque para o país.

Tabela 9.4
Crescimento do PIB – 2011-2015
(Médias anuais por período – %)

Variável	2011-2014	2015	2011-2015
Consumo total	2,9	-3,3	1,6
Consumo governo	1,8	-1,1	1,2
Consumo famílias	3,3	-4,0	1,8
FBCF	2,1	-14,1	-1,4
Exportações	1,6	6,1	2,5
Importações	4,0	-14,3	0,0
PIB	2,2	-3,8	1,0

Fonte: IBGE.

Os desajustes foram se acentuando. Com a absorção doméstica continuando a puxar o PIB e a economia exibindo sinais cada vez mais intensos de falta de competitividade, o déficit em conta-corrente não parou de crescer. O cotejo dos resultados do primeiro Governo Dilma em relação à média do segundo Governo Lula revela uma economia com crescimento mais lento, inflação maior e déficit em conta-corrente se aproximando perigosamente dos 5% do PIB — nível esse que, no entender de muitos analistas, fora um dos catalisadores da crise de 1998 (Tabela 9.5).

Mesmo com uma situação externa mais confortável, em decorrência da sólida posição de reservas, a noção de que era insustentável conservar uma trajetória na qual a taxa de crescimento das importações excedia bastante a das exportações, foi se instalando cada vez mais entre os agentes econômicos. E isso sem esquecer o problema fiscal, objeto da próxima seção.

Tabela 9.5
Economia Brasileira: Síntese de Indicadores Macroeconômicos – 2011-2015
(Médias anuais por período)

	2011-2014	2015	2011-2015
Crescimento PIB (% a.a.)	2,2	-3,8	1,1
Inflação (IPCA dez/dez % a.a.)	6,2	10,7	7,1
Taxa desemprego IBGE (%)	5,4	6,8	5,7
FBCF (%PIB a preços correntes)	20,6	18,2	20,1
Tx. de cresc. das exportações de bens (US$ correntes, % a.a.)	2,7	-15,2	-1,1
Tx. de cresc. das importações de bens (US$ correntes, % a.a.)	6,0	-25,3	-1,2
Balança Comercial (US$ bilhões)	9,7	17,7	11,3
Saldo em conta-corrente (US$ bilhões)	-82,5	-58,9	-77,8
Dívida externa líquida/Exportações de bens	-0,2	-0,2	-0,2

Fonte: Elaboração própria, com base em dados do Apêndice Estatístico do final do livro.

O ressurgimento do problema fiscal

A gestão fiscal vinha acumulando problemas desde o final do Governo Lula, mas que se acentuaram depois. Além dos números em si, as críticas eram feitas à gestão, cada vez menos crível, em função dos seguintes fatores:

a) a superestimação sistemática do crescimento do PIB, por ocasião da elaboração do orçamento e das sucessivas reprogramações, foi gerando um descrédito cada vez maior nas projeções fiscais apresentadas pelos Ministérios da Fazenda e do Planejamento. Embora a superestimação da receita fosse uma prática antiga no Brasil, no Governo Dilma as estimativas passaram, cada vez mais, a serem vistas como algo completamente fora da realidade e as metas de superávit, como promessas destinadas a serem descumpridas;

b) contrariamente ao que tinha ocorrido em boa parte do Governo Lula, quando o mecanismo — a rigor, herdado do final do Governo FHC — estava formalmente previsto mas não era utilizado, o Governo passou a descontar da meta de superávit uma série de investimentos, o que fazia da meta primária uma ficção estatística;[26]

c) mesmo com os descontos citados no item anterior, em algumas oportunidades, perto do final do ano, o governo teve que mudar a meta fiscal, para cumprir formalmente com a obrigação legal de respeitar uma determinada meta; e

d) as autoridades apelaram seguidamente para a chamada "contabilidade criativa", gerando valores questionáveis de receita a partir de triangulações contábeis utilizando as empresas estatais, ampliando a arrecadação de dividendos ou adiando despesas, através do que na mídia passou a ser chamado de "pedaladas fiscais".

Os críticos notaram o contraste com o sistema que tinha vigorado com êxito durante anos. Em boa parte da gestão de Lula, sabia-se, primeiro, que a meta fiscal seria X e a de inflação Y; e, segundo, que o governo se empenharia em alcançar ambas. Isso gerava uma grande previsibilidade para os negócios.

Já na configuração de variáveis que vigorou no primeiro Governo Dilma, a economia passou a operar num regime no qual havia uma meta de superávit primário, mas com grande flexibilidade; e onde a meta de inflação era de 4,5%, mas com a taxa podendo se situar perto do teto de 6,5%. Tal situação gerou, portanto, uma dose importante de incerteza, bastante prejudicial à economia.

Um elemento importante desse processo que levou o governo a ser objeto de críticas cada vez mais contundentes foi representado pelos sucessivos empréstimos do Tesouro Nacional ao BNDES. O estoque destes, que em dezembro de 2007, antes da crise de 2008, era de apenas R$15 bilhões e que no final do Governo Lula já era de R$253 bilhões, alcançou R$471 bilhões em dezembro de 2014. Além da magnitude dos recursos, chamava a atenção dos críticos o diferencial de juros. Isto porque o grosso dos mesmos foi concedido indexado à TJLP — durante muitos anos, congelada em termos nominais em 5% a.a. — quando o custo do Tesouro se financiar era muito maior. Além disso, como por ocasião do empréstimo, nas contas do setor público não financeiro consolidado, havia uma constituição simultânea de ativo — empréstimo às instituições financeiras federais — e passivo — dívida mobiliária — a dívida líquida do setor público não se alterava, mas a dívida bruta do Governo sim. Por esta razão, um número crescente de analistas passou a focar suas análises mais na trajetória deste último indicador que no do primeiro.

No começo do Governo Dilma, a rigor, o resultado primário até melhorou ligeiramente, mercê do excelente desempenho da receita. Esta foi fortemente influenciada, no início, pelos lucros empresariais e pelo crescimento dos salários no ano anterior, além do dinamismo do processo de formalização previdenciária. O gasto, porém, não deixou de se expandir, aproximadamente em linha com o PIB. Quando a receita, finalmente, a partir de meados do primeiro Governo Dilma, passou a fraquejar, a continuidade da expansão do gasto gerou uma situação fiscal que, já no final do primeiro mandato de Dilma, lembrava os piores anos antes do ajuste fiscal de 1998. Entre 2010 e 2014, desconsiderados os efeitos da capitalização *once and for all* da Petrobras nas contas de 2010, a receita total do Governo Central cedeu ligeiramente de 21,7% para 21,5% do PIB, enquanto as despesas, incluindo as transferências a Estados e Municípios, no mesmo intervalo de tempo passaram de 20,5% para 21,8% do PIB. Na esteira desse processo, o setor público em 2014 voltou a exibir déficit primário pela primeira vez desde 1997 (Tabela 9.6).

A dívida líquida do setor público, por sua vez, continuou caindo no Governo Dilma. Sobre este ponto, contudo, cabe fazer três ressalvas. A primeira é que essa trajetória foi interrompida em 2014, quando, no contexto de um déficit público nominal de 6% do PIB, o indicador voltou a aumentar. A segunda é que aquela dinâmica declinante se deveu ao componente patrimonial associado ao câmbio, uma vez que a dívida fiscal aumentou três pontos do PIB entre 2010 e 2014.[27] A terceira é que, embora a dívida líquida tenha caído, entre 2010 e 2014 a dívida

Tabela 9.6
Necessidades de Financiamento do Setor Público – NFSP
Conceito Nominal 2010-2015 (% PIB)

Discriminação	2010	2011	2012	2013	2014	2015
Resultado primário	2,62	2,96	2,19	1,72	-0,57	-1,89
Governo Central	2,03	2,13	1,79	1,42	-0,36	-1,98
Receita total	21,74	22,64	22,10	22,22	21,52	21,17
(-) Transf. Est./Mun.	3,62	3,94	3,77	3,57	3,70	3,66
Receita líquida	18,12	18,70	18,33	18,65	17,82	17,51
Despesas	16,92	16,57	16,75	17,20	18,13	19,48
Pessoal	4,28	4,10	3,87	3,81	3,87	4,00
INSS	6,56	6,43	6,59	6,72	6,93	7,39
OCC	6,08	6,04	6,29	6,67	7,33	8,09
Fundo Soberano	0,00	0,00	0,25	0,00	0,00	0,01
Ajuste metodológico[a]	0,87	0,03	0,03	0,02	0,00	0,07
Erros e omissões[b]	-0,04	-0,03	-0,07	-0,05	-0,05	-0,09
Estados e Municípios	0,54	0,76	0,46	0,31	-0,13	0,16
Empresas estatais	0,05	0,07	-0,06	-0,01	-0,08	-0,07
Juros setor público	5,03	5,41	4,45	4,69	5,48	8,50
NFSP	2,41	2,45	2,26	2,97	6,05	10,39

[a] Recursos transitórios referentes à amortização de contratos de Itaipu com o Tesouro Nacional. Em 2010, inclui capitalização da Petrobras.
[b] Diferença entre o resultado apurado pelo BC e pela STN "acima" e "abaixo da linha".
Fonte: Banco Central. Para as receitas e despesas do Governo Central, STN.

Tabela 9.7
Dívida Líquida do Setor Público: Dezembro – 2010-2015 (% PIB)

Discriminação	2010	2011	2012	2013	2014	2015
Dívida interna	47,3	46,8	45,2	44,1	46,9	55,6
Governo Central	35,7	36,2	34,7	33,9	36,5	44,0
Base monetária	5,3	4,9	4,9	4,7	4,6	4,3
Dívida mobiliária	40,9	40,4	39,6	37,9	38,2	44,7
Renegociação est./mun.	-10,4	-9,8	-9,5	-9,0	-8,7	-9,3
Empréstimos ao BNDES	-6,0	-6,9	-7,7	-7,7	-8,6	-8,7
Operações compromissadas	7,5	7,9	10,9	9,9	14,2	15,4
Outros	-1,6	-0,3	-3,5	-1,9	-3,2	-2,4
Estados e Municípios	11,1	10,1	10,0	9,7	9,8	10,9
Dívida renegociada	10,4	9,8	9,5	9,0	8,7	9,3
Outras	0,7	0,3	0,5	0,7	1,1	1,6
Empresas estatais	0,5	0,5	0,5	0,5	0,6	0,7
Dívida externa	-9,3	-12,3	-12,9	-13,5	-13,8	-19,4
Dívida total	38,0	34,5	32,3	30,6	33,1	36,2
Dívida fiscal	31,5	30,5	30,0	30,1	34,2	43,3
Ajuste patrimonial	6,5	4,0	2,3	0,5	-1,1	-7,1
Privatização	-1,9	-1,7	-1,6	-1,5	-1,3	-1,3
Outros ajustes	8,4	5,7	3,9	2,0	0,2	-5,8
Memo: Dívida bruta Governo Geral	51,8	51,3	53,7	51,7	57,2	66,5

Fonte: Banco Central.

bruta aumentou de 52% para 57% do PIB (Tabela 9.7). É importante destacar o crescimento das operações compromissadas do Banco Central, de 8% do PIB em 2010, para 14% do PIB em 2014.

Cabe aqui um comentário sobre o custo do endividamento público. Além do ônus fiscal incidente sobre as contas públicas a partir de 2014, quando, para evitar um maior descontrole inflacionário, a SELIC anual voltou a aumentar, a despesa de juros foi influenciada pela diferença de taxas entre o passivo e o ativo.[28] O governo dispunha, liquidamente, de três grandes ativos, representados pelo Fundo de Amparo ao Trabalhador (FAT), pelos empréstimos ao BNDES e pelas reservas internacionais.[29] Como aqueles dois primeiros rendiam basicamente a TJLP — em boa parte dos anos de 5% a.a. — e as reservas rendiam entre 1% e 2% a.a., a taxa de captação do governo era muito maior, onerando a taxa de juros implícita da dívida líquida. Na média dos quatro anos 2011/2014, a SELIC foi de 9,8% a.a., mas o custo total da dívida líquida do setor público — ou seja, a citada taxa de juros implícita, na terminologia do Banco Central, fonte dessa estatística — foi de nada menos que 17,0% a.a.

A guinada de 2015

No final de 2014, a situação da economia ameaçava se tornar muito perigosa. O déficit em conta-corrente do país estava a caminho de ser da ordem de 5% do PIB; as contas fiscais passavam por forte deterioração; a inflação, tudo indicava, iria estourar a meta de 6,5% em 2015; o PIB estava estagnado; a crise política decorrente da Operação Lava Jato, que investigava a corrupção na Petrobras, se tornava cada vez mais aguda; o setor elétrico estava virtualmente quebrado; o investimento enfrentava seis trimestres consecutivos de queda em termos dessazonalizados e ameaçava continuar a sua queda livre em 2015 etc. Da mesma forma que em outras ocasiões a economia vivera pendente de acordos com o FMI para não perder acesso ao financiamento externo, nas novas circunstâncias a ameaça era o risco de rebaixamento do *investment grade* do país por parte das agências internacionais de risco. Tal possibilidade gerava o risco de provocar, portanto, uma importante pressão cambial. O mercado clamava por um ajuste clássico.

A Presidente, depois das eleições de 2014, fez então o que muitas vezes se fez na História do país em circunstâncias parecidas, nomeando um Ministro da Fazenda de perfil claramente ortodoxo (Joaquim Levy) em substituição ao já desgastado Guido Mantega.

O contraste entre as novas medidas anunciadas e os pontos de vista tradicionalmente defendidos pelo PT e, especificamente, a contradição entre o ajuste proposto para 2015 e a pregação eleitoral não poderiam ter sido mais evidentes. Quando se lembra da frase da Presidente Dilma citada na epígrafe do capítulo, dita no começo do seu primeiro governo e depois insistentemente repetida na campanha de 2014, ficam claras as razões da rejeição do Partido dos Trabalhadores às medidas propostas no começo de 2015 e o choque registrado entre o Executivo e o partido. É difícil convencer as bases partidárias acerca de algumas teses quando, durante 35 anos, elas foram combatidas de forma sistemática pela direção da organização.

Pode-se alegar, não sem razão, que tanto FHC como Lula tinham vencido eleições, respectivamente, em 1998 e 2002 e, posteriormente, tinham feito em parte o contrário do que se prenunciava na campanha. No caso de FHC, ao promover a desvalorização de 1999; e, no de Lula, ao propor a reforma previdenciária de 2003. Sem entrar em considerações mais profundas acerca de outras diferenças, o contraste principal entre aquelas duas situações e a de 2015 era o talento político dos personagens. Tanto no caso de FHC como no de Lula, cada um com suas características, tratava-se de dois políticos com grande habilidade para atravessar situações de crise.

Já no caso da Presidente Dilma Rousseff, seu marketing pessoal era o de ser uma "Presidente que não é política", o que obviamente gera todo tipo de problemas quando se trata, justamente, de barganhar apoios políticos no Congresso para aprovar medidas de ajuste.

Havia também um problema de difícil equacionamento a ser enfrentado: a elevação dos salários reais, se por um lado tinha contribuído para a redução das desigualdades — além de gerar grandes dividendos políticos — por outro, ao exceder o incremento da produtividade, acarretou uma perda de competitividade do país. O governo vinha se vangloriando, durante anos, de ter sido responsável pelo processo de elevação dos salários. Isso chegou a ponto de, em alguns documentos, ser dito explicitamente como prova do compromisso com as causas populares que eles tinham ultrapassado os aumentos da produtividade.

Ora, o que podia ser excelente em termos de marketing eleitoral era um problema em termos econômicos. A Tabela 9.8, gerada a partir de dados da

Tabela 9.8
Custo Unitário do Trabalho – CUT (2003=100)

Ano	Folha pgto. real (A)	PIM-PF (B)	CUT (C = 100 x A/B)	Horas pagas (D)	Salário real (E = 100 x A/D)	Produtividade p/hora (F = 100 x B/D)
2003	100,0	100,0	100,0	100,0	100,0	100,0
2004	110,1	108,3	101,7	102,1	107,8	106,1
2005	115,1	111,4	103,3	103,1	111,6	108,1
2006	117,7	114,4	102,9	103,5	113,7	110,5
2007	124,1	121,2	102,4	105,3	117,9	115,1
2008	130,5	124,9	104,5	107,4	121,5	116,3
2009	127,1	116,0	109,6	101,7	125,0	114,1
2010	135,2	127,9	105,7	105,9	127,7	120,8
2011	141,1	128,4	109,9	106,2	132,9	120,9
2012	147,2	125,4	117,4	104,2	141,3	120,3
2013	148,9	128,0	116,3	102,9	144,7	124,4
2014	147,5	124,2	118,8	99,7	147,9	124,6
2015	135,5	113,9	119,0	93,0	145,7	122,5

Fonte: Elaboração própria, com base na Pesquisa Industrial Mensal de Emprego e Salário (PIMES). Deflator: INPC.

produção industrial mensal (produção física), a denominada "PIM-PF", dá pistas claras sobre isso, mostrando o aumento do custo unitário do trabalho (CUT) que resultou da elevação do salário real ter ultrapassado o aumento da produtividade.

Entre 2003 — ano em que se completou o ajuste iniciado anos antes por FHC — e 2014, o custo unitário do trabalho na indústria aumentou quase 20%. Embora o fenômeno fosse mitigado pela desvalorização praticada depois de 2010, o Brasil tornou-se um país caro, com baixa competitividade e um Estado exaurido por anos sucessivos de crescimento do gasto acima do crescimento do PIB. Era necessário, portanto, a partir de 2015, promover um ajuste clássico, que mudasse os preços relativos, melhorasse a lucratividade e equacionasse a situação do Balanço de Pagamentos (Gráfico 9.3) ao mesmo tempo que era preciso conter o gasto público.

Gráfico 9.3
Balanço em Conta-corrente – 2010-2015 (US$ bilhões)

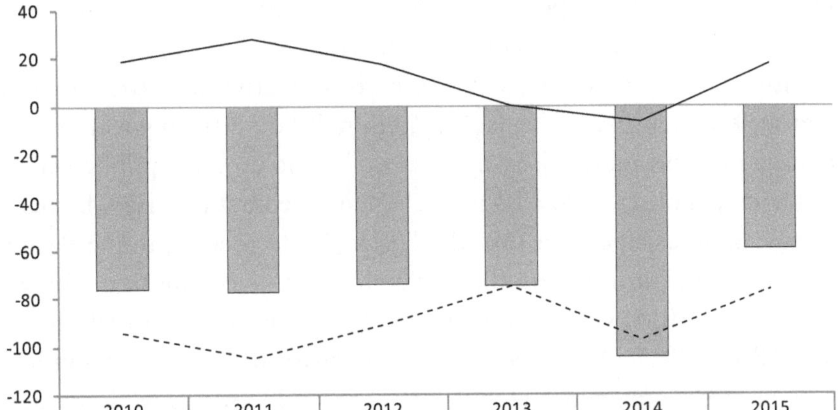

	2010	2011	2012	2013	2014	2015
Resultado C.C.	-75,8	-77,0	-74,1	-74,8	-104,2	-58,9
Bal. Comercial	18,4	27,6	17,3	0,3	-6,6	17,7
SRT	-94,2	-104,6	-91,4	-75,1	-97,6	-76,6

Fonte: Banco Central.
Obs.: SRT – Serviços, rendas e transferências unilaterais. Na definição atual do Balanço de Pagamentos, estas últimas são computadas como rendas secundárias.

Um exemplo dos dilemas enfrentados no começo do segundo Governo Dilma foi o debate acerca das despesas de seguro-desemprego e abono salarial do Fundo de Amparo ao Trabalhador (FAT). Cabe lembrar que, entre 2003 e 2014, a taxa de desemprego aberto do IBGE caiu de 12,3% para 4,8%. Não obstante isso, por conta de razões que não cabem aqui esmiuçar em detalhes — rotatividade da mão de obra, formalização da economia, aumento do salário-mínimo etc. — o crescimento real da despesa do FAT no período, utilizando o deflator do PIB, foi de 187%, com a rubrica passando de 0,5% para 1,0% do PIB. Tal tendência sugeria que uma discussão das regras do mercado de trabalho deveria ser um elemento importante da agenda do ajuste a ser feito.

Havia, contudo, um claro conflito entre a pregação eleitoral da chapa liderada pela Presidente Dilma — baseada, entre outras coisas, na acusação à oposição de que, se esta chegasse ao Poder, faria um ajuste "cujo peso incidiria sobre os trabalhadores" — e as medidas adotadas depois das eleições.

O segundo Governo Dilma se iniciou então como a antítese do primeiro. O Ministro Levy anunciou um programa fiscal baseado na recuperação do superávit primário, cuja meta, após o déficit de 0,6% do PIB de 2014, foi inicialmente definida em 1,2% do PIB para 2015 e 2,0% do PIB para 2016. Embora elas não fossem particularmente altas *a priori*, representariam um ajuste de mais de 2,5% do PIB em dois anos. Isso era algo difícil de alcançar em um contexto em que se imaginava que, na média do período 2015/2016, a renda *per capita* estaria se contraindo, afetando negativamente os níveis de receita.

Em função do comportamento muito negativo do nível de atividade, que afetou seriamente a arrecadação, já em julho de 2015 o governo anunciou uma revisão das suas metas fiscais. A meta primária do setor público consolidado foi reduzida para 0,15% do PIB naquele ano — com a previsão, inclusive, de uma "cláusula de escape" em caso de frustração de receita, o que dava a entender que mesmo essa meta era difícil de alcançar — e a meta de 2,0% do PIB foi adiada para 2018, com metas intermediárias de 0,7% do PIB em 2016 e 1,3% do PIB em 2017. Nesse contexto, em agosto o governo enviou ao Congresso uma proposta orçamentária para 2016 contendo uma previsão de déficit primário e declarando que esperava a cooperação do Parlamento para encontrar uma solução para o problema. Como o país não tem um regime parlamentarista e a responsabilidade pela condução do país cabe ao Executivo, o ato foi interpretado pelos críticos praticamente como uma abdicação do ato de governar. A atitude teve uma péssima repercussão nos mercados, após o que, pouco tempo depois, o governo anunciou um plano de ajuste, que incluía a tentativa de restabelecer a cobrança da CPMF, extinta no final de 2007. Foi nessas circunstâncias que, em setembro, a Standard & Poors informou que o Brasil tinha perdido o grau de *investment grade* na sua classificação de risco, *downgrade* esse seguido meses depois pelas demais agências de *rating*.

O RISCO DE RACIONAMENTO

Na segunda metade dos anos 1990, o nível de ocupação dos reservatórios das hidroelétricas das Regiões Sudeste e Centro-Oeste do país foi diminuindo gradualmente, dentro da sazonalidade normal do regime pluviométrico. Essa sazonalidade faz o nível dos reservatórios subir na época de chuvas — até o final do primeiro/começo do segundo trimestre do ano — observando-se quedas posteriores na época da seca — de março/abril até o final do terceiro/começo do quarto trimestre. Em tais condições, cedo ou tarde haveria uma crise, como acabou de fato ocorrendo com a adoção do racionamento de energia elétrica em 2001.

Posteriormente, houve uma mudança estrutural importante no setor, com a construção de diversas usinas térmicas, que passaram a ter condições de operar em épocas de escassez de oferta.

A partir de 2012, aquela situação de redução gradual do nível dos reservatórios voltou a se repetir, com o nível de "pico" e de "vale" das curvas sendo menor a cada ano em relação ao ano anterior, acarretando a ameaça de repetição da experiência traumática de 2001. No final da época de chuvas, o nível dos reservatórios em 2012 foi de 80%, máximo esse que caiu para 64% em 2013 e para 40% em 2014. O governo reagiu a isso procedendo a uma ligação das usinas térmicas durante vários meses, aumentando assim a oferta. Mesmo assim, em março de 2015 os reservatórios da Região Sudeste/Centro-Oeste estavam com 29% de capacidade, abaixo do nível de 35% de março de 2001, que detonou o racionamento naquela ocasião. É verdade que, como foi dito, as situações não eram estritamente comparáveis, pelo fato de que em 2015 havia um parque de usinas térmicas de uma dimensão que não existia em 2001. Porém, por outro lado, também é verdade que, já com as usinas operando a pleno, pela curva normal de evolução sazonal da variável ao longo de 2015, os reservatórios poderiam chegar ao final do período seco em condições críticas, com o governo apostando tudo num verão chuvoso, no começo de 2016, que permitisse encher parcialmente os reservatórios.

A estratégia de evitar a adoção de um racionamento em 2015 se explicava por razões políticas óbvias. O problema é que a decisão de não decretar um racionamento, conquanto compreensível, envolvia a possibilidade de que, caso ele viesse a ser decidido no futuro, o risco é que ele poderia ocorrer em um contexto muito mais crítico e com os reservatórios em nível menor ainda. Nesse ambiente, evidentemente, o investimento tenderia a se ressentir consideravelmente. Isto porque, exceção feita aos investimentos na própria geração de energia, nos demais setores, na altura de 2015, a ameaça de racionamento no período de 12 a 24 meses — mesmo que incerta — atuava como um poderoso elemento de dissuasão, adiando as decisões envolvendo recursos mais relevantes para o momento em que o horizonte ficasse mais desanuviado e contribuindo para a *débâcle* da formação bruta de capital em 2015.

Nível dos reservatórios da Região Sudeste/Centro-Oeste (%)

	2012	2013	2014	2015
Janeiro	76,2	37,5	40,3	16,6
Fevereiro	80,1	45,5	34,6	20,6
Março	78,6	54,1	36,3	28,5
Abril	76,1	62,5	38,8	33,5
Maio	72,6	62,9	37,4	36,0
Junho	72,5	63,8	36,3	36,1
Julho	66,9	60,8	34,4	37,4
Agosto	57,5	55,1	30,3	34,3
Setembro	47,9	48,7	25,3	32,4
Outubro	37,0	45,1	18,7	27,6
Novembro	31,9	41,6	16,0	27,5
Dezembro	28,9	43,2	19,4	29,8

Fonte: ONS.

Com o passar dos meses, de qualquer forma, a intensidade do processo recessivo observado na economia ao longo do primeiro ano do segundo Governo Dilma Rousseff, combinada com os efeitos sobre a demanda resultantes do expressivo aumento de tarifas no setor de energia, levou a uma recuperação gradual do nível dos reservatórios, até meados do ano.

Entre as medidas anunciadas pelo novo Ministro no começo de 2015, além de uma meta fiscal mais apertada, estavam:

- o maior rigor na concessão do benefício de seguro-desemprego;
- a adoção de regras mais rigorosas de acesso ao benefício da pensão;[30]
- a redução das desonerações tributárias adotadas nos anos anteriores;
- o fim do auxílio do Tesouro às empresas de energia, autorizadas a cobrirem seus custos mediante aumentos expressivos das tarifas, trocando assim gasto público por inflação, num verdadeiro "tarifaço";[31]
- um "pacote" de aumento de impostos selecionados;
- o anúncio de um forte contingenciamento do gasto público e, em particular,
- uma forte redução dos investimentos.

Em paralelo, o Banco Central manteve sustentadamente a alta de juros, com vistas a atacar os efeitos secundários do ajuste de tarifas. Tal ajuste tarifário, forçosamente, faria a inflação de 2015 ultrapassar em muito o teto de 6,5% do sistema de metas, mas, em tese, contribuiria, ao não deixar resíduos posteriores, para uma redução da inflação no ano de 2016.

No final de 2015, o panorama para o governo era sombrio. Envolvida numa profunda crise política, caracterizada pelo esgarçamento da chamada "base aliada" e com seguidas tentativas da oposição de contestar a validade do seu mandato através da defesa do *impeachment*, a Presidente Dilma enfrentava sérios problemas. Ela, que dera um "cavalo de pau" na economia com a ideia de repetir a experiência de 2003 — quando um curto período de ajuste foi sucedido por anos de bonança — encarava uma recessão profunda, uma inflação anual de dois dígitos e um déficit nominal do setor público da ordem de 10% do PIB. Contrariamente à pregação do seu partido, que defendia a ideia de "parar de falar em ajuste e acenar com o crescimento", a perspectiva para 2016 era de uma nova e forte contração da economia. Com o país, na época, ameaçado de sofrer o rebaixamento do *status* de *investment grade* por parte de uma segunda agência qualificadora de riscos — o que, conforme já foi dito, acabou acontecendo — em tais circunstâncias a sensação de que o ajustamento estava fracassando passou a ser compartilhada por um número cada vez maior de analistas econômicos e políticos.

Foi nesse contexto que o Ministro Levy perdeu o cargo em fins de 2015 e o governo fez uma tentativa de recomposição dos laços da Presidente com o PT mediante a nomeação, para o Ministério da Fazenda, de Nelson Barbosa, economista próximo do partido e do ex-Presidente Lula. Ele fora Secretário Executivo da pasta durante vários anos, tanto no Governo Lula como nos primeiros anos do Governo Dilma, antes de virar Ministro de Planejamento em 2015. A intenção era a de implementar algum ajuste, porém com o respaldo partidário que tinha faltado na gestão de Joaquim Levy. O contexto inicial da gestão do novo ministro e os primeiros sinais do partido, porém, não poderiam ser mais desanimadores, prenunciando a continuidade da crise em 2016. A extraordinária incerteza política, que esteve por trás da violenta contração da oferta na economia em 2015, ameaçava continuar.

Conclusões

Em 2016, ou seja, 31 anos depois da redemocratização consagrada com a posse de um presidente civil em 1985 e 22 anos depois da estabilização do Plano Real de 1994, o Brasil continua sendo um país no qual as autoridades ou aspirantes a autoridades têm grande dificuldade para defender medidas que reconheçam as limitações impostas pela economia. Tais dilemas são comuns a qualquer democracia, mas se acentuam no Brasil pelas nossas desigualdades. Estas geram, compreensivelmente, uma pressão grande no sentido de satisfazer rapidamente as demandas por melhorias de bem-estar. Nas palavras amargas de um colega do autor deste capítulo, manifestadas anos atrás diante da precariedade do debate partidário acerca dos rumos do país, "o grande problema de discutir as reformas de que o Brasil precisa é que elas 'deselegem' os seus defensores no campo político".

Ao mesmo tempo, depois das manifestações populares observadas nas ruas em 2013, repetidas — ainda que com outra configuração social e política — em 2015, emergiu no Brasil um fenômeno diferente, relacionado com formas até então inéditas de fazer política, desvinculadas dos partidos e sindicatos e com utilização intensa das redes sociais. Tudo isso gera novas influências sobre as definições de política econômica, que tornam crescentemente complexa a tomada de decisões. Paralelamente, em 2015, houve um brusco acirramento dos conflitos entre os Poderes Executivo e Legislativo, com sequelas importantes na economia, em função da perda de espaço de manobra do governo para aprovar as suas propostas na Câmara de Deputados e no Senado.

Roberto Campos, depois da queda do Muro de Berlim, ao fazer um balanço da sua vida, lamentava que sua capacidade de previsão tivesse sido muito maior que a sua capacidade de persuasão. É essa dificuldade de persuasão que continua na raiz da perpetuação de uma série de problemas no Brasil.

Propostas economicamente associadas a um mínimo de austeridade na gestão das finanças públicas encontram dificuldades para vingar, ao mesmo tempo que outras, incompatíveis com o equilíbrio macroeconômico, são recebidas com grande beneplácito por parlamentares ávidos por popularidade. A receptividade do Congresso a propostas previdenciárias de sentido claramente populista, aprovadas por ele em 2015 à revelia do Poder Executivo — ainda que posteriormente vetadas pela Presidente Dilma — é uma prova eloquente disso.

Nesse contexto, a rigor, o Brasil se beneficiou do fato de ter tido duas gestões presidenciais — de 1995 a 2010 — sob a liderança de políticos que tiveram não apenas um comportamento, de um modo geral, bastante sensato na gestão da economia, como também capacidade de se impor e evitar a aprovação de propostas inconsistentes com os esforços de estabilização.

Já no período do qual este capítulo trata (2011/2015), os problemas do Governo Dilma Rousseff foram de certo modo consequência da herança de questões inconclusas não abordadas devidamente na gestão de governo anterior — como as deficiências da infraestrutura ou a insuficiência de nosso sistema educacional. A essas questões se somaram, porém, erros da própria lavra do Executivo, alguns dos quais de suma gravidade, como os que afetaram os setores de energia e petróleo, além da má gestão fiscal. Tudo isso acabou piorado pelo relacionamento conturbado do Executivo com o Legislativo, associado em parte à falta de traquejo político da Presidente da República, pouco afeita à arte de cortejar a simpatia dos parlamentares.

Na disputa eleitoral de 2014, diante da perspectiva de que, em caso de vitória da oposição, o Ministro da Fazenda fosse alguém alinhado com a filosofia do Governo FHC, o PT adotou uma campanha de "desconstrução" extremamente agressiva. Essa campanha passou ao eleitorado a ideia de que, se a oposição vencesse, as conquistas sociais correriam sério perigo e que a reeleição da Presidente Dilma permitiria preservar as chamadas "conquistas dos trabalhadores". Por sua vez, a dinâmica eleitoral levou a oposição, como reação, a se comprometer com uma pauta que se parecia cada vez mais com a retórica oficial, para não ser acusada de defender medidas impopulares.

Quando a Presidente Dilma conquistou a reeleição, a política econômica que vinha sendo adotada há anos, marcada pelo expansionismo fiscal, pela perda de competitividade associada à dinâmica do salário real *vis a vis* a produtividade e pelo pouco caso com uma inflação da ordem de 6% a.a., tinha tido seu prazo de validade vencido. Não era recomendável continuar a aumentar a dívida bruta e não dava para aguardar passivamente a elevação do déficit em conta-corrente e da inflação, sob pena de o país ressuscitar todos os seus fantasmas — o risco de moratória interna, as crises de Balanço de Pagamentos e a alta inflação — que se pensava ter exorcizado para sempre com o ajuste do final dos anos 1990.

Os problemas, portanto, considerando a sucessão de eventos observados até as eleições e dada a vitória da Presidente eram, face ao teor da disputa eleitoral, inevitáveis. Se o governo fosse fiel ao espírito da campanha, o risco da dívida pública aumentar indefinidamente, ocorrer uma explosão do câmbio e de a inflação assumir uma trajetória crescente seria muito grande. Se, pelo contrário, o governo desse uma guinada radical na economia, com uma tentativa de mudança de 180 graus na condução da mesma, o conflito com a base sindical e com o principal partido do governo era uma crise esperando para ocorrer.

Em 2015, os sinais de reversão das variáveis do mercado de trabalho eram eloquentes. O contingente de desempregados da PME, que entre 2003 e 2014 tinha encolhido na base de 7% a.a., em 2015 apresentou um salto de 43% em relação a 2014. Na mesma comparação, o crescimento do rendimento real dos trabalhadores, que durante 11 anos tinha sido positivo e ligeiramente acima de 3% a.a., tornou-se negativo em mais de 4% em módulo: trabalhadores acostumados a ter aumentos na data base em proporção expressivamente superior à inflação começavam a sequer conseguir repor o nível desta.

O ex-Ministro Delfim Netto, com certa dose de sarcasmo em relação tanto aos economistas como aos políticos, costuma repetir que a urna precisa aprender a respeitar o mercado e o mercado precisa aprender a considerar a existência da urna. Os programas dos economistas, muitas vezes, não dão a necessária ênfase aos aspectos associados à viabilização política de algumas teses. Por outro lado, em

2015 a realidade estava indicando, mais uma vez, que os limites da economia não podem ser ignorados indefinidamente por políticos e eleitores.[32]

No final dos anos 1930, Winston Churchill se opunha às negociações de paz da Inglaterra com a Alemanha de Hitler. Ele tornou-se um crítico feroz do então Primeiro-Ministro Chamberlain, a quem acusava de excessiva timidez diante da seriedade da ameaça nazista. Foi nesse contexto que, segundo reza a lenda histórica, ele teria pronunciado uma sentença que, posteriormente, ficou famosa pelo seu tom profético: "França e Inglaterra tiveram a oportunidade de escolher entre a indignidade e a guerra. Escolheram a indignidade. Terão a guerra."[33]

Parodiando a frase que teria sido dita por Churchill e à luz do tom utilizado pelo marketing político oficial na campanha eleitoral de 2014, em uma economia flagrantemente precisando de uma importante correção de rumos, bem se poderia dizer: "Em 2013 e 2014, o governo teve a oportunidade de escolher entre postergar o enfrentamento dos problemas ou ajustar a economia. Escolheu postergar o enfrentamento dos problemas. Terá que ajustar a economia." Era esse, justamente, o desafio que o Brasil teria que encarar no segundo Governo da Presidente Dilma.[34]

RECOMENDAÇÕES DE LEITURA

Pelo fato de Dilma Rousseff ser ainda a Presidente da República, não há uma literatura sobre o período que permita uma visão mais abrangente do mesmo. Armando Castelar Pinheiro e Cláudio Frischtak organizaram uma excelente coletânea sobre os problemas da infraestrutura, claramente um dos principais gargalos para a retomada do crescimento no contexto dos anos de Governo de Dilma.[35] O autor deste capítulo, junto com Alexandre Schwartsman, escreveu um livro bastante crítico em relação aos erros do período e à herança associada à segunda etapa dos anos Lula.[36]

NOTAS
1. Cabe registrar que alguns historiadores atribuem tal citação a Públio Siro.
2. Veloso e Pereira (2013), páginas 12/13.
3. Para uma análise sobre os fatores de preocupação que se podiam vislumbrar para além da euforia dos anos Lula, imagem essa utilizada no título do livro, ver Pinheiro e Giambiagi (2012).
4. Cabe reconhecer que esta apreciação não é invalidada pela comprovação de que o investimento cresceu de modo expressivo durante parte do Governo Lula, particularmente na segunda metade da década. Isso foi viabilizado pela redução da absorção externa em termos reais, fato apenas mitigado pelo comportamento excepcional dos termos de troca. Entre 2005 e 2010, quando o investimento cresceu a uma média real de 9,1% a.a., o PIB cresceu a uma média anual de 4,5% e a absorção doméstica liderou a expansão, com um crescimento médio de 6,0% a.a. Se os preços externos não tivessem tido um desempenho tão exuberante, essa dinâmica teria gerado desequilíbrios significativos de Balanço de Pagamentos nesse período.
5. Cabe lembrar que, na prática, o máximo de utilização da capacidade produtiva é bastante inferior a 100%, pois trata-se de uma média e basta que alguns segmentos encontrem-se operando a plena carga para que a demanda insatisfeita por alguns insumos impeça outros setores de operarem com 100% de capacidade, mesmo com a possibilidade, em certos casos, de abastecimento de insumos mediante importações.

6. Ver a seção sobre "Uma nova realidade", no capítulo precedente.
7. Uma avaliação mais elástica da evolução histórica do país poderia interpretar que, a rigor, pode-se considerar que o Brasil teria ingressado na "armadilha da renda média" já nos anos 1980. O que se quer enfatizar aqui é que o gargalo de mão de obra, representado por uma taxa de desemprego historicamente muito baixa, apresentou-se de fato pela primeira vez ao país naqueles anos de final da primeira/começo da segunda década do atual século. Estando o desemprego no piso, fatalmente o impulso ao crescimento teria que vir de aumentos da produtividade, que, entretanto, deixavam bastante a desejar no Brasil.
8. Na tabela, o primeiro ano é a base de comparação, de modo que uma comparação do tipo T/(T+N) corresponde a uma taxa de variação associada a N anos. Cabe lembrar que em 2002 não houve dados para a PME desde o começo do ano, uma vez que a nova pesquisa introduzida naquele ano só teve abrangência plena em março, razão da exclusão de 2002 como ano-base.
9. A taxa de variação média da produtividade por trabalhador ocupado por década, no Brasil, foi negativa em 1,5% a.a. nos 10 anos encerrados em 1990 e positiva em 1,2% a.a., 1,1 % a.a. e 1,4% a.a. nos 10 anos encerrados em 2000, 2010 e 2014, respectivamente. Excluímos desta observação o ano, excepcionalmente negativo, de 2015.
10. Os dados mais antigos foram obtidos junto a Regis Bonelli, que gentilmente encaminhou a séria estatística de que ele dispunha sobre o tema.
11. Havia, portanto, um problema de baixa produtividade média da economia brasileira, que já existia em 2010 e se acentuou no Governo Dilma.
12. Pode-se discordar de aspectos específicos da metodologia de cálculo e, certamente, o cômputo exato da taxa de variação do produto potencial é algo sujeito a controvérsias acerca do valor da casa decimal. De qualquer forma, a chamada "contabilidade do crescimento" é algo já consagrado na literatura econômica e a noção de que há limites físicos ao crescimento e que o PIB efetivo é o mínimo entre a capacidade de oferta e a demanda justifica a inclusão desta discussão no presente capítulo.
13. Define-se a etapa do "bônus demográfico" como a fase da evolução da economia de um país na qual a população em idade de trabalhar cresce acima da expansão da população como um todo, favorecendo a dinâmica da renda *per capita*. No Brasil, o universo da faixa etária de 15 a 59 anos, que em 1940 representava 53% da população total do país, se expandiu até 64% do total em 2010. Pelas projeções demográficas do IBGE, prevê-se que essa participação alcance um pico de 65% em 2019, após o que declinaria para 57% em 2050. Se, em vez desse grupo, for considerada a faixa de 15 a 64 ou de 20 a 64 anos, os números são um pouco diferentes, mas o perfil da trajetória é o mesmo, indicando o esgotamento futuro dessa fonte de dinamismo para o crescimento.
14. Pode soar paradoxal tratar do Governo iniciado em 2011 e fazer uma longa preleção sobre os anos anteriores. Contudo, qualquer análise sobre o Governo Dilma que não leve em consideração aquilo que deixou de avançar nos anos prévios ficaria incompleta, daí a importância de se deter nessas questões.
15. Para estes, com a emergência da China e da Índia, haveria um crescimento estrutural da demanda por *commodities* no mundo. Para uma discussão acerca desses argumentos, ver Reinhart e Rogoff (2010).
16. Como mostraremos adiante, naqueles anos o custo da mão de obra teve um incremento expressivo, gerando uma situação de bem-estar da população, mas combinada com perda de competitividade, acentuada pelo comportamento do câmbio. Pelos dados da OECD, partindo de uma base 100 em 2004, o índice do custo unitário do trabalho em dólares na indústria manufatureira em 2011 tinha alcançado nada menos que 265 no Brasil, contra apenas 105 nos Estados Unidos, 107 na Coreia do Sul e 109 na área do euro. O Brasil se tornou um país muito caro naqueles anos.
17. Observe-se, de qualquer forma, que a média de ambas variáveis de 2011/2014 foi maior que o nível de 2010, sinal de que o país não lidou com nenhuma catástrofe que justificasse tamanha piora do desempenho depois de 2011.
18. A lista pode ser mais exaustiva e alguns pontos são mais controversos do que outros no debate entre os economistas. De qualquer forma, ela fornece uma ideia da maior complexidade do desafio associado à expansão da oferta e da produtividade, comparativamente à "etapa fácil" do crescimento associada a uma política econômica expansionista.
19. Sobre este ponto, ver a coletânea de Pinheiro e Frischtak (2014).

20. Todas as informações referentes ao período de 2001 em diante citadas no parágrafo são do consultor Claudio Frischtak, conhecido pelos diversos trabalhos em temas de infraestrutura e são recorrentemente atualizadas nos relatórios publicados pela sua "Inter.B Consultoria", de cujos diversos informes, denominados "Carta de Infraestrutura", foram extraídos os dados.
21. Sobre este ponto, ver o livro de Acemoglu e Robinson (2012) que, embora relativamente recente, já se tornou um clássico do tema.
22. Para uma crítica à gestão econômica do primeiro Governo de Dilma Rousseff (2011/2014), ver Giambiagi e Schwartsman (2014).
23. Um conhecido economista, amigo do autor deste capítulo, definiu assim a sucessão de efeitos colaterais gerados por esse tipo de medidas: "Vive-se da administração do dia a dia. O Governo identifica um problema em um setor e então faz uma intervenção discricionária. O que acontece então é que, em função disso, ele gera uma consequência negativa em outra área e então faz outra intervenção e, tentando resolver um problema, vai criando outro e assim sucessivamente. Vive-se a administração do dia a dia, em que a cada momento se procura contornar o problema criado previamente para resolver a questão original."
24. Deixamos para a próxima seção o tema fiscal, que merece tratamento específico.
25. Como exemplo de decisões confusas, cite-se o trem-bala, um projeto faraônico que constou dos planos oficiais durante anos, até ser finalmente abandonado; a relação ideológica tortuosa do governo com o tema das privatizações; e as idas e vindas das concessões setoriais na infraestrutura, com modelos que mudavam ao longo dos meses, sem nenhuma coerência conceitual entre si.
26. A lógica do mecanismo, originalmente, era permitir que determinados investimentos não sofressem descontinuidade por conta da urgência do ajuste, em valores pequenos e associados a investimentos de retorno econômico comprovado. Com o passar do tempo, os descontos foram se ampliando e passaram a ser associados a gastos de capital de todo tipo, sem a menor preocupação acerca da sua rentabilidade.
27. Esse processo era o inverso do que ocorreu nas desvalorizações de 1999, 2001 e 2002. Naqueles casos, com escassas reservas, a dívida externa líquida era positiva e uma desvalorização aumentava o peso da dívida externa pública em relação ao PIB. Com a acumulação de reservas dos anos Lula, a dívida externa pública tornou-se negativa em termos líquidos, de modo que a desvalorização ocorrida depois de 2010 aumentava o componente negativo da dívida líquida total, representando um ajuste patrimonial que reduzia o valor desta.
28. Para entender este ponto, considere-se inicialmente uma dívida bruta de 100, que paga juros de 10 unidades, sem a existência de ativos. A taxa de juros é, obviamente, de 10%. Suponha-se agora que o governo aumente essa dívida para 150, pagando os mesmos 10%, mas tendo um lastro de 50, que entretanto rende apenas 2%. Na nova situação, embora a dívida líquida tenha permanecido constante em 100 unidades, a despesa líquida de juros aumentará para (15 — 1), o que significa que a taxa de juros da dívida líquida terá passado de 10% para 14 %.
29. No caso da dívida renegociada, o crédito do Governo Federal anula o débito de Estados e Municípios.
30. Para se ter uma ideia da generosidade das regras de concessão de pensão no Brasil até 2014, basta dizer que se um homem de 80 anos casasse com uma jovem de 20 anos e um mês depois viesse a falecer, a jovem viúva herdaria a pensão no valor de 100% do benefício original por, presumivelmente, em torno de seis décadas.
31. O item "energia elétrica residencial" do IPCA, que tinha aumentado 17,1% no ano de 2014, só nos primeiros três meses de 2015 já experimentara um incremento de 36% no trimestre, com a taxa de variação em 12 meses da variável alcançando um pico de mais de 60% em março de 2015.
32. Diante da inevitabilidade do ajuste, no começo de 2015 o citado Delfim Netto, com sua característica ironia, se manifestava na imprensa nos seguintes termos, em um dos seus artigos publicados regularmente: "A população brasileira tem uma enorme virtude: é extremamente generosa. Por isso mesmo, tem um enorme problema: parte dela recusa-se a aceitar a miserável realidade física do mundo no qual tem que viver. Acredita na existência de uma alternativa benevolente, ao alcance de uma mão com suficiente 'coragem política'". E concluía que, em outras palavras, isso "é contra a aritmética".
33. Como costuma ocorrer com citações antigas, trata-se de uma afirmação acerca da qual não existe plena certeza acerca de sua integral veracidade. Aparentemente, a rigor, ele fez dois comentários, em relação

aos quais, sim, há registros fidedignos. No primeiro, antes de uma reunião de cúpula-chave em Munique, ele teria dito que "nas próximas semanas, teremos que escolher entre a guerra e a vergonha e eu tenho poucas dúvidas acerca de qual será nossa decisão". Pouco tempo depois, já após a mencionada reunião, ele teria dito que "estamos perto de ter que escolher entre a guerra e a vergonha. Meu sentimento é que optaremos pela vergonha e então teremos a guerra, em termos ainda mais adversos que na atualidade". A frase citada no texto corresponde a uma pequena derivação desta última sentença. Uma consulta ao Google pode gerar uma rica diversidade de histórias acerca das peripécias que esta última afirmação teria sofrido, com o passar dos anos, nos registros da História.

34. No momento em que este livro estava sendo concluído (maio de 2016), o Congresso estava discutindo o impeachment da Presidente da República, para além da discussão técnica acerca das razões formais da acusação vinculadas à execução da política fiscal, o plano de fundo político e social do processo esteve associado a quatro causas interligadas entre si:

i) A intensidade das denúncias de corrupçãona Petrobras;

ii) A paralisia da economia, que passou por dois anos de fortíssima recessão (2015/2016);

iii) O contraste entre as promessas eleitorais de 2014 e a realidade posterior;

iv) A baixíssima popularidade da Presidente (em torno de 10%).

Tudo isso, formou uma situação de extrema polarização política que derivou na denúncia contra ela.

35. Ver Pinheiro e Frischtak (2014).
36. Ver Giambiagi e Schwartsman (2014).

Referências Bibliográficas

ABRANCHES, Sérgio. "Presidencialismo de coalizão: o dilema institucional brasileiro". In: *O Sistema Partidário na Consolidação da Democracia Brasileira*, Instituto Teotônio Vilela, Coleção Brasil 2010, vol. 3, parte I, 2003.

ABREU, Alzira A. de *et al.* (coords.). *Dicionário Histórico-Biográfico Brasileiro Pós-1930* (ed. rev. e atual.). Rio de Janeiro: Editora FGV/CPDOC, 2001.

ABREU, Marcelo de Paiva. "Crescimento rápido e limites do modelo autárquico". In: Bolívar Lamounier, Dionísio D. Carneiro; Marcelo de P. Abreu. *50 Anos de Brasil: 50 Anos de Fundação Getulio Vargas*. Rio de Janeiro: Editora FGV, 1994.

ABREU, Marcelo de Paiva (organizador). *A Ordem do Progresso – Dois séculos de Política Econômica no Brasil*. Editora Elsevier, Rio de Janeiro, 2014.

ABREU, Marcelo de Paiva e WERNECK, Rogério. "Estabilização, abertura e privatização, 1990-1994"; in Abreu, Marcelo de Paiva (organizador). *A Ordem do Progresso – Dois séculos de Política Econômica no Brasil*; Editora Elsevier, Rio de Janeiro, capítulo 15, 2014.

ACEMOGLU, Daron e ROBINSON, James. "Why Nations Fail – The Origins of Power, Prosperity, and Poverty"; *Crown Business*, 2012.

AFONSO, José Roberto. "Responsabilidade fiscal: primeiros e próximos passos". In: João P. dos Reis Velloso e Antonio D. Leite (coords.). *O novo Governo e os desafios do desenvolvimento*. Rio de Janeiro: José Olympio Editora, 2002.

AMANN, Edmund; WERNER, Baer. "The illusion of stability: the Brazilian economy under Cardoso". *World Development*, vol. 28, n. 10, pp. 1805-1819, out. 2000.

ANDIMA — Associação Nacional das Instituições do Mercado Aberto. *Séries Históricas — Dívida Pública*. Rio de Janeiro: Andima, 1994.

ARIDA, Pérsio. "Essays on Brazilian Stabilization Programs". Tese de ph.D. não publicada, Department of Economics, Massachusetts Institute of Technology, 1992.

_____; LARA-RESENDE, André. "Inflação Inercial e Reforma Monetária". In: Pérsio Arida (org.). *Brasil, Argentina e Israel: inflação zero*. Rio de Janeiro: Paz e Terra, 1984.

BACHA, Edmar. "Privatização e financiamento no Brasil, 1997-99". In: João P. dos Reis Velloso (coord.). *Brasil: desafios de um país em transformação*. Rio de Janeiro: José Olympio Editora, 1997. (IX Fórum Nacional.)

_____. "O Fisco e a Inflação: uma interpretação do caso brasileiro". *Revista de Economia Política*, vol. 14, n. 1, pp. 5-27, jan./mar. 1994.

_____. "Política Brasileira do Café: uma avaliação centenária". In: *150 Anos de Café*. Rio de Janeiro: Marcelino Martins/E. Johnston (edição comemorativa), 1992.

_____. "A Inércia e o Conflito: o plano cruzado e seus desafios". Texto para Discussão n. 131, PUC, jul. 1986.

_____. "Inflaflução: os preços em alta no país do futebol". Nova imagem, IBGE, nov. 1985.

BAER, Werner. *A Economia Brasileira*. 2ª ed. São Paulo: Nobel, 2002.

BARBOSA, Fernando H. "Inflação, Déficit Público, Bifurcação e Outras Histórias — Introdução", *mimeo*, 1999.

_____. "O insucesso do Plano Cruzado: a evidência empírica da inflação 100 % inercial para o Brasil"; *Ensaios Econômicos*, n. 98, EPGE, 1987.

BARROS, Luiz Carlos M. "A Moeda Indexada: uma experiência brasileira" In: *Economia e Sociedade*, 1992.

BASTOS, Carlos Pinkusfeld. In: Luis Fiori; Carlos Medeiros (orgs.). *Polarização Mundial*. São Paulo: Vozes, 2001.

BASTOS, Carlos Pinkusfeld; WILLOX, Luiz Daniel. "Aliados e alemães: visões alternativas da hiperinflação alemã". *Anais do VI Encontro Nacional de Economia Política*, São Paulo, 2001.

BASTOS, Pedro Paulo Z. "O Presidente Desiludido: a campanha liberal e o pêndulo da política econômica no governo Dutra (1942-1948)". *História Econômica e História de Empresas*, vol. VII, n. 1, pp. 99-135, jan./jun. 2004.

BATISTA JR., Paulo Nogueira. *A Economia como ela é*. São Paulo: Boitempo Editorial, 2000.

_____. "Formação de Capital e Transferência de Recursos ao Exterior". *Revista de Economia Política*, vol. 7, n. 1, pp. 10-28, jan./mar. 1987.

BIELSCHOWSKY, Ricardo. *Pensamento Econômico Brasileiro: o ciclo ideológico do desenvolvimentismo*. Rio de Janeiro: Ipea/Inpes, 1988. (Série PNPE, n. 19.)

BOMBERGER, William A.; MAKINEN, Gail E. "A Hiperinflação Húngara e a Estabilização de 1945-6". In: José M. Rego (org.). *Inflação e Hiperinflação: interpretações e retórica*. São Paulo: Bienal, 1988.

BONELLI, Regis. "Política Econômica e Mudança Estrutural no Século XX". In: *Estatísticas do Século XX*. Rio de Janeiro: IBGE, 2003.

BONELLI, Regis; MALAN, Pedro S. "Os limites do possível: notas sobre balanço de pagamentos e indústria nos anos 70". *Pesquisa e Planejamento Econômico*, vol. 6, n. 2, pp. 353-406, ago. 1976.

BRESCIANI-TURRONI, Constantino. *Economia da inflação — O Fenômeno da Hiperinflação Alemã nos Anos 20*. Rio de Janeiro: Expressão e Cultura, 1989.

BRESSER-PEREIRA, Luiz Carlos. *Desenvolvimento e Crise no Brasil: história, economia e política de Getúlio Vargas a Lula*. 5ª ed. São Paulo: Editora 34, 2003.

_____. "Financiamento para o subdesenvolvimento: o Brasil e o Segundo Consenso de Washington". In: *BNDES, Desenvolvimento em Debate*, vol. 2 (livro comemorativo do Seminário "50 anos do BNDES"), 2002.

BRESSER-PEREIRA, Luiz Carlos; NAKANO, Yoshiaki. "Inflação inercial e choque heterodoxo no Brasil". In: José Márcio Rego; Dilson Funaro (orgs.). *Inflação Inercial — Teorias sobre Inflação e o Plano Cruzado*. Rio de Janeiro: Paz e Terra, 1986.

CAGAN, Phillip. "The Monetary Dynamics of Hyperinflation". In: M. Friedman (ed.). *Studies in the Quantity Theory of Money*. Chicago: University of Chicago Press, 1956.

CAMPOS, Roberto de O. *A Lanterna na Popa: memórias*. 2ª ed. Rio de Janeiro: Topbooks, 1994.

CASTRO, Antonio Barros de. "From semi-stagnation to growth in a sino-centric market". *Revista de Economia Política*, jan./mar. 2008.

_____. "Renegate Development: Rise and Demise of State Led Development in Brazil". In: SMITH, W.; ACUNA, C. (eds.). *Democracy, Markets and Structural Reforms in Latin America: Argentina, Bolívia, Brasil, Chile and Mexico*. Piscataway: Transition Publishers, 1994.

CASTRO, Antonio B.; SOUZA, Francisco E. Pires. *A Economia Brasileira em Marcha Forçada*. Rio de Janeiro: Paz e Terra, 1985.

CASTRO, Lavinia Barros. "História Precoce das Idéias do Plano Real". Dissertação de Mestrado, 1999, UFRJ.

COUTINHO, Luciano G.; BELLUZZO, Luiz G. de M. "Política Econômica, Inflexões e Crise: 1974-81". In: Luiz G. de M. Belluzzo; Renata Coutinho (orgs.). *Desenvolvimento Capitalista no Brasil*. 3ª ed. São Paulo: Brasiliense, 1984.

CRUZ, Paulo D. "Notas sobre o endividamento externo brasileiro nos anos setenta". In: L. G. Belluzzo; Coutinho, R. (orgs.). *Desenvolvimento Capitalista no Brasil*, vol. 2. São Paulo: Brasiliense, 1983.

DE PAULA, Luiz Fernando. "Liquidez e zeragem automática: crítica da crítica". *Estudos Econômicos*, vol. 26, n. 3, set./dez. 1996.

ERBER, Fabio S.; VERMULM, Roberto. "Política e desempenho industrial". In: *Ajuste Estrutural e Estratégias Empresariais, em Avaliação e Perspectiva*. São Paulo: Ipea, n. 144, 1993.

FARO, C.; QUADROS DA SILVA, Salomão L. "A Década de 1950 e o Programa de Metas". In: Angela Castro Gomes (org.). *O Brasil de JK*. 2ª ed. Rio de Janeiro: Editora FGV, 2002.

FAUSTO, Boris. *História do Brasil*. 8ª ed. São Paulo: Edusp, 2000.

FERREIRA, Jorge. "Crises da República: 1954, 1955 e 1961". In: Jorge Ferreira; Lucilia A. Neves Delgado (orgs.). *O Tempo da Experiência Democrática: da democratização de 1945 ao golpe civil-militar de 1964*. Rio de Janeiro: Civilização Brasileira, 2003. (Coleção O Brasil Republicano, vol. 3).

FISHLOW, Albert. "A economia política do ajustamento brasileiro aos choques do petróleo: uma nota sobre o período 1974/84". *Pesquisa e Planejamento Econômico*, vol. 16, n. 3, pp. 507-550, dez. 1986.

_____. "Origins and Consequences of Import Substitution in Brazil". In: Luis E. di Marco (ed.). *International Economics and Development: essays in honor of Raúl Prebisch*. Nova York e Londres: Academic Press, 1972.

FONSECA, Pedro Cezar D. "Legitimidade e Credibilidade: impasses da política econômica do governo Goulart". *Estudos Econômicos*, vol. 34, n. 3, pp. 1-36, jul./set. 2004.

FRANCO, Gustavo H. B. *O Desafio Brasileiro*. São Paulo: Editora 34, 1999.

_____. "A inserção externa e o desenvolvimento". *Revista de Economia Política*, vol. 18, n. 3, pp. 121-147, jul./set. 1998.

_____. *O Plano Real e Outros Ensaios*. Rio de Janeiro: Francisco Alves, 1995.

_____. "Alternativas de Estabilização: gradualismo, dolarização e populismo". *Revista de Economia Política*, vol. 13, n.2, pp. 28-45, abr./jun. 1993.

_____. "Hiperinflação — teoria e prática". In: José M. Rego (org.). Inflação e Hiperinflação: Interpretações e Retórica. São Paulo: Bienal, 1990.

_____. "O Plano Cruzado: diagnóstico, performance e perspectivas". *Texto para Discussão*, PUC-Rio, n. 144, 15 de novembro, 1986.

_____. "Aspects of the economics of hyperinflation: theoretical issues and historical studies of four European hyperinflations". ph.D. Dissertation, Harvard University, 1986.

FURTADO, Celso. *Obra Autobiográfica de Celso Furtado*. Rio de Janeiro: Paz e Terra, 1997.

GARCIA, Márcio; DIDIER, Tatiana. "Very High Interest Rates in Brazil and the Cousin Risks: Brazil during the Real Plan". In: José González; Anne Krueger (eds.). *Macroeconomic Reforms: the Second Generation*. Chicago: University of Chicago Press, 2002.

GIAMBIAGI, Fabio. "18 anos de política fiscal no Brasil: 1991/2008". *Revista Economia Aplicada*, vol. 12, n. 4, out./dez. 2008.

_____. "Do déficit de metas às metas de déficit: a política fiscal do período 1995-2002". *Pesquisa e Planejamento Econômico*, vol. 32, n. 1, pp. 1-48, abr. 2002.

_____. "Necessidades de Financiamento do Setor Público: 1991/96 — bases para a discussão do ajuste fiscal no Brasil". *Pesquisa e Planejamento Econômico*, vol. 27, n. 1, pp. 185-220, abr. 1997.

_____. "O desequilíbrio interno". In: *Perspectivas da Economia Brasileira*. Brasília: Ipea, 1989.

_____; ALÉM, Ana Cláudia. *Finanças Públicas — Teoria e Prática no Brasil*. Rio de Janeiro: Elsevier, 1999.

GIAMBIAGI, Fabio e SCHWARTSMAN, Alexandre. *Complacência – Entenda por que o Brasil cresce menos do que pode*. Editora Campus, 2014.

GOLDSTEIN, Morris. *Debt Sustainability, Brazil, and the IMF*. Washington, D.C.: Institute for International Economics, feb. 2003.

GORDON, Lincoln; GROMMERS, Engelbert L. *United States Manufacturing Investment in Brazil: the impact of Brazilian government policies, 1946-1960*. Boston: Graduate School of Business Administration/Harvard University, 1962.

HERMANN, Jennifer. "Financial System Structure and Financing Models: the Brazilian experience and its perspective (1964/1997)". *Journal of Latin American Studies*, vol. 34, Part 1, pp. 71-114, feb. 2002.

_____. "M.P. 542: A Fase 2,5 do Plano Real". *Documento GIEPE*, vol. 1, n. 2, pp. 66-71. Rio de Janeiro: Universidade Candido Mendes, 1994.

HORTA, Maria Helena; PIANI, Guida; KUME, Honório. "A Política Cambial e Comercial". In: *Perspectivas da Economia Brasileira*. Rio de Janeiro: Ipea, 1992.

IBGE. *Estatísticas do Século XX*. Rio de Janeiro: IBGE, Centro de Documentação e Disseminação de Informações, 2003.

INSTITUTO CIDADANIA. *Projeto Fome Zero — uma Proposta de Política de Segurança Alimentar para o Brasil*. São Paulo: Instituto Cidadania, out. 2001.

IPEADATA. Pesquisa por tema. Disponível em: *www.ipea.gov.br*. Acesso em: abr. 2004.

KIGUEL, Miguel A.; LIVIATAN, Nissan. "The Business Cycle Associated with Exchange Rate-Based Stabilizations". *The World Bank Economic Review*, vol. 6, n. 2, 1992.

LAFER, Celso. *JK e o Programa de Metas (1956-61): processo de planejamento e o sistema político do Brasil*. Rio de Janeiro: Editora FGV, 2002.

LAGO, L. A. C. "A Retomada do Crescimento e as Distorções do 'Milagre': 1967-73". In: M. de P. Abreu (org.). *A Ordem do Progresso: Cem Anos de Política Econômica Republicana — 1889-1989*. Rio de Janeiro: Campus, 1997. cap. 10, pp. 233-294.

LAVINAS, Lena. "América Latina: Mínimos monetários em lugar da proteção social"; in *Revista política social e desenvolvimento*, número 8, novembro, 2014. Disponível em https://plataformapoliticasocial2.files.wordpress.com/2014/11/revista-08.pdf, 2014.

LAVINAS, Lena; URANI, André. "A extrema pobreza é feminina". Entrevista. Disponível em: http://www.observatoriodegenero.gov.br. Acesso em: 9 dez. 2009.

LEMGRUBER, Antonio Carlos. *Uma Análise Quantitativa do Sistema Financeiro no Brasil*. Rio de Janeiro: IBMEC, 1978.

LEOPOLDI, Maria Antonieta P. "A Economia Política do Primeiro Governo Vargas (1930-1945): a política econômica em tempos de turbulência". In: Jorge Ferreira; Lucilia A. Neves Delgado (orgs.). *O Tempo do Nacional-Estatismo: do início da década de 1930 ao apogeu do Estado Novo*. Rio de Janeiro: Civilização Brasileira, 2003. (Coleção O Brasil Republicano, vol. 2).

_____. "Crescendo em Meio à Incerteza: a política econômica do Governo JK (1956-60)". In: Angela Castro Gomes (org.). *O Brasil de JK*. 2ª ed. Rio de Janeiro: Editora FGV, 2002.

LESSA, Carlos. *Quinze Anos de Política Econômica*. 3ª ed. São Paulo: Brasiliense, 1982.

LISBOA, Marcos. "Instituições e desenvolvimento econômico". Discurso ao receber o prêmio de Economista do Ano, 2010.

_____. "A Agenda Perdida: diagnósticos e propostas para a retomada do crescimento com maior justiça social". Rio de Janeiro, *mimeo*, 2002.

LOPES, Francisco. "Notes on the Brazilian crisis of 1997-99". *Revista de Economia Política*, vol. 23, n. 3, pp. 35-62, jul./set. 2003.

_____. *O Choque Heterodoxo — Combate à Inflação e Reforma Monetária*. Rio de Janeiro: Campus, 1986.

MALAN, Pedro S. "Relações Econômicas Internacionais do Brasil (1945-1964)". In: B. Fausto (dir.). *História Geral da Civilização Brasileira*, 2ª ed. São Paulo: Difel, tomo III, vol. 4, 1986.

_____; BONELLI, Regis; ABREU, Marcelo de P.; PEREIRA, José Eduardo de C. *Política Econômica Externa e Industrialização (1939/52)*. 2ª ed. Rio de Janeiro: Ipea/INPES, 1980.

MERCADANTE, Aloísio. "Brasil — Primeiro Tempo". São Paulo: Planeta, 2006.

MERKIN, Gerald. "Para uma teoria da inflação alemã: algumas observações preliminares". In: José Márcio do Rego (org.). *Hiperinflação, Algumas Experiências*. Rio de Janeiro: Paz e Terra, 1988.

MESQUITA, Mário M. "1961-1964: a política econômica sob Quadros e Goulart". Tese de Mestrado não publicada. Departamento de Economia, PUC-Rio, mar. 1992.

MINISTÉRIO DA FAZENDA. "Política Econômica e Reformas Estruturais", 2003.

MINISTÉRIO DO DESENVOLVIMENTO SOCIAL (MDS). "Plano Brasil sem Miséria – Caderno de Resultados, 2011-2014", Brasília, 2015.

MODENESI, André. *Regimes monetários: teoria e experiência do Real*. Barueri: Manole, 2005.

MODIANO, Eduardo. "A Ópera dos Três Cruzados". In: Marcelo de P. Abreu (org.). *A Ordem do Progresso: cem anos de política econômica republicana, 1889-1989*. Rio de Janeiro: Campus, 1989.

MONTEIRO FILHA, Dulce C. "A Contribuição do BNDES para a Formação da Estrutura Setorial da Indústria Brasileira no Período 1952/89". *Revista do BNDES*, vol. 2, n° 3, pp. 151-166, jun. 1995.
MUNHOZ, Sidnei. "Guerra Fria: um debate interpretativo". In: Francisco Carlos T. da Silva (coord.). *O Século Sombrio: guerras e revoluções no Século XX*. Rio de Janeiro: Elsevier, 2004.
NERI, Marcelo (coord.). "O lado brilhante dos pobres". São Paulo: FGV/CPS, setembro, 2010.
NIVEAU, Maurice. *História dos Fatos Econômicos Contemporâneos*. São Paulo: Difel, 1969.
ORENSTEIN, Luiz e Antonio C. Sochaczewski. "Democracia com Desenvolvimento: 1956-1961". In: Marcelo de P. Abreu (org.), *A Ordem do Progresso: cem anos de política econômica republicana, 1889-1989*. Rio de Janeiro: Campus, 1989.
ORNELAS, Waldeck; VIEIRA, Solange. "As Novas Regras da Previdência Social". *Conjuntura Econômica*, vol. 53, n. 11, novembro, pp. 18-22, 1999.
PARTIDO DOS TRABALHADORES — PT. "Carta ao Povo Brasileiro", 22 jun. 2002a.
_____. "Programa de Governo 2002", jul. 2002b.
_____. "Nota sobre o Acordo com o FMI", 8 ago. 2002c.
_____. "Plano Econômico do PT — um outro Brasil é possível", jun. 2001.
PASTORE, Affonso C. "A Reforma Monetária do Plano Collor". In: Clóvis de Faro (org.). *O Plano Collor — Avaliação e Perspectiva*. Rio de Janeiro: Livros Técnicos e Científicos, 1990.
PINHEIRO, Armando C. "A Experiência Brasileira de Privatização: o que vem a seguir?". Texto para Discussão BNDES, n. 87, nov., 2000.
_____. "Impactos microeconômicos da privatização". *Pesquisa e Planejamento Econômico*, vol. 26, n. 3, dezembro, pp. 357-398, 1996.
PINHEIRO, Armando C.; Fabio Giambiagi. *Rompendo o Marasmo*. Rio de Janeiro: Campus, 2006.
_____. "Lucratividade, Dividendos e Investimentos das Empresas Estatais: uma contribuição para o debate sobre a privatização no Brasil". *Revista Brasileira de Economia*, vol. 51, n. 1, pp. 93-131, jan./mar. 1997.
_____. "Brazilian Privatization in the 1990s". World Development, vol. 22, n. 5, pp. 737-753, maio 1994.
PINHEIRO, Armando C. e FRISCHTAK, Cláudio (organizadores). *Gargalos e Soluções na Infraestrutura de Transportes*; FGV Editora, 2014.
PINHEIRO, Armando C. e GIAMBIAGI, Fabio. *Além da euforia – Riscos e Lacunas do Modelo Brasileiro de Desenvolvimento*. Editora Campus, Rio de Janeiro, 2012.
PINHO NETO, Demosthenes M. "O Interregno Café Filho: 1954-1955". In: Marcelo de P. Abreu (org.). *A Ordem do Progresso: cem anos de política econômica republicana, 1889-1989*. Rio de Janeiro: Campus, 1989.
PIRES, José Cláudio L.; GOSTKORZEWICZ, Joana; GIAMBIAGI, Fabio. "O Cenário Macroeconômico e as Condições de Oferta de Energia Elétrica no Brasil". Texto para Discussão BNDES, n. 85, mar. 2001.
RAMALHO, Valdir. "Zeragem Automática no Mercado Aberto e Controle Monetário". *Estudos Econômicos*, vol. 25, n. 1, jan./abr. 1995.
REINHART, Carmen M. e ROGOFF, Kenneth S. *Oito Séculos de Delírios Financeiros: Desta Vez é Diferente*;. Editora Campus, Rio de Janeiro, 2010.
RESENDE, André L. "A Moeda Indexada: uma proposta para eliminar a inflação inercial". In: José M. Rego (org.). *Inflação e Hiperinflação: Interpretações e Retórica*. São Paulo: Bienal, 1986.
_____. "A Política Brasileira de Estabilização: 1963-68". *Pesquisa e Planejamento Econômico*, vol. 12, n. 3, pp. 757-806, dez. 1982.
RIO, Antônio S.; Henrique C. Gomes. "Sistema Cambial: bonificações e ágios". In: Flavio R. Versiani; José Roberto M. de Barros (orgs.). *Formação Econômica do Brasil: a experiência da industrialização*. São Paulo: Saraiva, 1977. (Série Anpec de Leituras de Economia.)
ROCHA, Sônia. "Para especialista em desigualdade, a chamada nova classe média é fetiche do número". Entrevista para a Agência Brasil, 16 de outubro, 2010.
RODRIK, Dani. *Has Globalization Gone Too Far?* Washington, D.C.: Institute for International Economics, 1997.

SALLUM JR., Brasilio. *Labirintos: dos generais à Nova República*. São Paulo: Hucitec, 1996.
SARDEMBERG, Carlos Alberto. *Aventura e Agonia nos Bastidores do Cruzado*. São Paulo: Companhia das Letras, 1987.
SARGENT, Thomas. "Os finais de quatro Hiperinflações". In: José Márcio Rego e Dilson Funaro (orgs). *Inflação Inercial, Teorias sobre Inflação e o Plano Cruzado*. Rio de Janeiro: Paz e Terra, 1986.
SCHWARTZMAN, Simon. "A Educação Superior na América Latina e os desafios do Século XXI: uma introdução.", in *A educação superior na América Latina e os desafios do século XXI*, Campinas, Editora da UNICAMP, 2014.
SERRA, José. "Ciclos e Mudanças Estruturais na Economia Brasileira do Pós-Guerra". In: Luiz G. de M. Belluzzo; Renata Coutinho (orgs.). *Desenvolvimento Capitalista no Brasil: ensaios sobre a crise*. São Paulo: Brasiliense, 1982.
SERRANO, Franklin. "Inflação inercial e desindexação neutra". In: José Márcio Rego; Dilson Funaro (orgs.). *Inflação Inercial, Teorias sobre Inflação e o Plano Cruzado*. Rio de Janeiro: Paz e Terra, 1986.
SIMONSEN, Mário Henrique. "A Inflação Brasileira: lições e Perspectivas". *Revista de Economia Política*, vol. 5, n.4, pp. 15-30, out./dez. 1985.
_____. *A Nova Economia Brasileira*. Rio de Janeiro: José Olympio, 1974.
_____. *Inflação: Gradualismo x Tratamento de Choque*. Rio de Janeiro: Apec, 1970.
SOCHACZEWSKI, Antonio Cláudio. *Desenvolvimento Econômico e Financeiro do Brasil: 1952-1968*. São Paulo: Trajetória Cultural, 1993.
SOLNIK, Alex. *Os Pais do Cruzado Contam por que Não Deu Certo*. Porto Alegre: L&PM, 1987.
SOUZA, Francisco Eduardo P. "A Política de Câmbio do Plano Real (1994-1998) — Especificidades da Âncora Brasileira". *Revista de Economia Contemporânea*, n. 5, jun. 1999.
SOUZA, Jessé. "Para especialista em desigualdade, a chamada nova classe média é fetiche do número". Entrevista para a Agência Brasil, 16 de outubro, 2010.
SOUZA JÚNIOR, José Ronaldo de Castro. Aumento da ociosidade da capacidade produtiva e redução do crescimento potencial; in *Carta de Conjuntura*, número 30, IPEA, Rio de Janeiro, 2015.
STIGLITZ, Joseph E. *Os Exuberantes anos 90 — Uma Interpretação da Década Mais Próspera da História*. São Paulo: Companhia das Letras, 2003.
STUDART, Rogério. *Investment Finance in Economic Development*. Londres e Nova York: Routledge, 1995.
TAVARES, Maria da Conceição. "Auge e Declínio do Processo de Substituição de Importações no Brasil". In: Maria da C. Tavares. *Substituição de Importações ao Capitalismo Financeiro: ensaios sobre economia brasileira*. Rio de Janeiro: Zahar, 1972.
URANI, André *et al*. "Desenvolvimento com Justiça Social: esboço de uma agenda integrada para o Brasil". Texto para Discussão, n. 1, Instituto de Estudos do Trabalho e Sociedade-IETS, dez. 2001.
VARSANO, Ricardo. "De ônus a bônus: política governamental e reformas fiscais na transformação do Estado brasileiro". In: *Perspectivas da Economia Brasileira*. São Paulo: Ipea, 1986.
_____. "O Sistema Tributário de 1967: adequado ao Brasil de 80?". *Pesquisa e Planejamento Econômico*, vol. 11, n. 1, pp. 203-228, abr. 1981.
VELOSO, Fernando e PEREIRA, Lia V. "A perspectiva brasileira sobre a armadilha da renda média"; in Pereira, Lia V.; Veloso, Fernando e Bingwen, Zheng (organizadores). *A Armadilha da Renda Média – Visões do Brasil e da China*, FGV Editora, introdução, 2013.
VELLOSO, Raul. "A situação das contas públicas após o Real". In: João P. dos Reis Velloso (coord.). *O Brasil e o Mundo no Limiar do Novo Século*. Rio de Janeiro: José Olympio Editora, 1998. (X Fórum Nacional.)
VIANNA, Sérgio B. "Política Econômica Externa e Industrialização: 1946-1951". In: Marcelo de P. Abreu (org.). *A Ordem do Progresso: cem anos de política econômica republicana, 1889-1989*. Rio de Janeiro: Campus, 1989a.
_____. "Duas Tentativas de Estabilização: 1951-1954". In: Marcelo de P. Abreu (org.). *A Ordem do Progresso: cem anos de política econômica republicana, 1889-1989*. Rio de Janeiro: Campus, 1989b.
_____. *A Política Econômica no Segundo Governo Vargas (1951-1954)*. Rio de Janeiro: BNDES, 1987.

WERNECK, Rogério. "Consolidação da estabilização e reconstrução institucional, 1995-2002"; in Abreu, Marcelo de Paiva (organizador). *A Ordem do Progresso – Dois séculos de Política Econômica no Brasil*. Editora Elsevier, Rio de Janeiro, capítulo 16, 2014a.

WERNECK, Rogério. "Alternância política, redistribuição e crescimento, 2003-2010"; in Abreu, Marcelo de Paiva (organizador); *A Ordem do Progresso – Dois séculos de Política Econômica no Brasil*. Editora Elsevier, Rio de Janeiro, capítulo 17, 2014b.

WILLCOX, Luiz Daniel. "Inflação de custos e inflação de demanda: uma discussão acerca da natureza das causas da inflação". *Leituras de Economia Política*, Unicamp, vol. 6, n. 2 (9), dez. 2001.

WILLIAMSON, John. "Is Brazil Next?". *International Economics Policy Brief* 02-7. Washington, D.C.: Institute for International Economics, ago. 2002.

Apêndice Estatístico

Tabela A1
Brasil: Indicadores Macroeconômicos 1945 – 2015

Ano	Crescimento do PIB (%)	Variação do deflator implícito do PIB (%)	PIB[a]	IGP [dez./dez. (%)]	População (mil habitantes)	Taxa de câmbio média (US$)[b]	PIB (US$)[c]	Renda per capita (US$)	Carga tributária[d] (% do PIB)	Crescimento do PIB mundial[e] (%)	Crescimento do PIB na América Latina (%)
1945	n.d.	n.d.	n.d.	11,1	n.d.	16,54	n.d.	n.d	n.d.	n.d.	n.d.
1946	n.d.	n.d.	n.d.	22,2	n.d.	16,50	n.d.	n.d	n.d.	n.d.	n.d.
1947	n.d.	n.d.	179	2,7	47.914	18,72	9,6	200	13,8	n.d.	6,3
1948	9,7	5,8	207	8,0	49.229	18,72	11,1	225	14,0	n.d.	4,7
1949	7,7	8,3	242	12,3	50.545	18,72	12,9	256	14,4	n.d.	2,7
1950	6,8	9,0	282	12,4	51.944	18,72	15,0	290	14,4	n.d.	4,9
1951	4,9	18,1	349	12,3	53.428	18,72	18,6	349	15,7	5,9	5,9
1952	7,3	9,6	410	12,7	54.994	18,72	21,9	399	15,4	4,7	3,0
1953	4,7	13,9	490	20,5	56.638	39,55	12,4	219	15,2	5,1	4,5
1954	7,8	27,2	671	25,9	58.358	59,78	11,2	192	15,8	3,4	6,2
1955	8,8	11,5	815	12,1	60.150	71,43	11,4	190	15,1	6,3	6,3
1956	2,9	22,7	1.029	24,5	62.011	70,40	14,6	236	16,4	4,7	4,3
1957	7,7	12,7	1.250	7,0	63.936	74,23	16,8	263	16,7	3,8	6,1
1958	10,8	12,3	1.555	24,4	65.924	127,36	12,2	185	18,7	3,2	4,9
1959	9,8	35,9	2.320	39,4	67.970	151,35	15,3	225	17,9	4,7	2,6
1960	9,4	25,4	3.182	30,5	70.070	186,47	17,1	244	17,4	5,2	7,0
1961	8,6	34,6	4.653	47,8	72.223	269,80	17,2	239	16,4	3,1	6,6
1962	6,6	50,3	7.452	51,6	74.421	388,00	19,2	258	15,8	4,6	4,2
1963	0,6	78,4	13.376	79,9	76.663	575,00	23,3	303	16,1	5,0	3,4
1964	3,4	89,5	26.214	92,1	78.941	1253,00	20,9	265	17,0	6,1	7,5
1965	2,4	58,9	42.662	34,2	81.253	1899,00	22,5	276	19,0	5,2	5,4
1966	6,7	37,9	62.789	39,1	83.592	2220,00	28,3	338	21,0	5,3	4,4
1967	4,2	26,5	82.783	25,0	85.955	2,66	31,1	362	20,5	4,1	4,3
1968	9,8	26,7	115.171	25,5	88.337	3,40	33,9	383	23,3	4,5	6,9
1969	9,5	20,1	151.400	19,3	90.733	4,07	37,2	410	24,9	6,0	7,1
1970	10,4	16,3	194.315	19,3	93.139	4,59	42,3	454	26,0	3,4	6,9
1971	11,3	19,4	258.296	19,5	95.551	5,29	48,8	511	25,3	3,7	6,7
1972	11,9	19,9	346.581	15,7	97.975	5,93	58,4	596	26,0	4,7	6,9
1973	14,0	29,6	511.834	15,5	100.417	6,13	83,6	832	25,1	5,9	8,4
1974	8,2	34,6	745.136	34,5	102.883	6,79	109,7	1.067	25,1	2,3	7,1
1975	5,2	33,9	1.049.518	29,4	105.380	8,13	129,1	1.225	25,2	1,4	3,2
1976	10,3	41,2	1.633.963	46,3	107.915	10,67	153,1	1.419	25,1	5,3	4,4
1977	4,9	45,4	2.492.978	38,8	110.494	14,14	176,3	1.595	25,6	4,4	4,8
1978	5,0	38,2	3.617.246	40,8	113.124	18,08	200,1	1.769	25,7	4,1	4,4
1979	6,8	54,4	5.961.236	77,2	115.811	26,82	222,3	1.919	24,7	4,1	6,6
1980	9,2	92,1	12.508	110,2	118.563	52,81	236,8	1.998	24,5	2,1	6,1
1981	-4,3	100,5	24.016	95,2	121.381	93,35	257,3	2.120	25,2	2,2	0,3
1982	0,8	101,0	48.681	99,7	124.251	180,37	269,9	2.172	26,2	1,1	-1,3
1983	-2,9	131,5	109.386	211,0	127.140	580,20	188,5	1.483	26,9	3,0	-2,9
1984	5,4	201,7	347.886	223,8	130.083	1842,61	188,8	1.451	24,2	4,7	3,5
1985	7,8	248,5	1.307.719	235,1	132.999	6222,28	210,2	1.580	23,8	3,8	3,6
1986	7,5	149,2	3.502.631	65,0	135.814	13655,00	256,5	1.889	26,5	3,7	3,6
1987	3,5	206,2	11.103.966	415,8	138.586	39523,00	280,9	2.027	24,3	3,9	2,9
1988	-0,1	628,0	80.782.983	1037,6	141.313	265572,00	304,2	2.153	23,4	4,7	0,6
1989	3,2	1304,4	1.170.387	1782,9	143.997	2,83	413,6	2.872	23,7	3,8	0,9
1990	-4,3	2737,0	31.759.185	1476,7	146.593	68,06	466,6	3.183	29,6	2,9	0,3
1991	1,0	416,7	165.786.498	480,2	149.094	409,25	405,1	2.717	24,4	1,6	3,8
1992	-0,5	969,0	1.762.636.611	1157,8	151.547	4.551	387,3	2.555	25,0	2,4	3,2
1993	4,9	1996,2	38.767.064.000	2708,2	153.966	90,23	429,6	2.790	25,3	2,4	3,3
1994	5,9	2240,2	349.205	1093,9	156.431	0,639	546,2	3.492	27,9	3,8	5,2
1995	4,2	95,0	709.537	14,8	158.875	0,918	773,3	4.867	n.d.	3,4	1,1
1996	2,2	18,3	857.857	9,3	161.323	1,005	853,5	5.291	n.d.	3,9	3,8
1997	3,4	7,7	955.464	7,5	163.780	1,078	886,3	5.412	n.d.	4,1	5,5
1998	0,4	4,9	1.005.986	1,7	166.252	1,161	866,8	5.214	n.d.	2,6	2,6
1999	0,5	8,1	1.092.276	20,0	168.754	1,815	601,9	3.567	n.d.	3,6	0,4
2000	4,4	5,2	1.199.092	9,8	173.448	1,830	655,2	3.777	n.d.	4,8	4,0
2001	1,4	8,2	1.315.755	10,4	175.885	2,350	559,8	3.183	n.d.	2,5	0,3
2002	3,1	9,8	1.488.787	26,4	178.288	2,921	509,7	2.859	n.d.	3,0	0,5
2003	1,1	14,1	1.717.950	7,7	180.627	3,078	558,1	3.090	n.d.	4,1	1,8
2004	5,8	7,8	1.957.751	12,1	182.913	2,926	669,1	3.658	n.d.	5,2	5,9
2005	3,2	7,4	2.170.585	1,2	185.144	2,435	891,3	4.814	n.d.	4,9	4,5
2006	4,0	6,8	2.409.450	3,8	187.322	2,176	1.107,2	5.911	n.d.	5,5	5,5
2007	6,1	6,4	2.720.263	7,9	189.445	1,946	1.396,5	7.372	n.d.	5,7	5,6
2008	5,1	8,8	3.109.803	9,1	191.514	1,835	**1.695,1**	8.851	n.d.	3,1	4,1
2009	-0,1	7,3	3.333.039	-1,4	193.528	1,998	**1.668,5**	8.622	n.d.	0,0	-1,2
2010	7,5	8,4	3.885.847	11,3	195.488	1,758	**2.210,5**	11.307	33,9	5,4	6,3
2011	3,9	8,3	4.373.658	5,0	197.394	1,670	**2.619,0**	13.268	33,5	4,2	4,7
2012	1,9	7,8	4.805.913	8,1	199.245	1,954	**2.459,5**	12.344	33,6	3,4	2,9
2013	3,0	7,4	5.316.455	5,5	201.041	2,160	**2.461,3**	12.243	n.d.	3,3	2,9
2014	0,1	6,9	5.687.309	3,8	202.769	2,358	**2.411,9**	11.895	n.d.	3,4	1,2
2015	-3,8	8,0	5.904.331	10,8	204.451	3,331	**1.772,5**	8.670	n.d.	3,1	-0,4

Fontes: PIB, deflator implícito e população: IBGE, "Estatísticas do século XX", 2003, e IBGE – Sistema de Contas Nacionais Referência 2000. IGP:FGV, com dados atualizados. Taxa de câmbio oficial (cotação média – venda): Bacen. Carga tributária: FGV/IBGE. PIB mundial: International Financial Statistics Yearbook. PIB América Latina: CEPAL.
n.d. Não disponível

[a] 1947/66: Cr$ bilhões; 1967/69: NCr$ milhões; 1970/79: Cr$ milhões; 1980/85: Cr$ bilhões; 1986/88: Cz$ milhões; 1989: NCr$ milhões; 1990/92: Cr$ milhões; 1993: CR$ milhões;
1994/2015: R$ milhões.
[b] 1945/66: Cr$; 1967/69: NCr$; 1970/85: Cr$; 1986/88: Cz$; 1989: NCr$; 1990/92: Cr$; 1993: CR$; 1994/2015: R$.
[c] PIB nominal dividido pela taxa de câmbio média do ano. US$ bilhões.
[d] Até 1990, dados de Ricardo Varsano, com base nas Contas Nacionais.
[e] Fonte: De 1951 a 1960, "The World Economy: a millenium perspective". Paris: OECD, 2001. De 1961 até 1989, IFS Yearbook FMI. Para 1990-2014, World Economic Outlook.

Tabela A2
Brasil: Composição do PIB – 1947-2015 (%)

Composição	1947	1948	1949	1950	1951	1952	1953	1954	1955	1956	1957	1958	1959	1960
Consumo Total	85,9	86,4	87,6	86,0	86,8	87,6	84,4	83,5	84,0	84,6	83,2	82,2	80,1	84,1
Famílias	76,1	75,9	76,3	74,6	75,9	76,6	71,1	72,2	72,5	71,9	71,0	70,6	69,3	72,6
Administração pública	9,9	10,5	11,2	11,4	10,9	11,0	13,3	11,2	11,5	12,7	12,2	11,6	10,7	11,5
FBKF	14,9	12,7	13,0	12,8	15,4	14,8	15,1	15,8	13,5	14,5	15,0	17,0	18,0	15,7
Variação de Estoques	-0,2	-0,1	-0,7	-0,5	-0,6	0,4	-0,5	0,9	1,7	-0,0	-2,3	1,2	2,6	1,3
Saldo em transações com o exterior	-0,7	1,0	0,1	1,6	-1,7	-2,8	1,0	-0,1	0,8	1,0	-0,6	-0,4	-0,6	-1,1
Exportações	12,7	11,1	8,9	9,2	9,6	7,1	6,6	6,7	7,6	6,8	5,6	5,7	5,9	5,3
Importações	13,4	10,1	8,8	7,6	11,3	9,9	5,6	6,8	6,8	5,8	6,2	6,1	6,6	6,4
PIB	100,0	100,0	100,0	100,0	100,0	100,0	100,0	100,0	100,0	100,0	100,0	100,0	100,0	100,0

Composição	1961	1962	1963,0	1964	1965	1966	1967	1968	1969	1970	1971	1972	1973	1974	1975	1976	1977	1978	1979	1980
Consumo Total	85,3	83,7	82,3	82,2	79,4	80,8	83,8	81,8	78,0	79,9	80,5	80,4	79,1	81,3	78,1	79,3	78,6	78,2	78,9	78,2
Famílias	73,8	72,5	70,4	71,1	68,7	70,2	72,4	70,7	67,1	68,6	69,4	69,6	69,2	72,0	67,9	68,9	69,2	68,5	69,0	69,1
Administração pública	11,6	11,2	11,9	11,1	10,7	10,6	11,3	11,1	10,9	11,3	11,1	10,8	9,9	9,3	10,2	10,5	9,4	9,7	9,9	9,1
FBKF	13,1	15,5	17,0	15,0	14,7	15,9	16,2	18,7	19,1	18,8	19,9	20,3	20,4	21,8	23,3	22,4	21,3	22,3	23,4	23,6
Variação de Estoques	2,0	2,2	1,0	1,9	3,7	2,5	0,1	0,3	2,9	1,7	1,4	0,9	1,7	2,5	2,4	0,6	0,7	0,8	-0,2	0,4
Saldo em transações com o exterior	-0,4	-1,4	-0,4	0,9	2,2	0,7	-0,1	-0,8	-0,0	-0,4	-1,7	-1,6	-1,2	-5,6	-3,8	-2,4	-0,7	-1,2	-2,1	-2,2
Exportações	5,8	6,7	8,6	6,5	7,6	6,5	5,7	6,0	6,7	7,0	6,5	7,3	7,8	7,7	7,2	7,0	7,2	6,7	7,2	9,0
Importações	6,2	8,0	9,0	5,6	5,4	5,8	5,8	6,7	6,7	7,4	8,2	8,9	9,0	13,3	11,0	9,4	7,9	7,9	9,3	11,2
PIB	100,0	100,0	100,0	100,0	100,0	100,0	100,0	100,0	100,0	100,0	100,0	100,0	100,0	100,0	100,0	100,0	100,0	100,0	100,0	100,0

Composição	1981	1982	1983,0	1984	1985	1986	1987	1988	1989	1990	1991	1992	1993	1994	1995	1996	1997	1998	1999	2000
Consumo Total	75,9	78,1	79,0	76,1	74,2	77,4	73,4	70,1	69,7	78,6	79,5	78,6	77,7	77,5	84,2	84,6	84,6	83,9	84,1	83,4
Famílias	66,4	67,7	68,7	66,9	63,7	66,2	60,8	56,7	54,2	59,3	61,6	61,5	60,1	59,6	63,5	65,0	65,2	64,0	64,5	64,6
Administração pública	9,5	10,4	10,4	9,2	10,4	11,2	12,6	13,5	15,5	19,3	17,9	17,1	17,7	17,9	20,7	19,6	19,4	19,9	19,6	18,8
FBKF	24,3	23,0	19,9	18,9	18,0	20,0	23,2	24,3	26,9	20,7	18,1	18,4	19,3	20,7	20,5	18,7	19,1	18,6	17,0	18,3
Variação de Estoques	0,1	-0,4	-1,6	-1,3	2,4	0,0	0,0	-0,5	3,5	1,2	1,7	0,5	1,6	1,4	-2,8	-1,1	-1,1	-0,1	0,8	0,6
Saldo em transações com o exterior	-0,4	-0,7	2,6	6,2	5,4	2,6	3,4	5,6	-0,0	-0,5	0,8	2,5	1,4	0,4	-1,9	-2,2	-2,6	-2,4	-1,9	-2,3
Exportações	9,6	7,9	12,2	15,0	12,9	9,2	9,8	11,7	8,9	8,2	8,7	10,9	10,5	9,5	7,5	6,7	7,0	7,0	9,5	10,2
Importações	10,0	8,6	9,7	8,8	7,5	6,6	6,4	6,1	5,5	7,0	7,9	8,4	9,1	9,2	9,4	8,9	9,6	9,4	11,4	12,5
PIB	100,0	100,0	100,0	100,0	100,0	100,0	100,0	100,0	100,0	100,0	100,0	100,0	100,0	100,0	100,0	100,0	100,0	100,0	100,0	100,0

Composição	2001	2002	2003,0	2004	2005	2006	2007	2008	2009	2010	2011	2012	2013	2014	2015
Consumo Total	83,4	81,7	80,9	78,7	79,4	79,5	78,8	78,6	81,6	79,2	79,0	80,0	80,6	81,9	83,6
Famílias	64,1	61,9	61,8	60,2	60,5	60,4	59,9	59,7	62,0	60,2	60,3	61,4	61,6	62,4	63,4
Administração pública	19,3	19,8	19,1	18,5	18,9	19,1	18,9	18,9	19,6	19,0	18,7	18,6	19,0	19,5	20,2
FBKF	18,4	17,9	16,6	17,3	17,1	17,2	18,0	19,4	19,1	20,5	20,6	20,7	21,0	20,2	18,2
Variação de Estoques	0,3	-0,5	0,3	0,5	0,1	0,6	1,8	2,2	-0,3	1,4	1,1	0,7	0,7	0,7	-0,5
Saldo em transações com o exterior	-2,2	0,8	2,2	3,5	3,4	2,7	1,3	-0,2	-0,4	-1,1	-0,7	-1,4	-2,3	-2,8	-1,3
Exportações	12,4	14,2	15,2	16,6	15,2	14,4	13,3	13,5	10,9	10,7	11,5	11,7	11,7	11,2	13,0
Importações	14,6	13,4	13,0	13,1	11,8	11,7	12,0	13,7	11,3	11,8	12,2	13,1	14,0	14,0	14,3
PIB	100,0	100,0	100,0	100,0	100,0	100,0	100,0	100,0	100,0	100,0	100,0	100,0	100,0	100,0	100,0

Fonte: IBGE
Obs.: As exportações e importações referem-se a bens e serviços reais.

Brasil – PIB: Taxas de Crescimento Real – 1971-2015 (%)

	1971	1972	1973	1974	1975	1976	1977	1978	1979	1980	1981	1982	1983	1984	1985	1986	1987	1988	1989	1990
Consumo Total	12,4	10,9	12,1	9,7	1,0	12,6	4,9	4,7	8,7	4,5	-5,7	4,2	-2,0	2,7	2,8	12,3	1,7	-1,3	3,8	-0,9
Famílias	n.d.	n.d.	n.d.	n.d.	n.d.	n.d.	n.d.	n.d.	n.d.	n.d.	n.d.	n.d.	n.d.	n.d.	n.d.	n.d.	n.d.	n.d.	n.d.	n.d.
Administração pública	n.d.	n.d.	n.d.	n.d.	n.d.	n.d.	n.d.	n.d.	n.d.	n.d.	n.d.	n.d.	n.d.	n.d.	n.d.	n.d.	n.d.	n.d.	n.d.	n.d.
FBKF	15,3	16,7	21,0	13,3	9,7	7,0	-1,2	4,7	3,9	13,5	-12,2	-6,8	-16,3	-0,2	8,8	22,6	-1,4	-4,9	1,2	-10,9
Exportações	5,5	24,2	14,3	2,3	11,6	-0,3	-0,4	13,3	9,3	22,6	21,4	-9,2	14,3	22,0	7,0	-10,6	19,2	13,1	5,1	-4,9
Importações	19,7	20,1	20,4	28,2	-4,4	-1,2	-7,7	4,4	8,4	0,7	-12,4	-6,0	-17,4	-3,0	0,1	28,6	-1,1	-0,1	9,0	10,9
PIB	11,3	11,9	14,0	8,2	5,2	10,3	4,9	5,0	6,8	9,2	-4,3	0,8	-2,9	5,4	7,8	7,5	3,5	-0,1	3,2	-4,3
Agropecuária	10,2	4,0	0,1	1,3	6,6	2,4	12,1	-2,7	4,7	9,6	8,0	-0,2	-0,5	2,6	9,6	-8,0	15,0	0,8	2,8	-3,7
Indústria	11,8	14,2	17,0	8,5	4,9	11,7	3,1	6,4	6,8	9,3	-8,8	-0,0	-5,9	6,3	8,3	11,7	1,0	-2,6	2,9	-8,2
Extração mineral	3,6	2,4	9,8	23,2	3,0	2,8	-3,5	7,5	12,1	12,8	-2,2	6,9	15,5	30,5	11,6	3,7	-0,8	0,4	4,0	2,7
Transformação	11,9	14,0	16,6	7,8	3,8	12,1	2,3	6,1	6,9	9,1	-10,4	-0,2	-5,8	6,2	8,4	11,3	1,0	-3,4	2,9	-9,5
Construção	12,5	17,9	20,9	9,1	8,1	10,2	5,2	6,2	3,7	9,0	-6,1	-2,5	-14,4	-1,2	6,0	17,8	0,7	-3,1	3,1	-9,8
Eletricidade	12,4	11,9	14,6	12,1	10,4	14,3	12,8	11,4	12,6	10,5	3,4	6,3	7,8	12,2	10,2	8,3	3,3	5,8	1,6	1,8
Serviços	11,2	12,4	15,6	10,6	5,0	11,6	5,0	6,2	7,7	9,2	-2,5	2,1	-0,5	5,3	6,9	8,1	3,1	2,3	3,5	-0,8

	1991	1992	1993	1994	1995	1996	1997	1998	1999	2000	2001	2002	2003	2004	2005	2006	2007	2008	2009	2010
Consumo Total	0,5	0,1	4,1	5,8	6,9	2,0	2,6	0,2	0,7	3,1	1,2	1,9	0,0	3,9	3,8	4,9	5,8	5,4	4,1	5,7
Famílias	n.d	-0,6	4,5	7,4	8,6	3,2	3,0	-0,7	0,4	4,0	0,8	1,3	-0,6	3,9	4,4	5,3	6,4	6,5	4,5	6,2
Administração pública	n.d	2,8	2,3	0,3	1,4	-1,8	1,3	3,2	1,7	-0,2	2,6	3,8	1,6	3,9	2,0	3,6	4,1	2,1	3,0	3,9
FBKF	-4,7	-6,6	6,3	14,3	7,3	1,2	8,4	-0,2	-8,9	4,8	1,3	-1,4	-4,0	8,5	2,0	6,7	12,0	12,3	-2,1	17,9
Exportações	-4,8	16,5	11,7	4,0	-2,0	-0,4	11,0	4,9	5,7	12,9	9,2	6,5	11,0	14,5	9,6	4,8	6,2	0,4	-9,3	11,7
Importações	11,1	4,5	26,8	20,3	30,7	5,6	14,6	-0,1	-15,1	10,8	3,3	-13,3	-0,5	10,4	7,5	17,8	19,6	17,0	-7,6	33,6
PIB	1,0	-0,5	4,9	5,9	4,2	2,2	3,4	0,4	0,5	4,4	1,4	3,1	1,1	5,8	3,2	4,0	6,1	5,1	-0,1	7,5
Agropecuária	1,4	5,4	1,0	7,4	5,7	3,0	0,8	3,4	6,5	2,7	5,2	8,0	8,3	2,0	1,1	4,6	3,3	5,8	-3,7	6,7
Indústria	0,3	-4,0	8,1	8,1	4,7	1,0	4,4	-2,1	-2,6	4,4	-0,6	3,8	0,1	8,2	2,0	2,0	6,2	4,1	-4,7	10,2
Extração mineral	-2,0	-3,6	2,7	7,4	6,2	2,4	5,0	3,6	-4,4	9,1	5,4	15,2	4,6	-0,5	6,8	6,5	2,9	4,1	-2,1	14,9
Transformação	0,1	-4,2	9,3	8,1	4,9	0,1	2,5	-4,8	-1,9	5,7	0,7	2,1	2,7	9,1	2,2	1,2	6,1	4,2	-9,3	9,2
Construção	-1,2	-5,8	5,6	9,0	1,2	2,2	7,6	1,6	-4,9	1,4	-1,6	4,8	-8,9	10,7	-2,1	0,3	9,2	4,9	7,0	13,1
Eletricidade	7,1	0,4	6,1	6,2	9,3	3,1	5,9	1,2	0,5	4,2	-7,7	4,3	3,7	6,0	3,2	4,1	6,1	2,6	0,7	6,3
Serviços	0,3	0,8	3,2	4,0	3,2	2,3	2,5	1,4	1,8	3,5	2,1	3,1	1,0	5,0	3,7	4,3	5,8	4,8	2,1	5,8

	2011	2012	2013	2014	2015
Consumo Total	4,1	3,2	3,0	1,3	-3,3
Famílias	4,7	3,5	3,5	1,3	-4,0
Administração pública	2,3	2,3	1,5	1,2	-1,1
FBKF	6,7	0,8	5,8	-4,5	-14,1
Exportações	4,8	0,3	2,4	-1,1	6,1
Importações	9,4	0,7	7,2	-1,0	-14,3
PIB	3,9	1,9	3,0	0,1	-3,8
Agropecuária	5,6	-3,1	8,4	2,1	1,8
Indústria	4,1	-0,7	2,2	-0,9	-6,2
Extração mineral	3,4	-2,1	-3,0	8,6	4,9
Transformação	2,3	-2,4	3,0	-3,9	-9,8
Construção	8,3	3,2	4,5	-0,9	-7,6
Eletricidade	5,6	0,7	1,6	-2,7	-1,4
Serviços	3,4	2,9	2,8	0,4	-2,7

Fonte: IBGE – Sistema de Contas Nacionais Referência 2000.
Dados anteriores a 1991 segundo antiga metodologia.
Para 1992-1995: Sistema de Contas Nacionais Trimestrais Referência 2000 (dados oriundos do banco Sidra).
n.d.: Não disponível
SIUP: Produção e distribuição de eletricidade, gás, água, esgoto e limpeza urbana.
Obs.:Exportações e importações referem-se a bens e serviços reais.

Tabela A4
Indicadores conjunturais da indústria: taxas de crescimento (% a.a.)

Ano	Indústria geral	Indústria de transformação	Extrativa mineral	Bens de capital	Bens intermediários	Bens de consumo (total)	Bens de consumo duráveis	Bens de consumo não duráveis
1976	11,9	12,1	2,8	10,0	12,9	11,3	17,6	10,3
1977	2,1	2,3	-3,5	-5,3	7,0	0,2	0,2	0,2
1978	6,2	6,1	7,5	0,1	6,9	7,3	20,8	5,1
1979	7,0	6,8	12,0	7,8	9,2	4,2	7,5	3,5
1980	9,2	9,1	12,8	8,6	9,1	7,5	18,8	5,3
1981	-10,2	-10,4	-2,2	-19,4	-11,1	-3,9	-24,9	1,1
1982	0,0	-0,2	6,9	-14,8	2,9	3,1	8,0	2,1
1983	-5,2	-5,8	15,5	-19,2	-2,4	-4,2	-0,9	-4,9
1984	7,1	6,2	30,5	14,8	10,3	0,3	-7,5	2,1
1985	8,5	8,3	11,6	12,4	7,3	9,1	15,6	7,7
1986	10,9	11,3	3,7	21,9	8,4	11,0	20,4	9,0
1987	0,9	0,9	-0,8	-1,8	1,1	0,1	-5,4	1,4
1988	-3,2	-3,4	0,4	-2,1	-2,1	-3,5	0,6	-4,4
1989	2,9	2,9	4,0	0,3	2,4	3,6	2,4	3,9
1990	-8,9	-9,5	2,7	-15,5	-8,7	-5,3	-5,8	-5,2
1991	-2,6	-2,4	0,9	-1,3	-2,3	2,1	4,7	1,8
1992	-3,7	-4,1	0,7	-6,9	-2,4	-5,4	-13,0	-3,8
1993	7,5	8,1	0,5	9,6	5,5	10,2	29,1	6,7
1994	7,6	7,8	4,8	18,7	6,5	4,4	15,1	1,9
1995	1,8	1,7	3,2	0,3	0,2	6,2	14,5	4,2
1996	1,7	1,1	9,6	-14,1	2,9	5,3	11,2	3,7
1997	3,9	3,6	6,9	4,8	4,6	1,2	3,5	0,5
1998	-2,0	-3,3	12,2	-1,6	-0,7	-5,4	-19,6	-1,1
1999	-0,7	-1,6	8,5	-9,1	1,9	-2,8	-9,3	-1,2
2000	6,6	6,1	11,8	13,1	6,8	3,5	20,8	-0,4
2001	1,6	1,4	3,4	13,5	-0,1	1,2	-0,6	1,6
2002	2,7	0,5	19,0	-5,8	4,2	1,6	4,7	1,1
2003	0,3	0,1	4,9	2,4	1,9	-2,8	0,7	-3,5
2004	8,3	8,6	4,3	20,7	7,0	8,1	21,4	5,1
2005	2,8	2,4	10,3	3,4	0,7	6,3	8,5	5,8
2006	2,7	2,4	7,4	5,1	1,6	3,9	7,4	2,9
2007	5,9	6,0	5,9	19,2	4,4	5,2	10,9	3,6
2008	3,1	3,0	3,8	16,2	1,6	1,9	3,5	1,4
2009	-7,1	-7,0	-8,9	-16,5	-8,0	-2,8	-2,7	-2,9
2010	10,2	10,0	13,5	21,3	10,4	7,0	11,6	5,5
2011	0,4	0,3	2,2	5,0	0,0	-0,4	-3,0	0,4
2012	-2,3	-2,4	-0,5	-11,2	-1,6	-0,5	-1,4	-0,2
2013	2,1	2,8	-3,6	12,2	0,4	2,6	4,4	2,0
2014	-3,0	-4,2	6,8	-9,3	-2,4	-2,3	-9,1	-0,1
2015	-8,3	-9,9	3,9	-25,5	-5,2	-9,4	-18,7	-6,7

Fonte: IBGE.

Tabela A5
Balanço de Pagamentos no Brasil – Contas Selecionadas – 1945-2015 (em US$ milhões)

Contas do BP	1945	1946	1947	1948	1949	1950	1951	1952	1953	1954	1955	1956	1957	1958	1959	1960
Transações Correntes (TC)	256	189	-204	-115	-135	93	-494	-725	-12	-236	-35	-23	-300	-265	-345	-518
Balança comercial (fob)	342	391	96	207	139	414	44	-302	395	147	319	407	106	66	72	-24
Exportação de bens	665	985	1152	1180	1096	1355	1769	1418	1539	1562	1423	1482	1392	1243	1282	1269
Importação de bens	323	594	1056	973	957	942	1725	1720	1145	1415	1104	1075	1285	1177	1210	1293
Serviços e rendas primárias (líquido) /a	-78	-178	-276	-315	-271	-319	-536	-421	-393	-378	-344	-419	-393	-327	-407	-498
Serviços (fretes, viagens etc.)	-15	-113	-221	-210	-170	-209	-379	-300	-227	-243	-230	-278	-265	-219	-256	-304
Rendas primárias (juros, lucros etc.) /a	-63	-65	-55	-105	-101	-110	-157	-121	-166	-135	-114	-141	-128	-108	-151	-194
Renda secundária /b	-8	-24	-24	-7	-3	-2	-2	-2	-14	-5	-10	-11	-13	-4	-10	4
Conta Capital e Financeira (CCF)	-33	-3	349	-52	72	-111	266	708	41	236	34	190	309	425	345	493
Investimento Direto	n.d.	n.d.	55	67	44	39	63	94	60	51	79	139	178	128	158	138
Investimento em carteira	0	0	0	0	0	0	0	0	0	0	0	0	0	0	0	0
Empréstimo e Financ (curto e longo prazos)	0	n.d.	56	-39	-41	-68	21	-2	523	171	21	34	149	269	37	77
Empréstimo de regularização (FMI, outros)	0	0	80	0	38	0	28	-28	486	200	61	-28	37	195	-21	61
Demais setores LP e CP	n.d.	n.d.	-24	-39	-79	-68	-7	26	37	-29	-40	62	112	74	58	16
Demais operações	n.d.	n.d.	238	-80	69	-82	182	616	-542	14	-66	17	-18	28	150	278
Erros e Omissões	-154	-89	-9	100	96	-12	147	-10	-69	11	13	16	-170	-190	-25	11
Resultado do Balanço	59	97	136	-67	33	-30	-81	-27	-40	11	12	183	-161	-30	-25	-14

Contas do BP	1961	1962	1963	1964	1965	1966	1967	1968	1969	1970	1971	1972	1973	1974	1975	1976	1977	1978	1979	1980
Transações Correntes (TC)	-263	-453	-171	81	284	-31	-276	-582	-364	-839	-1630	-1688	-2085	-7504	-6999	-6426	-4826	-6983	-10708	-12739
Balança comercial (fob)	111	-90	112	343	655	438	213	26	318	232	-344	-241	7	-4690	-3540	-2255	97	-1024	-2839	-2823
Exportação de bens	1403	1214	1406	1430	1595	1741	1654	1881	2311	2739	2904	3991	6199	7951	8670	10128	12120	12659	15244	20132
Importação de bens	1292	1304	1294	1086	941	1303	1441	1855	1993	2507	3247	4232	6192	12641	12210	12383	12023	13683	18084	22955
Serviços e rendas primárias (líquido) /a	-389	-402	-326	-317	-446	-548	-566	-630	-713	-1092	-1300	-1452	-2119	-2814	-3461	-4172	-4923	-6030	-7880	-10059
Serviços (fretes, viagens etc.)	-206	-203	-182	-129	-191	-271	-278	-333	-377	-473	-572	-743	-1027	-1541	-1451	-1589	-1500	-1770	-2320	-3039
Rendas primárias (juros, lucros etc.) /a	-183	-199	-144	-188	-255	-277	-288	-297	-337	-619	-729	-709	-1093	-1274	-2010	-2583	-3423	-4261	-5560	-7020
Renda secundária /b	15	39	43	55	75	79	77	22	31	21	14	5	27	0	2	1	71	71	11	143
Conta Capital e Financeira (CCF)	390	472	210	134	-35	47	49	680	936	1281	2173	3793	4111	6531	6374	8499	6151	11884	7624	9610
Investimento Direto	147	132	87	86	154	159	115	135	207	378	448	441	1148	1154	1095	1219	1685	2056	2210	1544
Investimento em carteira	0	0	0	0	0	0	0	0	0	30	40	139	261	140	96	419	720	929	640	351
Empréstimo e Financ (curto e longo prazos)	466	252	118	31	392	263	33	490	709	843	1699	3067	2410	5432	5381	5817	4011	8827	6107	7196
Empréstimo de regularização (FMI, outros)	260	120	187	52	250	9	-33	-12	0	0	0	0	0	0	0	0	0	0	0	0
Demais setores LP e CP	206	132	-69	-21	142	254	66	502	709	843	1699	3067	2410	5432	5381	5817	4011	8827	6107	7196
Demais operações	-223	88	5	17	-581	-375	-99	55	-33	30	-14	146	292	-195	-198	1044	-265	73	-1333	520
Erros e Omissões	51	-137	-76	-217	-31	-25	-35	-1	-41	92	-7	433	355	-68	-439	615	-611	-639	-130	-343
Resultado do Balanço	178	-118	-37	-2	218	-9	-262	97	531	534	537	2538	2380	-1041	-1064	2688	714	4262	-3215	-3472

(continua)

Tabela A5 (continuação)

Contas do BP	1981	1982	1983	1984	1985	1986	1987	1988	1989	1990	1991	1992	1993	1994	1995	1996	1997	1998	1999	2000
Transações Correntes (TC)	-11706	-16273	-6773	95	-248	-5323	-1438	4180	1032	-3784	-1407	6109	-676	-1811	-18384	-23502	-30452	-33416	-25335	-24225
Balança comercial (fob)	1202	780	6470	13090	12486	8304	11173	19184	16119	10752	10580	15239	13299	10466	-3466	-5599	-6753	-6575	-1199	-698
Exportação de bens	23293	20175	21899	27005	25639	22349	26224	33789	34383	31414	31620	35793	38555	43545	46506	47747	52994	51140	48011	55086
Importação de bens	22091	19395	15429	13916	13153	14044	15051	14605	18263	20661	21040	20554	25256	33079	49972	53346	59747	57714	49210	55783
Serviços e rendas primárias (líquido) /a	-13094	-17039	-13354	-13156	-12877	-13707	-12676	-15096	-15334	-15369	-13543	-11336	-15577	-14692	-18541	-20350	-25522	-28299	-25825	-25048
Serviços (fretes, viagens etc.)	-2819	-3491	-2310	-1658	-1594	-2557	-2258	-2896	-2667	-3596	-3800	-3184	-5246	-5657	-7483	-8681	-10646	-10111	-6977	-7162
Rendas primárias (juros, lucros etc.) /a	-10275	-13548	-11044	-11498	-11283	-11150	-10418	-12200	-12667	-11773	-9743	-8152	-10331	-9035	-11058	-11668	-14876	-18189	-18848	-17886
Renda secundária /b	186	-14	111	161	143	80	65	92	246	833	1555	2206	1602	2414	3622	2446	1823	1458	1689	1521
Conta Capital e Financeira (CCF)	12746	12101	7419	6529	197	1432	3259	-2098	629	4592	163	9947	10495	8692	29095	33968	25800	29702	17319	19326
Investimento Direto	2315	2740	1138	1459	1337	174	1031	2630	607	364	87	1924	799	1460	3309	11261	17877	26002	26888	30498
Investimento em carteira	-3	-2	-288	-272	-231	-475	-428	-498	-421	472	3808	14466	12325	50642	9217	21619	12616	18125	3802	6955
Empést e Financ (curto e longo prazos)	11720	9974	4437	10517	-106	-205	-1464	-304	-3826	-4345	-5138	8260	3051	-33955	5493	3270	5879	4031	1342	-8774
Empést de regularização (FMI, outros.)	0	4177	-1481	1796	-63	-613	-1147	-456	-852	-741	-590	-406	-496	-129	-47	-72	-34	9329	2966	-10323
Demais setores LP e CP	11720	5797	5918	8722	-43	408	-317	152	-2974	-3604	-4548	8666	3546	-33826	5732	3657	6113	-4914	-1461	1660
Demais operações	-1287	-611	2131	-5175	-805	1937	4120	-3926	4269	8101	1406	-14702	-5679	-9455	11076	-2182	-10572	-18456	-14712	-9353
Erros e Omissões	-415	-369	-670	403	-405	56	-806	-833	-775	-328	875	-1386	-1111	334	2207	-1800	-3255	-4256	194	2637
Resultado do Balanço	625	-4542	-24	7027	-457	-3836	1015	1249	886	481	-369	14670	8709	7215	12919	8666	-7907	-7970	-7822	-2262

Contas do BP	2001	2002	2003	2004	2005	2006	2007	2008	2009	2010	2011	2012	2013	2014	2015
Transações Correntes (TC)	-23215	-7637	4177	11679	13985	13643	1551	-28192	-24302	-75760	-76970	-74053	-74769	-104181	-58942
Balança comercial (fob)	2650	13121	24794	33641	44703	46457	40032	24836	25290	18427	27563	17260	319	-6629	17670
Exportação de bens	58223	60362	73084	96475	118308	137807	160649	197942	152995	201260	255444	242124	241507	224098	190092
Importação de bens	55572	47240	48290	62835	73606	91351	120617	173107	127705	182833	227881	224864	241189	230727	172422
Serviços e rendas primárias (líquido) /a	-27503	-23148	-23483	-25198	-34276	-37120	-42510	-57252	-52930	-97082	-107518	-94156	-78771	-100277	-79335
Serviços (fretes, viagens etc.)	-7759	-4957	-4931	-4678	-8309	-9640	-13219	-16690	-19245	-30027	-37043	-39849	-46232	-48107	-36978
Rendas primárias (juros, lucros etc.) /a	-19743	-18191	-18552	-20520	-25967	-27480	-29291	-40562	-33684	-67055	-70475	-54308	-32539	-52170	-42357
Renda secundária /b	1638	2390	2867	3236	3558	4306	4029	4224	3338	2896	2984	2838	3683	2725	2723
Conta Capital e Financeira (CCF)	27052	8004	5111	9894	-9464	16299	89086	29352	71301	76142	79233	74135	72659	100830	57132
Investimento Direto	24715	14108	9894	8339	12550	-9380	27518	24601	36033	61689	85091	81399	54240	70855	61576
Investimento em carteira	77	-5119	5308	-4750	4885	9081	48390	1133	50283	66913	41248	15826	32787	38708	20647
Empést e Financ (curto e longo prazos)	5714	1031	-1549	-10421	-26753	9851	13694	5172	4926	42531	32495	8337	3342	43962	2782
Empést de regularização (FMI, outros.)	6757	11480	4769	-4363	-23271	0	0	0	0	0	0	0	0	0	0
Demais Setores LP e CP	-925	-10332	-6194	-5927	-3351	9990	13832	5172	4926	42531	32495	8337	3342	43962	2782
Demais operações	-3454	-2016	-8542	-691	-145	6747	-517	-1555	-19941	-45890	-20964	-12527	-23636	-41862	-26304
Ativos de reserva										49101	58637	18900	-5926	10833	1569
Erros e Omissões	-531	-66	-793	-1912	-201	628	-3152	1809	-347	-382	-2263	-76	2110	3351	1810
Resultado do Balanço /c	3307	302	8496	2244	4319	30569	87484	2969	46651	n.a.	n.a.	n.a.	n.a.	n.a.	n.a.

/a Até 2013 (inclusive), serviços e rendas.
/b Até 2013 (inclusive), transferências unilaterais.
/c Na nova metodologia do Bal. de Pgtos. a partir de 2010 (BPM6, na sigla do Bacen), "Ativos de Reserva" representa o mesmo que "Resultado do Balanço" na antiga metodologia (BPM5). Segundo o Bacen, por representar a variação na posição financeira do país (variação do estoque de reservas internacionais), o saldo do BP passa a ser registrado como parte da CCF.
n.a. Não aplicável.
Fonte: Bacen.

Tabela A6
Brasil: Indicadores de Endividamento e
Solvência Externa – 1945-2015 (US$ milhões)

Ano	Dívida externa bruta /a	Reservas internacionais /b	Dívida externa líquida	Dívida externa líquida /Exportações de bens	Rendas primárias (%exportações de bens) /c
1945	698	863	-165	-0,25	9,6
1946	645	959	-314	-0,32	6,6
1947	625	929	-304	-0,26	4,8
1948	597	883	-286	-0,24	8,9
1949	601	875	-274	-0,25	9,2
1950	559	821	-262	-0,19	8,1
1951	571	584	-13	-0,05	8,9
1952	638	482	156	0,11	8,5
1953	1.159	421	738	0,48	10,8
1954	1.196	372	824	0,53	8,6
1955	1.395	442	953	0,67	8,0
1956	2.736	608	2.128	1,44	9,5
1957	2.491	474	2.017	1,45	9,2
1958	2.870	465	2.405	1,93	8,7
1959	3.160	366	2.794	2,18	11,8
1960	3.738	345	3.393	2,67	15,3
1961	3.291	470	2.821	2,01	13,1
1962	3.533	285	3.248	2,68	16,4
1963	3.612	215	3.397	2,42	10,3
1964	3.294	244	3.050	2,13	13,2
1965	3.823	483	3.340	2,09	16,0
1966	3.771	421	3.350	1,92	15,9
1967	3.440	198	3.242	1,96	17,4
1968	4.092	257	3.835	2,04	15,8
1969	4.635	656	3.980	1,72	14,6
1970	6.240	1.187	5.053	1,84	22,6
1971	8.284	1.723	6.561	2,26	25,1
1972	11.464	4.183	7.281	1,82	17,8
1973	14.857	6.416	8.441	1,36	17,6
1974	20.032	5.269	14.763	1,86	16,0
1975	25.115	4.040	21.075	2,43	23,2
1976	32.145	6.544	25.601	2,53	25,5
1977	37.951	7.256	30.695	2,53	28,2
1978	52.187	11.895	40.292	3,18	33,7
1979	55.803	9.689	46.114	3,02	36,5
1980	64.259	6.913	57.346	2,85	34,9
1981	73.963	7.507	66.456	2,85	44,1
1982	85.487	3.994	81.493	4,04	67,2
1983	93.745	4.563	89.182	4,07	50,4
1984	102.127	11.995	90.132	3,34	42,6
1985	105.171	11.608	93.563	3,65	44,0
1986	111.203	6.760	104.443	4,67	49,9

(continua)

Tabela A6 (continuação)

Ano	Dívida externa bruta /a	Reservas internacionais /b	Dívida externa líquida	Dívida externa líquida /Exportações de bens	Rendas primárias (%exportações de bens) /c
1987	121.188	7.458	113.730	4,34	39,7
1988	113.511	9.140	104.371	3,09	36,1
1989	115.506	9.679	105.827	3,08	36,8
1990	123.439	9.973	113.466	3,61	37,5
1991	123.910	9.406	114.504	3,62	30,8
1992	135.949	23.754	112.195	3,13	22,8
1993	145.726	32.211	113.515	2,94	26,8
1994	148.295	38.806	109.489	2,51	20,7
1995	159.256	51.840	107.416	2,31	23,8
1996	179.935	60.110	119.824	2,51	24,4
1997	199.998	52.173	147.825	2,79	28,1
1998	241.644	44.556	197.088	3,85	35,6
1999	241.468	36.342	205.126	4,27	39,3
2000	236.156	33.011	203.145	3,69	32,5
2001	209.934	35.866	174.068	2,99	33,9
2002	210.711	37.823	172.888	2,86	30,1
2003	214.930	49.296	165.633	2,27	25,4
2004	201.374	52.935	148.439	1,54	21,3
2005	169.450	53.799	115.651	0,98	21,9
2006	172.589	85.839	86.750	0,63	19,9
2007	193.219	180.334	12.885	0,08	18,2
2008	198.340	206.806	-8.466	-0,04	20,5
2009	198.192	239.054	-40.862	-0,27	22,0
2010	256.804	288.575	-31.771	-0,16	33,3
2011	309.587	352.012	-42.425	-0,17	27,6
2012	327.590	378.613	-51.023	-0,21	22,4
2013	312.517	375.794	-63.277	-0,26	13,5
2014	352.684	374.051	-21.367	-0,10	23,3
2015	337.732	368.739	-31.007	-0,16	22,3

Fonte: Banco Central. Para a dívida externa bruta 1945 a 1952, IBGE, Estatísticas do século XX, 2003.
a Exclui dívida de curto prazo antes de 1956 e empréstimos intercompanhias a partir de 1998.
b Liquidez internacional.
c O numerador refere-se ao resultado líquido de juros, lucros e dividendos e outras rendas. Até 2010 (inclusive), conceito antigo do Balanço de Pagamentos.

Tabela A7
Brasil: Exportações de Bens – 1964-2015 (US$ milhões)

	Básicos	Semimanufaturados	Manufaturados	Operações Especiais	Total
1964	1.221	115	90	5	1.430
1965	1.301	154	130	10	1.595
1966	1.445	141	152	4	1.741
1967	1.302	147	196	9	1.654
1968	1.492	179	202	9	1.881
1969	1.796	213	282	20	2.311
1970	2.049	251	414	25	2.739
1971	1.989	247	575	94	2.904
1972	2.725	391	831	45	3.991
1973	4.097	568	1.374	161	6.199
1974	4.577	919	2.261	195	7.951
1975	5.027	849	2.585	209	8.670
1976	6.129	842	2.776	381	10.128
1977	6.957	1.044	3.840	279	12.120
1978	5.977	1.419	5.083	178	12.657
1979	6.553	1.886	6.646	159	15.244
1980	8.488	2.349	9.027	268	20.132
1981	8.920	2.116	11.883	374	23.293
1982	8.238	1.433	10.253	251	20.175
1983	8.535	1.782	11.276	306	21.899
1984	8.706	2.872	15.132	295	27.005
1985	8.538	2.758	14.063	280	25.639
1986	7.280	2.491	12.404	174	22.349
1987	8.022	3.175	14.839	188	26.224
1988	9.411	4.892	19.187	299	33.789
1989	9.431	5.567	18.991	393	34.383
1990	8.432	5.013	17.420	549	31.414
1991	8.507	4.923	17.754	436	31.620
1992	8.656	5.345	21.334	458	35.793
1993	9.133	5.656	23.454	312	38.555
1994	10.835	7.070	25.005	635	43.545
1995	10.512	9.565	25.603	826	46.506
1996	11.899	8.615	26.411	822	47.747
1997	14.469	8.478	29.193	844	52.983
1998	12.977	8.120	29.387	656	51.140
1999	11.828	7.982	27.331	872	48.013
2000	12.564	8.499	32.559	1.497	55.119
2001	15.349	8.244	32.957	1.736	58.287
2002	16.959	8.965	33.068	1.446	60.439
2003	21.186	10.945	39.764	1.308	73.203
2004	28.529	13.433	53.137	1.579	96.677
2005	34.732	15.963	65.353	2.482	118.529
2006	40.285	19.523	75.018	2.981	137.807
2007	51.596	21.800	83.943	3.311	160.649
2008	73.028	27.073	92.683	5.159	197.942
2009	61.957	20.499	67.349	3.189	152.995
2010	90.005	28.207	79.563	4.140	201.915
2011	122.457	36.026	92.291	5.265	256.040
2012	113.454	33.042	90.707	5.375	242.578
2013	113.023	30.526	92.945	5.540	242.034
2014	109.556	29.065	80.211	6.268	225.101
2015	87.188	26.463	72.791	4.692	191.134

Fonte: Secex.
Obs.: Podem existir pequenas discrepâncias entre os valores da tabela e os dados da Balança Comercial do Balanço de Pagamentos, devido a diferenças nas estatísticas primárias.

Tabela A8
Brasil: Composição das Importações – 1974-1989 (US$ milhões)

Ano	Bens intermediários	Combustíveis	Bens de capital	Bens de consumo Não duráveis	Bens de consumo Duráveis	Bens de consumo Total	Total geral
1974	6.903	2.891	2.220	444	183	627	12.641
1975	6.125	2.899	2.652	371	163	534	12.210
1976	5.930	3.634	2.288	393	138	531	12.383
1977	5.744	3.849	1.868	457	105	562	12.023
1978	6.551	4.223	2.224	547	138	685	13.683
1979	8.368	6.465	2.253	870	128	998	18.084
1980	9.685	9.868	2.610	695	97	792	22.955
1981	8.290	11.022	2.196	490	93	583	22.091
1982	6.892	10.141	1.804	468	90	558	19.395
1983	5.425	8.195	1.335	417	57	474	15.429
1984	5.639	6.888	1.078	265	46	311	13.916
1985	5.887	5.711	1.094	369	92	461	13.153
1986	7.907	3.052	1.468	1.478	139	1.617	14.044
1987	8.016	4.147	1.985	800	103	903	15.051
1988	8.427	3.538	1.974	540	126	666	14.605
1989	10.487	3.798	2.300	1.469	209	1.678	18.263

Fonte: IPEA.

Tabela A9
Brasil: Composição das Importações – 1990-2015 (US$ milhões)

Ano	Matérias-primas e produtos intermediários	Combustíveis e lubrificantes	Bens de capital	Bens de consumo Não duráveis	Automóveis	Outros	Duráveis Total	Total	Total
1990	9.158	5.288	3.963	1.491	31	729	761	2.252	20.661
1991	9.779	4.690	4.218	1.505	142	706	848	2.353	21.040
1992	9.581	4.457	4.434	1.152	304	626	930	2.082	20.554
1993	12.964	3.980	5.089	1.462	786	976	1.762	3.224	25.256
1994	15.964	3.987	7.585	2.428	1.624	1.489	3.113	5.541	33.079
1995	22.828	4.684	11.486	4.876	3.253	2.844	6.098	10.974	49.972
1996	24.742	5.929	12.918	5.172	1.733	2.853	4.586	9.757	53.346
1997	26.918	5.597	16.098	5.486	2.641	3.007	5.648	11.134	59.747
1998	26.823	4.100	16.102	5.470	2.822	2.446	5.268	10.738	57.763
1999	24.119	4.258	13.578	4.175	1.313	1.859	3.172	7.346	49.302
2000	28.565	6.358	13.613	3.935	1.332	2.049	3.381	7.316	55.851
2001	27.386	6.277	14.829	3.592	1.527	1.991	3.517	7.110	55.602
2002	23.465	6.240	11.645	3.385	834	1.674	2.508	5.892	47.243
2003	25.840	6.600	10.356	3.111	685	1.732	2.418	5.529	48.326
2004	33.520	10.315	12.149	3.663	715	2.474	3.189	6.852	62.836
2005	37.817	11.925	15.392	4.540	1.015	2.911	3.926	8.466	73.600
2006	45.274	15.197	18.924	5.879	2.183	3.893	6.076	11.955	91.351
2007	59.381	20.085	25.125	7.776	3.521	4.730	8.251	16.027	120.617
2008	83.056	31.469	35.933	9.817	6.051	6.659	12.710	22.527	172.985
2009	59.754	16.746	29.698	9.910	5.893	5.721	11.614	21.524	127.722
2010	83.992	25.341	41.008	12.848	9.129	9.451	18.580	31.428	181.768
2011	102.076	36.174	47.909	15.991	12.741	11.356	24.097	40.088	226.247
2012	99.858	35.317	48.634	17.150	10.398	11.827	22.225	39.376	223.183
2013	106.503	40.616	51.662	18.737	9.816	12.414	22.229	40.966	239.748
2014	102.999	39.545	47.769	18.560	8.402	11.871	20.273	38.832	229.145
2015	81.200	21.757	37.662	15.980	5.599	9.263	14.862	30.842	171.461

Fonte:Secex.
Obs.: Podem existir pequenas discrepâncias entre os valores da tabela e os dados da Balança Comercial do Balanço de Pagamentos, devido a diferenças nas estatísticas primárias.

Tabela A10
Brasil: Índice de Preços e Quantum de Exportação e Importação
1945-2015
(base: 2006 = 100)

Ano	Exportação Preço	Exportação Quantum	Importação Preço	Importação Quantum	Termos de Troca
1945	8,2	5,9	13,0	3,3	63,1
1946	10,7	6,8	14,7	4,4	72,5
1947	13,7	6,2	18,2	6,4	75,3
1948	14,2	6,1	20,4	5,3	69,7
1949	14,7	5,5	19,9	5,3	74,1
1950	22,1	4,5	17,9	5,8	123,3
1951	26,1	5,0	23,3	8,1	112,2
1952	25,9	4,0	25,1	7,5	103,1
1953	25,4	4,5	23,9	5,2	106,4
1954	30,2	3,8	22,4	7,0	134,8
1955	24,0	4,4	22,1	5,6	108,7
1956	23,4	4,7	21,3	5,4	109,8
1957	23,2	4,4	21,5	6,6	108,1
1958	21,9	4,2	21,0	6,2	104,5
1959	19,2	4,9	19,2	7,0	100,0
1960	19,5	4,8	20,7	6,9	94,3
1961	20,4	5,1	21,6	6,6	94,3
1962	19,1	4,7	21,6	6,6	88,2
1963	19,3	5,4	22,2	6,4	87,0
1964	22,9	4,6	21,4	5,6	106,9
1965	23,2	5,1	21,5	4,9	108,1
1966	22,3	5,8	22,4	6,4	99,3
1967	22,2	5,5	22,8	7,0	97,0
1968	21,9	6,3	23,8	8,6	92,1
1969	23,7	7,2	24,5	9,0	96,7
1970	27,2	7,4	25,7	10,8	106,2
1971	27,2	7,9	27,3	13,2	99,6
1972	29,0	10,0	29,0	16,0	100,1
1973	39,2	11,5	35,2	19,3	111,2
1974	49,1	11,7	47,7	29,1	103,1
1975	50,3	12,5	51,1	26,2	98,3
1976	58,7	12,5	53,6	25,3	109,6
1977	73,2	12,0	57,2	23,0	127,9
1978	68,4	13,4	62,0	24,2	110,4
1979	75,6	14,6	74,3	26,6	101,7
1980	82,0	17,8	99,9	25,2	82,0

(continua)

Tabela A10 (continuação)

Ano	Exportação Preço	Exportação Quantum	Importação Preço	Importação Quantum	Termos de Troca
1981	79,0	21,4	109,3	22,1	72,3
1982	75,1	19,5	106,8	19,9	70,3
1983	71,3	22,3	102,6	16,5	69,5
1984	73,7	26,6	100,1	15,2	73,7
1985	68,6	27,1	97,1	14,8	70,6
1986	71,0	22,8	79,1	19,4	89,8
1987	71,2	26,7	88,9	18,5	80,0
1988	79,2	30,9	91,7	17,4	86,4
1989	81,1	30,8	98,4	20,3	82,4
1990	79,3	28,7	106,5	21,3	74,5
1991	77,9	29,5	98,7	23,3	78,9
1992	75,3	34,5	93,6	24,0	80,4
1993	69,6	40,2	85,6	32,3	81,3
1994	77,0	41,0	82,9	43,7	92,9
1995	87,5	38,6	84,8	64,5	103,2
1996	87,6	39,6	85,2	68,5	102,8
1997	88,2	43,6	80,9	81,0	109,1
1998	82,3	45,1	76,6	82,5	107,4
1999	71,7	48,6	77,0	70,1	93,2
2000	74,1	54,0	77,1	79,3	96,2
2001	71,6	59,1	74,5	81,7	96,0
2002	68,3	64,2	72,1	71,7	94,7
2003	71,5	74,3	76,6	69,1	93,4
2004	79,3	88,5	84,2	81,7	94,2
2005	88,9	96,8	93,6	86,1	95,0
2006	100,0	100,0	100,0	100,0	100,0
2007	110,5	105,5	108,2	122,0	102,1
2008	139,6	102,9	132,1	143,6	105,7
2009	120,9	91,8	117,1	119,4	103,2
2010	145,7	100,6	121,7	163,5	119,7
2011	179,5	103,5	139,1	178,1	129,0
2012	170,7	103,2	140,4	174,0	121,5
2013	165,2	106,4	138,8	189,0	119,0
2014	156,5	104,4	136,1	184,3	115,0
2015	122,7	133,0	119,9	156,5	102,3

Fontes: Para 1945/1974, Abreu, Marcelo (org.), *A Ordem do Progresso*, Ed. Campus, 1990, com base em dados do IBGE e da FGV. Para 1974/2015, FUNCEX.

Tabela A11
Brasil: Índices de Preços e Quantum de Exportação por Tipo de Produto – 1974-2015
(base:2006 = 100)

Ano	Total Preço	Total Quantum	Básicos Preço	Básicos Quantum	Semimanufaturado Preço	Semimanufaturado Quantum	Manufaturado Preço	Manufaturado Quantum
1974	49,1	11,7	58,6	18,9	77,4	6,3	47,1	6,4
1975	50,3	12,5	61,1	20,0	66,1	6,8	47,8	7,2
1976	58,7	12,5	77,9	19,1	59,8	7,4	50,7	7,3
1977	73,2	12,0	101,2	16,7	72,5	7,6	58,5	8,8
1978	68,4	13,4	87,2	16,6	72,6	10,3	60,6	11,2
1979	75,6	14,6	94,5	16,8	81,2	12,3	67,1	13,2
1980	82,0	17,8	99,2	20,8	85,1	14,6	75,8	15,9
1981	79,0	21,4	88,7	24,4	76,3	14,7	78,3	20,2
1982	75,1	19,5	84,8	23,6	64,6	11,7	76,1	18,0
1983	71,3	22,3	83,6	24,8	61,3	15,3	70,3	21,4
1984	73,7	26,6	84,5	25,0	73,7	20,6	72,1	28,0
1985	68,6	27,1	74,7	27,7	66,4	21,9	69,5	27,0
1986	71,0	22,8	92,9	19,0	63,4	20,8	65,8	25,2
1987	71,2	26,7	77,5	25,1	69,5	24,1	72,0	27,5
1988	79,2	30,9	85,4	26,7	85,2	30,3	78,7	32,5
1989	81,1	30,8	84,1	27,6	87,7	35,0	81,1	30,7
1990	79,3	28,7	76,5	27,7	77,2	35,0	85,0	26,7
1991	77,9	29,5	77,7	27,3	70,4	35,2	83,4	28,4
1992	75,3	34,5	73,9	29,0	67,7	44,9	81,6	33,9
1993	69,6	40,2	71,9	31,6	64,2	44,8	73,6	42,5
1994	77,0	41,0	82,7	32,4	73,6	49,4	79,2	42,0
1995	87,5	38,6	86,4	30,8	91,1	53,0	91,2	37,4
1996	87,6	39,6	93,6	31,6	79,3	55,6	91,7	38,4
1997	88,2	43,6	101,1	35,5	78,2	55,6	89,7	43,4
1998	82,3	45,1	84,9	37,9	72,1	57,6	88,5	44,2
1999	71,7	48,6	71,2	41,2	60,8	67,3	79,0	46,1
2000	74,1	54,0	69,7	44,7	69,5	62,6	79,8	54,4
2001	71,6	59,1	63,9	59,6	62,2	67,8	79,8	55,1
2002	68,3	64,2	61,3	68,7	59,4	77,3	76,1	57,9
2003	71,5	74,3	67,7	77,7	66,1	84,8	75,7	70,1
2004	79,3	88,5	80,4	88,0	75,7	90,9	80,2	88,3

(continua)

Tabela A11 (continuação)

Ano	Total Preço	Total Quantum	Básicos Preço	Básicos Quantum	Semimanufaturado Preço	Semimanufaturado Quantum	Manufaturado Preço	Manufaturado Quantum
2005	88,9	96,8	91,4	94,3	84,7	96,6	89,0	97,9
2006	100,0	100,0	100,0	100,0	100,0	100,0	100,0	100,0
2007	110,5	105,5	114,5	111,8	110,9	100,7	108,4	103,2
2008	139,6	102,9	161,8	112,1	138,9	99,8	126,0	98,1
2009	120,9	91,8	133,4	115,3	110,8	94,8	118,6	75,7
2010	145,7	100,6	174,0	128,4	142,9	101,1	128,7	82,4
2011	179,5	103,5	228,4	133,1	172,9	106,8	146,8	83,8
2012	170,7	103,2	209,7	134,3	161,0	105,1	146,4	82,8
2013	165,2	106,4	206,7	135,7	144,8	108,0	142,2	87,3
2014	156,5	104,4	188,4	144,4	138,8	107,3	140,8	75,9
2015	122,7	113,0	132,5	163,4	116,5	116,4	124,5	78,0

Fonte: Funcex.

Tabela A12
Brasil: Indicadores de Nível de Atividade, Emprego e Renda – 1972-2015

Ano	Indicador de utilização de capacidade (%)	Taxa de desemprego aberto (% média anual)	Rendimento médio real efetivo /b
1970	86	n.d.	n.d.
1971	87	n.d.	n.d.
1972	87	n.d.	n.d.
1973	90	n.d.	n.d.
1974	89	n.d.	n.d.
1975	87	n.d.	n.d.
1976	89	n.d.	n.d.
1977	85	n.d.	n.d.
1978	84	n.d.	n.d.
1979	83	n.d.	n.d.
1980	84	n.d.	n.d.
1981	78	n.d.	n.d.
1982	76	n.d.	n.d.
1983	73	6,7	118,5
1984	74	7,1	100,4
1985	78	5,3	104,6
1986	83	3,6	135,8
1987	81	3,7	120,2
1988	80	3,9	123,1
1989	81	3,4	133,1
1990	74	4,3	120,0
1991	75	4,8	99,7
1992	72	5,8	91,8
1993	77	5,3	100,4
1994	80	5,1	106,7
1995	83	4,6	118,0
1996	82	5,4	126,7
1997	84	5,7	129,3
1998	82	7,6	128,7
1999	81	7,6	121,6
2000	83	7,1	120,9
2001	82	6,2	116,1

(continua)

Tabela A12 (continuação)

Ano	Indicador de utilização de capacidade (%)	Taxa de desemprego aberto (% média anual)	Rendimento médio real efetivo /b
2002	79	11,7 /a	111,7
2003	80	12,3 /a	98,1
2004	83	11,5 /a	98,3
2005	85	9,8 /a	100,7
2006	83	10,0 /a	105,2
2007	85	9,3 /a	108,9
2008	85	7,9 /a	113,2
2009	80	8,1 /a	116,0
2010	85	6,7/a	121,1
2011	84	6,0/a	124,6
2012	84	5,5/a	130,0
2013	84	5,4/a	132,0
2014	83	4,8/a	136,9
2015		6,8/a	131,1

Fontes: Indicador de capacidade: Sondagem Industrial (FGV/IBRE).
Desemprego: IBGE. Rendimento Real: IBGE. Deflator: INPC. Para o dado do rendimento médio de 2002, especificamente, informação gentilmente garantida por Lauro Ramos.
/a: Novo conceito.
/b: Pesquisa Mensal de Emprego (regiões metropolitanas). Base julho 1994 = 100.
n.d. Não disponível

Tabela A13
Brasil: Indicadores monetários – 1981 /2015 (% PIB)

Ano	Base monetária /a	Senhoriagem /b	M1/a (%)	Operações de Crédito
1981	3,0	1,6	7,2	n.d.
1982	2,9	2,0	6,6	n.d.
1983	2,5	1,4	5,4	n.d.
1984	1,9	2,7	4,1	n.d.
1985	1,7	2,5	3,7	n.d.
1986	3,2	3,8	8,2	n.d.
1987	2,2	2,9	4,5	n.d.
1988	1,4	3,9	2,7	n.d.
1989	1,3	5,5	2,0	n.d.
1990	2,2	4,9	3,4	24,1
1991	1,7	2,8	2,9	24,1
1992	1,2	3,6	2,0	28,6
1993	0,9	3,5	1,5	29,0
1994	1,9	4,9	2,5	36,6
1995	2,3	0,6	2,8	31,8
1996	2,1	-0,2	2,9	28,3
1997	2,7	1,3	3,9	26,3
1998	3,3	0,8	4,3	27,2
1999	3,5	0,9	4,4	24,3
2000	3,3	-0,1	4,8	26,0
2001	3,5	0,4	5,2	25,5
2002	3,7	1,4	5,6	25,8
2003	3,8	0,0	5,2	24,3
2004	3,7	0,8	5,5	25,5
2005	3,9	0,6	5,6	28,0
2006	4,0	0,8	5,8	30,4
2007	4,4	1,0	6,3	34,7
2008	4,3	0,0	6,1	39,7
2009	4,2	0,6	6,2	42,6
2010	4,3	1,0	6,2	44,1
2011	4,2	0,2	5,9	46,5
2012	4,2	0,4	5,6	49,3
2013	4,1	0,3	5,6	51,0
2014	4,1	0,2	5,6	53,1
2015	4,0	-0,1	5,2	54,4

Fontes: Banco Central, IBGE.
/a: Média anual dos saldos médios mensais.
/b: Fluxo de emissão de base monetária no ano.
n.d.: Não disponível/ não considerado.

Tabela A14
Necessidades de Financiamento do Setor Público – 1994/2015 (% PIB)

Ano	Nominal	Operacional	Primário
1994	24,7	-1,3	-5,2
1995	6,5	4,5	-0,2
1996	5,3	3,1	0,1
1997	5,4	3,9	0,9
1998	6,8	6,4	-0,0
1999	5,1	1,0	-2,9
2000	3,3	1,1	-3,1
2001	3,3	1,0	-3,4
2002	4,4	-2,2	-3,2
2003	5,2	3,1	-3,3
2004	2,9	-0,9	-3,7
2005	3,5	3,0	-3,8
2006	3,6	2,1	-3,1
2007	2,7	-0,6	-3,2
2008	2,0	-1,5	-3,3
2009	3,2	3,5	-1,9
2010	2,4	-1,9	-2,6
2011	2,5	0,6	-3,0
2012	2,3	-0,9	-2,2
2013	3,0	0,8	-1,7
2014	6,1	4,5	0,6
2015	10,4	5,6	1,9

Fonte: Banco Central. (-) = Superávit

Tabela A15
Dívida líquida do setor público 1981/2015 – Dezembro (% PIB)

	1981	1982	1983	1984	1985	1986	1987	1988	1989	1990	1991	1992	1993	1994	1995	1996	1997	1998	1999	2000
Dívida líquida setor público /a	26,7	32,4	51,4	55,5	52,0	49,1	49,6	47,0	40,2	41,0	36,8	37,1	33,2	30,0	27,8	30,2	31,3	37,9	43,4	44,7
Dívida interna /a	11,8	14,4	18,5	22,3	21,4	20,4	19,6	21,2	21,6	18,0	13,5	18,4	18,8	21,5	22,8	26,7	27,3	32,2	34,2	35,9
Governo federal e BC /a,b	2,8	2,9	4,6	8,0	7,4	6,7	3,6	4,0	8,1	2,9	-2,1	0,8	1,9	6,7	8,9	13,1	15,2	18,8	19,5	21,2
Governos estaduais/municip.	3,3	4,3	4,8	5,2	4,9	4,7	5,2	5,2	4,9	5,5	5,9	8,1	8,3	9,6	9,4	10,0	11,3	12,3	13,6	13,9
Empresas estatais /b	5,7	7,2	9,1	9,1	9,1	9,0	10,8	12,0	8,6	9,6	9,7	9,5	8,6	5,2	4,5	3,6	0,8	1,1	1,1	0,8
Dívida externa /b	14,9	18,0	32,9	33,2	30,6	28,7	30,0	25,8	18,6	23,0	23,3	18,7	14,4	8,5	5,0	3,5	4,0	5,7	9,2	8,8
Governo federal e BC /b	4,4	5,9	14,5	13,6	11,3	13,2	16,3	14,9	11,5	14,0	14,5	11,3	7,8	6,3	3,2	1,5	1,7	3,7	7,0	6,7
Governos estaduais/municip.	0,9	1,1	1,6	1,8	2,1	1,8	1,6	1,4	0,9	1,1	1,0	1,1	1,0	0,3	0,3	0,4	0,5	0,7	0,8	0,9
Empresas estatais/b	9,6	11,0	16,8	17,8	17,2	13,7	12,1	9,5	6,2	7,9	7,8	6,3	5,6	1,9	1,5	1,6	1,8	1,3	1,4	1,2
Total governo federal e BC /a	7,2	8,8	19,1	21,6	18,7	19,9	19,9	18,9	19,6	16,9	12,4	12,1	9,7	13,0	12,1	14,6	16,9	22,5	26,5	27,9
Total governos estaduais/municip.	4,2	5,4	6,4	7,0	7,0	6,5	6,8	6,6	5,8	6,6	6,9	9,2	9,3	9,9	9,7	10,4	11,8	13,0	14,4	14,8
Total empresas estatais/b	15,3	18,2	25,9	26,9	26,3	22,7	22,9	21,5	14,8	17,5	17,5	15,8	14,2	7,1	6,0	5,2	2,6	2,4	2,5	2,0
Dívida líquida total /a	26,7	32,4	51,4	55,5	52,0	49,1	49,6	47,0	40,2	41,0	36,8	37,1	33,2	30,0	27,8	30,2	31,3	37,9	43,4	44,7
Base monetária	3,0	2,9	1,9	2,1	1,9	4,2	2,3	1,5	1,3	2,5	1,5	1,4	1,0	3,6	2,8	2,2	3,3	3,8	4,1	3,8
Dívida onerosa	23,7	29,5	49,5	53,4	50,1	44,9	47,3	45,5	38,9	38,5	35,3	35,7	32,2	26,4	25,0	28,0	28,0	34,1	39,3	40,9
Dívida líquida total /a	26,7	32,4	51,4	55,5	52,0	49,1	49,6	47,0	40,2	41,0	36,8	37,1	33,2	30,0	27,8	30,2	31,3	37,9	43,4	44,7
Dívida fiscal	26,7	32,4	51,4	55,5	52,0	49,1	49,6	47,0	40,2	41,0	36,8	37,1	33,2	30,0	27,8	28,5	31,2	36,9	36,3	37,3
Ajuste patrimonial (estoque)	0,0	0,0	0,0	0,0	0,0	0,0	0,0	0,0	0,0	0,0	0,0	0,0	0,0	0,0	0,0	1,7	0,1	1,0	7,1	7,4

(continua)

Tabela A15 (continuação)

	2001	2002	2003	2004	2005	2006	2007	2008	2009	2010	2011	2012	2013	2014	2015
Dívida líquida setor público /a	51,5	59,9	54,3	50,2	47,9	46,5	44,6	37,6	40,8	38,0	34,5	32,3	30,6	33,1	36,2
Dívida interna /a	42,0	44,4	43,3	42,3	44,7	47,6	51,9	48,3	49,6	47,3	46,8	45,2	44,1	46,9	55,6
Governo federal e BC /a,b	23,4	24,4	24,5	24,3	28,4	32,4	37,9	35,0	37,3	35,7	36,2	34,7	33,9	36,5	44,0
Governos estaduais/municip.	16,5	18,3	17,3	17,0	15,4	14,5	13,3	12,7	11,7	11,1	10,1	10,0	9,7	9,8	10,9
Empresas estatais /b	2,1	1,7	1,5	1,0	0,9	0,7	0,7	0,6	0,6	0,5	0,5	0,5	0,5	0,6	0,7
Dívida externa /b	9,5	15,5	11,0	7,9	3,2	-1,1	-7,3	-10,7	-8,8	-9,3	-12,3	-12,9	-13,5	-13,8	-19,4
Governo federal e BC /b	7,8	13,2	9,3	6,5	2,2	-1,9	-7,9	-11,5	-9,4	-10,0	-13,1	-13,8	-14,7	-15,4	-21,7
Governos estaduais/municip.	1,0	1,4	1,1	0,9	0,7	0,6	0,5	0,6	0,5	0,6	0,7	0,8	1,1	1,5	2,1
Empresas estatais/b	0,7	0,9	0,6	0,5	0,3	0,2	0,1	0,2	0,1	0,1	0,1	0,1	0,1	0,1	0,2
Total governo federal e BC /a	31,2	37,6	33,8	30,8	30,6	30,5	30,0	23,5	27,9	25,7	23,1	20,9	19,2	21,1	22,3
Total governos estaduais/municip.	17,5	19,7	18,4	17,9	16,1	15,1	13,8	13,3	12,2	11,7	10,8	10,8	10,8	11,3	13,0
Total empresas estatais/b	2,8	2,6	2,1	1,5	1,2	0,9	0,8	0,8	0,7	0,6	0,6	0,6	0,6	0,7	0,9
Dívida líquida total /a	51,5	59,9	54,3	50,2	47,9	46,5	44,6	37,6	40,8	38,0	34,5	32,3	30,6	33,1	36,2
Base monetária	4,0	4,9	4,3	4,5	4,7	5,0	5,4	4,7	5,0	5,3	4,9	4,9	4,7	4,6	4,3
Dívida onerosa	47,5	55,0	50,0	45,7	43,2	41,5	39,2	32,9	35,8	32,7	29,6	27,4	25,9	28,5	31,9
Dívida líquida total /a	51,5	59,9	54,3	50,2	47,9	46,5	44,6	37,6	40,8	38,0	34,5	32,3	30,6	33,1	36,2
Dívida fiscal	39,2	39,0	38,9	37,0	36,9	36,9	35,4	33,0	33,9	31,5	30,5	30,0	30,1	34,2	43,3
Ajuste patrimonial (estoque)	12,3	20,9	15,4	13,2	11,0	9,6	9,2	4,6	6,9	6,5	4,0	2,3	0,5	-1,1	-7,1

Fontes: Brasil – Programa Econômico, Boletim do Banco Central e notas para a imprensa do Banco Central.
/a Inclui base monetária
/b O saldo pode ser negativo, devido ao fato de o volume de créditos ser maior que o de passivos. A partir de 2001 (inclusive), exclui resultados da Petrobras e da Eletrobrás.

Tabela A16
Títulos Públicos Federais e operações de mercado aberto 1994/2015 – Fim de período
Participação percentual por indexador (%)

Ano	Câmbio/a	SELIC/a	Prefixados	Índices preço	Outros/b	Total
1994	8,3	16,0	40,2	12,5	23,0	100,0
1995	5,3	37,8	42,7	5,3	8,9	100,0
1996	9,4	18,6	61,0	1,8	9,2	100,0
1997	15,4	34,8	40,9	0,3	8,6	100,0
1998	21,0	69,1	3,5	0,4	6,0	100,0
1999	24,2	61,1	9,2	2,4	3,1	100,0
2000	22,5	52,7	14,9	6,0	3,9	100,0
2001	29,5	54,4	8,1	7,2	0,8	100,0
2002	33,5	41,9	2,0	11,4	11,2	100,0
2003	20,5	46,6	11,6	12,6	8,7	100,0
2004	9,3	49,5	19,0	14,1	8,1	100,0
2005	1,2	52,1	27,2	15,2	4,3	100,0
2006	-1,0	38,1	34,2	21,4	7,3	100,0
2007	-2,0	32,3	32,9	23,1	13,7	100,0
2008	2,6	27,2	26,0	23,7	20,5	100,0
2009	0,5	27,4	25,8	21,9	24,4	100,0
2010	0,5	28,0	32,7	24,2	14,6	100,0
2011	0,3	26,3	32,6	25,2	15,6	100,0
2012	0,6	17,4	32,7	28,2	21,1	100,0
2013	7,4	8,7	34,6	28,9	20,4	100,0
2014	10,0	4,5	31,6	26,9	27,0	100,0
2015	12,5	5,6	30,7	25,6	25,6	100,0

Obs.: A partir de abril/2000, inclui créditos securitizados, dívida agrícola, TDA e CDP. A partir de 2002 (inclusive), considera as operações de "swap".
/a: Com swap.
/b: Inclui operações de financiamento (mercado aberto).
Fonte: Banco Central.

Tabela A17
Brasil: Arrecadação Federal – 1991/2015 (% PIB)

Discriminação	1991	1992	1993	1994	1995	1996	1997	1998	1999	2000
Imposto de importação	0,42	0,39	0,45	0,47	0,69	0,49	0,54	0,65	0,72	0,71
IPI	2,16	2,34	2,47	2,08	1,92	1,81	1,76	1,62	1,51	1,57
Imposto de Renda (IR)	3,39	3,80	3,94	3,76	4,09	3,93	3,82	4,55	4,72	4,70
Pessoa Física	0,16	0,15	0,23	0,28	0,31	0,29	0,30	0,30	0,30	0,30
Pessoa Jurídica	0,84	1,37	1,06	1,20	1,32	1,50	1,34	1,24	1,26	1,47
Retido Fonte	2,39	2,28	2,65	2,28	2,46	2,14	2,18	3,01	3,16	2,93
Rendimentos trabalho	1,53	1,16	1,39	1,28	1,53	1,27	1,31	1,46	1,40	1,52
Rendimentos de capital	0,55	0,87	0,89	0,67	0,59	0,58	0,53	1,19	1,25	0,90
Outros rendimentos	0,31	0,25	0,37	0,33	0,34	0,29	0,34	0,36	0,51	0,51
IPMF/CPMF	0,00	0,00	0,07	0,99	0,02	0,00	0,72	0,81	0,73	1,21
IOF	0,59	0,62	0,81	0,73	0,46	0,33	0,40	0,35	0,45	0,26
COFINS	1,31	1,00	1,38	2,14	2,15	2,09	2,00	1,86	2,95	3,33
PIS/PASEP	1,06	1,08	1,16	1,05	0,86	0,86	0,79	0,75	0,90	0,84
Contribuição sobre Lucro Líquido	0,28	0,74	0,79	0,90	0,83	0,77	0,81	0,77	0,67	0,77
CIDE-Combustíveis	0,00	0,00	0,00	0,00	0,00	0,00	0,00	0,00	0,00	0,00
Outras receitas /a	0,86	2,08	1,19	0,91	0,82	0,81	0,95	1,88	1,22	1,36
Total receita	10,07	12,05	12,26	13,03	11,84	11,09	11,79	13,24	13,87	14,75
Memo: Receita INSS	4,59	4,63	5,47	5,01	4,59	4,74	4,63	4,60	4,49	4,65
Memo: ICMS Brasil	6,73	6,44	6,08	7,30	6,65	6,49	6,23	6,06	6,22	6,86

Discriminação	2001	2002	2003	2004	2005	2006	2007	2008	2009	2010
Imposto de importação	0,69	0,54	0,47	0,47	0,42	0,42	0,45	0,55	0,48	0,54
IPI	1,48	1,33	1,15	1,17	1,22	1,17	1,24	1,27	0,92	1,03
Imposto de Renda (IR)	4,93	5,76	5,41	5,26	5,74	5,66	5,89	6,17	5,75	5,36
Pessoa Física	0,31	0,30	0,30	0,31	0,34	0,35	0,50	0,48	0,45	0,44
Pessoa Jurídica	1,29	2,28	1,97	1,99	2,36	2,32	2,57	2,73	2,54	2,30
Retido Fonte	3,33	3,18	3,14	2,96	3,04	2,99	2,82	2,96	2,76	2,62
Rendimentos trabalho	1,64	1,50	1,54	1,61	1,64	1,62	1,56	1,66	1,57	1,54
Rendimentos de capital	1,16	1,10	1,11	0,89	0,91	0,87	0,78	0,80	0,69	0,62
Outros rendimentos	0,53	0,58	0,49	0,46	0,49	0,50	0,48	0,50	0,50	0,46
IPMF/CPMF	1,31	1,37	1,34	1,35	1,35	1,33	1,34	0,04	0,01	0,00
IOF	0,27	0,27	0,26	0,27	0,28	0,28	0,29	0,65	0,58	0,68
COFINS	3,52	3,51	3,47	4,05	4,03	3,78	3,79	3,88	3,54	3,59
PIS/PASEP	0,87	0,86	1,01	1,02	1,01	1,00	0,99	1,02	0,95	1,04
Contribuição sobre Lucro Líquido	0,71	0,90	0,97	1,04	1,21	1,16	1,27	1,41	1,33	1,18
CIDE-Combustíveis	0,00	0,49	0,44	0,39	0,35	0,32	0,29	0,19	0,14	0,20
Outras receitas /a	1,17	1,29	1,39	1,46	1,01	1,08	0,95	1,07	1,23	1,64
Total receita	14,95	16,32	15,91	16,48	16,62	16,20	16,50	16,25	14,93	15,26
Memo: Receita INSS	4,75	4,77	4,70	4,79	5,00	5,13	5,16	5,25	5,46	5,45
Memo: ICMS Brasil	7,17	7,08	6,94	7,06	7,15	7,14	6,90	7,18	6,88	6,97

(continua)

Tabela A17 (continuação)

Discriminação	2011	2012	2013	2014	2015
Imposto de importação	0,61	0,65	0,70	0,65	0,66
IPI	1,07	0,96	0,89	0,89	0,83
Imposto de Renda (IR)	5,71	5,50	5,41	5,36	5,46
Pessoa Física	0,50	0,51	0,50	0,49	0,48
Pessoa Jurídica	2,38	2,26	2,28	2,13	1,92
Retido Fonte	2,83	2,73	2,63	2,74	3,06
Rendimentos trabalho	1,57	1,56	1,48	1,53	1,58
Rendimentos de capital	0,78	0,69	0,65	0,70	0,88
Outros rendimentos	0,48	0,48	0,50	0,51	0,60
IPMF/CPMF	0,00	0,00	0,00	0,00	0,00
IOF	0,73	0,64	0,55	0,52	0,59
COFINS	3,61	3,63	3,59	3,43	3,42
PIS/PASEP	0,96	0,96	0,94	0,91	0,91
Contribuição sobre Lucro Líquido	1,33	1,20	1,19	1,15	1,04
Conta. seguridade servidor	0,52	0,48	0,46	0,47	0,50
CIDE-Combustíveis	0,20	0,06	0,00	0,00	0,06
Outras receitas /a	1,23	1,05	1,44	1,22	1,05
Total receita	15,97	15,13	15,17	14,60	14,52
Memo: Receita INSS	5,62	5,74	5,78	5,93	5,93
Memo: ICMS Brasil	7,03	6,87	6,95	6,83	6,80

/a Até 2010, inclui contribuição da seguridade dos servidores e receitas administrativas. Não inclui a receita previdenciária do INSS. Depois de 2010, exclui contribuição de seguridade do servidor.
n.d.: Não disponível
Fonte: Secretaria da Receita Federal.

Tabela A18
Brasil: Poupança total – 1950-2015 (%)

Ano	Variação de estoques (A)	FBKF (B)	Poupança externa (C)	Poupança doméstica (D)	Poupança total (E) = (C) + (D)
1947	-0,17	14,89	2,13	12,59	14,72
1948	-0,10	12,74	1,04	11,60	12,64
1949	-0,70	13,02	1,05	11,27	12,32
1950	-0,35	12,77	-0,62	13,04	12,42
1951	-0,57	15,47	2,65	12,25	14,90
1952	0,49	14,88	3,31	12,06	15,37
1953	-0,41	15,10	0,10	14,59	14,69
1954	0,89	15,80	2,10	14,59	16,69
1955	1,72	13,50	0,31	14,91	15,22
1956	0,00	14,48	0,16	14,32	14,48
1957	2,32	15,05	1,78	15,59	17,37
1958	1,16	16,98	2,17	15,97	18,14
1959	2,59	17,97	2,25	18,31	20,56
1960	1,29	15,71	3,04	13,96	17,00
1961	1,96	13,11	1,53	13,54	15,07
1962	2,17	15,51	2,36	15,32	17,68
1963	1,00	17,04	0,74	17,30	18,04
1964	1,87	14,99	-0,39	17,25	16,86
1965	3,71	14,71	-1,26	19,68	18,42
1966	2,52	15,92	0,11	18,33	18,44
1967	0,06	16,20	0,89	15,37	16,26
1968	0,29	18,68	1,72	17,25	18,97
1969	2,91	19,11	0,98	21,04	22,02
1970	1,71	18,83	1,98	18,56	20,54
1971	1,35	19,91	3,34	17,92	21,26
1972	0,88	20,33	2,89	18,32	21,21
1973	1,68	20,37	2,50	19,55	22,05
1974	2,47	21,85	6,84	17,48	24,32
1975	2,37	23,33	5,42	20,28	25,70
1976	0,62	22,42	4,20	18,84	23,04
1977	0,70	21,35	2,74	19,31	22,05
1978	0,77	22,27	3,49	19,55	23,04
1979	-0,22	23,36	4,82	18,32	23,14
1980	0,44	23,56	5,38	18,62	24,00
1981	0,15	24,31	4,55	19,91	24,46
1982	-0,36	22,99	6,03	16,60	22,63

(continua)

Tabela A18 (continuação)

1983	-1,55	19,93	3,59	14,79	18,38
1984	-1,27	18,90	-0,05	17,68	17,63
1985	2,38	18,01	0,12	20,27	20,39
1986	0,03	20,01	2,08	17,96	20,04
1987	0,00	23,17	0,51	22,66	23,17
1988	0,00	24,32	-1,37	25,69	24,32
1989	0,00	26,86	-0,25	27,11	26,86
1990	-0,49	20,66	0,81	19,36	20,17
1991	1,66	18,11	0,35	19,42	19,77
1992	0,51	18,42	-1,58	20,51	18,93
1993	1,56	19,28	0,16	20,68	20,84
1994	1,40	20,75	0,92	21,23	22,15
1995	-2,80	20,51	n.d.	n.d.	17,71
1996	-1,09	18,65	n.d.	n.d.	17,56
1997	-1,08	19,13	n.d.	n.d.	18,05
1998	-0,09	18,55	n.d.	n.d.	18,46
1999	0,72	17,01	n.d.	n.d.	17,73
2000	0,60	18,30	n.d.	n.d.	18,90
2001	0,32	18,42	n.d.	n.d.	18,74
2002	-0,48	17,93	n.d.	n.d.	17,45
2003	0,26	16,60	n.d.	n.d.	16,86
2004	0,59	17,32	n.d.	n.d.	17,91
2005	0,14	17,06	n.d.	n.d.	17,20
2006	0,61	17,21	n.d.	n.d.	17,82
2007	1,82	18,00	n.d.	n.d.	19,82
2008	2,23	19,39	n.d.	n.d.	21,62
2009	-0,30	19,10	n.d.	n.d.	18,80
2010	1,27	20,53	3,86	17,94	21,80
2011	1,21	20,60	3,27	18,54	21,81
2012	0,69	20,72	3,39	18,02	21,41
2013	0,78	20,95	3,38	18,35	21,73
2014	0,68	20,18	4,64	16,22	20,86
2015	-0,45	18,16	3,32	14,39	17,71

n.d. Não disponível.
Fontes: Para a poupança total – igual à Formação Bruta de Capital Total – IBGE. Até 1993 (inclusive) a poupança externa é igual ao déficit em conta-corrente apurado pelo BC, calculando o PIB em US$ em função da taxa de câmbio média do ano. O IBGE modificou a série de Contas Nacionais a partir de 1995, mas a estatística referente à poupança só foi recomposta de 2010 a 2015.

Tabela A19
Brasil: Indicadores de Juros, Preços e Câmbio após o Plano Real: 1995/2015

	Taxas de juros nominais (jan./dez., %)			Variação de preços (jan./dez., %)							Dólar – Fim de dezembro /a	
	Selic	TR /b	TJLP	IPCA	INPC	IGP-DI	IPA-DI	IPC/FGV	INCC	IPA-OG agricultura	IPA-OG indústria	R$/US$	Variação anual (%)
1995	53,09	31,62	23,37	22,41	21,98	14,78	6,39	25,91	31,45	-5,62	13,06	0,97	15,0
1996	27,41	9,59	16,04	9,56	9,12	9,34	8,09	11,34	9,56	17,30	3,88	1,04	6,9
1997	24,78	9,78	10,13	5,22	4,34	7,48	7,78	7,21	6,81	17,72	3,13	1,12	7,4
1998	28,79	7,79	11,66	1,65	2,49	1,70	1,51	1,66	2,75	4,92	-0,20	1,21	8,3
1999	25,59	5,73	13,22	8,94	8,43	19,98	28,90	9,12	9,21	29,93	28,32	1,79	48,0
2000	17,43	2,10	10,75	5,97	5,27	9,81	12,06	6,21	7,66	13,11	11,57	1,96	9,3
2001	17,32	2,29	9,50	7,67	9,44	10,40	11,87	7,94	8,85	16,03	10,33	2,32	18,7
2002	19,17	2,80	9,87	12,53	14,74	26,41	35,41	12,18	12,87	47,31	30,93	3,53	52,3
2003	23,35	4,65	11,50	9,30	10,38	7,67	6,26	8,93	14,42	4,55	6,91	2,89	-18,2
2004	16,25	1,82	9,81	7,60	6,13	12,14	14,67	6,27	11,02	2,65	19,50	2,65	-8,1
2005	19,05	2,83	9,75	5,69	5,05	1,22	-0,97	4,93	6,84	-6,34	0,85	2,34	-11,8
2006	15,08	2,04	7,87	3,14	2,81	3,79	4,29	2,05	5,04	6,92	3,46	2,14	-8,7
2007	11,88	1,41	6,37	4,46	5,16	7,89	9,44	4,60	6,15	24,82	4,42	1,77	-17,2
2008	12,48	1,61	6,25	5,90	6,48	9,10	9,80	6,07	11,87	1,64	12,96	2,34	31,9
2009	9,92	0,63	6,12	4,31	4,11	-1,44	-4,09	3,93	3,25	-3,16	-4,43	1,74	-25,5
2010	9,75	0,69	6,00	5,91	6,47	11,31	13,83	6,26	7,77	25,61	10,13	1,67	-4,3
2011	11,62	1,20	6,00	6,50	6,08	5,01	4,12	6,36	7,48	3,15	4,45	1,88	12,6
2012	8,49	0,29	5,75	5,84	6,20	8,11	9,14	5,73	7,12	19,20	5,55	2,04	8,9
2013	8,21	0,19	5,00	5,91	5,56	5,53	5,06	5,64	8,09	-1,74	7,87	2,34	14,6
2014	10,91	0,87	5,00	6,41	6,23	3,78	2,17	6,86	6,94	4,40	1,32	2,66	13,4
2015	13,28	1,81	6,25	10,68	11,28	10,68	11,32	10,54	7,49	15,62	9,63	3,90	47,0

Fonte: Banco Central.
/a: Segmento livre Ptax (venda).
/b: Taxa de remuneração dos depósitos feitos no primeiro dia do ano.

Tabela A20
Taxas de variação em 12 meses após o Plano Real: IPCA
(janeiro/dezembro (%))

Ano	Índice geral	Alimentação	Habitação	Artigos de resid.	Vestuário	Transporte	Comunicação	Saúde e Cui- dad. pess.	Despesas Pessoais a	Educação
1995	22,41	8,42	66,05	14,77	4,63	17,34		33,96	38,96	
1996	9,56	1,72	24,06	1,95	-1,63	18,10	69,21	13,82	8,77	18,37
1997	5,22	1,20	8,50	-2,87	-0,11	14,47	89,60	5,93	3,72	7,18
1998	1,65	1,95	1,49	-0,69	-1,11	0,88	2,00	4,49	3,09	5,71
1999	8,94	8,12	6,12	8,09	4,16	20,34	9,20	8,68	2,78	3,97
2000	5,97	3,20	4,47	5,21	4,13	12,08	12,89	2,65	5,65	4,77
2001	7,67	9,63	9,40	5,11	4,89	8,00	7,60	4,20	6,92	7,32
2002	12,53	19,46	12,99	12,98	8,82	9,96	11,27	10,19	8,37	8,43
2003	9,30	7,48	12,31	6,89	10,21	7,28	18,69	10,04	9,58	10,24
2004	7,60	3,87	7,14	5,43	9,96	11,00	13,91	6,87	6,85	10,43
2005	5,69	1,99	6,44	2,71	7,10	8,07	6,45	6,20	6,98	7,17
2006	3,14	1,23	3,07	-2,71	5,07	3,02	-0,24	6,01	7,26	6,24
2007	4,46	10,77	1,76	-2,48	3,78	2,08	0,69	4,47	6,54	4,16
2008	5,90	11,12	5,09	1,99	7,30	2,32	1,79	5,72	7,35	4,58
2009	4,31	3,17	5,68	3,05	6,11	2,37	1,07	5,37	8,03	6,11
2010	5,91	10,39	4,98	3,51	7,51	2,41	0,86	5,06	7,37	6,21
2011	6,50	7,18	6,75	0,00	8,27	6,05	1,52	6,32	8,61	8,06
2012	5,84	9,86	6,81	0,85	5,80	0,46	0,76	5,94	10,16	7,79
2013	5,91	8,48	3,41	7,12	5,37	3,30	1,51	6,95	8,40	7,92
2014	6,41	8,03	8,80	5,50	3,65	3,76	-1,51	6,97	8,31	8,45
2015	10,67	12,01	18,34	5,38	4,47	10,17	2,10	9,20	9,51	9,25

Fonte: IBGE.
a Excluído o item educação.

Síntese

Economia Brasileira – Síntese de Indicadores Macroeconômicos – 1946-2015

(médias anuais por período)

Variável	1946/50	1951/55	1956/60	1961/63	1964/67	1968/73	1974/80	1981/84	1985/89	1980/94	1995/98	1999/02	2003/06	2007/2010	2011/2014	2015
Crescimento PIB (% a.a.)	8,1 /a	6,7	8,1	5,2	4,2	11,1	7,1	-0,3	4,3	1,3	2,5	2,3	3,5	4,6	2,2	-3,8
Inflação (IGP dez/dez, %a.a.)	11,3	16,6	24,7	59,1	45,5	19,1	51,8	150,3	471,7	1210,0	9,4 /c	8,8 /c	6,4 /c	5,1 /c	6,2 /c	10,7 /c
FBCF (% PIB preços correntes)	13,4 /b	14,9	16,0	15,2	15,5	19,5	22,6	21,5	22,5	19,5	19,2	17,9	17,0	19,3	20,6	18,2
Tx. cresc. export. bens (US$ correntes, %a.a.)	15,6	1,0	-2,3	3,5	4,1	24,6	18,3	7,6	4,9	4,8	4,1	4,2	22,9	10,0	2,7	-15,2
Tx. cresc. import. bens (US$ correntes, %a.a.)	23,9	3,2	3,2	0,0	2,7	27,5	20,6	-11,8	5,6	12,6	14,9	-4,9	17,9	18,8	6,0	-25,3
Balança comercial (US$ bilhões)	0,2	0,1	0,1	0,0	0,4	0,0	-2,4	5,4	13,5	12,1	-5,6	3,5	37,4	27,1	9,7	17,7
Saldo conta-corrente (US$ bilhões)	-0,0	-0,3	-0,3	-0,3	0,0	-1,2	-8,0	-8,7	-0,4	-0,3	-26,4	-20,1	10,9	-31,7	-82,5	-58,9
Dívida externa líquida / Exportação de bens	-0,3	0,3	1,9	2,4	2,0	1,8	2,6	3,6	3,8	3,2	2,9	3,5	1,4	-0,1	-0,2	-0,2

Fonte: Apêndice Estatístico
/a 1948/1950. /b 1947/1950. /c IPCA.

Relação de Presidentes da República, Presidentes do Conselho de Ministros, Ministros da Fazenda e Ministros do Planejamento

Presidentes da República

Getúlio Dornelles Vargas: 03/11/1930 a 29/10/1945
José Linhares: 30/10/1945 a 31/01/1946
Eurico Gaspar Dutra: 31/01/1946 a 31/01/1951
Getulio Dornelles Vargas: 31/01/1951 a 24/08/1954
João Café Filho: 24/08/1954 a 28/11/1955
Carlos Coimbra da Luz: 08/11/1955 a 11/11/1955
Nereu de Oliveira Ramos: 11/11/1955 a 31/01/1956
Juscelino Kubitschek de Oliveira: 31/01/1956 a 31/01/1961
Jânio da Silva Quadros: 31/01/1961 a 25/08/1961
Paschoal Ranieri Mazzilli: 25/08/1961 a 06/09/1961
João Belchior Marques Goulart: 06/09/1961 a 01/04/1964
Pascoal Ranieri Mazzilli: 01/04/1964 a 15/04/1964
Humberto de Alencar Castello Branco: 15/04/1964 a 15/03/1967
Arthur da Costa e Silva: 15/03/1967 a 31/08/1969
General Aurélio Lyra Tavares, Almirante Augusto Hamann Rademaker Grünewald e Brigadeiro Márcio de Souza e Mello: 31/08/1969 a 30/10/1969
Emílio Garrastazu Médici: 30/10/1969 a 15/03/1974
Ernesto Geisel: 15/03/1974 a 15/03/1979
João Baptista de Oliveira Figueiredo: 15/03/1979 a 15/03/1985
José (Sarney) Ribamar de Ferreira Araújo Costa: 15/03/1985 a 15/03/1990
Fernando Affonso Collor de Mello: 15/03/1990 a 02/10/1992
Itamar Augusto Cautiero Franco: 02/10/1992 a 01/01/1995
Fernando Henrique Cardoso: 01/01/1995 a 01/01/2003
Luiz Inácio Lula da Silva: 01/01/2003 a 31/12/2010
Dilma Roussef: 01/01/2011

Presidentes do Conselho de Ministros

Tancredo de Almeida Neves: 07/09/1961 a 26/06/1962
Francisco de Paula Brochado da Rocha: 10/07/1962 a 14/09/1962
Hermes Lima: 15/09/1962 a 23/01/1963

Ministros da Fazenda

Arthur da Souza Costa: 24/07/1934 a 29/10/1945
José Pires do Rio: 21/11/1945 a 01/02/1946
Gastão Vidigal: 01/02/1946 a 15/10/1946
Pedro Luís Correa e Castro: 21/10/1946 a 10/06/1949
Manoel Guilherme da Silveira Filho: 10/06/1949 a 31/01/1951
Horacio Lafer: 01/02/1951 a 15/06/1953
Osvaldo Euclides de Souza Aranha: 16/06/1953 a 24/08/1954
Eugenio Gudin: 25/08/1954 a 12/04/1955
José Maria Whitaker: 13/04/1955 a 10/10/1955
Mário Leopoldo Pereira da Câmara: 11/10/1955 a 31/01/1956
José Maria Alkmim: 01/02/1956 a 21/06/1958
Lucas Lopes: 21/06/1958 a 03/06/1959
Sebastião Paes de Almeida: 03/06/1959 a 31/01/1961
Clementi Mariani Bittencourt: 01/02/1961 a 07/09/1961
Walter Moreira Salles: 08/09/1961 a 14/09/1962
Miguel Calmon du Pin e Almeida Sobrinho: 18/09/1962 a 24/01/1963
Francisco Clementino de San Tiago Dantas: 24/01/1963 a 20/06/1963
Carlos Alberto Alves de Carvalho Pinto: 21/06/1963 a 19/12/1963
Ney Neves Galvão: 20/12/1963 a 03/04/1964
Octavio Gouveia de Bulhões: 12/04/1964 a 15/03/1967
Antônio Delfim Netto: 15/03/1967 a 15/03/1974
Mário Henrique Simonsen: 15/03/1974 a 15/03/1979
Karlos Heinz Rischbieter: 15/03/1979 a 17/01/1980
Ernane Galvêas: 17/01/1980 a 15/03/1985
Francisco Oswaldo Neves Dornelles: 15/03/1985 a 27/08/1985
Dilson Domingos Funaro: 27/08/1985 a 24/04/1987
Luiz Carlos Bresser Pereira: 29/04/1987 a 28/12/1987
Maílson Ferreira da Nóbrega: 06/01/1988 a 15/03/1990
Zélia Maria Cardoso de Mello: 15/03/1990 a 10/05/1991
Marcílio Marques Moreira: 10/05/1991 a 02/10/1992
Gustavo Krause Gonçalves Sobrinho: 02/10/1992 a 16/12/1992
Paulo Roberto Haddad: 16/12/1992 a 01/03/1993
Elizeu Resende: 01/03/1993 a 19/05/1993
Fernando Henrique Cardoso: 19/05/1993 a 30/03/1994
Rubens Ricupero: 30/03/1994 a 06/09/1994

Ciro Ferreira Gomes: 06/09/1994 a 31/12/1994
Pedro Sampaio Malan: 01/01/1995 a 31/12/2002
Antonio Palocci Filho: 01/01/2003 a 27/03/2006
Guido Mantega: 27/03/2006 a 31/12/2014
Joaquim Vieira Ferreira Levy: 01/01/2015 a 18/12/2015
Nelson Barbosa: 18/12/2015

Ministros do Planejamento

Celso Monteiro Furtado: 25/09/1962 a 30/06/1963
Roberto de Oliveira Campos: 14/03/1964 a 15/03/1967
Hélio Marcus Penna Beltrão: 15/03/1967 a 30/10/1969
João Paulo dos Reis Velloso: 30/10/1969 a 15/03/1979
Mário Henrique Simonsen: 15/03/1979 a 10/08/1979
Antônio Delfim Netto: 15/08/1979 a 15/03/1985
João Sayad: 15/03/1985 a 23/03/1987
Aníbal Teixeira de Souza: 24/03/1987 a 20/01/1988
João Batista de Abreu: 20/01/1988 a 14/03/1990
Paulo Roberto Haddad: 19/10/1992 a 26/01/1993
Yeda Rorato Crusius: 26/01/1993 a 10/05/1993
Alexis Stepanenko: 10/05/1993 a 03/03/1994
Benedito Clayton Veras Alcântara: 03/03/1994 a 31/12/1994
José Serra: 01/01/1995 a 31/04/1996
Antônio Kandir: 04/06/1996 a 30/03/1998
Paulo Paiva: 30/03/1998 a 30/03/1999
Pedro Pullen Parente: 06/05/1999 a 18/07/1999
Martus Tavares: 19/07/1999 a 03/04/2002
Guilherme Dias: 03/04/2002 a 01/01/2003
Guido Mantega: 01/01/2003 a 18/11/2004
Nelson Machado: 19/11/2004 a 22/03/2005
Paulo Bernardo Silva: 22/03/2005 a 01/01/2011
Míriam Belchior: 01/01/2011 a 01/01/2015
Nelson Barbosa: 01/01/2015 a 21/12/2015
Valdir Simão: 21/12/2015

Biografia dos Autores

André Villela é Bacharel e Mestre em Economia, respectivamente, pela Universidade Federal do Rio de Janeiro (UFRJ, 1989) e pela Pontifícia Universidade Católica (PUC-Rio, 1993) e PhD em História Econômica pela Universidade de Londres (London School of Economics, 1999). Sua tese, intitulada "The Political Economy of Money and Banking in Imperial Brazil, 1850-70", foi agraciada com o Prêmio Haralambos Simeonides, conferido pela Anpec, em 1999. Trabalhou como economista no Ipea (1992) e no BNDES (1993-95) e foi consultor e assessor da Presidência do IBGE entre 1999 e 2001. Foi professor no Departamento de Economia da PUC-Rio (1993-95) e no Institute of Latin American Sudies — University of London (1997-98). Atualmente trabalha como professor adjunto na EPGE/FGV, onde é responsável pelas disciplinas na área de História Econômica nos cursos de Graduação.

Fabio Giambiagi é funcionário concursado do Banco Nacional de Desenvolvimento Econômico e Social (BNDES) desde 1984. Trabalhou durante vários anos no Departamento de Pesquisas (Depec) do BNDES, além de ter sido durante dois anos membro do *staff* do Banco Interamericano de Desenvolvimento (BID) em Washington e ter desempenhado posteriormente a função de assessor do ministro do Planejamento em Brasília. Foi professor de diversas cadeiras na Faculdade de Economia da Universidade Federal do Rio de Janeiro (UFRJ) e da Pontifícia Universidade Católica (PUC) no Rio de Janeiro. Foi Coordenador do Grupo de Acompanhamento Conjuntural (GAC) do Ipea; autor de diversos trabalhos publicados em revistas especializadas sobre temas de finanças públicas e Previdência Social; e coautor, entre outros livros, de *Finanças Públicas — Teoria e Prática no Brasil* (editora Campus/Elsevier). Foi autor ou organizador de mais de 25 livros sobre Economia Brasileira e é colunista regular dos jornais *Valor* e *O Globo*. Atualmente, é Chefe do Departamento de Risco de Mercado do BNDES.

Jennifer Hermann é doutora em Economia e professora aposentada do Instituto de Economia da UFRJ. Concentra suas atividades de pesquisa nas áreas de macroeconomia e teoria financeira. Publicou diversos artigos em livros e revistas especializadas e atuou como consultora em pesquisas para a CEPAL, o BNDES e o IPEA.

Lavinia Barros de Castro É doutora em Economia pela UFRJ (2009) e doutora em Ciências Sociais pela UFRRJ (2006), com doutorado na Universidade de Berkeley – Califórnia. Leciona Economia Brasileira em cursos de graduação do IBMEC, é professora convidada da COPPEAD e economista concursada do BNDES. Escreve e pesquisa sobre financiamento do desenvolvimento e cenários de longo prazo.

Sérgio Besserman Vianna é Bacharel e Mestre em Economia pela Pontifícia Universidade Católica (PUC-Rio). Sua dissertação de Mestrado, intitulada "A Política Econômica no Segundo Governo Vargas (1951/1954)", foi vencedora do 11º Prêmio BNDES de Economia. Entre 1983 e 1986, foi professor do Departamento de História da UFF. Ocupou diversos cargos de destaque na área de planejamento, entre os quais o de diretor de Planejamento do BNDES (1996-1999) e presidente do IBGE (1999-2003).